女性白書2022

コロナ禍を超え、ジェンダー平等社会の実現を

日本婦人団体連合会編

ほるぷ出版

はじめに

2年を超えるコロナ禍のもと、貧困・格差がいっそう広がっています。政府の失策による感染拡大でくらしは大打撃を受け、犠牲者も多数になりました。年金・医療・介護など社会保障の負担増・給付削減も貧困と格差を広げています。

選択的夫婦別姓制度の導入や女性差別撤廃条約選択議定書の早期批准を求める意見書が多くの自治体で採択されています。女性差別撤廃委員会からも再三勧告されているにもかかわらず、第9回日本政府報告でも実施の意思は示されていません。政府は核兵器禁止条約を批准せず、第1回締約国会議の傍聴参加もしませんでした。気候危機対策にも背を向けています。

この間の運動により、男女賃金格差の開示が大企業に義務付けられるなどの前進はありましたが、ジェンダーギャップ指数が146カ国中116位の日本では国際基準に引き上げるべき課題が山積し、コロナ禍のもとでいっそう増大しています。

こうした状況のもと、今年のテーマは「コロナ禍を超え、ジェンダー平等社会の実現を」としました。コロナ禍で可視化された日本社会の諸問題を解決するため、ジェンダー視点から、希望が持てる持続可能な社会を実現するための展望を見出したいと考えています。

総論では、岸田政権の打ち出した「成長と分配」「新しい資本主義」の内実をジェンダー視点で検証しています。また、コロナ禍でより鮮明になった女性の雇用喪失の実態をリアルに描き出し、今後の支援や行政のなすべきことを示しています。

各論では、女性差別撤廃委員会における第9回日本政府報告の審議を前に、ジェンダー平等や気候危機問題等の国際基準に照らした日本の現状と課題を明らかにしています。「女性の現状と要求」では、働く女性をはじめ、税、社会保障、子どもと教育、平和・人権・民主主義等、様々な分野における女性の実態から、現状改善の方向が示されています。

2月24日に始まったロシアによるウクライナ侵略では、戦争と平和の問題が深く問われています。日本も世界も、コロナ禍とウクライナ侵略の影響で苦しむ国民のいのちとくらしを守る社会のあり方を模索しています。平和でジェンダー平等な社会・経済の実現のため、本書が『女性白書2021』と併せて活用されることを願っております。

2022年8月

日本婦人団体連合会

女性白書

Ⅲ　女性の現状と要求

装丁・イラスト／棚橋奈美

I　総論

岸田政権「新しい資本主義」とジェンダー

岸田版「脱新自由主義」宣言

岸田首相は、2021年夏、自民党新総裁としてのデビュー時において、勇ましくも「小泉政権以来の新自由主義からの脱却」を打ち出し、「新自由主義からの転換」をキャッチ・コピーとして「新しい資本主義」を提唱しました（岸田文雄『岸田ビジョン』講談社新書、2021年10月）。この威勢のよい「脱新自由主義」宣言を、世間は、小泉政権から安倍・菅政権に至るまでの「改憲型新自由主義」に対する決別・離別と受けとめました。岸田版「新しい資本主義」が、文字通り「新自由主義からの脱却・転換」を意味していたとすれば、国民世論がこの岸田ビジョンを歓迎したのは、当然の成り行きでした。

新首相による「新自由主義からの離脱」宣言が世間受けしたのは、それまでの安倍・菅政権による「改憲型新自由主義」に国民世論が閉口し、嫌気がさしていたからです。言いかえると、岸田首相は、安倍・菅政権に対する「うんざり、あきあき、へきえき」の国民的気運の高まりを利用し、それに便乗するように、「脱新自由主義」の「新しい資本主義」を看板に掲げたということです。とはいえ、「新自由主義からの脱却・転換」路線は、現代日本の保守本流＝政財界にとっては、もろ刃の剣的な性格をもっていました。というのは、「脱新自由主義」のキャッチ・フレーズは確かに、「安倍・菅離れ」に向かう世論の趨勢に歯止めをかけ、崩れかかった自公保守政権を補修・維持していくのには効果があるとしても、逆に、「改憲型新自由主義」を軸に結集してきた保守本流への求心力を弱め、宿願の改憲に向けた国民統合には障害をつくり出す面を持っていたからです。

一方では、「改憲型新自由主義」をそのまま踏襲したのでは、来る（21年10月の）総選挙を勝ち抜くことはできない、とはいえ他方で、安倍・菅路線から逸脱してしまうと、「安倍一強」の求心力に基づく与党勢力の結集を維持することはできず、待望の「総理への道」は断たれる――岸田政権はこのジレンマのなかで発足したわけです。では、こうした板挟みのなかにあった岸田首相が、なにゆえに、あえて「新自由主義からの脱却・転換」のスローガンを掲げたのか。その答えは簡単です。「改憲型新自由主義」に真っ向から対抗する市民連合・野党共闘の勢力が、菅政権末期には、自公政権を脅かし、政権交代に向けて優勢の勢いにあったからです。岸田内閣が、発足直後の21年10月総選挙時まで、「新自由主義からの脱却・転換」を看板にしたのは、この野党共闘側の勢いをかわし、削ぐためでした。

維新勢力による強力な岸田政権への補完・補強

ただし、「脱新自由主義」の看板だけでは、勢いづく市民連合・野党共闘の攻勢に肩透かしを食わせ、自公政権の安泰を確保していくには、十分とは言えませんでした。この作戦の成就には、岸田政権を補完・補強する援軍の力が必要でした。安倍・菅政権と同様の「改憲型新自由主義」に属する一派、大阪を拠点にした「維新」の援軍です。維新は、自公政権対野党共闘の対抗関係からみれば、「第3極」の看板を立て、「ゆ党」（野党でも与党でもない中間の「ゆ党」の意）のカムフラージュで、選挙戦ではもっぱら野党共闘崩しに血道をあげ、選挙本番において「1人勝ち」の成果をものにして、安倍・菅政権の「改憲型新自由主義」路線の保存・維持にきわめて大きな役割を果たしました（その最大のものが衆院における「改憲3党自公維勢力」による3分の2以上の議席占有でした）。

「改憲三派自公維勢力」が先の衆院選で勝利した後では、岸田政権の売り文句であった「小泉政権以来の新自由主義からの脱却」というスローガンは無用のもの、否、それどころかむしろ邪魔ものに転化し始めます。実際に、岸田首相は、総選挙後の所信表明演説や論説「私が目指す『新しい資本主義』のグランドデザイン」（『文藝春秋』2022年2月号）等では、新自由主義からの「脱却・転換・決別」といった強い言葉は一切使用せず、「新しい資本主義イコール脱新自由主義」のイメージを払拭・消去する方向に舵を切ることになります。これは「新しい資本主義」のイメージ・チェンジ作戦にとりかかることを意味しました（ただ、22年7月予定の参院選において、衆院同様、「改憲派による3分の2以上の議席確保」を達成する、という大目標があるために、露骨な「大変身」は回避されることになります）。

「新自由主義からの脱却」から「新自由主義の修正・延命」へ

「新しい資本主義」のこのイメ・チェン作戦のポイントは、一言でいえば、岸田版「新しい資本主義」のイメージを「脱新自由主義」から「修正新自由主義」に切りかえる点にありました。首相自身の言葉を引いておくと（前掲『文藝春秋』論説）、それは次のような言葉、すなわち「私は、アベノミクスなどの成果の上に、市場や競争任せにせず、市場の失敗がもたらす外部不経済を是正する仕組みを、成長戦略と分配戦略の両面から、資本主義の中に埋め込み、資本主義がもたらす便益を最大化すべく、新しい資本主義を提唱していきます」という説明に表れています。

短文ではあるものの、ここで提示された「新しい資本主義」とは、①アベノミクスの継承、②市場原理主義の修正・是正・延命、③成長・分配の好循環の実現、④資本主義的繁栄の追求、の4点を要素としたものであると把握できます。すぐにわかるように、ここでは、当初の岸田ビジョン「新しい資本主義」で掲げられた「小泉政権以来の新自由主義からの脱却」とか、「新自由主義からの転換」といったイメージは消去されています。その代わりに、アベノミクスもあれば新自由主義もあり、ケインズ主義福祉国家もある、さらに資本主義賛歌論の要素さえ見受けられるといった「何でもありの福袋」のような新資本主義のイメージが提示されています。だから、たとえば、この類いの資本主義を「ステークホルダー資本主義」と呼ぶことも可能です（ステークホルダーとは、株主・従業員・顧客・取引先等の利害関係者のこと、様々な利害関係者のガバナンスから成る資本主義をステークホルダー資本主義と呼び、岸田内閣の「新しい資本主義実現会議」で取り上げられた新資本主義の一類型になっている）。

問題なのは、岸田版「新しい資本主義」が、当初の「脱・新自由主義型」から「修正・新自由主義型」に切りかわり、さしあたり、その内容については「何でもあり型」のイメージに転換したのはなぜなのか、その訳です。その理由は、①「新しい資本主義」の基調から新自由主義を外さないこと、②「何でもあり型」の大盤振舞い策で22年7月予定の参院選に備えること、この2点にあると考えられます。言いかえると、「新しい資本主義」をカムフラージュにした岸田政権に潜む「改憲型新自由主義」が猛威を振るうのは、参院選を切り抜けた後だということです。

「成長・分配の好循環」から新自由主義への再回帰

その当初「新自由主義からの脱却・転換」を掲げた岸田ビジョンは、「脱新自由主義」の「新しい資本主義」実現に向けて「成長・分配の好循環」を戦略的課題に設定したのでした。岸田首相は就任直後の所信表明演説で、「新しい資本主義が実現していく車の両輪は、成長戦略と分配戦略です」と語っています。「成長と分配」が車の両輪とされたのは、新自由主義の支配下にあった「これまでは、あまりにも『成長』に重点が置かれすぎていた」からであり、この成長第一主義に走った新自由主義を転換するには、経済成長の成果を分配に結びつけ、成長と分配の好循環を実現しなければならないからである。この見地から、「脱新自由主義」のための戦略的課題が、「成長・分配の好循環」の実現に置かれることになったわけです。

そもそも「戦後福祉国家の解体戦略」としての新自由主義は、分配重視の福祉国家を成長第一主義路線に切りかえ、分配のほうは成長の果実をトリクルダウン効果に委ねてすませる、という性格をもっていました。これにたいして、当初の岸田ビジョンは、成長第一主義のもとでのトリクルダウンは実現しておらず、むしろその反対に、貧困・格差を深刻化してきたと批判しました。新自由主義に対するこうした批判的見地から、成長第一主義の路線を「成長・分配の好循環」に切りかえようという「新しい資本主義」は、一応「新自由主義からの転換」という意味を持つビジョンでした。

だが、岸田版「新しい資本主義」に「脱新自由主義的性格」が認められるのは、ここまでの話です。ここから一歩前に進むと、「新自由主義からの転換」はただちに「新自由主義への回帰・延命」に向かって逆回転することになります。

手始めに分配戦略を見てみると、分配戦略は、①労資間の分配に典型をみる第一次所得分配と、②税・社会保障による第二次所得再分配に分かれます。前者の第一次所得分配の面において「新しい資本主義」が推進するのは、さしあたり賃上げです。賃上げは労働分配率の改善策を意味しており、この分配戦略は「脱新自由主義」策として評価されます。後に立ち返って見る「男女間賃金格差是正」も、この分配戦略の一環として積極的に評価される政策でした。

だが、岸田版「新しい資本主義」にあっては、「分配戦略としての賃上げ」は、「分配戦略による人への投資こそが成長戦略でもある」との見方にスイッチされ、すぐさま「成長戦略としての人的投資」にすり替えられてしまいます。「賃上げの分配戦略」は「人的投資の成長戦略」に変身するのです。岸田政権が当面着手する「人的投資策」とは、3年間で4000億円程度の施策パッケージ（スキル開発、再教育充実、転職・転社支援等）にすぎませんが、これは時間給や生活給の性格をもった賃金を職務給・成果給の賃金形態に転換する新自由主義的経営戦略に連動する性格をもった策でもあります。つまり、「分配戦略としての賃上げ」策は、「成長戦略としての人的投資」策の新自由主義的成長第一主義に逆回転し始めるわけです。

共助・連帯主義の全世代型社会保障の踏襲

それだけではありません。岸田版「新しい資本主義」は第二次の所得再分配面での分配戦略については、ほとんど何も語っていません。当初の岸田ビジョンは、①年収1億円以上の富裕層に対する課税強化、②看護・介護・保育の賃金改善、③安倍政権以来の全世代型社会保障政策の踏襲の3点をうちだしたが、その他の税・社会保障制度全体にかかわる所得再分配策については、目新しい政策は何も示しませんでした。

このうち、①の富裕層課税策は、財界の圧力のもとで、舌の根も乾かないうちに早々に取り下げられ、②のケア職の賃上げ策は微々たるものに過ぎず（民間の3％賃上げ予想に先行した「改善」に過ぎず）、コロナ禍のなかで喫緊の課題とされたエッセンシャル・ワーカーの処遇改善に道を開く意義を持っていたとはいえ、その抜本的改革とはほど遠いものに終わっています。

問題なのは、「新しい資本主義」が安倍・菅政権期の「全世代型社会保障」策をほぼ丸ごと踏襲するとしたことです。「全世代型社会保障」とは、民主党政権期の「税・社会保障一体改革」で定式化された「共助・連帯としての社会保障」の理念を受け継ぎつつ、安倍政権が消費税率10％への引き上げ後に備えて打ち出した社会保障政策をさします。その最大のネライは、「消費税増税と引き換えに社会保障の充実をはかる」とした「税・社会保障一体改革」の考え方を反古にして、消費税の引き上げ後も社会保障財政の緊縮、医療費の削減等を続けようとする点にありました。「共助・連帯としての社会保障」とは、この社会保障財政緊縮策をカムフラージュする理念だったのです。

「共助・連帯としての社会保障」は20世紀末に現われた特殊日本的な社会保障理念でした。生活原則の19世紀バージョンが「自立・自助」を基本にしていたとすれば、「共助・連帯」は社会保障の21世紀型新自由主義バージョンにあたります。岸田版「新しい資本主義」は、この社会保障の新自由主義バージョンとともに、安倍・菅政権期には未完に終わった全世代型社会保障政策を受け継いだということです。全世代型社会保障は、戦後定着した生存権に基づく社会保障（人権としての社会保障）を「共助・連帯としての社会保障」に転換することをねらったもので、具体策としては①社会保険の分野では保険主義強化と、②障害・保育等の分野では地域単位の「我が事・丸ごと」型相互扶助主義化、の2点にまとめられます。要するに、第二次所得再分配政策でも、岸田ビジョンは「脱新自由主義」から「新自由主義への回帰」へと、逆回転に向かっているのです（岸田内閣は、22年5月に「全世代型社会保障構築会議議論の中間整理」を発表しましたが、ほとんどの課題を参院選後に先送りしました）。

ジェンダー視点から見た二面性

「新しい資本主義」をジェンダー視点にたって評価するとすれば、その二面性が指摘されます。

第1の側面は、「脱新自由主義」の視点から、「成長・分配の好循環論」を打ち出し、分配重視の視点から、男女間賃金格差是正等のジェンダー平等に沿った政策方向を打ち出したことです。岸田首相は22年「国際女性デー」におけるビデオメッセージで、次のように語りました。「我が国の女性が直面している課題と構造的な問題への対応の鍵は、『女性の経済的自立』だと考えています。これを岸田政権の目玉政策である『新しい資本主義』の中核と位置付けました。民間の賃上げに先んじた公的価格の見直し、男女間の賃金格差の是正に向けた企業の開示ルールの見直し、男女が希望どおり働ける社会づくりなど、打てる手を全て打ち、女性が経済的に自立できる環境を整えてまいります」。

「女性の経済的自立」を「新しい資本主義」の「中核」と位置づけるこの視点は、ジェンダー視点からみて積極的に評価されます。この視点から、「新しい資本主義実現会議」は、22年5月、301人以上を常時雇用する事業主（約1万7650社）に対して、男女賃金格差を有価証券報告書等で公表する義務を課す方針を決定しました。また、保育・介護・看護等のケア職の賃金改善策も、実際には不十分なものにとどまっているものの、ジェンダー視点に沿ったものです。

第2の側面は、「新自由主義への回帰」に伴って、「新しい資本主義」の「成長と分配の好循環」論が再び成長第一主義に戻っていることです。たとえば、性別賃金格差の是正といっても、総合職と一般職のコース別人事管理に伴う賃金格差については、「同一価値労働同一賃金」の視点にたった是正策が採用されていません。また「賃上げの分配戦略」が「人的投資の成長戦略」に変身していることや、全世代型社会保障に含まれるジェンダー・バイアスが払拭されていないことも問題点として指摘することができます。

（二宮　厚美）

女性労働者を直撃したコロナ禍

新型コロナの感染拡大の下では、非正規女性の大量の雇用喪失による「女性不況」が叫ばれ、女性の自殺の増加も注目を浴びました。その背景には、コロナ禍以前からこの社会が抱えている、女性の生きづらさと、それを生み出す「夫セーフティネット」の闇があります。政府の「働き方改革」は、なぜこれに対して無力だったのか、私たちが勧めてきたはずのジェンダー平等への動きの何が足りなかったのか。コロナ禍は、私たちの今後を考えるうえで避けて通れない、そんな問いを投げかけています。

「非正規女性の1人負け」からのスタート

コロナ拡大が始まった時期に表面化したのは「非正規女性の1人負け」とも言える現象でした。感染の拡大が広がった2020年3月時点での総務省労働力調査で、女性の非正規労働者の雇用者数は対前年同期比で29万人の大幅なマイナスとなりましたが、同時期、正規男性は8万人、正規女性は58万人、非正規男性も2万人増えていたからです。

その後、コロナ禍による雇用への影響は、男性非正規にも広がっていきますが、中でも非正規女性の減り方は激しく、2020年は前年と比べて非正規男性が26万人減少したのに対し、女性は50万人の減少となっています。

産業別でみると、2019年の労働力調査で女性は、宿泊業・飲食サービス業で66%（非正規比率は85%）、対人生活関連サービス・娯楽業で62%（同68%）です。感染防止のための休止措置に、女性が多い「対面サービス」が直撃され、その部分は契約を打ち切りやすい短期契約の非正規が圧倒的多数だったことが、非正規女性の大幅な雇用減少につながりました。

非正規労働者は労働者の4割を占めていますが、その7割が女性です。また、コロナ禍が広がる直前の2019年時点で、働く女性の56%が非正規です。こうした非正規比率の高さによって、コロナ禍の進行のなか、他の産業でも、雇い止めが相次ぐ事態が生まれます。

「夫セーフティネット」と「細切れ雇用セーフティネット」

失業した非正規女性の状態をさらに悪化させたのは、「休業手当」や「傷病手当」などの脆弱さでした。

職場が休業した時、社員を解雇せずに、休業手当でその生活を支えた雇用主には、雇用保険を財源とする雇用調整助成金から休業助成金が払われます。ところが、２０２０年3月以降の労働相談では、非正規女性を中心に、休業手当を出してくれないという相談が相次ぎました。

雇う側が申請しない理由としては、①経営者の間に「休業手当は正社員だけのもので、パートなど短期契約の非正規は契約解除で対応すればいい」という考えが根強かったこと、②コロナ禍以前から、保険料負担を逃れようと、雇用主が雇用保険に加入できない週20時間未満のパートを増やしていたことなどが挙げられます。

こうした公的セーフティネットの不備の背景にあるのは、「非正規は夫の扶養があるから仕事を失っても低賃金でも困らない」という「夫セーフティネット」への信仰です。

非正規労働者の7割近くは女性が占めています。心を痛めることなく安くていつでも切れる労働力を調達するため、雇う側は、「夫がいるから大丈夫なはず」「自分はひどいことをしているわけではない」と思える労働者（＝女性）に白羽の矢を立てたわけです。また、こうした思い込みは社会に流布しているので、雇う側が世間から指弾される度合いも少ないわけです。

ところが、この思い込みは、実態とはまったくあっていません。２０１９年労働力調査では、女性非正規のうち夫がいる割合は6割程度しかありません。残りは、シングルマザーなどの「世帯主」や単身女性、家賃負担が難しいなどの理由で親の家などに住んで非正規で生活費を稼ぎ出している女性などです。

中でも、シングルマザーの非正規比率は5割近く（２０１６年厚労省調査）にも達しており、子どもを扶養しているのに、「女性には夫がいるはず」として設定された「家計補助」的な収入を強いられています。

夫がいたとしても、１９９７年以降、男性の賃金水準は下がり続け、妻である女性の収入なしでは家計がなりたたない世帯は珍しくありません。労働政策研究研修機構（ＪＩＬＰＴ）とＮＨＫの２０２０年の共同調査では、妻の収入の家計への貢献度は、正規雇用の妻の場合で42・7％。非正規雇用の妻の場合でも23・8％に達しているのです。

こうして、「夫セーフティネット」を理由に公的セーフティネットを用意されず、その「夫セーフティネット」からもこぼれた多くの女性たちが向かうのが、とりあえず働ける日雇い派遣などの「細切れ雇用セーフティネット」です。

コロナ禍は、そんな最後の命綱である「細切れ雇用セーフティネット」を直撃しました。その結果、起きたのが2020年11月、東京都内で起きた、60代ホームレス女性殺害事件でした。

被害者の女性は、仕事を失い、スーパーの非正規の試食販売員などをつないで働いていましたが、コロナ禍でこの仕事も減り、家賃を払えずに路上生活を余儀なくされ、通りすがりの男性に殴殺されました（注1）。

このような、「夫セーフティネット」を口実に容認されてきた不安定な働き方の拡大によって、女性ほどの数ではありませんが、男性の非正規もまた、コロナ禍では雇い止めに遭い、所持金500円、100円、といった過酷な状況に追い詰められました。

「妻付き男性モデル」の壁

このような「夫セーフティネット」を前提とした政策は、同時に、家事・育児・介護を女性に担わせ、これらを担う働き手が存在することを見えなくさせ、別の弊害も生み出しました。2020年2月末、当時の安倍晋三首相が突然発表した「一斉休校要請」はそのひとつです。

この要請は、「コロナの感染拡大を防ぐため」として、わずか数日後の3月から学校の休校を求めたものです。いきなりの要請に、「子どもが学校に行けないので外で働けない」という声が正規を含め、働く母たちから相次ぎました。特に、時給・日給制で休業は即、無収入を意味する非正規労働者やフリーランスの女性たちは、大きな打撃を受けました。

このような、子育てする労働者を想定しない政府の休校要請の背景には、「妻を養う男性正社員」を標準として組み立てられてきた「妻付き男性モデル」の労務管理があります。労働者には妻がついていて育児家事を一手に担うはずなので、急な残業も転勤も一斉休校も問題なし、という錯覚です。

女性たちからの悲鳴に、首相は休校による休業家庭の支えとして非正規も含めて保護者達に支給する、「小学校休業等対応助成金制度」（休校等助成金）の創設に追い込まれました。

ところがここでも、雇用主が休校等助成金の手続きを取ってくれないという声が相次ぎました。「さっぽろ青年ユニオン」に駆け込んだ札幌市の20代の母は、ユニオンと協力し、会社を通さず個人で申請できる「休校等支援金・給付金」制度を国に働き掛けて実現させています。

自営や風俗は対象外？

一方、フリーランスの女性たちは、雇用者以上の厳しい状況に置かれながら「自営だから」と、当初はこの「休校等助成金」から除外されかけましたが、フリーランスの労組などの働きかけで、ようやく被雇用者のほぼ半額ではありますが「休校等支援金・給付金」が出されることになりました。

また、休校等助成金をめぐっては当初、キャバクラなど「接客を伴う飲食業」や「風俗関係」は支給対象外とされ、大きな問題になりました。これらの業界が従来から「反社会勢力」の資金源とされ、労働関係の助成金の対象外にされてきたことが理由でした。

感染防止という目的を考えれば、接客を通じて感染の機会にさらされやすい状況に置かれた女性労働者たちを保護することの方が重要だったはずです。「職業差別」という批判が上がり、この除外措置は撤回されました。

ただ、キャバクラユニオンの布施えり子執行委員長は、「問題は解決されていない」と話しています。理由は、政府の除外措置によって、SNS上で水商売女性は支給されるべきではないとする差別発言が飛び交い、受給すればバッシングに遭うという恐怖感からあきらめる女性が少なくなかったからです。

こうした女性たちの中には、闇営業のキャバクラでこっそり働いてしのいだ例も少なくありませんでした。実態に合わない除外措置が、感染防止に逆行する事態を招いたことになります。

困窮を極めたシングルマザー

こうした構図によって、とりわけ深刻な影響を受けたのは、先にもふれたシングルマザーでした。仕事を休んで無収入になるか、監護者なしで子どもを置いて働きに出るかを選ぶしかない立場に置かれたからです。

ひとり親の自助グループであるNPO法人「しんぐるまざぁず・ふぉーらむ」が、2020年4月2日～5日、会員のシングルマザー3000人に実施した「新型コロナでの影響：シングルマザー世帯への支援策に関するアンケート結果」（WEBフォームを通じて215人が回答）では、新型コロナの影響による収入減少世帯が48・6％と過半数を占め、収入がなくなる世帯も出ました（注2）。

一斉休校で給食がなくなり、子どもたちの弁当や昼食のために食費がかさんだシングルマザーに、同ふぉーらむは「お米の緊急支援」プロジェクトを実施しました。そこには、「1日2食にしていたが、また3食にできる」「雑炊ではなくて普通に炊いたご飯が食べられる」といった、これが日本か、と言いたくなるような感想が寄せられました。

在宅ワークにも落差

このような家事・育児労働の無視は、テレワーク政策でも表れました。

2020年7月、コロナの感染防止として西村康稔経済再生担当相（当時）は、「在宅ワーク率70％」を経済界に要請すると表明しました。ただ、この要請では、在宅で働く場合の家事・育児負担の軽減措置には触れられませんでした。

同年3月からの一斉休校や保育園の休園、夫の休業・在宅ワーク化などで家族の家庭内滞在時間が増え、女性の家事・育児などの無償労働の増加が、女性の家庭内の有償労働の時間を圧迫することが増えていました。加えて、休校措置に伴う家庭学習も推奨されました。それらの責任が在宅ワークを行う母親社員にもっぱらのしかかることになりました。

このため、特に集中を要する仕事に就く母親の中には、在宅ワークより、有給の休業の方がありがたいという声もありました。「テレワーク70％」が目標として強行されれば、子育ての女性の中には在宅ワークと家族のケアの板挟みで自主的に退職する例も出かねない状況が生まれました。

「家制度」の影

コロナ禍での経済的困難を救うためとして、政府は2020年4月、すべての個人を対象に一律10万円の「特別定額給付金」を支給することを閣議決定しました。ここでも女性たちは壁につきあたることになりました。「受給権者は住民票の世帯主」とされ、世帯主の多くが男性だったことから、夫と関係が悪化している妻や子への給付金まで、まとめて夫に渡される形になったからです。

DVの支援にあたる「全国女性シェルターネット」や被虐待者の支援団体が働きかけ、家庭から逃げているDVの被害者や施設などで保護されている非虐待高齢者・児童は例外的に、避難先からの申請が可能になりました。ところが、家庭内のDV被害者や、離婚準備などで別居中の妻は対象になりませんでした。

これについては妻の側から訴訟が起き、熊本地裁で、別居中の妻子について、事実上の別世帯を形成しているので世帯支援の趣旨からいって、住民票の世帯主になっていなくても受給権があるという判断も出ています。

DVについては、娘への暴力も問題になっています。支援団体によるコロナ禍相談では、20代女性からのものも少なくありません。コロナ禍で親と家庭内で顔を突き合わせる時間が増え、親から逃れるために家を出た女性も目立ちました。

こうした若い女性たちの生活保護申請に同行した支援者によると、生活保護の窓口から本人に無断で警察の家出人担当に連絡されてしまった例もあります。家族の抑圧から逃げた娘を個人として扱わず、「家出人」として家族に押し戻すような手法に疑問も出ています。旧民法の「家」のように、個人としての家族を無視した仕組みがなお生きていると言えるでしょう。

公務エッセンシャル・ワーカーの二重の惨事

コロナ禍で仕事を失った飲食業などの女性たちとは逆に、需要が増して過酷労働の被害を強いられたのが、医療や保育、介護、DV・児童虐待についての相談業務など、住民のケアを担うエッセンシャル・ワーカー（必須労働者）の女性たちです。

「小泉構造改革」以降、こうした一線の対人サービス型公務を中心に、人件費削減へ向けた非正規化が急速に進められました。特に自治体の相談業務を担う、1年有期の公務員「会計年度任用職員」は、低賃金で不安定な「官製ワーキングプア」とされ、その4分の3が女性です。ここでも、「女性の仕事は家計補助」「低待遇でも夫が扶養する」という思い込みが、このような待遇を放置させてきました。

この「会計年度任用職員」制度は２０２０年4月から施行され、不安定な短期契約の追認、合法化と言われました。こうした女性たちは当時、新型コロナの拡大の中で感染の不安に怯えながら住民対応に追われており、「コロナ禍と会計年度の二重の惨事」と呼ばれました。

女性を素通りした「働き方改革」

これらの例が示すように、私たちの社会は、「家事を軽視・蔑視して職場から排除する嫌がらせ」としての「家事労働ハラスメント」（注3）が蔓延する社会です。

こうして経済的自立がしにくい状態に置かれていた多くの女性たちをコロナ禍が襲い、女性たちの貧困や生きづらさを加速させました。２０２１年版の『自殺対策白書』では、職についている女性の２０２０年の自殺者数は前年までの5年間の平均と比べて3割近く増えました。それは、こうした女性たちの状態と無縁ではないでしょう。

２０１８年に成立した「働き方改革関連法」も、こうした女性たちの現状には効果を発揮するかどうか疑問です。たとえば同一労働同一賃金を規定した「パートタイム・有期雇用労働法」は、労働契約法20条と同様に、原則として、職務内容が同一だったとしても転勤や異動などの人材活用の仕組みや「その他の事情」で異なれば同一賃金でなくてもかまわないという構造になっています。

残業規制についても、最大で過労死ラインすれすれの単月１００時間未満までなら認められるという緩さで、仕事と家庭の両立の視点の弱さが目立ちます。これに準じて公務職場でも人事院規則が改定されましたが、災害時は公共・民間とも労基署に届けを出せば規制外とされました。

日本自治体労働組合総連合（自治労連）による保健所調査では、第5波のピークだった２０２１年8月に職員の平均残業時間が過労死ラインを超えた施設が調査対象の29のうち5つあり、最長で月２９８時間の残業をした保健師もいたとされています（注４）。女性が多い職場であることに配慮した災害体制ができていなかったことが浮かびます。

　そんな中でも、「しんぐるまざぁず・ふぉーらむ」や「全国女性シェルターネット」、女性たちの有志による「女性のための女性による相談会」など、コロナ禍による被害女性の声をまとめて行政につなげる中間集団の活動は、ひとつの役割を果たしました。コロナ禍は、こうした中間集団の強化によって、声を出しにくい女性たちの可視化を図り、女性の実態に合ったセーフティネットの立て直しをしていくことの重要性を、改めて私たちに訴えています。

（注１）２０２１年４月30日付ＮＨＫホームページ「追跡 記者のノートからひとり、都会のバス停で～彼女の死が問いかけるもの」から https://www3.nhk.or.jp/news/special/jiken_kisha/kishanote/kishanote15/

（注２）NPO法人しんぐるまざぁず・ふぉーらむ」ホームページ2020年４月21日公開 https://www.single-mama.com/topics/covid19-support/

（注３）『家事労働ハラスメント』（竹信三恵子著、2013年、岩波新書）参照

（注４）「保健師コロナ残業、月３百時間も　自治労連が労働実態調査」2022年2月28日付「共同通信」（デジタル版）https://news.yahoo.co.jp/articles/8ad16e90fa579140923cc0c130f8c8357191d58e

（竹信　三恵子）

Ⅱ　各論

女性差別撤廃条約第7・8回報告審議後の主な動向
―女性差別撤廃委員会からの宿題

はじめに

日本は1985年に女性差別撤廃条約（以下「条約」と略称）を批准しました。政府は、批准後1年目、その後4年毎に、条約監視機関である国連女性差別撤廃委員会（以下「委員会」）に定期報告を提出し、2016年には、第7・8回定期報告（2014年提出）を対象にした5回目の日本報告審議が行われました。

委員会は、2023年以降に想定される第6回日本報告審議に先立ち（日程未定）、2020年3月9日、日本への事前質問票（以下「質問票」）を公表し、これに対して政府は、2021年9月17日、「女子差別撤廃条約実施状況第9回報告（女子差別撤廃委員会からの事前質問票への回答）」（以下「第9回報告」）を提出しました。委員会が導入した「簡易報告手続き」によるものです（後述）。

これまで日本は、条約と審議後に公表される総括所見（最終見解）等を念頭にジェンダー平等実現への法制度整備や政策を漸進的に進めてきましたが（「育児・介護休業法」「男女共同参画社会基本法」「DV防止法」制定等）（注1）、ジェンダー平等の世界的潮流からは取り残されています（2021年のジェンダーギャップ指数は146カ国中116位、世界経済フォーラム2022年7月公表）。とくに政治分野の女性参画が大幅に遅れ（139位）、法律や制度づくりを担う国会の女性議員割合は衆議院9・7%、参議院25・8%と「女性のいない民主主義」の歪みが年々大きくなっています。

本論ではそうした動向を踏まえ、政府の対応を中心に第7・8回報告審議後の条約実施状況を点検し、今後の審議に向けた課題を確認します。

委員会からの宿題
―総括所見2016の勧告

第6回日本報告審議の前提となるのが、2016年に公表された総括所見（以下「総括所見2016」）です。総括所見に法的拘束力はありませんが、その内容は「条約の法的拘束力に直結」し、条約の継続的な実効性を確保する重要なガイドラインとなります（注2）。

総括所見２０１６には条約の核となる多くの勧告が含まれます。それらは①条約内容の完全な国内法化、②包括的差別禁止法の制定、③選択議定書批准の見通しの明示、④国内人権機関の設立、⑤女性の地位向上のための国内本部機構の強化、⑥暫定的特別措置の導入（法令によるクオータ制等）、⑦差別的な性別固定観念（ジェンダー・ステレオタイプ）の撤廃等で、過去の審議でも繰り返し出されたものです。

また山積する個々のジェンダー課題について、条文別に様々な勧告が出されました。①民法（家族法）の差別的規定の改正（選択的夫婦別氏制の導入等）、②刑法改正等による性犯罪規定の見直し、③教科書、メディア、アニメなどでの性別固定観念の助長や有害な慣行の見直し、④女性に対するDVを含む暴力・各種ハラスメントの撤廃、⑤被害者中心アプローチによる「慰安婦」問題の解決、⑥公的・政治的活動、教育、健康、雇用等への平等なアクセス、⑦同一価値労働同一賃金原則の実現と賃金等のジェンダー格差解消、⑧障害などで不利な状況の女性グループが経験する複合的・交差的差別の根絶、⑨民族的その他のマイノリティ女性に対する性差別的発言等を禁止・処罰する法の制定及び偏見の根絶措置、⑩女性世帯主、高齢女性、農山漁村女性、移住女性等のニーズへの特別な配慮、⑪災害リスク削減・管理への女性の参加拡大等です。

上記の勧告は委員会の「質問票」２０２０に引き継がれています。第６回審議では、政府が委員会からの宿題に取り組み、女性の人権保障の強化に向けた法制度改革や政策をどのように実行してきたかが問われます。

総括所見２０１６のフォローアップ項目

委員会は２００８年に定期報告のフォローアップ手続きを導入しました（注３）。総括所見２０１６に対して２年以内に回答を求められたフォローアップの重要項目は次の２つです。①民法（家族法）の差別的規定の改正（婚姻最低年齢の差別撤廃・再婚禁止期間の完全撤廃・選択的夫婦別氏の導入）、②マイノリティ女性に対する偏見解消のため取られた措置の効果、性差別発言の禁止・法律での処罰、独立した専門機関による定期的な監視評価。①は、総括所見２００９のフォローアップ項目でもあり、勧告への対応が不十分だったことで再指定されました。②は、総括所見２０１６で特に重視されたマイノリティ女性への「複合差別」に関する項目です。複合差別によるマイナスの影響を「法的に認識し、禁止すること」が締約国の義務の中心に位置づけられる国際人権上の観点（一般勧告28号）からの指定です（注４）。政府回答は２０１８年３月に提出され、委員会の評価文書が２０１８年12月に届きました（注５）。

ところが外務省は、この公式文書を内閣府男女共同参画局

（所管）と共有せず2年以上放置していたことが、２０２１年３月23日参議院ＯＤＡ等特別委員会での高良鉄美議員（「沖縄の風」）の質問で判明しました。茂木外相（当時）は事実経緯を認め「内閣府と迅速に共有すべきだった」と答弁しましたが、条約実施上の責任と国民の「知る権利」を著しく軽視した結果といえます（注６）。

簡易報告手続きと事前質問票２０２０

国連総会は、２０１４年４月、決議「人権条約機関制度の効果的な機能の強化及び向上」を採択しました。それにより人権機関での簡易報告手続きが奨励され、多くの人権機関がこれを導入するなか、女性差別撤廃委員会も２０１８年２月に簡易手続きを取り入れました。２０１８年４月、事務局は締約国に対して同手続きを希望するかの一斉問合わせを行い、日本は「次回は簡易手続きで」と回答し、委員会から確認通知がありました（２０１９年10月）。

同手続きでは条約第18条に則った国家報告書の提出が省略され、過去の審議で2番目のプロセスとしてあった委員会の「質問票」発出が先行します。これが過去5回の審議と大きく違う点です。第6回審議ではその政府回答が定期報告として扱われるため条文ごとの実施状況報告がなく、その影響を注視する必要があります（注7）。

質問票２０２０（25項目）の特徴をみると、前回（２０１５・22項目）に比べて分量が多く丁寧な書きぶりで、簡易手続きによる変化が窺えます（注8）。総括所見２０１６に依拠した質問は半数を超え（13項目）、選択議定書批准に向けた見通し、選択的夫婦別氏（姓）の法制化の検討など、長年の懸案事項や個別分野の課題が再質問されています。新たなテーマについては、国内裁判所で条約規定に言及した判例の有無や第5次男女共同参画基本計画での指導的地位の女性割合の数値目標など、詳しい説明を求める踏み込んだ質問が並びます。

第9回定期報告の提出

第9回定期報告の提出期限は２０２０年３月（総括所見２０１６パラ56）で、これに合わせて男女共同参画局は、２０１８年10月「盛り込むべき事項」に関するパブリックコメントを募集し、男女共同参画会議重点方針専門調査会が準備に当たりましたが、報告は「質問票への回答」となりました。

政府報告は「第5次基本計画の内容を中心に、本報告の対象期間（２０１４年９月から２０２１年６月まで）における日本国の本条約の実施状況を説明する」と述べ、67項目の回答は、この間の法改正や第5次基本計画各分野の施策内容、統計データの記載が中心です（「はじめに」）。女性活躍推進法（２０１５年）、政治分野の候補者男女均等法（２０１８年）など法制度改革が進んだ等の記述はありますが、繰り返し勧告されてきた懸案事項や多くの個別課題への回答は不十分です。

選択議定書批准への国会承認の見通し（質問票1）は示されず「引き続き、…制度受け入れの是非につき、真剣に検討を進める」と前進がありません。すでに3回勧告された選択的夫婦別氏制度の導入（質問票4）については「国民や国会での議論の動向を注視し、司法の判断も踏まえ、検討を進める」と曖昧な回答です。コロナ禍で深刻さを増す非正規等で働く女性の問題（男女賃金差別等）やフォローアップ項目への法制度的解決策も示されていません（注9）。

別紙として付された「報告概要」には、①政治分野の男女共同参画推進に関する法改正によるセクハラ・マタハラ防止のための研修、相談体制の整備等の規定追加、②夫婦での子育て促進のための育児・介護休業法改正、③「男女共同参画の視点からの防災・復興ガイドライン」の地方自治体の活用促進など、「一定の成果」（10項目）が述べられていますが、全体として総括所見2016への取り組みと説明は十分ではありません。

第6回審議では、国際基準に沿う法制度認識や法改革・政策など日本の根深いジェンダー問題解決に向けた条約実施への意思と実行力が問われます。提出された統計データの詳細分析（低い目標値の説明等）などを含め、積年の人権課題に真摯に向き合い、「ジェンダー主流化」への締約国の説明責任を果たす必要があります。

日本女性差別撤廃条約NGOネットワーク（JNNC）は、2003年の第3回日本報告審議以降、条約の実施状況をモニターし継続的に活動してきました（注4）（注5）参照）。第6回審議に向けた当事者視点からのNGOレポートを準備しており、委員会に有益な情報を届け、建設的な対話を促し、日本の「人権力」を高める役割が期待されます（注10）。

ジェンダー平等の実現へ ―女性差別撤廃条約を活かして！

コロナ・パンデミックは世界の女性たちに深刻な影響を与えてきました。日本では、根強く残る性別固定観念（アンコンシャス・バイアス等）や各分野での性差別、構造的なジェンダー不平等が改善されず、看護・介護・保育現場等で働くケアワーカー、エッセンシャルワーカーの低賃金で不安定な働き方、健康（性と生殖に関する健康と権利）と生活を脅かす諸困難、DV等の性暴力、ハラスメント、貧困の問題等が重なり合い、事態は深刻です（注11）。条約と総括所見は、困難を抱える女性たちが切望する法制度改革や具体的政策の実現にとって欠かせない行動指針です。これらを活かし、声を挙げ、ともに人権実践上の課題を解決し、ジェンダー平等を手にするためのバトンをつないでいかなければなりません。

（注１）浅倉むつ子「北京から25年：ジェンダー関連の国内法の展開と課題」『女性白書２０２０』17－26頁。なお委員会総括所見２０１６、質問票２０２０、政府回答２０２１（第９回定期報告）等の女性差別撤廃委員会文書や政府回答文書は内閣府男女共同参画局ＨＰ「女子差別撤廃条約」サイト参照

（注２）山下泰子「女性差別撤廃条約批准35年の日本」『国際女性』34号（２０２０年）尚学社34頁。総括所見２０１６（総括所見57項目、主要懸念事項と勧告51項目）の主な内容の解説は、柴田真佐子「女性差別撤廃委員会総括所見の内容と今後の課題」『女性白書２０１６』１４９－１５４頁参照

（注３）林陽子「解説　女性差別撤廃条約フォローアップ手続き」国際女性の地位協会編『学んで活かそう女性の権利［改訂３版］女性差別撤廃条約の新展開』（２０１６年）尚学社24－26頁。総括所見２００９のフォローアップ項目は①民法（家族法）改正、②暫定的特別措置導入

（注４）『国際女性』32号（２０１８年）特集Ⅰ「ＣＥＤＡＷフォローアップ」各論参照。２項目の詳細な検討は、谷口洋幸「総括所見フォローアップ項目の検証：パラグラフ21（ｄ）（ｅ）」54－57頁。委員会に事前提出されたＪＮＮＣ・ＮＧＯレポートと政府回答への評価は同特集各論文・資料参照

（注５）委員会の評価文書（ＪＮＮＣ訳）は『国際女性』33号（２０１９年）特集Ⅲ「ＣＥＤＡＷ総括所見（２０１６）の実施状況」96－97頁参照。ＪＮＮＣによる「女性差別撤廃条約２０１６年総括所見の実施状況に関するＪＮＮＣ評価表」（項目別、２０１９年10月現在）は98－１１４頁参照

（注６）高良鉄美議員（沖縄の風）の質問。参議院ＯＤＡ等特別委員会会議録（２０２１年３月23日）より

（注７）山下泰子　特集Ⅰ「第９次日本レポートに向けた事前質問事項の検討１」「総論」『国際女性』34号（２０２０年）37－38頁

（注８）事前質問事項（質問票）２０２０詳細は（注７）山下泰子論文37－41頁

（注９）事前質問票・政府回答文書は『国際女性』第35号（２０２１年）45－66頁所収。同誌46頁政府回答（問１・４）参照。山下泰子・矢澤澄子「解説：女子差別撤廃条約実施状況　第９回報告」（同誌67頁）参照。選択議定書批准は、日本の司法制度の人権・ジェンダー側面の強化に直結する重要課題である。パトリシア・シュルツ「講演：なぜ女性差別撤廃条約選択議定書の批准は必要か」『国際女性』第32号（２０１８年）14－20頁参照

（注10）矢澤澄子「日本女性差別撤廃条約ＮＧＯネットワーク（ＪＮＮＣ）」『国際女性』第35号（２０２１年）１４４頁参照。政府は、２０２２年６月３日、今後、政府全体として重点的に取り組むべき事項を定めた「女性活躍・男女共同参画の重点方針２０２２（女性版骨太の方針２

022)」を決定。企業に対する男女間の賃金格差の開示義務化（制度改正後、7月施行）など第5次計画の中間年に当たる2023年度に向けて「取組を更に加速させていく必要がある」とした（1頁）。JNNCは、同重点方針に基づく政府のジェンダー平等実現への取り組みの可否や進展を注視していく必要がある。なお国際基準の「人権力」を高める必要性と意義については、筒井清輝『人権と国家―理念の力と国際政治の現実』岩波書店（2022年）204-209頁参照

（注11）箕輪明子「コロナ禍が浮き彫りにしたジェンダー視点の変革の必要性」『女性労働研究第66号』（2022年）40-52頁

（矢澤　澄子）

女性差別撤廃条約選択議定書批准運動の現在

１９７９年の第34回国連総会で採択された女性差別撤廃条約（正式名称は、「女性に対するあらゆる形態の差別の撤廃に関する条約」）は、固定的な性別役割分担を見直して、法律上の平等だけでなく、事実上の平等の実現をめざすという画期的な内容をもっています。この条約は、１９８５年7月25日から、日本において効力を発生しました。

現在は、日本も含めて全世界の１８９カ国が、この条約の締約国です。締約国は、国連に定期的に報告書を提出して審査を受け、審査後に公表される「総括所見」は、その国の人権状況に関する国際社会からの評価となります。これについては、本書矢澤論文を参照してください。

女性差別撤廃条約は司法において活かされているか?

日本国憲法98条2項は、「国が締結した条約及び確立された国際法規は、これを誠実に遵守する」と定めています。女性差別撤廃条約が国内で法的効力をもっていることは、間違いありません。ところが、裁判所が条約に基づいて救済を命じることは、ほとんどありません。なぜなら多くの裁判所は、適用可能な条約とは「自動執行力のある（self - executing）条約」に限る、としているからです。そのうえで、女性差別撤廃条約には自動執行力がない、と解釈しています。したがって多くの場合、裁判所は、原告側が条約違反を主張しても、条約にまったくふれないままに訴えを棄却してきました。裁判官は、条約が国際社会でどのように解釈されているのかに関心を示さずに、法的判断を下しているのです。これでは、条約が実効性のある裁判規範として機能しているとは言えません。国際人権法を国内の司法に反映させるハードルは、今なお、とても高いのが実情です。

選択議定書と個人通報制度

一方、条約から20年が経過した１９９９年10月6日、国連総会は、女性差別撤廃条約の選択議定書を採択しました。選択議定書は、女性差別撤廃条約の実効性を確保するために、個人通報制度と調査制度を定めています。個人通報とは、権利を侵害された人が国内で救済されないとき、女性差別撤廃委員会に通報できる制度です。調査制度とは、重大または組織的な権利侵害の情報を得た委員会が、調査を実施する制度です。

個人通報できるのは、条約上の権利を侵害された個人または集団ですが、受理されるには、国内救済措置が尽くされていなければなりません。すなわち、最高裁まで争ってもなお救済されなかった事案に限られます。女性差別撤廃委員会は、受理した後に条約違反の有無を審議して、必要な場合には、締約国に対して、勧告を含む「見解」を出します。「見解」は、救済のための多彩な内容を含みます。金銭補償や原状回復のための措置を命じることもあれば、法曹や公務員に研修を命じ、場合によっては法改正を求める「見解」を出すこともあります。

２０２１年2月現在、女性差別撤廃条約に関する個人通報は、40カ国に対する１６５件が登録されています。内訳は、受理不能67件、審査終了16件、権利侵害なし7件、権利侵害あり41件、審査中34件です。違反ありとされた事案は、ジェンダーに基づく暴力、出産や健康の権利、雇用や社会保障、市民的・政治的権利など、さまざまです。

日本が選択議定書を批准しない理由とは

日本は条約を批准しながら、選択議定書を批准していません。選択議定書の締約国は１１４カ国ですが、日本はこの中に入っていないのです。そのため私たちは、個人通報制度も調査制度も使うことができません。選択議定書を批准していないのは、ＯＥＣＤ諸国の中では、日本を含めてわずか5カ国です（アメリカ、イスラエル、エストニア、ラトビア）。

選択議定書を批准しない理由について、日本政府は、長い間、以下の説明を繰り返してきました。「個人通報制度については、条約の実施の効果的な担保をはかるという趣旨から注目すべき制度と認識している。個人通報制度の受け入れに当たっては、わが国の司法制度や立法政策との関連での問題の有無および個人通報制度を受け入れる場合の実施体制等の検討課題があると認識している。個人通報制度の受け入れの是非については、各方面から寄せられる意見も踏まえつつ、引き続き、政府として真剣に検討を進めているところである。」（内閣府「女子差別撤廃委員会最終見解への対応に関するワーキンググループ」２０２１年1月9日資料より）。

政府は国会で、国内の確定判決と異なる「見解」が出た場合にどうするのか、法改正を求める「見解」が出た場合にどう対応するのか、通報者に賠償等を命ずる「見解」が出た場合にどこから財源を出すのか、などが論点であると、説明しています（２０２０年３月26日参議院外交防衛委員会議事録）。

しかしいずれも、批准しない理由として正当性はありません。女性差別撤廃委員会の「見解」は、締約国に向けて出されるので、判決内容の修正を迫るものではありません。立法に関しても、法改正の是非は、最終的には立法府が決めることです。財源も、批准を回避すべき重大問題ではありません。日本が批准の決断をすることへの障害はどこにもないはずです。日本政府は、国際的な人権保障レベルを引き下げていると批判されねばなりません。

「実現アクション」による請願署名提出活動

私が共同代表をしている「女性差別撤廃条約実現アクション」（略称、ＯＰ―ＣＥＤＡＷ）は、選択議定書の批准を実現するために、２０１９年３月５日にスタートしました。63団体が参加する「実現アクション」の具体的な活動については、以下のURLをご覧ください。https://opcedawjapan.wordpress.com/

国内には、個人通報を待ち望んでいる人々がいます。最高裁まで争いながらも、女性差別を認めてもらえなかった原告たちです。たとえば「中国電力事件」の原告Aさんは、高い営業成績をあげながら13年間も昇格せず、12歳も若い男性が先に昇格しました。裁判で男女賃金差別を訴えましたが、最高裁でも敗訴しました（最高裁第３小法廷２０１５年３月10日決定）。「東和工業事件」の原告Bさんは、会社がコース別雇用を導入したとき、設計職にいた７名中、男性６名は総合職に、女性のBさんだけが一般職に配属されました。裁判所は、この男女別取扱いを労基法４条違反と判示しましたが、損害賠償として救済されたのは年齢給差額分のみで、職能給差額分は認められませんでした（最高裁第１小法廷２０１７年５月17日判決）。AさんもBさんも、選択議定書が批准された場合には個人通報したいと考え、「実現アクション」の活動に参加しています。

女性団体は、長い間、選択議定書の批准を求める請願署名を国会に届けてきました。２００１年から16年までは、参議院本会議で請願が採択されてきましたが、その後、自民党が保留に回ったため、裁決されていません。私たち「実現アクション」は、発足以来、毎年の通常国会に請願署名を提出する院内集会を開いています。２０２２年５月24日も、第２０８回国会に、９万５，０８１筆の請願署名を提出しました。紹介議員は、衆議院36名、参議院45名、あわせて81名になっています。１年前の第２０４回国会への請願署名提出時より、紹介議員は14名増え、署名数も７，００９筆増えました（署名は国会のホームページで確認した数を記載しています）。

しかし、この活動を通じて私たちは、請願署名の取り扱い自体が問題だと認識しました。繰り返し、何万筆もの請願署名を提出しても、参議院の外交防衛委員会、衆議院の外務委員会で、請願は常に「審査未了」となっています。請願は、憲法16条、請願法5条、国会法80条に規定される国民の参政権の一部をなす重要な権利です。にもかかわらず、現在の請願の取扱いはきわめて不透明で、請願を付託された委員会は、理事会のみで採択の是非を決定し、請願者が傍聴することもできません。私たち「実現アクション」は、第208回国会に向けて、「国会における請願取り扱いの改善を求める請願」を、衆議院と参議院の内閣委員会に提出しました。そこでは、①請願の審議を委員会で行い、議事録を作成・開示すること、②委員会審議においては、紹介議員が請願主旨を説明すること、の2点を要望しています。この請願の行方も、しっかり見守っていきたいと思います。

地方議会の意見書採択運動

私たちが取り組んでいるもう1つの活動は、女性差別撤廃条約選択議定書の批准を国に対して求める「意見書」の採択を、地方議会に働きかけることです。この活動の結果、地方議会からの意見書は急速に増加しています。図表1を参照してください。意見書を採択した地方議会は、2001年から16年までは40でしたが、「実現アクション」発足後3年の間に延べ155に増えました。この数は2022年3月までのものですが、6月議会の結果、さらに増えています。

私たちは、地域ごとに、「実現アクション富山」や「実現アクション大阪」などを結成して、相互に連携しながら活動を続けてきました。都道府県レベルでも、高知、島根、宮城（2回）、徳島、富山、大阪、埼玉、三重の8府県議会で、意見書が採択されました。各地における議会への創意あふれる働きかけは、勇気と希望の源泉です。富山県では、超党派の女性議員が一致して意見書採択に取り組み、大阪では府下の44すべての地方議会が意見書を採択しました。京都、三重、東海、徳島でも、国会が動かないのなら地方議会を動かしたいと願いながら、草の根運動を展開しています。

意見書提出には、議会の各会派が全会一致でなければならないというルールを定めている地方議会も多いのですが、それでも各地で意見書採択が進んでいることは、参考になります。女性たちからの「差別撤廃」を求める直接的な働きかけには、自民党議員も含めて「反対できない」からです。女性差別撤廃条約を批准している日本が、その実効性を確保する選択議定書に反対する正当理由は、どこにもありません。

はじめは「『選択議定書』という難しい言葉を初めて聞いた」と言っていた女性たちが、勉強しあいながら議員を説得

図表1
地方議会における「意見書」採択状況

(2022年3月現在：OP-CEDAW 作成)

2001年～2016年 (受理年月)

1 2001年 5月 大阪府堺市
2 2003年11月 東京都文京区
3 2009年 7月 福岡県大牟田市
4 2009年 7月 東京都立川市
5 2009年 7月 千葉県市川市
6 2009年 7月 東京都小金井市
7 2009年 7月 東京都三鷹市
8 2009年 7月 東京都八王子市
9 2009年 9月 東京都小平市
10 2009年 9月 千葉県船橋市
11 2009年 9月 千葉市
12 2009年 9月 北海道旭川市
13 2009年11月 高知県
14 2009年11月 東京都江戸川区
15 2009年10月 福岡県北九州市
16 2009年10月 島根県
17 2009年10月 和歌山県上冨田町
18 2009年10月 兵庫県芦屋市
19 2009年10月 千葉県佐倉市
20 2009年10月 福島県郡山市
21 2009年 5月 高知県須崎市
22 2010年 4月 高知県東洋町
23 2010年 4月 高知県大月町
24 2010年 4月 高知県本山町
25 2010年 4月 埼玉県狭山市
26 2010年 4月 北海道士別市
27 2010年 2月 高知県高知市
28 2010年 2月 東京都日野市
29 2010年 1月 和歌山県橋本市
30 2010年 1月 東京都国分寺市
31 2010年 1月 千葉県松戸市
32 2010年 1月 福岡県志免町
33 2010年 1月 大阪府和泉市
34 2010年 1月 大阪府茨木市
35 2010年 1月 宮城県
36 2010年 7月 高知県黒潮町
37 2010年 7月 高知県香南市
38 2010年 7月 和歌山県田辺市
39 2010年10月 和歌山県岩出市
40 2016年 5月 高知県高知市

2019年～2022年 (採択年月)

41 2019年 6月 福岡県北九州市
42 2019年 9月 北海道ニセコ町
43 2019年 9月 埼玉県八潮市
44 2019年 9月 東京都八王子市
45 2019年 9月 北海道仁木町
46 2019年 9月 東京都小金井市
47 2019年 9月 東京都三鷹市
48 2019年10月 福島県郡山市
49 2019年10月 東京都文京区
50 2019年10月 東京都中野区
51 2019年10月 高知県高知市
52 2019年12月 奈良県大和郡山市
53 2019年12月 福岡県飯塚市
54 2020年 3月 徳島県
55 2020年 3月 福岡県嘉麻市
56 2020年 3月 埼玉県さいたま市
57 2020年 3月 茨城県つくば市
58 2020年 3月 鳥取県北栄町
59 2020年 3月 鳥取県湯梨浜町
60 2020年 3月 鳥取県大山町
61 2020年 3月 鳥取県南部町
62 2020年 3月 鳥取県江府町
63 2020年 6月 福岡県中間市
64 2020年 9月 東京都東大和市
65 2020年 9月 大阪府寝屋川市
66 2020年 9月 千葉県松戸市
67 2020年 9月 東京都清瀬市
68 2020年 9月 徳島県阿南市
69 2020年 9月 徳島県吉野川市
70 2020年 9月 鳥取県境港市
71 2020年12月 富山県
72 2020年12月 宮城県
73 2020年12月 東京都調布市
74 2020年12月 徳島県三好市
75 2020年12月 徳島県鳴門市
76 2020年12月 徳島県小松島市
77 2020年12月 徳島県美馬市
78 2020年12月 徳島県勝浦町
79 2020年12月 群馬県前橋市
80 2020年12月 北海道根室市
81 2021年 3月 奈良県三郷町
82 2021年 3月 大阪府泉大津市
83 2021年 3月 東京都府中市
84 2021年 3月 東京都豊島区
85 2021年 3月 大阪府吹田市
86 2021年 3月 東京都日野市
87 2021年 3月 大阪府
88 2021年 3月 大阪府池田市
89 2021年 3月 北海道函館市
90 2021年 3月 徳島県藍住町
91 2021年 3月 徳島県板野町
92 2021年 3月 徳島県上板町
93 2021年 3月 徳島県上勝町
94 2021年 3月 福岡県行橋市
95 2021年 3月 東京都町田市
96 2021年 6月 奈良県王寺町
97 2021年 6月 徳島県佐那河内村
98 2021年 6月 徳島県海陽町
99 2021年 6月 徳島県北島町
100 2021年 6月 徳島県東みよし町
101 2021年 6月 大阪府河内長野市
102 2021年 6月 富山県高岡市
103 2021年 6月 大阪府豊中市
104 2021年 6月 大阪府高槻市
105 2021年 6月 大阪府大東市
106 2021年 6月 埼玉県春日部市
107 2021年 6月 東京都狛江市
108 2021年 6月 大阪府東大阪市
109 2021年 6月 大阪府羽曳野市
110 2021年 6月 大阪府守口市
111 2021年 6月 埼玉県所沢市
112 2021年 6月 大阪府貝塚市
113 2021年 7月 大阪府島本町
114 2021年 7月 大阪府松原市
115 2021年 9月 静岡県富士市
116 2021年 9月 富山県富山市
117 2021年 9月 大阪府忠岡町
118 2021年 9月 大阪府千早赤坂村
119 2021年 9月 大阪府高石市
120 2021年 9月 大阪府枚方市
121 2021年 9月 大阪府泉佐野市
122 2021年 9月 大阪府富田林市
123 2021年 9月 大阪府熊取町
124 2021年 9月 大阪府大阪市
125 2021年 9月 徳島県牟岐町
126 2021年 9月 徳島県美波町
127 2021年 9月 徳島県つるぎ町
128 2021年 9月 徳島県神山町
129 2021年10月 大阪府交野市
130 2021年10月 埼玉県
131 2021年12月 大阪府四条畷市
132 2021年12月 大阪府能勢町
133 2021年12月 大阪府門真市
134 2021年12月 大阪府田尻町
135 2021年12月 大阪府太子町
136 2021年12月 大阪府阪南市
137 2021年12月 大阪府岸和田市
138 2021年12月 大阪府大阪狭山市
139 2021年12月 大阪府藤井寺市
140 2021年12月 大阪府岬町
141 2021年12月 大阪府柏原市
142 2021年12月 東京都小金井市
143 2021年12月 大阪府八尾市
144 2021年12月 徳島県阿波市
145 2021年12月 徳島県那賀町
146 2021年12月 徳島県石井町
147 2022年 3月 大阪府河南町
148 2022年 3月 三重県
149 2022年 3月 大阪府豊能町
150 2022年 3月 大阪府泉南市
151 2022年 3月 大阪府箕面市
152 2022年 3月 大阪府摂津市
153 2022年 3月 富山県射水市
154 2022年 3月 京都府長岡京市
155 2022年 3月 京都府向日市

資料出所：全国からの情報を元に著者作成
※女性差別撤廃条約実現アクション（https://opcedawjapan.wordpress.com/）にも掲載

して意見書採択にこぎつける姿は、日本の民主主義の原点をみる思いです。東京という地域でも「実現アクション東京」を立ち上げようと、今年5月8日に発足集会をもちました。この日はちょうど日曜日。集会前に、御茶ノ水駅前で街頭宣伝もやりましょうと、1時間ほど、皆でチラシを配布してマイクを握りました。ところが、ちょうど同じ場所、同じ時間に、右翼団体の街宣カーとかちあって、私たちのマイクの声はかき消されました。「ババア、黙れ！」と怒鳴られながらも、「あんたたち、誰から生まれたの？女性の権利を否定してはだめよ」と反論しながら、私たちは最後まで、けっこう楽しく街宣活動をやりました。女性はたくましいです。全国のみなさんの心意気や、めげずに話し合いを重ねる姿に、私もおおいに学んでいる毎日です。

個人通報導入の最大の意義は、日本の司法が変わることです。裁判所は、個人通報が導入されれば、将来、女性差別撤廃委員会の審査を受ける可能性があることを念頭において判決を下すようになります。そうなれば、日本の司法は必ず変わるでしょう。国際人権条約の精神を活かした司法判断が下されるようになるはずです。それが、私たちが選択議定書批准を求めるもっとも大きな理由です。

（浅倉　むつ子）

リプロダクティブ・ヘルス&ライツと国内外の中絶対応

リプロダクティブ・ヘルス&ライツは、1994年に国連の国際人口・開発会議（以降、カイロ会議）で採択されたリプロダクティブ・ヘルス&ライツとは「万人が保証されるべき性と生殖に関する健康と権利」と訳されています。ただし、産む側である「女性」の性自認が女性で性的志向が男性であると自明視される懸念から、性のあり方の多様性も視野に入れてセクシャル&リプロダクティブ・ヘルス&ライツと言われることが増えてきました。他方で、「女性」であることによる差別や社会的不利益が「性と生殖」に影響を与える面もあります。この両面を捉えた上で、本稿ではリプロダクティブ・ヘルス&ライツという言葉を使っていきます。

リプロダクティブ・ヘルスとリプロダクティブ・ライツには別々の源流があります。リプロダクティブ・ヘルスは、WHOが1980年代後半からこの重要性に着目し、「リプロダクティブ・ヘルスとは、人間の生殖システム、その機能と（活動）過程のすべての側面において、単に疾病、障害がないというばかりでなく、身体的、精神的、社会的に完全に良好な状態であることを指す。したがって、リプロダクティブ・ヘルスは、人々が安全で満ち足りた性生活を営むことができ、生殖能力を持ち、子どもを産むか産まないか、いつ産むか、何人産むかを決める自由を持つことを意味する」と定義しました。前半はWHOの健康概念をリプロダクションへと拡張したものです。リプロダクティブ・ヘルスが着目された背景には、アフリカをはじめとする開発途上国の人口爆発とそれに伴う貧困問題への対応という人口抑制政策の達成が困難だったり、HIVエイズの蔓延や性感染症による健康被害など新たな課題がでてきたことが挙げられます。

リプロダクティブ・ライツは、1969年ボストンで開かれた女性会議の分科会のひとつとして立ち上がった、Our Bodies, Ourselvesという小さな討論会を萌芽としています。同名の本が1973年に出版され、著者であるボストン「女の健康の本」集団は「からだの主体者はからだの所有者自身であり、健康を守ること、自分の身体の問題を自らの意志で決めていくことは基本的人権であり権利である」と主張しました。同年、中絶を個人のプライバシー権として認めたロー対ウェイド裁判があり、人工妊娠中絶を規制するアメリカ国内法は違憲無効とされています。

ただし、カイロ会議では先進諸国とヴァチカン・中南米カトリック諸国が人工妊娠中絶をめぐって対立し、またイスラム諸国において「行動計画」はイスラム法に抵触するとの指摘が最高学府アズハルよりなされるなど宗教的な逆風が吹いていました。そのなかで、リプロダクティブ・ライツを、女性の権利運動と直接的に位置づけるのではなく、WHOの健康概念に準えた健康な状態への権利であり、すでに国際的にも認められた人権の一部と定義することは、宗教界からの批判をわずかながらでも弱めることになったと思われます。

カイロ会議以降の世界の中絶事情

カイロ会議そしてロー対ウェイド裁判を経て、アメリカでは人工妊娠中絶の自由が獲得されたように見えましたが、宗教を背景とした中絶反対運動は続いており、選挙では中絶が争点となっています。トランプ政権においては最高裁判事9名のうち6名が保守派となりました。

州法レベルでは、中絶に対して厳しい政策が取られるようにもなっています。2020年9月、テキサス州で、人工妊娠中絶の大半を禁止する州法が発効しました。この法律は、ハートビート法案とも呼ばれており、胎児の「心音（ハートビート）」が妊娠6週頃に超音波検査によって確認できるという理由から、妊娠6週を超えると適用されます。レイプや近親相姦による妊娠も例外として扱われない上に、中絶を行う医師や、中絶をほう助した人を一般の市民が訴えることができます。誰もが訴訟を起こすことができ、勝てば報奨金が手に入る仕組みです。ただし、米ニューオーリンズの連邦控訴裁判所（高裁）は今年1月に、テキサス州の中絶禁止の州法の合憲性を巡り、中絶を実施する病院が起こした訴訟について、法廷闘争を継続する前に、テキサス州最高裁で法執行に関わる問題を解決する必要があるとして、審理延期の判断を下しました。

アイダホ州でも今年3月に同様の州法を可決し、「まだ生まれていない子ども」の家族（強姦加害者の家族も含みます）が中絶を行った医師を訴えることができるとしましたが、テキサス州と同様に、現在アイダホ州の最高裁は発効を止めています。オクラホマ州では中絶をほぼ全面的に禁止し、中絶行為を「重罪」（最大で禁錮10年または罰金10万ドル）とする州法案を賛成多数で可決しました。これは目下全米で最も厳しい法案として注目を集めています。オクラホマ州法もテキサス州法同様、中絶に協力した人や医師を市民が提訴できる仕組みになっています。さらに、ルイジアナ州法では中絶手術を施した医師には最長99年までの禁錮を求めています。

アメリカ以外で世界の耳目を集めたのは、ポーランドです。ポーランドは、ヨーロッパの中ではカトリック教徒の多い国であり、中絶に対して厳しい対応をしてきました。中絶が認められるのは、レイプや近親相姦による妊娠や、母体に危険がある場合、そして胎児に不可逆的な障害があるときのみです。ところが、2020年10月に、胎児の障害による中絶に対して違憲判決が出ました。医師は中絶手術を行うことに慎重になり、2011年9月に破水して病院に行った人が、胎児が死ぬまで医療行為がされず、敗血症で亡くなるという事件が報じられました。

他方で、中絶のハードルが下がった国もあります。アイルランドでは、1983年から続いていた「胎児の生命権」の記述が削除された、新たな中絶法が2018年に布かれました。妊婦に生命にかかわる危険や出産前・直後（生後28日以内）の死亡が予測される胎児疾患があれば、中絶が認められ、妊娠12週までであれば、オンデマンドすなわち妊婦の希望で中絶手術を受けることができるようになりました。ただし、妊娠12週以降の制限のかかる中絶については慎重な態度をとる医師も多く、プロライフ派（胎児の生命を尊重する立場）の発言力も依然大きいことから、今でもイングランドに渡航して手術を受ける妊婦がいます。隣国である北アイルランドは、2017年から主要政党の対立により自治政府が成立しないという混乱のさなか、2019年に中絶は合法化され、同時期に同性婚も認められました。

中絶が認められる際に、妊婦に対してカウンセリングや手術までの待機期間が設けられることもあります。ドイツはカウンセリングを受けた後、3日間の待機期間を経て、中絶の意思が変わらなければ中絶手術を受けることができます。アメリカでも米国の多くの州では、中絶の前にカウンセリングと待機期間を設けることを義務づけており、そのためにしばしば2回に分けて診療所を訪れる必要があります。このように、中絶が認められても中絶へのハードルは残っています。

日本の現状

日本はどのような状況になっているのでしょうか。少子化が危惧されていますが、中絶件数は減っており、出産件数における割合も減少しています（図表1）。

日本では、1907年の現刑法の堕胎罪によって、中絶は禁止されています。本人が不同意の場合に加え、同意があっても医療者等による堕胎、本人や他者による堕胎も禁じられています。

図表1　人工妊娠中絶数と対出生比（1949年～2020年）

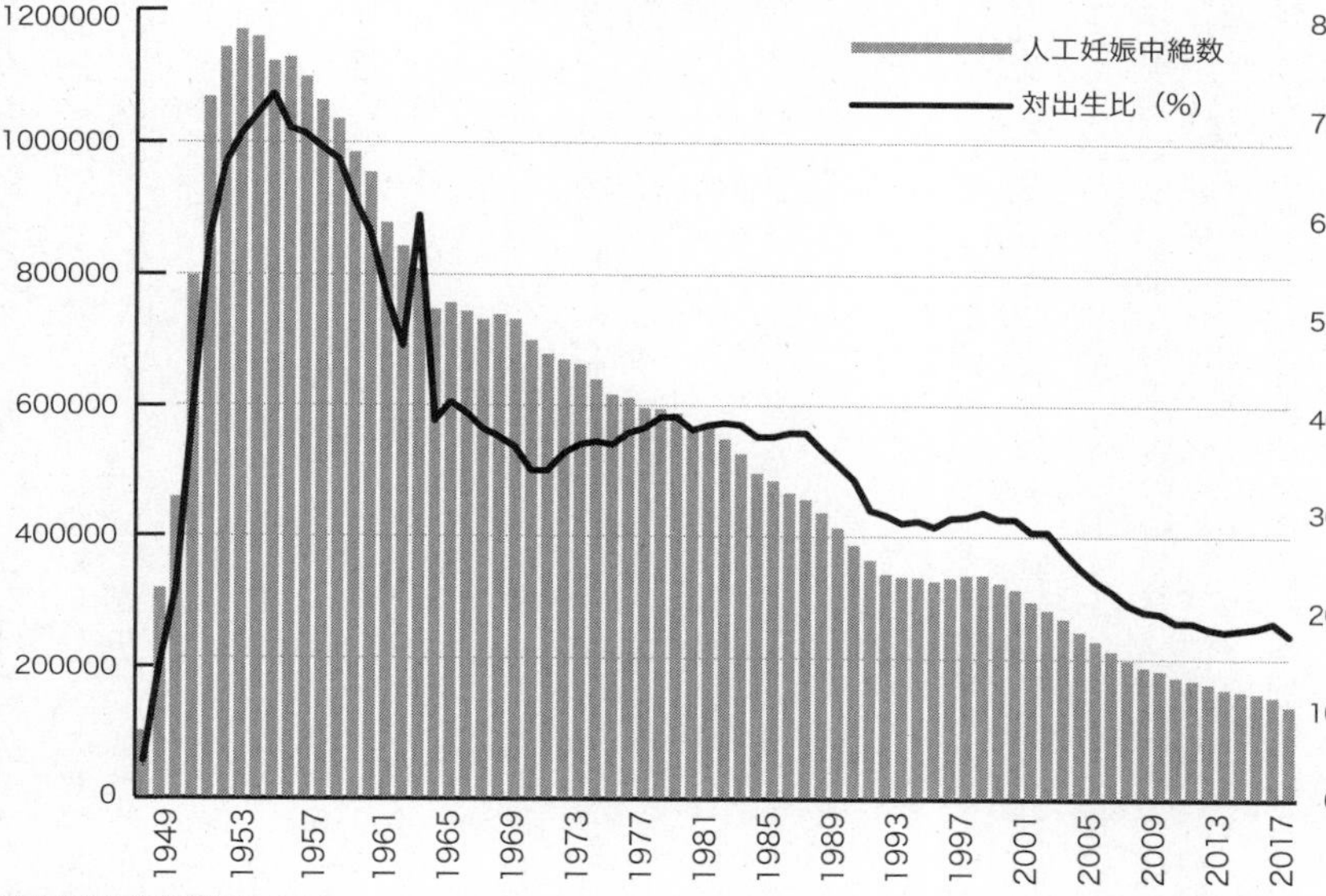

※1972年以前は沖縄県を含まない。
資料出所：厚生労働省統計情報部『衛生年報』、『母体保護統計報告』及び『衛生行政報告例』により、筆者が作成

しかし、日本では自己堕胎やヤミ中絶で命を落としたり、海外に渡って中絶手術を受けるといったことは話題になりませんでした。実際に、表1でみるとおり、戦後間もなく中絶は急増し、出生数の7割を超えた年もありました。それは、1948年に施行された優生保護法（1996年から母体保護法）で、母体保護法指定医師であれば中絶手術を行うことが許されたからです（注1）。日本では、中絶の要件の中に「経済的理由」があるため、実質的にはかなり自由に中絶ができる状況に見えます。しかし、妊娠した人の権利として中絶が認められているわけではなく、母体保護法指定医師にこの法律が適用できるかどうかの判断が委ねられています。費用も高額で全額自己負担です。さらに、「本人及び配偶者の同意」がなければならないため、配偶者が同意書にサインしなければ、母体保護法指定医師が手術することはできません。厚生労働省は2013年に医師向けの講習会で未婚の場合は本人の同意のみでよい、2021年3月には婚姻関係があってもDVなどによる妊娠の場合も同様だと回答しましたが、相手の同意が取れないことで中絶手術を断られ、乳児を遺棄する事件が後を絶ちません。

中絶をあきらめて出産する人も含めると、日本で望まない妊娠・出産はどれほどあるのでしょうか。今年6月14日のワシントンポストは「日本では中絶は合法だが、ほとんどの女性が夫の承諾を必要とする—男性中心の日本社会では、他の多くの先進国で当たり前のように認められているリプロダクティブ・ライツを女性に認めることが遅れている」と報じました。世界で中絶する際に配偶者の承諾を求めている国は日本を含めて11カ国です。

コロナ禍において私たちが求めるもの

　中絶件数の減少はこうした中絶手術に対する高いハードルがあるからと言えますが、避妊はどうでしょうか。残念ながら避妊についても、日本は大きく遅れていると言わざるを得ません。効果的に避妊ができるとされるピルの服用率は３％前後と言われており、薬局では買えず高額です。さらに、性行為から72時間以内に服用する緊急避妊薬も、薬局で購入することは難しく、ＯＴＣ化を求める声は大きくなっています（注２）。

　コロナ禍によって、オンライン診療が以前より身近になりました。しかし、病院開院時のオンライン診療は診療時間帯が限られますし、それから処方箋を書いてもらい、薬を入手するまでに72時間は短すぎます。しかも、時間がたつほど効果は減少していきます。厚生省の衛生行政報告ではコロナ下での中絶はそれほど増えていないのですが、望まない妊娠の相談に乗っている民間団体は相談件数が増加していると指摘しています（注３）。

　今年4月には不妊治療の保険適用が始まり、産むことへの支援は手厚くなったように見えます。しかし、性と生殖の自由がなく、権利もおろそかにされる社会で、人々は子どもを産み育てたいと思うでしょうか。コロナ禍はオンライン診療だけではなく、医療のあり方を再考する機会となります。性と生殖について私たちの視点で考え、発信していくことが望まれます。

（注１）優生保護法が発令時は審査会での審査が必要でしたが、１９５２年には母体保護法指定医の判断で中絶が可能になりました。

（注２）ＯＴＣとは、Over The Counter の略称です。カウンター越しに医薬品を販売するという意味で、市販薬や大衆薬などが該当します。

（注３）２０２０年６月２日の朝日新聞は、「にんしんＳＯＳ東京」に今年３～５月に寄せられた10代からの相談件数も前年と比べて１・６倍に増、ＮＰＯ法人「ピルコン」（東京都）には、10代からのメール相談が3月に98件、4月は97件あり、過去の月の倍に増えた、と伝えました。

補足：２０２２年6月、アメリカではロー対ウェイド判決を覆す判断が連邦最高裁判所より示され、大きな論争を呼んでいます。

（菅野　摂子）

デジタル改革関連法の問題点と今後の課題

デジタル改革関連法の問題点と今後の課題

２０２１年5月12日、デジタル改革関連6法（デジタル社会形成基本法、デジタル庁設置法、デジタル社会の形成を図るための関係法律の整備に関する法律、公的給付の支給等の迅速かつ確実な実施のための預貯金口座の登録等に関する法律、預貯金者の意思に基づく個人番号の利用による預貯金口座の管理等に関する法律、地方公共団体情報システムの標準化に関する法律）が成立し、これに基づき、個人情報保護法をはじめとする多数の法律改正がなされました。２０２１年9月にはデジタル庁が創設され、「デジタル化」がより強力に推し進められています。デジタル化を重要政策の1つとして位置付けていた菅前首相に代わり、総理大臣に就任した岸田首相も、「新しい資本主義」においてデジタル化を重要な要素として位置付け、デジタル田園都市国家構想によって地方と都市の差を縮めることを打ち出しています。

デジタル改革関連6法は、デジタル化について広範な業務を担い、非常に強い権限（トップが内閣総理大臣であり、他の省庁に対する勧告権や予算の配分権等）を有するデジタル庁の創設、個人情報保護法の統一、地方公共団体情報システムの標準化、マイナンバーと預貯金口座の紐づけ等により、デジタル化を強力に推し進め、国民の様々な個人データの利活用を容易にするものです。

デジタル化による利便性向上が謳われていますが、わずかな利便性の対価として、我々の個人情報を行政やプラットフォーマーと呼ばれる大手企業が手にする危険性があることを認識しなければなりません。

プライバシー権とＡＩの危険性

日本国憲法第13条は、「すべて国民は、個人として尊重される。生命、自由及び幸福追求に対する国民の権利については、公共の福祉に反しない限り、立法その他の国政の上で、最大の尊重を必要とする」と定めており、プライバシー権も保障していると解されています。

このプライバシー権は、私事をみだりに公開されない権利のほか、誰にどの様な個人情報を渡すか、どこまで当該個人情報の利用を認めるか等を自らが決定する自己情報コントロール権が含まれると解されています。

高度に発展している情報技術は、我々の生活にとってもはや不可欠なものと言えますが、同時にプライバシー侵害・自己決定権侵害の危険性も孕んでいます。データとして個人情報が提供されることで、その共有も容易となり漏洩の危険性も増します。一度インターネット上に情報が漏洩してしまうと、回収すること（完全に消去すること）は困難であるためその被害は甚大なものとなりかねません。また、ＡＩによるプロファイリングで、公開していない個人情報が推測されることもあります。例えば、ＳＮＳでの発言をもとに、ＩＱや外向性、精神疾患の有無などもＡＩによって推測することができるとの研究結果もあります。

さらに、このようなＡＩによるプロファイリングを利用し、個々人の趣味嗜好に最適化した広告がスマートフォンに表示されるマイクロターゲティング広告も利用されています。本人としては、自分の意思で選択し購入したと思っていても、実はその決定は巧妙に誘導されていたということもあり得るのです。実際に、アメリカ大統領選挙において、ＳＮＳ上のデータを基にフェイクニュースへの耐性が低い人に対して、フェイクニュースを表示させるなどの手段を用いて投票行動が操作された可能性が指摘されています（ケンブリッジ・アナリティカ事件）。

加えて、ＡＩ自体の特徴・危険性も認識しておかなければなりません。まず、ＡＩは、与えられたデータを基に分析するものですから、偏ったデータが与えられれば、偏ったデータに従ってプロファイリングが行われます。その結果、従前から存在した差別や偏見を助長する結果が導き出される可能性があります。アメリカの一部の裁判所で採用された再犯予測プログラムでは、白人よりも黒人の方が再犯率が高いと評価されていることが分かり、問題視されました。

「ＡＩの判断だから恣意性はなく適正・公平だ」との印象を持つ方も多いと思いますが、このようにＡＩの判断は絶対・公平ではないのです。しかし、ＡＩによる判断過程はブラックボックスであり、それが適正かどうかの検証をすることは困難です。その結果、一度ＡＩによって不利益な判断がなされれば、これを覆すことができず、そのデータがネットワーク上に残存することで、半永久的に不利益を被るおそれがあるのです。

デジタル化を進めるのであれば、このような情報技術の発展とその危険性を踏まえ、その危険性をできる限り排除する制度を構築することが必要です。

日本における個人情報保護制度

2022年1月に欧州委員会が公表した「デジタルの権利及び原則に関する宣言」では、「何人も、オンラインにおいて自らの個人データを保護される権利をもつ。この権利は、当該データがどのように利用され、誰と共有されるかに関するコントロールを含む」として、個人情報についての権利を明確に保障しています。また、2018年に施行されたEU一般データ保護規則（GDPR）は、個人データの取り扱いに関する権利（自己情報コントロール権）を基本的な権利の1つであると位置づけ、これを具体化する権利として、情報主体によるアクセス権（15条）、訂正の権利（16条）、消去の権利（17条）、取り扱いの制限の権利（18条）、異議を述べる権利（21条）等の権利を定め、個人情報の保護を図っています。また、自動化による決定の対象とされない権利（22条）等、AIによる不利益から保護されることをも、権利として位置付けています。

これに対し、日本では、法律上、個人情報保護はデータ主体の権利としては位置づけられておらず、個人情報保護等の整備は極めて不十分です。具体的には、行政による個人情報の取得自体については本人の同意は必ずしも要求されていませんし、利用停止・消去請求権等の整備も不十分です。さらに、個人情報の第三者提供についても、原則として本人の同意を要するとされているものの、例外的に本人の同意なく個人情報を提供できる場面が広範に認められており、本人の意図しない第三者に個人情報が提供されてしまう恐れがあります。

個人情報に対する危険性

このように、個人情報保護の制度が不十分な日本においては、デジタル化を進めるとともに、個人情報保護制度を抜本的に見直し、個人情報保護の強化と、現代の情報技術に対応する制度の構築をすべきでした。しかし、デジタル改革関連法は、個人情報を様々な場面で活用することによって経済的利益を生み出し、国際競争力を強化することに重きを置き、国民のプライバシー保護は二の次としてしまったのです。そのため、デジタル改革関連法によって、プライバシー保護は進展するどころか、後退してしまったといえます。具体的には、行政における個人情報の定義が狭められたこと、個人情報の移転が容易となり、提供の場面が増えたり漏洩することによる影響が大きくなっているにもかかわらず、第三者提供や情報収集に対する規制の強化がなされていないことなどが挙げられます。加えて、日本では自治体における条例によって先進的な個人情報保護制度が作られてきましたが、政府の説明では、改正個人情報保護法の下では、原則として個人情報保護法を超える規制を条例で設けることは許されないとされており、自治体によっては大きく個人情報保護が後退してしまう可能性があります。

そのような中で、強大な権限を持つデジタル庁によって強力にデジタル化が進められ、銀行口座とマイナンバーの紐づけ、マイナンバーカードの機能拡張（保険証、免許証との一体化やスマートフォンへの搭載）等が進められています。さらに、様々な個人情報を有している地方公共団体の情報システムが標準化され、データの移転が容易になることから、あらゆるデータが集中管理される危険性があります。政府は、集中管理を行うことは否定していますが、先述の通り個人情報についての権利性を認めず、容易に情報を収集できる上、広範に第三者への提供が可能である現行の個人情報保護法の下では、たとえ分散管理されていたとしても、実態的には集中管理されているのと同じと評価できます。

あらゆる個人情報がデータ化され、集約されて行政に知られることになれば、常に監視の危険性に晒されることになり、人々の行動は抑制的になります。そうすると、民主主義制度の前提である自由な意見表明が抑制され、民主主義自体が後退することになります。政府による不適切な個人情報の収集・利用を阻止するためには、強力な権限を有する監督機関が不可欠です。しかし、改正個人情報保護法では、個人情報保護委員会を監督機関として位置づけ、民間企業に限らず行政機関もその監督対象としたものの、その権限や組織の強化はほとんどなされていません。

デジタル改革関連法は、このように個人情報保護が極めて不十分な現状への手当てをすることなく、データの利活用などを目的に、デジタル化を進めようとする点で大きな問題があるといえます。

デジタル化による行政サービスの低下

デジタル庁が創設されてからもうじき1年が経過しようとしています。デジタル庁は、職員600人のうち、200人が民間企業出身者であり、そのほとんどが民間企業に籍を置きながら、副業として、デジタル庁の非常勤国家公務員として働いています。

先述の通り、デジタル庁はデジタル化について強大な権限を有していることから、国や地方自治体の政策運営に大きくかかわります。そのような組織で、民間企業に所属する人々が業務を行うため、当然、癒着・不正が懸念されます。マイナンバー関連の業務を行い、地方自治体情報システムの標準化の事務を行うこととされている地方公共団体情報システム機構（J－LIS）では、J－LISへ社員を出向させている企業に対して、1000億円を超えるマイナンバー関連事業を発注していたことが明らかとなっています。地方ではデジタル人材が不足しており、登用した民間企業のデジタル人材の判断を自治体職員がチェックすることができず、行政の判断が歪められる危険性がより高いと言えます。全国民・全住民のために運営されるべき行政機関が、特定の企業の利益のために運営されることはあってはなりません。

また、自治体は、政府が定める標準化基準に適合した情報システムを使用しなければならないとされました。その結果、これまでのシステムでは対応できていた施策が、標準化システムの下では実施できない、ということも考えられます。既に、周辺自治体と同じ情報システムを共同で運用していた自治体で、システムの改変（カスタマイズ）ができないことを理由に、議会で提案された施策が拒否されるという事例も発生しています。全国には2000弱の自治体があり、規模も課題も多様ですから、それらの自治体すべてで求められる施策に対応できる形で標準化システムが構築可能なのか、極めて疑問です。

さらに、デジタル庁は、日本経済団体連合会等を中心とする経済界の要望を基に、行政手続・官民取引をデジタルで完結させることを目指していますが、デジタル化し効率化することが全て是とされるべきではありません。自治体の窓口業務は、対面で住民から聴取等を行うことで、どのような問題を抱えているのか、どのような住民サービスが最適かなどを職員が判断し、住民サービスの提供を行うことができます。

しかし、完全にデジタル化されれば、そもそもデジタル機器を利用できない方は排除されてしまいますし、個々の事情に応じた柔軟な対応は困難であると思われます。

今後の課題

デジタル改革関連法は、国民の利益のためのものではなく、国家による市民監視、企業の利益追求の手段となります。デジタル化を進めるのであれば、データ主体としての権利をきちんと保障し、行政や民間企業による個人情報の取得及び利用、特にＡＩ等による個人情報の利用を適切に規制し、そのために強い権限を持った第三者機関により監督をすることが必要です。

社会におけるデジタル化は、我々の生活を便利にしてくれるものであることは確かです。しかし、その対価として、私たちはプライバシーという憲法上保障された権利を危険にさらしていることを十分認識し、これを阻止する法制度を構築する必要があります。

（大住　広太）

気候危機と日本の原発・石炭火力ゼロへの課題

IPCC第6次評価報告書と気候危機

２０２１年８月から２０２２年４月にかけてIPCC（注１）第６次評価報告書（AR６）第１～第３作業部会報告が公表されました。２０２０年に予定されていましたが、新型コロナ禍で延期されていたものです。２０２１年11月、COP26でのグラスゴー気候合意を含め、この間の気候変動対応をめぐる国際社会の動きの背景には、産業革命前から地球の平均気温が約１・１℃上昇している状況で、熱波や山火事、渇水、他方で何日も集中豪雨が続き河川の氾濫や斜面崩壊、台風の巨大化による高潮や洪水被害など生命や生活基盤を脅かす気候災害が日常化してきたことがあります。世界各地で頻発する気候災害の激甚化を目の当たりにして、１・５℃の上昇に止めることが不可欠との認識が高まってきました。

２０１５年にCOP21でパリ協定が採択されるとともに、COP21はIPCCに、２０１８年までに「１・５℃の気温上昇にかかる影響や関連する地球全体での温室効果ガス排出の経路」に関する報告を求めていました。この経過で取りまとめられたIPCC１・５℃特別報告書に加え、AR６第１作業部会報告では、人間活動が気候変動をもたらしていることは疑う余地がないとされました。グラスゴー気候合意では、人間活動によってその原因となっている地球温暖化を止めていくことが人類生存のための緊急課題であり、決意をもって１・５℃を目指すことが確認されました。そのためには２０３０年までに二酸化炭素（CO_2）などの温室効果ガスの排出をほぼ半減させ、２０５０年頃には実質ゼロとすることが必要とされています。新型コロナ禍やロシアのウクライナ侵攻といった当面の緊急課題とも底辺で共通する課題であり、否応なく、およそ一世代のうちに、化石燃料から脱炭素への歴史的なエネルギー転換を実現しなければなりません。なかでもこれからの10年が決定的に重要と指摘されています。気候変動問題はまさに切迫した人類の課題なのです。

地球温暖化がもたらす危険な影響

AR6では、30年に1度の猛暑日が1・5℃の上昇で約2倍、2℃の上昇で約4倍になること、海面水位は今後、数百年にわたって上昇し続けることなど、これまでのIPCCの指摘と比べてもより具体的に危険性が示されました。

第2作業部会は適応対策の重要性と可能性を提示していますが、人為起源の気候変動は、極端現象の頻度と強度の増加を伴い、自然と人間に対して、広範囲にわたる悪影響と、それに関連した損失と損害を自然の気候変動の範囲を超えて引き起こしています。地球温暖化は、短期のうちに1・5℃の上昇に達しつつあり、複数の気候ハザードの不可避な増加を引き起こし、生態系及び人間に対して複数のリスクをもたらし（確信度が非常に高い）、適応の限界を超える可能性があるとも指摘されています。農業や漁業など第1次産業への影響は深刻で、1・5℃の気温上昇でも温帯域のサンゴ礁はほぼ全滅し、生態系や沿岸漁業にも重大な影響を及ぼします。日本でも磯焼けや藻場の消失などによる浅瀬での漁業や農作物の品種改良がおいつかない状況になっています。まさに気候危機は現在の危機となっているのです。

気候変動の影響に脆弱な地域・人々

こうした気候変動に対する生態系や人間の脆弱性は地域間や地域内でも大きく異なり、世界で33～36億人

図表1　地球温暖化レベルの上昇に対する世界および地域のリスク

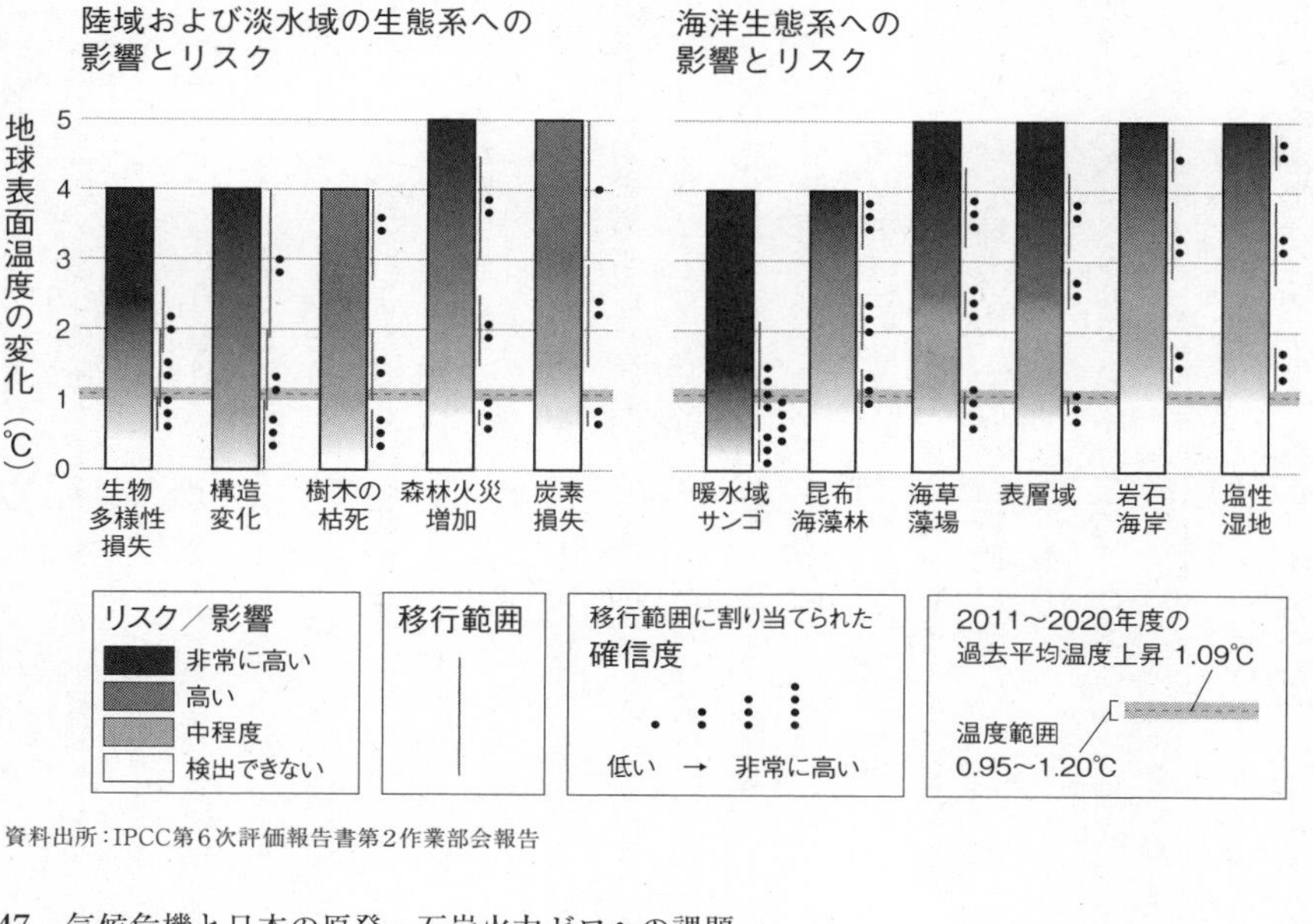

資料出所：IPCC第6次評価報告書第2作業部会報告

が気候変動に対して非常に脆弱な状況下で生活しています。これらの地域はこれまでほとんどCO_2を排出してきておらず、気候変動に対する責任はほとんどないのですが、今後もその悪影響をより強く受ける人々です。その地域や人々は、貧困問題や移民問題を抱えている地域でもあり、ジェンダー問題とも深く関連しています。これらの問題の遠因に気候変動問題があり、気候変動がより問題を深刻にしているからです。

急速に減少する残余のカーボンバジェット

AR6第3作業部会報告では、1・5℃の気温上昇に止める道筋として、世界で2025年までに排出をピークアウトし、2030年にはほぼ半減させ、2050年頃にはカーボンニュートラルを実現することが必要としています。しかし、この経路をとっても、地球温暖化が、次の数十年間又はそれ以降に、一時的に1・5℃を超える場合（オーバーシュート）、1・5℃以下に止まる場合と比べて、多くの人間と自然のシステムが深刻なリスクに追加的に直面する（確信度が高い）とされています。さらに、適応の限界が迫っていること、テッピングポイント（後戻りできない事態）に至る可能性も指摘されており、まさに気候危機の時代を生きていく現在の若者たちが世界の政策決定者たちに、1・5℃に止めるのに間にあう時間のなかで脱炭素を実現することを求めて声をあげているのです。

IPCCによれば、67％の確率で1・5℃の上昇に止めるとした場合、今後、世界で排出できるCO_2の量（残余のカーボンバジェット）は4000億トン。世界の現在の排出量の12年分程度しかありません。既存及び現在計画されている火力発電所を通常どおり稼働させれば、それだけで残余のカーボンバジェットが使い果たされてしまいます。

石炭火力の早期段階的廃止が不可欠

セクター別でみますと、発電部門が最もCO_2排出量が大きく、主要先進国は天然ガスの2倍のCO_2を排出する石炭火力の早期廃止に動いています。近年、再生可能エネルギーのコスト低下は顕著で、今後も低減すると見込まれており、最も安い対策でもあることが後押しとなっています。国際エネルギー機関（IEA）も、今後、石炭火力発電所を新設しないことはもとより、先進国は2030年までに、既にある石炭火力発電所で炭素回収貯留装置（CCS）を備えないものは段階的に廃止し、途上国も2040年までに廃止すべきとしています。

グラスゴー気候合意でも、具体的な削減対策として特に明記されたのが、石炭火力発電所の段階的削減（フェーズダウン）です。議長国英国は最後までこれをフェーズアウトさせるとした決議案を提示してきましたが、インドなどの抵抗で

図表2　過去の二酸化炭素（CO2）排出量及び残余カーボンバジェット推定値

1850〜1900年を基準とする気温上限までのおおよその地球温暖化（℃）	2010〜2019年を基準とする気温上限までの追加的な地球温暖化（℃）	2020年初頭からの残余カーボンバジェット推定値（$GtCO_2$） 気温上限までで地球温暖化を抑制できる可能性					非CO_2［温室効果ガス］排出削減量のばらつき
		17%	33%	50%	67%	83%	
1.5	0.43	900	650	500	400	300	非CO_2［温室効果ガス］排出削減量の増減により、左記の値は220$GtCO_2$以上増減しうる
1.7	0.63	1450	1050	850	700	550	
2.0	0.93	2300	1700	1350	1150	900	

資料出所：第６次評価報告書第１作業部会報告

フェーズダウンに止めざるをえませんでした。しかし、気候危機を回避するため、石炭の採掘も燃焼もやめていかなければなりません。ＣＣＳにも頼ることはできません。ＣＣＳを備えた石炭火力発電所は世界中でカナダの一基しかありません。後付けの設置コストが高く、ＣＯ^{2}の回収率も６〜７割程度で、大きく期待できる対策ではないことがわかります。

他方で、先進的取り組みを進める国では再生可能エネルギー１００％、石油・天然ガスの採掘拡大をやめさせ、廃止に向けた動きも高まっています。グラスゴー気候合意にも、「クリーン電力の実装とエネルギー効率を高める措置の急速な拡大によるものを含む低排出のエネルギーシステムへの移行に向けた技術の開発、実装、普及、及び政策の採用を加速することを締約国に求める。」との文言が加えられました。日本の動きはこうした国際社会の動きに逆行するものです。

アンモニア混焼で石炭火力の延命を図る日本

現在、日本には建設から60年を経過したものを含め、既に４８００万キロワットもの石炭火力発電所があります。うち、建設されて間もないもの又は建設工事中のものが、高効率と言われる超々臨界圧（ＵＳＣ）だけでも１０００万キロワット、小規模の亜臨界圧（Ｓｕｂ-Ｃ）も18基、１４０万キロワットもあります。２０２０年以降に石炭火力発電所を新設している先進国は日本だけです。

２０２１年４月に、日本は２０３０年のCO_2など温室効果ガス削減目標を２０１３年比46％に引き上げ、２０３０年の電源構成における石炭火力発電の割合を26％から19％に引き下げたにとどまります。電力供給における再生可能エネルギーは22～24％から36～38％に引き上げられましたが、エネルギー供給行動高度化法における非化石エネルギー比率（再生可能エネルギーと原子力）は44％のままです。さらに、「火力のゼロエミッション化」と称して、２０３０年までにアンモニアを20％混焼、２０５０年までにアンモニア専焼を目指すとしており、石炭火力発電設備を利用し続ける計画です。問題は化石燃料由来の水素とハーバー・ボッシュ法という製法によるアンモニアの製造過程で石炭火力とほぼ同じ程度のCO_2が排出されることです。これではCO_2の排出削減にはなりません。しかしながら、日本政府は２０２２年の通常国会で省エネ法やエネルギー供給構造高度化法などを改正して、化石燃料由来の水素やアンモニアも「非化石エネルギー」に加え、財政支援も追加して導入を推進しようとしています。

１・５℃の気温上昇に止めるための世界の残余のカーボンバジェットを人口割にした場合の日本の残余のカーボンバジェットは65億トン程度で、現在のCO_2排出量の６年分しかありません。アンモニア混焼を予定している石炭火力発電所は一部のみで、アンモニア混焼ではほとんど排出削減になりません。他方で、２０３０年の原子力の割合は20～22％も想定されています。もともと、安全性や放射性廃棄物の処理処分の道筋も立っておらず、現状でわずか６％に過ぎません。その不足分は石炭火力で賄うことになると思われます。このような石炭政策で進めれば、石炭火力からのCO_2排出量だけで日本の残余のカーボンバジェットを浪費してしまうことになります。これでは２０５０年脱炭素も、１・５℃目標の実現に向けた国際貢献もできません。本気で再生可能エネルギーの目標を引き上げ、導入に不可欠の電力系統への優先接続、送電網の整備、地域間連携線の強化などにこそ、政策措置を導入すべきです。地域住民や地域社会の参加の仕組みや、脱炭素の経済への転換に炭素の価格付け政策も急務です。

公正な移行への取り組み

２０５０年ネットゼロに向けた取り組みでは石炭火力から低炭素型産業への移行が不可避で、雇用の移動も伴うことになります。労働者への職業訓練の機会や新たな雇用の確保、化石燃料関連産業に依拠してきた地域における新たな産業の創出などが公正かつ円滑におこなわれる必要があります。ジャストトランジション（Ｊｕｓｔ Ｔｒａｎｓｉｔｉｏｎ＝公正な移行）と呼ばれるもので、どの国でも重要な課題となっています。海外では、脱炭素経済社会に向けて必要とされる再生可能エネルギーの拡大や低炭素経済への移行に不可欠のさまざまな新たな仕事の領域で多くの若い女性が活躍しています。女性が参加していけるよう、教育訓練の機会が求められます。

日本の排出構造を排出源別でみると、130の石炭火力発電所や高炉製鉄所、高温の熱利用を伴う化学工場など大規模排出事業所からの排出で日本の温室効果ガス排出量全体の50%を占めています。全国約1700の自治体のうち、このような大規模排出源を抱える自治体はごく一部ですが、これらの地域では、その雇用や地域経済に与える影響は小さくありません。地域の持続可能な町づくり、村づくりの課題であり、ここでも女性の参加が求められます。

（浅岡　美恵）

（注1）IPCC

国連気候変動に関する政府間パネル（Intergovernmental Panel on Climate Change）の略。1988年に国連環境計画と世界気象機関によって設立された国連の組織。各国政府からの推薦などで選ばれた専門家によって、5~7年ごとに、公表された論文やデータを評価し、気候の変化、影響、緩和や適応策について取りまとめて報告している。

Ⅲ　女性の現状と要求

はたらく女性

コロナ禍で女性正規労働者の働き方はどう変わったか―実態と課題

はじめに

コロナ禍により非正規雇用で働く女性は、雇用調整弁として扱われ失職し、経済的困難から、貧困と格差が一層広がりました。また女性の自死も急増しています。

日常的に人員不足の中で働いてきた女性正規職員・労働者にも様々な負荷がかかり、現場では環境の変化からハラスメントが増えている実態もあります。

コロナ禍により正規雇用の女性職員・労働者は、どのような働き方を求められたのか、実態と課題、労働組合としての課題、業種や職種における現状について記述します。

医療崩壊の危機が露わになった

医療分野では、新型コロナウイルスの発生時以降、現在においても医療体制の人的・物的脆弱さにより医療崩壊の危機が露わになりました。医療・介護の職場では、恒常的な人員不足に加え、新型コロナウイルスの対応が重なり、超過密・過重労働の実態が現在でも改善されていません。恒常的な人員不足の背景には、低い賃金、労働条件の悪さなどによる離転職の多さなどがあります。

発生当初は、医療現場で働く親を持つ子どもは園で預かってもらえない、迎えに行くと自分の子どもだけが別室で待っていた、医療従事者であることを理由に美容室の予約を断られる等、外からのハラスメントが多くありましたが、人員不足の影響から職場内でのハラスメントが増え、退職者が多数出るといった悪循環も起きています。

平常時から非常時に対応できる体制と正当な賃金の保障を

これまで医療3単産（日本医療労働組合連合会・日本自治体労働組合総連合（自治労連）・全国大学高専教職員組合）が中心に取り組んできた医療・介護・福祉の改善を求める国会請願署名を全国労働

組合総連合（全労連）と中央社会保障推進協議会（中央社保協）が「安全・安心の医療・介護・福祉を実現し国民のいのちと健康を守るための」国会請願署名として取り組み、2020年秋から300万筆を目標に、医療3単産と共同での取り組みを開始しました。この署名は、コロナ対策にもつながることから半年間で60万筆、紹介議員も増えました。しかし、国会はこの請願を審議未了としました。

新たに全労連・中央社保協・医団連（注1）で、「いのち守る緊急行動」を提起し、厚生労働省要請行動、Twitterデモ、全国の職場・地域からの「菅首相への手紙―コロナ禍 私が経験したこと」1万通を集約し、手紙に綴られた切実な言葉が世論を大きく広げました。その結果、岸田首相は「ケア労働者賃上げ（処遇改善事業）」を公約し、労働組合は、公約を確実に実行させるために、新たに「ケア労働アクション」を立ち上げ運動を展開しました。

全てのケア労働者の賃上げを目指し、労働組合が独自に調査を行いました。処遇改善の実施状況は、看護師16・2％、介護士53・4％。保育士91・3％、学童保育76％となり、しかも大半が民間事業所という結果でした。処遇改善の方法は手当が83％で基本給改善は13％にとどまっています（4月13日時点）。原因は、政府が示したケア労働者の賃上げが一部の職員・労働者に限定され、自治体の状況を考慮した制度設計になっていないことから、申請期間が短く手続きが間に合わない、2022年10月以降の制度継続の見通しが不明確だということがあります。現場では、賃上げ対象者と対象外の人との間で処遇改善に関する軋轢が原因のハラスメントも発生しています。

労働組合は、政府に対して引き続き医療・介護労働者の抜本的な賃上げが行われるよう行動しながら国民的世論を広げることが求められています。

公務職場の状況―深刻な人員不足

国家公務の職場では、新年度の人事異動直後に始まった在宅勤務によって、通常体制の半数で業務を遂行することになりました。子育て中の職員の中には精神的に追い詰められ、上司からのパワハラ言動、女性管理職は多忙のため指導判断に誤りが生じるなど、職場が混乱状態になっています。

自治体職場では、「行政改革」のもとに、職員削減や民間への業務委託が行われ、人員不足に加えた業務量増で「帰れない・休めない」状態が続き、残業が恒常化しています。

新型コロナウイルスでの非常事態宣言を受けた保健所は、膨大なコロナ関連業務が処理できず、緊急災害対応以外では考えられなかった夜勤や土日祝日の出勤、シフト勤務が導入され、過労死ラインを超える長時間労働が継続し、身も心も限界に追い込まれています。一部業務が外部委託されても最後は職員が担うことになります。他職場でもコロナ応援に配置換えされ、日常業務が遂行不能という異常な事態となるなど、どこの現場も業務増から疲弊している状況にあります。

自治体で働く職員は、労働基準法第33条があるため非常時には上限規制もなく働かなければなりません。自治労連は、時間外勤務に上限規制を設定させることや自治体職員増員のための財政措置を求め、キャンペーンを開始しています。

公設民営化や統廃合が進んでいる公立保育所は、正規職員不足に加え、経験の乏しい若い職員も多く、産休、育休代替職員の募集でも労働条件が悪いため応募がない実態にあります。非正規職員なしでは日常の保育ができない状況に加え、感染症の発生による新たな消毒・手洗いなど感染対策の業務が加わり繁忙を極めました。子どもの感染増加時には、職員も感染や濃厚接触者となり、休園しなければならず保護者にも影響がでました。

教育の現場では、「働き方改革」とは名ばかりで、教育実践以外の業務は減らず、教職員は増やさず、早く帰ることばかりが呼びかけられている実態があります。加えて新型コロナウイルスへの対応が迫られ、教育委員会の方針が定まらず、父母からの問い合わせや苦情などの対応、感染対策の徹底など職場は困乱状態に追い込まれました。

学童保育では

コロナ禍の影響で、学校が休校になったことで、半日だった勤務時間が早朝7時から子どもを受入れ、19時頃までの長時間勤務となっている職場もあります。通常業務に加え、感染対策の対応や感染予防から様々な行事が中止となったほか、「手づくりおやつ」が出せないといった状況で保育内容も変更せざるを得ない状況になりました。加えて、学童保育は、限られた狭いスペースで衣・食・住全てを一部屋で生活する環境にあり、不十分な制度がより露わになりました。

働き方の変更を余儀なくされている

「業種」と「家族構成」によっても働き方は大きく変わりました。在宅勤務やリモートができない職場では、通常の働き方では仕事が遂行できず、綱渡りの毎日となり、職場は混乱状態でした。

子育てや介護などケアを担う人たちは、感染拡大に振り回され、自身や職場内での感染がなくても、子ども・高齢者など家族が感染した時の負担が大きく、自身の働き方を変えざるを得ない状況にあります。また、職場では休暇を取る場合も子育て中や、特別に事情のある人が優先となり、有給休暇すら取れないとの声も出ています。加えて、2019年施行の改正労働基準法では、有給休暇5日以上の付与が義務化されたにもかかわらず取得することができない、職場でのハラスメントが増えた、退職者も出ているといった実態が報告されています。

在宅勤務が行われた職場では、在宅勤務者が多いことで、出勤した人に電話応対などの負担が増え、在宅勤務ができない現場では、不公平感が生まれています。また、暫定的に在宅勤務も可能になった場合は、労働時間管理や残業など課題がたくさん見えてきました。一例をあげれば、在宅だと水道・光熱費や通信料の負担増、機材購入費も、全額請求できていないという声が聞かれます。職場と家が同じため、限られた部屋を複数の家族が共有する、仕事をしながら家事も行い、女性に過重な負担がかかります。夫の在宅勤務によって、配偶者の家事が増加する等々、旧来からの役割分担によるジェンダー格差も浮き彫りになりました。政府統計でも小学校3年生以下の子どもがいる家庭で3割の女性が「家事・育児時間」がいずれも「増えた」と実感したという調査結果があります。

おわりに

コロナ禍によって様々な領域で矛盾が拡大し、貧困と格差を鮮明にしました。とりわけ、子ども、女性、高齢者、障害者に顕著に表れています。雇用労働者で真っ先に仕事を奪われたのは、非正規雇用の女性たちでした。アルバイトがなくなり学費も払えない学生たち、仕事を失った非正規雇用労働者たちへ全国各地で共同した生活支援の輪が広がりました。しかし政府が行ったのはわずかな給付金の支給でした。政府は「骨太方針」で、少子化を背景に労働力不足への対応を迫られ、男女賃金格差の是正を言わざるを得なくなっています。その一方で「雇用関係によらない働き方」に示される「多様な働き方」の推進も強めようとしています。

正規雇用労働者の切実な要求は、第1に人員増（54・2%）、次に賃金の引き上げ（49・3%）という全労連女性部調査の結果（2020年4月から7月実施）が示すように、賃金等の均等待遇を実現すること。長時間労働ではなく8時間以下労働を守る法規制などを国際基準に倣うこと。最低賃金を全国一律1500円に引き上げること。これらを実現することが喫緊の課題です。政府が「女性活躍」を掲げるのであれば、真の活躍を可能にする、働く権利の確立を図ることが重要な課題となるのではないでしょうか。

（寺園　通江）

（注1）医団連：医療団体連絡会議（全国保険医団体連合会・全日本民主医療機関連合会・日本医療福祉生活協同組合連合会・新医協（新日本医師協会）・日本医療労働組合連合会）

ポストコロナの商店街の今後
――ネットを味方につけよう

地元商店街の重要性

近年、ローカル（地元）ファーストという言葉が地方創生の中で注目を集めています。地元（ローカル）の商店街でなるべく買い物をするなど地元での消費を増やせば、地域内に資金が還流し持続可能な経済社会が達成できるという理論です。興味深い数値例があります（注1）。人口1万人の町があり、その平均所得が200万円としましょう。この町で地域住民の年間所得のうち1％を地元のものを買おう、と決めたらどうなるでしょうか。1万人がこの消費活動を行った結果、単純計算で2億円が地域のお金として還流することになります。この部分を雇用に回した場合、最大で100人を雇えることになり、新しい産業を生みだすかもしれません。このように、地域での様々な消費活動が、生産活動を事後的に発生させるかもしれない、というわけです。

地元のものを買う、という行為は、地域の産業力を育て最終的に地域の自立度を高めることになるのです。ところで、ここ数年新型コロナの影響もあって、地元での消費の場を担ってきた商店街が疲弊してきています。私は、過去30年にわたり、商店街の再生について研究をしてまいりましたが、本稿では、「商店街、これからどうしたら良いのか？」について、そのヒントとなる「ネットを味方につけよう」の視点を中心に述べたいと思います。

がんばろう商店街事業の利用

ところで、最初に指摘させて頂きたいのは商店街再生においては現在利用すべき公的な助成事業、助成金をうまく使いこなすことです。

政府は2020年4月、商店街のイベントなどを支援した「Go To 商店街キャンペーン」を発表しましたが、その後の新型コロナ感染者の増大で一度はストップしましたが、その後は名称を「がんばろう商店街」に変更し、新しくスタートすることとなっています。

この事業はいわゆる3密対策など、感染拡大防止対策を徹底しながら商店街が実施するイベントに対し、1者による単独申請の場合は400万円上限（200万円まで定額支援）が支援され、また、その他規模（2者以上）についても上限はあるものの、支援額が400万円以上に引き上げられるものです。商店街、飲食店街、温泉組合なども対象になります。対象となるイベントは、商店街イベント、プロモーション制作、新たな商材の開発等多種にわたります。特に、ネットでの販売やホームページの作成など、デジタル化についてもいろいろできそうです。

　コロナの時代に私が商店街のデジタル化に注目するのは、非接触で商売ができる点と、商店街の皆さんが有するこれまでのお客さんに加え、遠隔地を含め、さらに新しい顧客を増やすことができるからです。さらに、ただ単に生産工場等から商品を運ぶだけの通常のネット販売に比べて、「地元とのつながり」を有する商店街の皆さんのネット取引の方が、営業効率の点で、優位な位置にいるからです。

　以下、最近私が注目をしている宮崎県高鍋町の商店街活性化の事例を見てみましょう。

宮崎県高鍋町　インスタグラムを利用して若者たちが商店街を紹介

　宮崎県高鍋町（人口約2万人）では、商店街メンバー約15人が活性化のためのワークショップで意見を出し合い、2022年1月に具体案を実行しました。

　その活性化案というのが「和服を着て街を歩き、写真をネットで紹介しよう」というものです。高鍋町では1月5日に成人式（市役所近くのホール）が行われましたが、そこで集まった若者を城下町の情緒あふれる商店街内に誘い、「写真映えするスポット4カ所」をスタッフが用意し、そこで記念撮影を行い、すべてのスポットを回った新成人には景品を渡すというものです。同町の新成人は170人でほぼ全員が町が主催する式典に参加しましたが、式典終了後、その約1割が商店街内のこの撮影企画に参加してくれました。

　また、ここでもう1つ活躍したのが、若者で大人気のインスタグラムと呼ばれるネット媒体です。これは、自分が撮影した写真や動画を無料で共有できるネットサービスで、スマートフォンさえあれば、だれもが写真付きの情報発信ができます。今やテレビやラジオを抜くほど宣伝力があります。

　彼ら自身、商店街のあちこちでスマートフォンで撮影を行い、その写真はインスタグラムを経由して各地に流されたのです。この結果、思った以上に商店街の広報がなされることとなりました。

　コロナ禍でも平時でも「広報」は重要です。製作費がかからない新しいメディア「インスタグラム」を用いた再生方法に注目しています。高鍋町のような規模は小さくても影響力が大きい実施体験の積み重ねが大事なのです。

女性目線の新しい農業経営から学ぶ新しい商業

　続いてご紹介する事例は、和歌山県紀の川市（人口約6万人）、おいけファームの実践です。農業（農地）再生の分野ですが、商店街の活性化にも応用できる興味深い事例です。

　2019年、和歌山県内の耕作放棄農地で、地元の地主さんから無料での利用を許可された農業倉庫を改良して、産直販売所「おいけのまど」を落合彩矢さんがスタートさせました。また、農業体験教室や週末農業なども実施しています。

もともと、落合さんたちは農業と関連させた観光地づくり、インバウンド誘致事業をしたいとの考えから始めたのですが、メンバーと話し合う中で様々な地域の課題が存在し、それらを解決したいと思うようになったそうです。メンバーには海外での生活体験者などもおり、「好きなところで自由に活動する」を基本とする経営スタイルです。この「おいけのまど」は土曜日、日曜日のみの営業で、皆さん副業アルバイトです。総勢7人で構成され、グラフィックデザイナーや、ファイナンシャルプランナーなどの肩書を持っています。

2022年1月時点では、ほぼ毎月、黒枝豆の収穫などを中心に農業収穫体験を実施しています。かつては年に4回程度でしたが、ニーズは多く回数を増やしました。午前中に収穫した枝豆は、のちに皆さんとランチで頂くのです。参加費は3500円ですが、ランチ代金込みなのでお手頃と言えましょう。参加者は電車に乗るのでお酒も飲めます。ネットショップでの販売も実施しています。トウモロコシ(ドルチェドリーム)なども栽培し、都市部では大変な人気があるといいます。

最近では、畑で採れた野菜を用いてのオンライン(ネット)・クッキング教室も実施するようになりました。会費は無料ですが、オンライン上で紹介された野菜は注文があれば希望者に直送するようなシステムになっています。また、このオンライン講座を受講した方には、最後に「寄付」という形で参加費を募ることにしていますが、この仕組みが興味深いのです。「楽しかった」と感じた人は投げ銭と呼ばれる「寄附金」を拠出し、つまらなかったと感じる人はこの講座料金を支払う必要はないのです。

この事例は商店街の再生にも応用が可能といえます。この組織は「副業」で「週末」に集まるという形で労働力を確保しています。自由な時間に自由に商売を行うことができます。また「耕作放棄農地」を商店街の空き店舗と考えれば、空き店舗で、堅苦しくない自分のライフスタイルにあったビジネスが可能です。この視点がこれからの商店街の再生には不可欠です。例えば、空き店舗を利用して、「無料」の料理教室を仕事帰りのビジネスマンなどを対象に商店街内で開催するというのは如何でしょうか。周辺の農家や漁業関係者も巻き込めます。

さらに、ネットも積極的に利用しましょう。商店街から発信する「オンライン料理教室」なら、顧客が一挙に全国に増えます。先述の「投げ銭」という手法で、オンライン教室を気に入ってくれた人から寄付金を募ることもできるのです。

おわりに

本稿の冒頭で述べさせていただいたように、地方商店街の再生においてまず大事なのは商店街活性化の必要性を市民の皆さんで共有することでしょう。私は5年ほどの間、イギリスを中心にヨーロッパを歩きましたが、どの国も商店街を大事にしていました。それは、地域が地域であるための個性の源泉だからです。商店街には歴史を綿々と受け継ぐ店などもあってその町の個性を形作っています。

今回ご紹介したローカルファーストという言葉は、地方を閉鎖的なものにするのではなく、地方の魅力を再発見して、その魅力を地域住民して外に発信することを意味します。観光とは地域の「光」を「観る」こと。地域が輝いていない場所にお客さんも来ないからです。どこにでもあるようなお店ばかりでは、観光客だけではなく地元住民も離れてしまいます。

また、最後に女性の視点の必要性について。今回ご紹介したコロナ禍における商店街の再生方法には、若者が好きなインスタグラムを用いての広報、オンラインでの料理教室などでの集客、集金システムの開発などがありました。写真撮影でも料理教室でも、女性の視点が不可欠です。先に紹介した和歌山県のおいけファームの代表の落合さんも働く女性目線を新たな地域マーケティングに役立てておられます。

これからは、コミュニティーの場の創出のためには、男性、女性両方の視点を取り入れながら、商店街の強み（魅力）を生かす策が必要になります。商店街の現場は割と男性でやや高齢の方が多いような印象を持つ人も多いでしょう。これからの時代、女性を含め、地域の若手にも手伝ってもらい、デジタル化を推進することで、商店街はコロナ禍においても十分に収益を上げることが可能となるでしょう。今は大変な時期ですが、無理のない範囲で是非とも取り組んでいただけましたら幸いです。

（注1）藻谷浩介（日本総合研究所調査部主席研究員）氏の分析を参照。毎日新聞「和歌山データラボ　和歌山地方版にて藻谷浩介氏の分析を紹介」２０２１年11月19日参照

（足立　基浩）

食料危機をのり越えよう
―世界と日本の女性農業者のいま

はじめに

2022年2月のロシアによるウクライナ侵攻によって、2022~23年には食料危機が再発すると国連食糧農業機関（FAO）が警鐘を鳴らしています。国内外の農業者は、かねてより気候危機や貿易自由化、消費構造の変化等によって苦境に立たされていましたが、2020年からは新型コロナウイルス（以下、コロナ）の世界的流行によって大きな困難に直面していました。ウクライナ危機は、農業者にとって追い打ちとなっています。消費者もまた所得の減少や失業、食料・エネルギー価格の高騰によって生活を脅かされています。

日本の食料自給率は37％（カロリーベース、2021年）と過去最低を記録しています。20年ぶりの円高と約30年上昇していない実質賃金によって、農と食を取りまく危機は今後一層深刻化すると考えられています。こうした社会の危機のしわ寄せを最も受けるのは、弱い立場に置かれがちな女性です。こうした多重の危機に直面している農業女性たちは、いまどのような状況にあり、どのように危機をのり越えようとしているのでしょうか。

新型コロナウイルス禍とウクライナ危機

日本の主食の米は、食生活の欧風化や人口減少、高齢化にともなって年々需要が減少し、価格が低迷してきました。コロナ禍によって学校給食や外食の需要が減少し、所得減で家庭の需要も伸び悩んでいるため、2020~21年度はさらに大幅に米価が下落しました。現在の米価は再生産費を大きく下回っており、大規模な米農家でも生産を続けることが困難になっています。政府は、このような状況でもなお外国産米を輸入し続け、国産米を買い上げて低所得者層に配給する支援に乗り出していません。酪農家も乳製品の需要の落ち込みの影響を受けており、2021年末~22年春に大量の生乳廃棄のリスクが高まりました。また、牛肉や果物、花等も外食や贈答の機会の減少によって需要が減少し、厳しい状況に置かれています。

コロナ禍による穀物輸出国の禁輸措置や外出制限による物流の混乱、燃料価格の高騰に追い打ちをかけたのがウクライナ危機です。ロシアとウクライナは、世界の輸出市場で小麦の3割、飼料用トウモロコシの2割を供給しています。その供給が滞ったため、小麦の国際相場は2021年12月末から2022年3月上旬に1・8倍に高騰しました。2022年4月の国連の報告によると、2014~16年を100とした世界の食品価格指数は、2020年以降上昇しており、

2022年3月には160と過去最高を記録しました。21世紀に入ってから食料価格はすでに3倍になっています。さらに、ロシアは世界有数の化学肥料の原料の輸出国なので、国際的に肥料価格も高騰しています。

日本の農地の過半は水田であり、農業者の約8割が米を生産していますが、米価をはじめとする農産物価格は低迷しています。そこに肥料、飼料、燃料、電気代等の値上がりや供給不足が襲い、かねてより高騰していた人件費や輸送費と相まって農業経営を窮地に追いやっています。農業者のうつ病の発症率や自殺率は、国内外ともに他産業より高くなっており、コロナ禍やウクライナ危機によって、家庭内で弱い立場に置かれやすい女性への悪影響が懸念されています。

農業分野のジェンダーギャップ

世界的にみても女性農業者が置かれている立場は厳しいものです。女性は、世界の農業労働力の40％を占めていますが、農地全体の15％しか所有していません（世界農村フォーラム2022）。また、農村の女性は男性よりも1日当たり2時間長く労働しています。これは、農作業に加えて家事や育児、介護等の労働を主に女性が担っているためです。

日本のジェンダーギャップ指数（世界経済フォーラム）は146カ国中116位（2022年）と低く、特に政治分野では139位です。また、男女の経済的権利の格差（世界銀行）で日本は190カ国中80位（2021年）です。コロナ禍で女性の就業の不安定化や賃金の低下、家庭内暴力、うつ病、自殺の増加等が問題になっています。2022年5月に議員立法で成立した「困難な問題を抱える女性への支援に関する法律」が、女性農業者にも活かされることを願います。

日本の農業分野では、指導的地位に占める女性の割合を高めることを目標としていますが、現状と目標の間には大きな乖離があります（図表1）。JA（農業協同組合）の女性比率は役員が9・4％、総代が10・2％、正組合員が22・9％（2021年7月）と増加しているものの、土地改良区の理事では0・6％（2016年）にとどまっています。

ジェンダーギャップ解消にむけた取り組み

女性率が低い日本の土地改良区の理事に対するアンケート調査（農水省）によると、76％が女性の活躍の推進が土地改良区、農業、農村の振興につながると回答しました（日本農業新聞2021年4月7日付）。実は近年、土地改良区で「女性の会」が相次いで設立されています（同5月4日付）。全国レベルと都道府県単位で22組織（2021年）があり、土地改良区や県組織の職員、農家等の女性で構成され、研修や視察の実施を行っています。

しかし、農村や農家では「女性は家に居るもの」という固定観念がまだ強く、女性自身も指導的立場になることを期待

図表1　第5次男女共同参画計画における農業分野の成果目標

項目	現状	目標
10〜20代女性の人口に対する転出超過数の割合	1.33%（2019年）	0.8%（2025年）
農業委員の女性率	12.1%（2019年度）	20%（早期） 30%（2025年度）
ＪＡ役員の女性率	9.1%（2020年7月）	10%（早期） 15%（2025年度）
土地改良区理事の女性率	0.6%（2016年度）	10%（2025年度）
認定農業者数の女性率	4.8%（2019年3月）	5.5%（2025年）
家族経営協定の締結数	5万8,799件（2019年度）	7万件（2025年度）

資料出所：日本農業新聞（2021年4月26日付）をもとに作成（原資料：内閣府資料）

されてこなかったため役職に就くことを希望しない場合もあります。個人や集団の意識を変えていくためには、幼少期からの家庭や学校、地域の教育を見直す必要があるでしょう。

農業を営む家族の構成員間で締結する「家族経営協定」（1995年導入）は、家族が経営方針や役割、就業条件、給与等を話し合って取り決める制度です。農業女性は、農作業に加えて家事や育児、介護を担っていることが多く、農業男性より長時間労働になりがちですが、同協定を結ぶことでシャドーワークを見える化できると期待されています。ただ、締結率は5％程度にとどまっています。

内閣府の調査（2021年）によると、「育児は女性がするもの」「育児中の女性は重要な仕事をすべきでない」という無意識の偏見（アンコンシャスバイアス）を76％の人が持っています（日本農業新聞2021年10月20日付）。まずは自分自身の中にある偏見に気付き、それを見直すことが農業女性の状況改善のためにも重要です。そのためには、所得税法56条を見直して、農業女性の人件費を必要経費として認めることも求められます。

また、農業女性にとって夫婦が別姓を名乗れるようになることも大きな意義があります。現在の制度では、結婚前に「○○さんの野菜」として人気を博しても、結婚後に苗字が変わることで商品を認知してもらえなくなったり、夫婦で農場を共同経営していても、女性が男性の「お手伝い」と見なされたりすることが少なくありません。農業女性が個として尊重・評価されるためにも、夫婦別姓の導入が望まれます。

都市・農村の新たな動向

全国で過疎指定を受けている自治体814市町村のうち10・2％で人口が社会増に転じています（2015〜20年の国勢調査の比較）。また、過疎自治体の39・6％で30代の女性数が増加しました。持続可能な地域社会総合研究所の分析によると、過疎自治体の8割では、人口の1・5％未満が移住し定住することで将来的な人口の安定が見込めます（日本農業新聞2022年4月2日付）。

近年、都市から農村に移住する「田園回帰」の流れが注目されていますが、コロナ禍によるテレワークの普及や過密を避けたい人の増加でこの傾向が強まっています。移住者や2地域居住者の中には、副業として農林漁業を始める人もいます。基幹的農業従事者のうち女性は51万2000人（39％、2021年）と減少傾向ですが、2019〜20年の比較では、新規自営農業就業者は全体で6％減少しているものの女性は7％増加しています（農水省）。また、新規雇用就農者数は全体で1％の増加でしたが、女性は12％増加しました。女性が定住・就農し、子どもを産み育てられる農業・農村にしていくことで、持続可能な農と食、ひいては持続可能な社会を展望することができるでしょう。

おわりに
連帯する生産者と消費者

コロナ禍によって、女性農業者や農村女性のエンパワーメントに取り組んできた海外の活動家仲間たちが命を落としました。それは、言葉を失うほどつらい出来事でした。女性農業者や農村女性は、コロナ禍の外出制限を守れば生活が成り立ちません。また、都市の消費者の食を支えるために、彼女たちは危険を冒して農産物を市場に届けていました。そして、コロナ禍を逃れて都市から農村に帰ってくる家族たちを受け入れていました。女性農業者や農村女性は、コロナ禍において最も脆弱な立場に置かれ続けています。それでも、農村の農業者と都市の消費者は連帯することを諦めていません。

コロナ禍とウクライナ危機によって、改めて食料自給の重要性と農業生産者を支援することの重要性に消費者が気づき、お互いを支え合う関係、すなわち連帯経済を構築することを世界各地で模索しています。日本でも、連帯の輪が広がり、持続可能な農と食のあり方（アグロエコロジー）が実現されることを願っています。

（関根　佳恵）

人とくらしを支える福祉事業と労働者の実態

大阪市社会福祉協議会の事業

全国で市町村社会福祉協議会（以下・社協）のないところはほぼないはずなのですが、社協のしていることは「何となく福祉?」程度で、意外と知られていないと思います。私の働いている大阪市社協の特徴としては、政令市であることから他の市町村社協と比べてかなり大きな社協組織になっています。大阪市24区全域の各区社協や指定管理等を受けている老人福祉センター・子ども子育てプラザ・公募事業の生活困窮者自立支援事業、介護保険と障害認定訪問調査員、包括支援センター、独自事業としてデイサービスなどを合わせると職員は1000人を超えています。

しかし、交付金や助成金、短い期間の公募事業で正規職員の雇用は難しく、7割が非正規職員です。入職した1996年ころは、ほぼ正規職員配置でしたので、ここ25年ほどで組織の在り方は大きく変わってきました。

社協は、社会福祉法に定められている「地域福祉を推進する団体」です。名前の通り地域の福祉のまちづくりを推進する、いわゆるボランティアの育成や調整、福祉のまちづくりへの支援です。住民が孤立しないように地域で見守りができるようなネットワークを作ることもひとつです。

地域支援事業以外は、大阪市の方針により「民間でできることは民間で」「聖域なき改革」によって、1年～5年の期間で行う指定管理や公募事業が中心になっています。委託事業もいくつかありますが、数字で評価をされ、人件費が削られていく一方で、正規職員を安定して雇うこともままならず、決まったパイを労働者間でどう分けるか? だけがここ数年の課題になっている状況です。

コロナ禍での労働実態

(1) 福祉資金貸付業務

コロナ禍で事業に大きく影響したのは「コロナ特例貸付」でした。コロナの影響を受け、就労での収入減少や離職をしてしまった場合に無利子で貸し付ける福祉資金は生活の支えです。これまでに通算9回にわたり期間延長され、もう2年以上特例貸付を行っています。

私の勤める区社協は、外国籍住民やものづくりが盛んな個人商店が多く、新地と呼ばれるお茶屋さんや風俗の店舗の多い区でもあります。毎日をぎりぎりの生活費で送っている不安定雇用の方や無年金、もしくは年金が低い方も多いところです。コロナ禍での収入の減少により「来月から家族が暮らしていけない」という訴えも非常に多く、当初は朝から晩まで電話の問い合わせや窓口対応を含めた貸し付け業務におわれていました。

２０２０年は、通常の緊急小口資金と総合支援資金を含む生活福祉資金の貸付が1年間で74件程度でした。コロナ特例の緊急小口資金・総合支援資金の貸付は８３９０件。２０２1年度は、通常の福祉資金が年35件、特例貸付は６００５６件になります。２０２０年度の10カ月の期間で９０００件近くの貸付相談、書類作成等を行ったことになります。

貸付の始まった4月以降は毎日１００件を超える貸付業務を行ってきました。会議室を1室貸付業務の部屋に位置づけ、全職員がローテーションを組み、相談・窓口対応・電話・発送業務についても回りません。本来生活再建のための福祉資金であったはずが、ゆっくり話を聞くことさえできない悶々とした日々が続きストレスは非常に高くなりました。コロナ禍でも書類は対面で1件あたり30分以上かけて記入してもらい手続きを行っていました。通常業務の時間は電話と面接を行い、残業や休日に出勤し書類を作成し府社協に送る毎日でした。あの時に感染しなかったのが奇跡のようです。

(2) あんしんさぽーと事業

あんしんさぽーと事業（日常生活自立支援事業）は、全国的に社協が受けている事業です。認知症高齢者、知的・精神障がい者等の方で判断能力が不充分な方の権利擁護事業です。生活保護制度、介護保険や医療保険制度、障害者総合支援制度などの幅広い知識や相談援助の高度なスキルが必要です。

国庫補助はかなり低く大阪市のような大都市で利用者のうち生活保護者が7割を占めるところでは市の補助金もプラスされていますが、その額は正規職員を雇用する金額には満たず、正規職員配置のない区もあります。この事業は、現在、6～8割が非正規職員で支えられています。しかし、生活支援員も含めて5年の雇い止めの不安定雇用形態でもあり、数カ月から数年で退職していきます。ベテランの相談員が定年退職していくなか、事業のノウハウが引き継げない危機的な事業になってきました。

貧困ビジネスが横行する大阪市でのあんしんさぽーと事業の役割は大きく、需要も多いです。現在、正規職員は24人ですが、社協が福祉のプロフェッショナル集団として機能し、技術を維持継承できるよう人材育成するためには、5年の雇い止めを早急に見直し、ベテラン職員を手放さない手だてを今すぐ検討し、職員の処遇改善など抜本的対策を求めています。

コロナ禍で私たち相談員が媒体になるおそれから、事務所で支払いのみして、電話で様子を伺い面会は控えたり、個室にも入らない、フロアで距離をとって数分で帰るように、職員には感染対策を徹底しました。自宅訪問の場合も最低限の作業にしています。個別相談は、広い会議室で、ミーティングも同様です。職場は寒くても窓を開け換気をしています。

コロナ禍でも、市社協から出る指示は、あんしんさぽーと事業を利用したいという待機者が多いことから、「待機者を解消しろ」です。

社協だからこそできる権利擁護の視点は、貧困ビジネスや施設の不正を指摘できる役割として大きいと感じています。しかし、今でも日々の金銭管理に追われていること、人材が育っていない状況で、職員が減れば、待機件数が増えることは明白で、現在のサービスの維持は困難です。

区内の利用者の有料老人ホームでも、20人ほどクラスターがでています。利用者の暮らしと権利を守ることと並行して、私たち労働者の生きる権利と安全を守る対策を求めています。

(3) 訪問調査

コロナ禍で介護保険の更新が延長され、訪問調査のケースが少なくなりました。訪問調査業務は、公募事業で出来高払いのため、調査件数が（コロナの影響で）少なくなったものは、人件費が措置されず、労働者にとっては収入が少なくなる状況でした。この足らずの人件費を補うため介護支援専門員の資格を持ち、訪問調査員として雇用されたにもかかわらず、急に週の半分を貸付業務に就くように指示が出ました。この提案で「契約と違う」とアルバイトの調査員の退職が相次ぎました。

また数日前に調査に行った先の利用者がコロナに罹患していたことがわかり、発熱した調査員が、数日待ってやっとPCR検査を受けました。この間の休みは年休を使わなくていけません。介護保険の新規利用は調査をしなければならず、利用者の権利を守るために訪問調査は断れません。前日に利用者に電話をして、体調等聞き取り確認しながら訪問するようにしていますが、毎日コロナに怯えながら調査に行っています。

訪問調査員は、介護保険事業に関わる業務を担う職員でありながら慰労金5万円の対象になりませんでした。介護を含む福祉業務に携わるケア労働者すべてに同様の処遇が必要だと感じています。

(4) 地域支援

緊急事態宣言が出ても、職員には、なんの対策も示されていません。在宅勤務や時差勤務の指示もなく、1人の職員から発症があれば、職場は全滅かな？　と毎日ドキドキしています。こんな時に大きな災害が起こっても、災害ボランティアセンターの立ち上げなんてできません。

コロナ禍で地域の見守り活動の一環として行われてきた100歳体操や、高齢者の食事サービス、子育てサロンも止まっている時期が長く続いています。コロナ禍が終息しても地域活動が再開できるのだろうか？　こういう時だからこそ、地域への伴走が必要なのに貸付に追われて地域に関わることができないことが不安です。

(5)　地域包括支援センター

コロナ禍で特に1人暮らしの認知症の高齢者は、ワクチン接種が理解できず棚上げ状態です。意思決定支援と言われるガイドラインも出ましたが、身寄りも無い孤立している人は、判断できず、支援者が話しても接種を「イヤ」と言われてしまうと前に進みません。

在宅ケアの訪問に頼るしかないけれど、訪問介護はもともと人手不足、十分には防護服もありませんでした。介護職は感染対策を行ったケアの指導研修も医療職に比べると遅れています。もともと少ない訪問介護事業者は、ヘルパーさんを募集しても確保するのが難しく、コロナ禍前からヘルパーさんの確保が厳しい状況であったのが、このコロナ禍で更に顕著になりました。

子どもの感染も広がり、自分が感染しているかもしれない不安と緊張は続きます。

おわりに

「ひと」とかかわる事業とは、どの福祉職場でもコロナ感染のリスクは非常に高いと思います。医療や福祉施設のようなところはもちろんですが、私たちのような見えにくい福祉職場では、エッセンシャルワーカーとは呼ばれず、保障や対策はほとんど取られていません。ワクチンの優先接種も、ＰＣＲ検査もありませんでした。職員のメンタル問題も棚上げされています。

コロナ禍が長く続く地域では、孤立死の問題や高齢者の不活性からくる認知症、子どもの虐待や不登校の問題など課題は山積みです。地域の中で、人とのつながりが分断される中専門性を問われる私たちは社協労働者として地域を支え続けられるのだろうか？　不安は続いています。

コロナ禍での貧困は、非常勤での就労が当たり前になっていることや、全世界的な災害でも、自己責任が問われ収入がなければ貸付を受けて借金で生活を支えなければいけない社会制度の在り方に問題があります。

社会の問題を「貸付」という社協に丸投げではなく国民の暮らしを支える社会保障の構築が求められます。

（篠崎　ゆう子）

女性非正規雇用者、大学非常勤講師の悲惨な実態と課題

今なぜ非正規雇用者が問題か？
―増えている非正規雇用者、コロナ禍での悲惨―

今、世界第３位の経済大国日本は、新自由主義的経済競争とアベノミクスの中で、アメリカと共に経済の頭打ちが長く続き、経済的には衰退の方向に向かっています。正規雇用の平均賃金は、２００１年の４６５万円から２０２１年には４３３万円と、20年で９・３％、一割近くも実質的に低下しています（注１）。物価は上昇しているのでさらに貧困感は拡大し、合わせて非正規雇用が広がっています。

令和３年（２０２１年）の雇用者率をみると、正規雇用者は、63・３％、非正規雇用者は、36・７％、ほぼ４割近くが非正規雇用者となっています（注２）。男女別ではさらに際立っており、男性が22・２％、女性が56・６％。女性の実に６割近くがパートなど非正規労働者です。男女の賃金格差は生涯賃金で１億円に上ると言われています。

実は、大学の職員や教員も半分は非正規雇用なのです。特に首都圏の私立では、６割以上が非正規雇用の教員から

図表１　日本の労働人口構成（非正規労働者が40%近い）

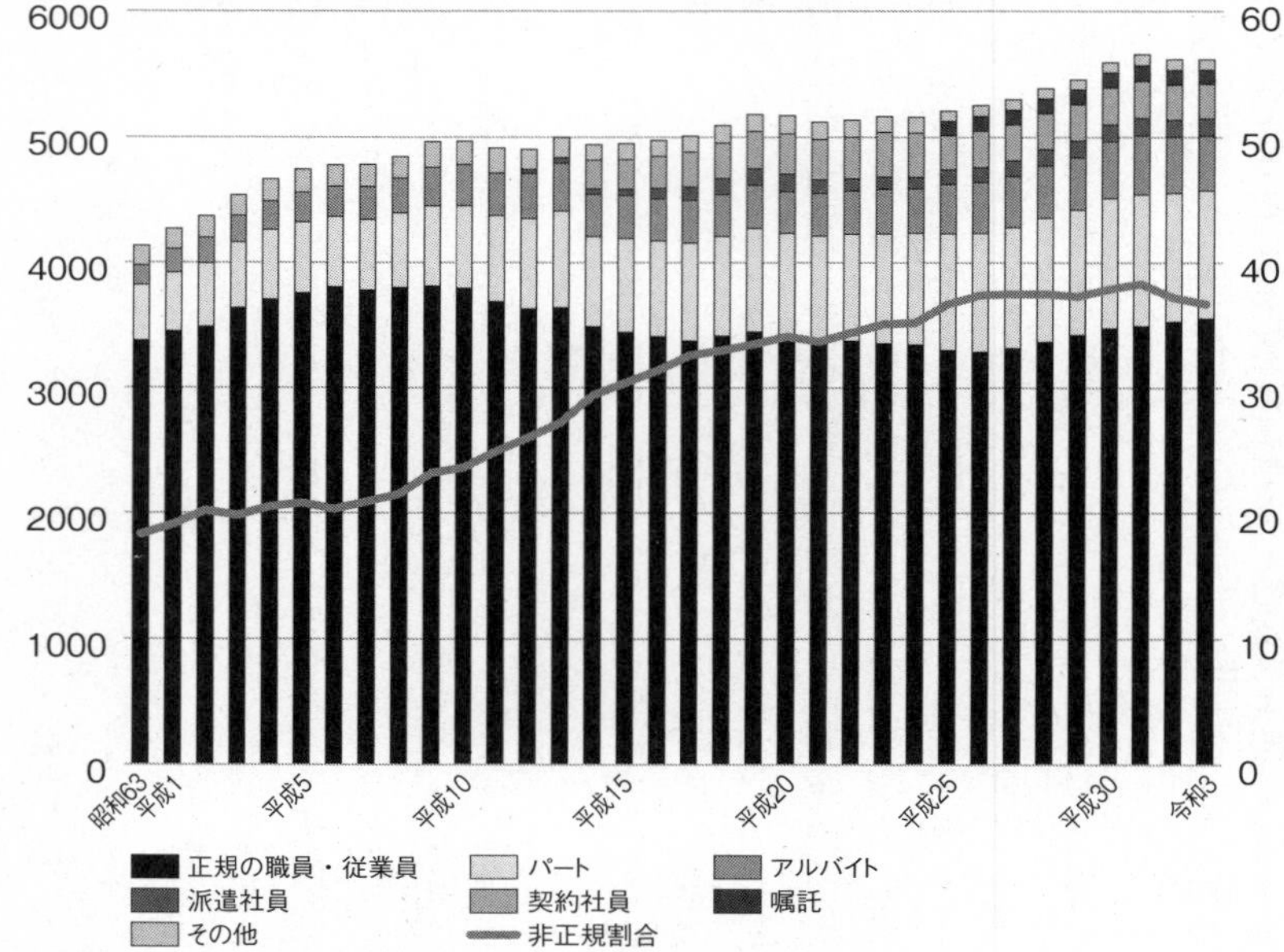

資料出所：総務省統計局『労働力調査 長期時系列データ（詳細集計）』より作成

なっているところもあることが統計で明らかになっています。その背景には、大学院に行き、修士号や博士号を取得しても、なかなか正規の就職ができず、一旦就職しても3から5年の任期付き教員を繰り返す、という不安定な現状があるのです。

ブックレット刊行と8党への質問状・記者会見

こうした中で、日本を代表する学者組織、日本学術会議の会員・連携会員やそのOGからなる女性たちによって作られた「女性科学研究者の環境改善に関する懇談会：JAICOWS」のメンバーによって、非常勤講師に関するアンケートがとられ、2021年3月末に、『非常勤講師はいま！―コロナ禍をこえて』というブックレットが出版されました（注3）。

岸田内閣は、発足とともに「新しい資本主義」を掲げ労働者全体の賃上げ3％アップを約束しましたが、近年のそれを上回る物価高により、焼け石に水の様相を呈しており、長引くコロナ禍の中で大企業は内部留保を拡大、中小企業は破綻に追い込まれるところも多い状況です。

非正規、非常勤講師でも、6割近くを女性が占める中、月10万円稼げない非常勤講師も少なくなく、貧困とパワハラ・セクハラや、結婚もできず子どもも産めない状況の中で、病気や自殺者も出ており、改革は予断を許しません。

JAICOWSの元理事有志は、ブックレットをもって昨年2021年11月の総選挙の最中に議員会館を回り、全8党の党首から非常勤講師待遇改善のアンケートを取りました。その結果すべての政党から前向き回答を得、それをもって衆議院議員会館で記者会見を行いました。

会見には13メディア団体が参加し、東京新聞、毎日新聞、赤旗、共同通信をはじめ、多くが非常勤講師の悲惨な実態を報道してくれました（注4）。記者会見はYou Tubeで、各党の解答とメディアの記事はJAICOWS（2022年2月まで）の最新ホームページで見ることができます。

非常勤講師の実態

全国の大学で講義をしている先生の半分以上が、実は正規の教員ではなく、年間賃金100〜200万円で働く非常勤講師であるという実態は必ずしもよく知られていません。

「博士100人の村」という2010年頃に「文部科学省のデータ」に基づいて作られたネット上の悲惨なパロディでは、「16（18）人が医者、14（13）人が大学研究者（助手）、20（10）人がポスドク（非常勤講師）、8（16）人が会社員、11（2）人が公務員、7（18）人が他分野の正社員、16（17）人が無職、8（6）人が行方不明か死亡」というむごいデータが出されています（ ）は、令和2年の修正版）。

近年民間企業が博士救済に乗り出しその結果大学や病院で

はなく一般企業に就職する人が増えていますが、その多くは物理・工学などの自然科学系であり、学部別に見ても医学部・理学部はほとんど就職が決まりますが、人文科学の場合、65％が一時的な仕事か無職という状態です。語学や文学教員の多い女性の修士号・博士号取得者はここに当てはまりますが、国と大学の支援は遅々として進みません。その行く末は、4分の1が無職、病気か死なのです。

アンケートは700名余を分析しているので是非見て頂きたいですが、このサンプルでは、女性が54％、20代、30代が多いですが、それでも50代以上の女性が35％近くもいます。非常勤講師の3分の1は、ほぼ定年まで非常勤で過ごすということです。非常勤講師の通算勤務年数も、60％は、2年から10年未満ですが、15年から20年以上の人たちも、男性で2割、女性で25％、4人に1人います。また年収100万円未満が4割、200万円未満は7割を占めます。彼ら彼女らは修士号・博士号を持った日本の知的財産です。政府は責任を持って対応すべきではないでしょうか。

コロナ禍と非常勤講師

コロナ禍でその悲惨な状況はピークに達しました。

コロナによるオンライン授業導入により、パソコンとモニター、カメラ、マイク等10万円近い設備が必要になりました。それらは教員と学生には大学から補助が与えられましたが、非常勤の多くは複数の大学で教えているという理由で補助が出ませんでした。また導入するオンラインシステムが大学ごとに異なるケースが多いため、複数の大学をかけ持っている非常勤講師の場合、大学ごとに違ったシステムで授業をしなければならずその技術的負担の大変さは想像を絶するものがあります。さらにレポートや採点も、対面の場合は問題を出しレポートを書いて集めて採点して返す、ということが簡単にできましたが、オンラインで集めて採点して返すとなると、一人ひとりオンライン上の科目から取り出し印刷し採点しPDFにしてアップして一人ひとりに返却せねばならず、幾つもの機器購入と技術と手間など、通常の知的作業以外に大変な時間がとられます。非常勤講師の方々にとって極めて大きな負担がかかっています。が、非常勤講師の対応は各大学に任されているため、改善は極めて緩慢であり、大枠の改善は冷戦終焉後30年間以上行われていないのが実態です。

非常勤講師の訴えと改善点

こうした実態を非常勤講師の方々はどのようにとらえているのでしょうか。寄せられた回答は赤裸々で悲痛なものです。

（1）賃金が低すぎる（男82％、女74・7％）。（2）生活不安（男女とも75％）。（3）研究費の不足（男女とも67％）。（4）簡単に解雇される（男58％、女65％）。これが4大不安です。正規の教員と同レベルの授業をしているにもかかわらず著しい格差がある。年１００万円、２００万円では結婚もできない、子どもも育てられない。教材も研究書も買えない。学会も自腹。教材費や研究費は正規教員には支給されるが、すべて自費となるとどちらも不十分です。１年契約なので毎年年度末が不安。簡単に解雇され相談先がない。など切々たる言葉が並びます。現在非常勤講師組合が首都圏、関西にあり、多くの非常勤講師の受け皿になりつつありますが、未だ十分ではありません。

非常勤講師、非正規労働者への支援が急務！

以上見てきたように、日本の大学の非常勤講師の状況は、予想以上に悲惨です。

しかし、国の問題であるにもかかわらず大学任せにされているため、ここ30年、殆ど改革が進んでいません。

この間、特にアジアでは教育研究改革が著しく進んできたため、アジアの大学トップ10から、日本の大学が落ちる状況が続きました。現在Ｔｉｍｅｓ Ｈｉｇｈｅｒ Ｅｄｕｃａｔｉｏｎ（ＴＨＥ）では、東京大学は6位、京都大学は10位（２０２１年）ですが、10のうち５つが中国本土と香港、２つがシンガポールです。ＱＳ（アジア大学ランキング２０２１年版）では、東京大学15位、京都大学17位で、中国と香港が10中7を占め、残りはシンガポール２、マレーシアです。

この背景には、教育研究に潤沢な予算を投下し米欧で学んだ博士を米欧以上に高額な研究費を払って呼び戻している中国と、大手数校の年率３％成長の「稼げる大学」に10兆円大学ファンド（注５）を開始するという日本政府とのギャップがあります。稼げる理系の研究に集中投下し、地方国立や私立大学は予算の大幅削減がなされている日本の全体的な研究・教育軽視が国際水準での低下を招いています。

明治以来、幅広い教育と研究の広がりによって発展を支えてきた日本の文教予算が大幅に削減され、防衛研究や稼げる大学に予算投下される中、日本の大学教育レベルは立ち直るのが困難なほど落ちてきており、その典型が大学教育の６割近くを担う非常勤講師の悲惨な実態にあるといえます。

修士号・博士号を持つ非常勤研究者の悲惨を解決するためにも、国、政党、自治体、６００を超える大学が一体となって非常勤講師の研究・教育条件を改善する必要があります。若手研究者、女性研究者の不安定な研究・教育環境を改善することこそ、日本の大学教育のレベルを引き上げます。

２０２２年３月における日本のジェンダーギャップ指数が１５６カ国中１２０位という、政治・経済・教育共に先進国最低であるばかりか世界でも最低レベルに落ちている日本の状況を本気で変える必要があります。あと10年もしないうちに日本はノーベル賞が一人も出なくなると言われます。

女性、非正規労働者、非常勤講師に対する手厚い保護と大学改革こそが、結果的には優れた若者を世に送り出す基盤となることを、是非、政府、文部科学省、各政党、全国の大学及び市民・女性の皆様にご理解いただければと願います。

8党への要望書（一部）

（1）非常勤講師の環境改善。①賃金、②研究環境、③研究員の肩書など

（2）オンライン化に伴う研究機器の購入費用の提供。時間増・負担増にも配慮する

（3）ジェンダー差別を受けた場合、外部の中立機関による不服申立制度（オンブズマン制度等）の確立。大学に訴えても無視、二次災害、解雇などを被る場合が多い

（4）奨学金返済への配慮（返済期間の延期、一定年数以上教えた場合の免除の検討）

（5）授業時間以外の労働時間（採点、授業準備など）に対する賃金の支払い

（6）保育所入所に対する配慮（非常勤講師は非正規雇用、かつ各大学での勤務時間が短く、入所困難。研究時間が取れない）

（7）育児・介護休業制度等の適用。出産を契機に解雇、というケースもある

（8）女性ひとり親家庭への支援。女性ひとり親の家庭は年収100万円～200万円未満が多いため

（羽場　久美子）

（注1）国税庁、平均賃金433万円、令和2年12月31日現在。「『停滞』どころではない、日本の賃金は本当は「下がって」いる」『現代ビジネス』2022年5月8日。他の先進国では賃金は20年で5割から7割、韓国では120%と著しく増加している。

（注2）総務省「労働力調査」2021年、公益財団法人、生命保険文化センター。厚生労働省「賃金構造基本統計調査」2021年。

（注3）こちらは、JAICOWSの2022年2月までの前サイト https://jaicows.org/2021-03-30/517/ にて全文読むことができます。購入を希望される場合は、JAICOWS事務局までお申し込みください。

（注4）毎日新聞「貧困にあえぐ大学非常勤講師」2021年10月27日
東京新聞「年間賃金100万～200万円台、非常勤講師の待遇改善を　女性研究者団体、各党に要望書」2021年10月30日

（注5）文部科学省「大学ファンドによる支援の基本的考え方」内閣府科学技術・イノベーション推進事務局
朝日新聞「10兆円ファンドの「稼げる大学」に5大学検討　選択と集中へ不安も」2022年5月27日

外国人女性労働者と妊娠・出産・育児

日本で働く外国人女性労働者

2021年10月末時点で、日本で働く外国人労働者の総数は172万7221人でした。このうち、女性は81万7140人（男性は91万81人）でした。コロナ禍によって、前年比増加率は＋0・2％と大幅に鈍化しましたが、総数としては過去最高を更新しました。

この総数の中には、永住者や日本人の配偶者といった長期的に日本で生活することを予定している方のほか「技術・人文知識・国際業務（エンジニア、法務、翻訳・通訳等）」「技能実習」「特定技能」「留学（許可を得れば週28時間まで就労可）」など様々な在留資格の方が含まれています。

私は、埼玉で登録している弁護士ですが、支援者・通訳の方々と協力し、SNSを通じて埼玉以外の外国籍の方からも様々な相談を受けています。その中には、外国人女性労働者からの相談もあります。また、在留資格がない女性からの相談もあります。

本稿では、まず、2020年のコロナ禍以降の妊娠に関連する相談事例を一般化した形で紹介したいと思います。次に、在留資格を喪失した女性労働者の事例を紹介し、最後に、あるべき制度について簡単に私見を述べたいと思います。

女性労働者の妊娠と使用者側の不適切な対応

(1)　はじめに

技能実習生や特定技能労働者が日本で妊娠した場合、多くの困難に直面することになります。実際に私が相談を受けた事例として、以下のようなものがありました。

(2)　実際の相談事例

ア　解雇規制の潜脱としての強制帰国

会社に妊娠した事実を告げたところ、自主的な帰国を強く求められたという相談はコロナ禍前から一定数ありました。言うまでもなく、妊娠を理由とした解雇等の不利益取扱いは違法です（男女雇用機会均等法9条3項）。

そこで、この解雇規制を潜脱するために、女性労働者に対して強く帰国を迫り、外形的には自主的な帰国に見せかけるという手法がしばしば見られます。ときには、本国の親族に連絡をして、プレッシャーを掛けることもあります。こうした手法は、強制帰国と呼ばれています。

イ　妊娠の禁止等私生活への干渉

また、女性労働者に対して、妊娠を禁止する旨の制約が課されるケースもありました。制約を課したのは、実習生のケースでは、本国での送り出し機関、日本における監理団体・受入先企業です。私が相談を受けた範囲では、上記制約が書面化されているものはありませんでしたが、妊娠は絶対にしないようにという口頭での説明がなされていました。

技能実習生の場合、「技能実習関係者は、技能実習生の外出その他の私生活の自由を不当に制限してはならない」として、このような行為は明文で禁止されています（技能実習法48条2項）。

ウ　産休・育休についての虚偽説明

さらに、会社に妊娠を告げたところ、その会社では外国人に対しては産休や育休がないと説明され、自主的な退職を示唆されたという事例もありました。

こちらも当然違法かつ悪質な対応です。

エ　相談を受けた場合の対応

このような相談を受けた場合、使用者に申し入れを行ったり、労働基準監督署や入管への申告、さらに労働組合を通じた団体交渉等を行うことになります。特に、相談を受けた時点で予定されている強制帰国が迫っている場合は、入管へ連絡して、出国を阻止することが極めて重要となります。

(3)　政府当局の対応

このような妊娠にまつわる問題に対して、出入国在留管理庁は厚生労働省及び外国人技能実習機構（技能実習制度を監督する認可法人で略称はＯＴＩＴ）と連名で、通達を出したり、広報を行うなどしています。また、実習生に入国時に配布され、スマホのアプリもある「技能実習手帳」にも、各国語で妊娠した場合の記載がされています。

例えば、技能実習制度においては、監理団体・受入先企業及び実習生それぞれに向けたリーフレットがホームページ上で公表されており、実習生向けは各国語版（本稿執筆時点で日本語を含めて9カ国語）があります。そこでは、妊娠を理由とする解雇等の不利益取扱いや強制帰国が禁止されていること、電話・メールでの相談窓口（8カ国語）が記載されています。また、２０２１年2月16日には、同旨の通達が、監理団体及び受入先企業を名宛人として、出入国在留管理庁等の連名で発出されています。

これらの中には、日本で出産する場合に利用できる出産育児一時金等の制度についての記載もありますし、実習を一時的に中断して、本国で出産後に再来日し、実習を再開する場合についての記載もあります。

(4)　多くの女性労働者は実際にどうしているのか

ア　一般的な傾向

このように政府としては、徐々にではありますが、一定の対策を行っています。

しかし、実際には、日本で妊娠した外国人女性労働者の多くが日本での出産・育児を見送り、①一時的に帰国して出産した後もそのまま日本に戻らない、②出身国の両親又はきょうだいに子を預けたうえで、再度、来日しています。日本で出産して、日本で育児を行うことは容易ではありません。

イ　実習生のデータ

日本で実習生が出産・育児を行うことが事実上困難であることを示す事例として、以下のようなデータを紹介します。

技能実習の継続が困難な場合に提出される「技能実習困難時届出」という書類があります。2017年11月から2020年12月の3年2カ月の間、この届出において妊娠・出産を理由に挙げたものが637件もあったことが、牧山ひろえ参議院議員（立憲民主党）の質問主意書に対する政府答弁で明らかになりました。また、同議員の追加質問によって、そのうち技能実習の継続の意思が示されたものは47件、技能実習再開の実習実施計画が認定されたのはわずか11件（2021年8月24日時点）であることが判明しました。

このように、妊娠した実習生が、出産を経て技能実習を再開することは、事実上狭き門であることがデータからも見て取ることができます。

ウ　刑事被告人となる女性労働者

日本で外国人労働者が出産し、育児を行うことが困難であることを示すもう1つの事例として、誰にも相談できないまま出産した女性労働者が刑事責任を問われるという事件があります。

最も知られた事件は、熊本県のベトナム人女性実習生であったリンさんの事件でしょう。リンさんは、死産した双子を段ボールの中にタオルを敷いて自宅で安置した行為について死体遺棄罪で起訴され、2021年7月20日に地裁で有罪判決を受けました。2022年1月19日に、高裁において控訴審の判決宣告がありましたが、刑期は短縮されたものの有罪は維持されました。弁護団は最高裁に上告中です。リンさんは、SNSなどで、妊娠の発覚により強制的に帰国させられたケースを見聞きしていたため、妊娠を誰にも打ち明けることができず、双子を死産するに至ったといいます。

リンさんの事件の他にも、妊娠した女性労働者が、保護責任者遺棄致死・死体遺棄といった罪に問われる事例は複数報道されており、後を絶ちません。出産した胎児の遺体を遺棄したとして起訴され、裁判員裁判になっている広島の実習生のケースでは、妊娠すると帰国させられると思っていたこと、本国で両親の借金があり帰国できないと考えたことが動機の1つであった旨の供述が法廷でなされています。また、病院で診察を受けようとしたものの、付添人を連れてくるように言われて、診察を受けられなかったとの供述もありました。母子手帳の申請もしていなかったため、自治体も彼女の妊娠を把握していませんでした。

このように、妊娠した外国人女性労働者の刑事事件が何件も発生するということは、異常な事態です。日本でこの問題に対する施策や支援が不十分であることを如実に示しています。

(5) 小括

以上述べてきた各事例から、日本において、外国人女性労働者が妊娠した場合、多くの困難に直面することが分かると思います。そして、妊娠した実習生が出産後も日本で実習を継続することは、非常にハードルが高いことが明らかです。

在留資格を喪失した女性労働者の妊娠

(1) はじめに

これまで述べてきたのは、技能実習生などの在留資格を有している女性労働者についてでした。ここでは、在留資格を有しない女性労働者についてお話します。もともと、技能実習生や留学生として来日した後、何らかの理由で在留資格を喪失し、いわゆる「オーバーステイ」になってしまった方(「非正規滞在者」と呼びます。)が一定数存在します。この状態になると、在留資格がありませんので、就労することは法律で禁止されています。

いわば「元」外国人労働者とでもいう状態ですが、実際に仕事をせずに生活することが出来ませんので、就労している方もいます。なお、誤解がたまにあるのですが、非正規滞在者が違法に就労している場合であっても、日本の労働基準法や労災保険法といった労働関係法令は日本人や正規滞在外国人と同様に適用されます。したがって、職場で負傷した場合は、基本的に労災保険が適用されます。

ここでの問題は、在留資格を喪失した女性が妊娠した場合です。

(2) 非正規滞在者の妊娠

非正規滞在者の女性から、妊娠してしまったがどうしたらよいかという相談を受けることが以前よりも増えました。相手の男性も日本人であったり同国人の労働者や留学生であったり様々です。そうした男性の対応も、きちんと対応する者もいれば、音信不通になって逃げてしまった者もいます。

(3) 非正規滞在者が妊娠した場合の制度

まず、非正規滞在者であっても市役所等で母子手帳の発行を受けることができます。また、これに伴って母子保健サービスを受けることもできます。ただし、自治体によっては、サービス提供が拒否されるケースもあるようです。

次に、入院助産制度の利用が可能です。同制度は、児童福祉法上の制度で、出産費用が支出されるものではありませんが、指定の助産施設での出産サービスが受けられる制度です。この制度についても、非正規滞在者であっても利用可能という政府答弁がありますので、非正規滞在者も利用できます。しかし、自治体の窓口で拒否されたという事例は一定数あり、弁護士から上記政府答弁等をＦＡＸして、制度適用を求めることもあります。

他方で、非正規滞在者は、健康保険制度や生活保護制度の適用対象外であるため、医療費の問題が常につきまといます。医療費は10割負担となるため、自身や出産した子どもの体調が悪い場合であっても、診療をためらうことになります。

相手の男性が、日本人や正規滞在者できちんと対応してくれる場合は、入管に一緒に出頭して、当該女性について在留特別許可を求めるという活動を行うことが通常です。他方で、相手の男性の協力が得られない場合は、同国人コミュニティー、ＮＧＯ、教会の支援で出産費用を集めたり、上述した入院助産制度の申請を援助することがあります。

⑷　小括

いずれにしても、非正規滞在者の女性が妊娠した場合、これまで述べたような困難に直面することになります。

問題点とあるべき考え方

新規に来日する外国人女性労働者は、20代が多く、時には10代後半の方もいます。このような若者が日本で生活をしていれば、恋愛をして妊娠に至ることは通常のことでしょう。そのような場合を想定した施策や公的支援が不十分なのが現状です。

女性労働者を短期的な労働力と考えているからこそ、費用をかけて呼び寄せた女性労働者が妊娠して一定期間労働できなくなったら強制帰国をして別の人材を呼び寄せる、という考え方に繋がるのだと思います。労働者を受け入れるということは、数年就労したら帰国する短期的な労働力を受け入れているのではなく、その労働者の人生についても一定の責任が発生すると考えるべきです。

生まれてくる子どもの在留資格を含めて、労働者として来日した外国人が日本で出産し、パートナーと育児を行うことができる環境を整備すべきだと考えます。もちろん、社会的なコストは今以上にかかるでしょう。しかし、女性のリプロダクティブ・ライツ（性と生殖に関する権利）は、外国人であるか否かに関わらない普遍的な権利です。今後、リンさん達のような母親が出てこないためにも、きちんとした環境の整備は不可欠と考えます。

（樋川　雅一）

女性とくらし

コロナ禍で保育行政から見える課題

はじめに

新型コロナウイルス感染症のパンデミックのもとで、看護、介護、保育などケア労働の領域が必要不可欠＝「エッセンシャル」な領域として認識されました。本稿では、様々な業種が営業自粛を求められるなか、原則開所が求められ、女性の就労継続をバックアップする重要な役割を果たしてきた保育サービスに焦点を当てています。

多くの先進国では、ケアは伝統的に家族内で主に女性によって担われるという形でジェンダー不均衡が存在していました。しかし近年、女性の労働力参入の増加によって、公的なケアサービスを始めとした「社会」によって担われるケアの必要性が高まってきました。日本においても、この20年間で夫婦子からなる世帯の妻の有業率は急激な上昇を見せており、結果として家庭外における保育の需要が増大し、保育労働への関心が高まっています。

他方、家庭外におけるケアにおいても、ジェンダー不均衡は存在しています。ＯＥＣＤによる乳幼児教育・保育（Early Childhood Education and Care）に関する報告書『Starting Strong ２０１７』では、「ＯＥＣＤ諸国の平均では、就学前教育では約97％の保育者が女性であるが、高等教育レベルでは43％にまで低下する。データが入手可能なＯＥＣＤ加盟国およびパートナー国39か国のうち35か国では、初等教育前の保育者の93％以上が女性である」と指摘しています。また、ケアワーカーの低賃金をはじめとする待遇の悪化が社会問題化し、この要因についても女性が多く就く職種に対するジェンダー・バイアスによる影響が指摘されています。

保育領域は、社会全体の女性の就業を支えるという意味でジェンダー平等に大きな役割を果たします。以下では、ケアの担い手である、保育士が置かれる状況について検討します。特に、コロナ禍で浮き彫りとなった日本の保育士の処遇と保育行政の課題について論じます。

新型コロナウイルス感染症と保育所

２０２２年の４月28日時点で感染者が発生した保育所等の数は２万２２７２カ所、感染者数は職員４万５６７３名、利用乳幼児12万３３１３名（いずれも累積値）。図表１は、２０２０年３月から２０２２年５月までの間、新型コロナウイルスの感染者の発生により臨時休園となった保育所数の推移を示しています。２０２２年１月以降のオミクロン株の流行以降、子どもへの感染が急速に広まったことが保育所に大きな影響を与えていたことがわかります。保育現場にとって、保育所内での感染児童の発生や感染者・濃厚接触者となった保育士の休業のみならず、自身の子どもの預け先の休園・学校の休校により子育て中の保育士も休業せざるを得ない状況が生まれました。

全国私立保育園連盟が２０２２年３月18日～３月31日に会員となっている保育施設に対して実施した調査（回答数：１３５２）では、「コロナ関連で休む職員が多いため人的余裕がない」について「強く感じる」33・1％、「感じる」31・8％という結果で、「消毒・衛生管理の手間が増加した」が「強く感じる」「感じる」を合わせて81・6％、「コロナの長期化により職員の精神的ストレスが増えている」が86・3％

図表1　全国の新型コロナウイルスによる保育所の臨時休園数の推移

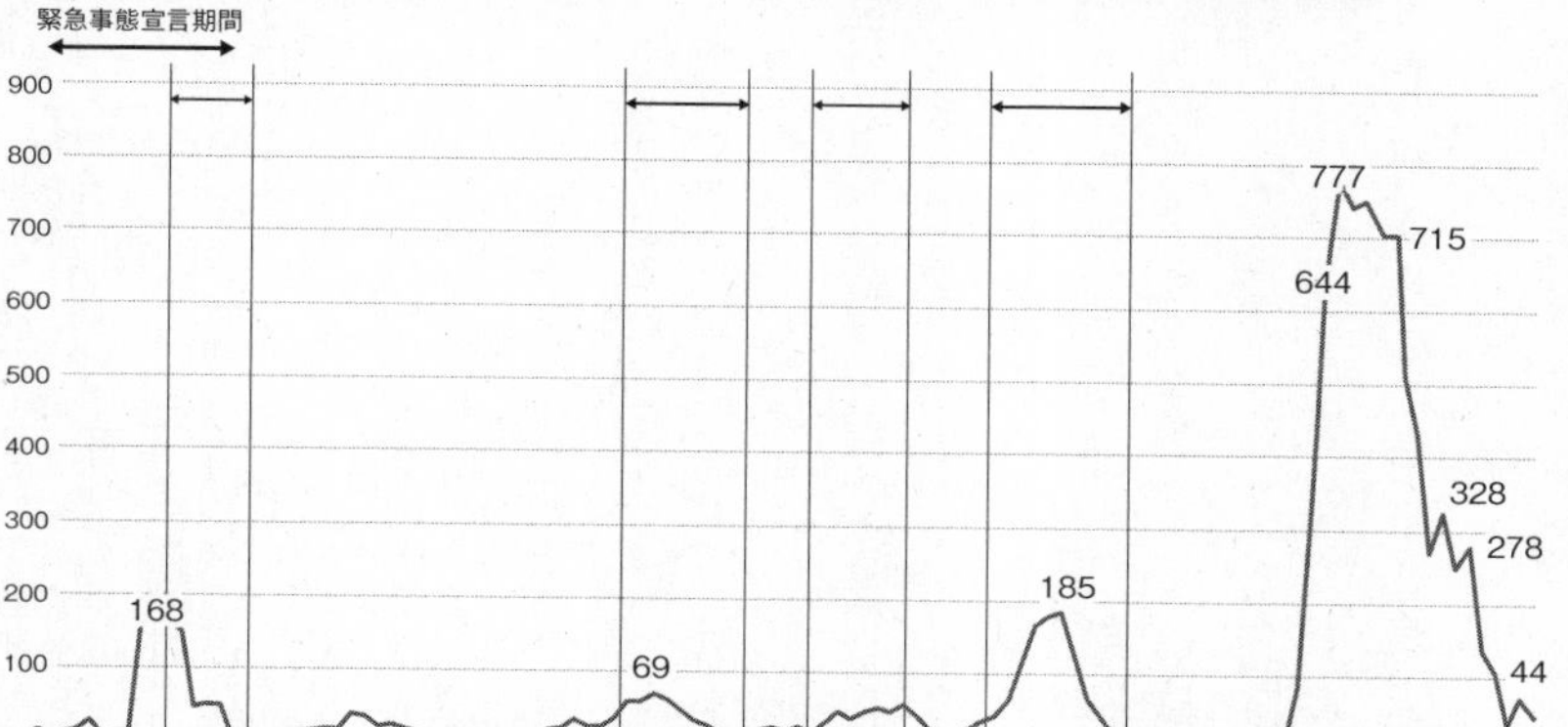

注1）１回目の緊急事態宣言は2020年4月7日から5月25日まで。東京、神奈川、埼玉、千葉、大阪、兵庫、福岡の７都府県→４月16日に対象を全国に拡大
注2）２回目は、2021年1月8日から3月21日まで。

注3）３回目は、2021年4月25日から6月20日まで。

注4）４回目は、2021年7月12日から9月30日まで。

資料出所：厚生労働省「保育所等における新型コロナウイルスによる休園等の状況」２０２２年５月26日時点より作成

であり、保育所職員への業務負担が増え、ストレスが増大していることがわかります。

もともと保育士は、女性としては労働時間が長い職業です。賃金構造基本統計調査によれば、２０２１年の保育士の対象1カ月の所定内労働時間は１６６時間で、女性労働者の162時間、一般労働者の１６５時間よりも長いのです（注1）。２０１８年に東京都の実施した「東京都保育士実態調査」では、1日あたりの勤務時間が「9時間以上」が62・5％でした。ＯＥＣＤ国際幼児教育・保育従事者調査２０１８」によれば、チリ、デンマーク、ドイツ、イスラエル、アイスランド、日本、韓国、ノルウェー、トルコの9カ国のうち、日本の常勤の保育者の1週間当たりの仕事時間は参加国中で最も長い50・4時間で、特に通算勤務年数3年以下の常勤の保育者1週間当たりの仕事時間が長くなっています（注2）。

加えて、保育士の確保がままならないため、保育所内での勤務体制を組むことが困難であるという問題もかねてから深刻でした。全国の保育士の有効求人倍率は年々上昇を続け、２０１９年12月の3・86倍をピークに、新型コロナウイルス感染症の流行で多少は下がったものの、２０２２年1月には2・92倍で、有効求人倍率は依然として2倍を超える水準で推移しています。保育の担い手不足は解消には向かっていない状況なのです。新型コロナウイルスの流行前から保育士の業務負担の重さは問題とされてきましたが、コロナ禍によってそれがさらに深刻化したといってよいでしょう。

コロナ禍と保育をめぐる国・制度の動向

新型コロナウイルス感染症のパンデミックがもたらした保育現場への業務負担に対して、国はどのように対応したのかを見ていきます。２０２０年3月に決定された２０２０年度の第一次補正予算において、「消毒液購入や、施設の消毒等の感染拡大防止に必要な費用」として1施設50万円までの補助が計上されましたが、このときすでに物資の購入は困難でした。２０２０年6月の第2次補正予算では、介護・障害者施設、救護施設等の職員に慰労金の支給が計上されましたが、保育所は除外されており、自治体独自で慰労金を支給したところもありました（注3）。

２０２０年12月の第3次補正予算では、職員が勤務時間外に消毒・清掃等を行った場合の超過勤務手当や休日勤務手当等の割増賃金、通常想定していない感染症対策に関する業務の実施に伴う手当など、法人（施設）の給与規程等に基づき職員に支払われる手当等のほか、非常勤職員を雇用した場合の賃金として施設の規模により最大50万円が計上されました。

２０２１年11月には、２０２１年度の第一次補正予算案が閣議決定され、「保育士・幼稚園教諭等処遇改善臨時特例事業」として2022年の2月から9月までの期間、保育士等における約3％（9万1000円）の賃上げを目指す特別補助金が組み込まれました。

前記の取り組みのうち、保育所の職員の時間外労働手当分や保育補助者の雇い入れ等のための予算がとられたことは、業務負担が増大した保育所において有効に活用されたと考えられます。しかし、本来は常勤職員の時間外勤務や、非正規雇用の雇入れによって人員不足をカバーするのではなく、保育所の開所時間や開所日数を保障するのに見合う保育士を配置すべきです。日本の保育所は、現在11時間開所を前提にしているにもかかわらず、保育士の配置基準は依然として8時間を前提として定められています。保育士は1日の勤務時間すべてを子どもの保育にあてなければ保育所の運営が出来ない仕組みとなっているため、労働時間が長くならざるを得ない構造になっていると考えられます。こういった保育所の人員配置の問題がコロナ禍で露呈したのです。

また、賃金に関しても今回の処遇改善が反映されてもなお、実質的に女性の全産業平均には及ばない水準であると考えられ、さらなる改善が求められます。新型コロナウイルス感染症の拡大防止対策の中で、地域の女性の就労継続をバックアップする保育所・学童保育の存在意義が再確認できました。国が全国的な保育士の賃金引き上げに、引き続き取り組んでいくこと、特に年齢と経験年数に応じた昇給幅を改善することが重要です。また、小学校の1学級の上限が40年ぶりに引き下げが決定していることから、保育所においても労働負担を改善する職員配置の実現が求められます。保育所の開所時間や開所日数を保障するのに見合う保育士配置がなされていないという問題に、正面から対応していかなければいけません。

（小尾　晴美）

（注1）「賃金構造基本統計調査」では賃金のほかに6月の所定内労働時間を調査している。
（注2）「OECD 国際幼児教育・保育従事者調査2018　2巻結果のポイント」参照。
（注3）2020年6月の時点で、東京・練馬区は、保育士に1人当たり最大2万円の「特別給付金」を予算化した。また、愛知県大府市は、保育施設で働く職員に対する見舞い金として、施設に対して助成を実施するなどの事例があった。

生理用品常備を「新しいあたりまえ」に
―タブーを打ち破る運動

コロナ禍で、経済的理由により生理用品を入手できない「生理の貧困」が社会問題となりました。これまでタブー視され、表立って語られることのなかった生理がオープンに語られ、日本社会全体で受け止められるようになったことは、この1年余の大きな変化です。この変化を作り出した女性たちの取り組みを新婦人の運動と重ねて振り返ってみます。

女性・子ども・リプロの視点で声をあげ

近年、海外の「生理の貧困」の取り組みの情報が伝えられ、日本でも「#みんなの生理」が作られるなど、コロナ禍でこの問題が切実となっていました。2021年1月には新婦人が週刊で発行する新婦人しんぶんで「女性の生きづらさにつながる生理の貧困（1／16号）」をとりあげ、問題を投げかけました。2月には「3・8国際女性デー」に向けた運動として、「生理用品無料に」のポスターを作成し、各地で活用していました。3月4日には、「#みんなの生理」が発表した、学生の5人に1人が「生理用品の入手に苦労」という調査結果をNHKが報道し、衝撃とともに社会的関心が一気に高まりました。新婦人も3月5日にコロナ禍であぶりだされた「生理の貧困」を、子どもたちの健康と学習権の保障、性の人権問題、リプロダクティブ・ヘルス／ライツ（性と生殖に関する健康と権利）の視点での対策を求めて直ちに首相、男女共同参画、財務、厚労、文科各大臣に要請を行いました。

「学校のトイレ常備」を求めて

「生理の貧困」の実態が知らされると、3月15日に東京都豊島区が防災備蓄品から生理用品の無料配布を実施し、その動きは徐々に全国に広がっていきました。政府は23日、「困窮女性緊急支援策」を決定し、「女性用品等の提供」を初めて明記、「地域女性活躍交付金」に予備費13・5億円を追加しました。

新婦人は、緊急アンケートを行い、「学校のトイレにあると助かる」「借りた生理用品を返さなくてもいいように」などの寄せられた声を持って3月25日に文科省、内閣府へ緊急要請を行いました。そこで驚かされたのは、「これは女性活躍のためで、学校は支援対象ではない」と明言されたことでした。私たちは「学校のトイレにこそ置いてほしい」と強く訴え、新婦人として全国で一斉に自治体へ学校常備を求める取り組みをスタートさせました。カンパを集め、生理用品を段ボール箱で届けて寄付するなどの工夫も生まれ、その中から「トイレットペーパーのように生理用品の常備を」の合言葉も生まれました。こうした中で、文科省が4月、学校トイレ配置も含む通知を出し、私たちの声が国を動かしたのです。

同時に、「保健室に置いてあるから（個室トイレには置かない）」との声にもぶつかりました。教育委員会への要請とともに120校の学校訪問を行ってきた京都では、ある校長が「生理用品を忘れた生徒はいつも『すみません』と言って保健室に来る。すみませんと言わせたらアカンのですね」とトイレ配備が実現。また、学校訪問後に「トイレに設置しました。きっかけをくださったみなさまに感謝しております」とお礼のハガキをくれた学校もありました。八幡市では市の独自予算を獲得し、全中学校のトイレに昼用・夜用のナプキンを配備。養護教諭は「女子生徒から拍手がおこった」と話してくれました。

女性を増やして

各地の自治体要請で、懇談や交渉の相手側に男性職員しかおらず、スムーズに伝わらないという課題にぶつかりました。茨城県の土浦支部では、市に懇談を申し込んだ際に参加する担当者が全員男性と言われたので、事前に女性担当者の参加も求めると、結果4人の女性担当者が出席し、要請内容に対しても前向きな回答を引き出すことができました。各地でこれに学び、女性担当者の配置を求めて運動が広がり、意思決定機関に女性を増やす取り組みとして発展していきました。

また、昨今様々なメディアが「生理の貧困」を報じるようになりましたが、特に地方のメディアの女性記者が各地の要請や、ネグレクトや父子家庭で生理用品を手に入れられない実情があることなどを積極的に取りあげてくれたことで、各地で「生理の貧困」対策を求める世論を巻き起こすなど、大きな役割を担ってくれました。

性教育もあわせて

取り組みの中で、「生理は隠すものではなく、堂々としていたい」「性教育を合わせて学びたい」という声も多くあがりました。北海道では、富良野支部が若いメンバーを中心に、「みんなの生理カフェ」に取り組みました。子どもも一緒に参加し、ナプキンの使い方や生理に関する困りごと、心と体の変化など何でも話せる場になっています。生理や自分の体のことを相談し、気軽に話せる環境があることは、子どもたちの人権意識や自己決定権を高め、豊かな人生へとつながっていきます。性教育後進国といわれる日本では、性教育の学習開始は、学習指導要領に基づいて小学校3年生からですが、ユネスコ（国連教育科学文化機関）は、5~8歳で受精や赤ちゃんが生まれる過程を段階的に教えることを推奨しており、すでに多くの国が積極的に取り組んでいます。日本でも世界基準の包括的性教育の導入が強く求められています。

予算をつけて

政府は、運動の広がりの中で、２０２１年の「経済財政運営と改革の基本方針（骨太方針）」に「生理の貧困」対策を盛り込み、「女性活躍・男女共同参画の重点方針２０２１」の中にも「生理の貧困」は女性の健康や尊厳に関わる重要な課題、「学校、ハローワーク、福祉事務所等における生理用品の提供」と明記しました。また、「子ども・若者育成支援推進大綱」には、パブリックコメントの反響を受けて「学校において、月経に関する指導を児童生徒の実態に応じて行うとともに、学校で生理用品を必要とする児童生徒への対応がなされるよう教育委員会等に対し促す」と加えられました。

２０２１年4月には神奈川県大和市が独自予算をつけ、トイレ配備を実施。トイレ配備を実施する自治体が一気に広がりました。

実施を決めた自治体を調べてみると、その後も働きかけが必要なことが見えてきました。岐阜県では県立学校のトイレに生理用品配置を求める請願が採択され、４２２万円の予算がつき、11月から設置が始まりました。しかし、その後、学生にアンケートを取り設置状況を調査すると、設置費用が2割弱しか使われておらず、しかも設置場所は学生からの要望が多かったトイレ個室ではなく洗面所が多いことがわかったのです。県本部では「請願が通ればゴールではなく、使いやすいように引き寄せていくのは私たちの声や行動」と強調しています。

しかし、今なお実施自治体の中には、防災備蓄品の利用や、企業や市民からの寄付に頼り、なくなれば終了という一時的な措置をとるところも少なくありません。そのための予算が不足しているからです。昨年度、内閣府は困難な女性への支援を目的とした「地域女性活躍推進交付金」を申請すれば生理用品の配布についても補助を行うとしました。当初は申請の際に、「相談につなげる」事業だと強調されたため、自治体も保健室やカウンターでの受け渡しなどにこだわったところもありましたが、現在は、「提供方法の工夫」として「公共施設や小中学校のトイレに生理用品を備えることで自由に受け取れるように」と推奨されています。今年度も補助の対象とされていますので、自治体に活用を求めていく必要があります。

世界でも女性の運動が動かしています

世界でも、女性たちが運動で社会を動かしています。

２０２０年11月にスコットランドが世界で初めて生理用品を無償化する法案を成立し、必要とするすべての人が無償で手に入れられるようになりましたが、法案を提出したのは、労働組合や女性団体、慈善団体らとともに活動してきた野党の女性議員でした。

アメリカでは2019年にピリオドという団体が「生理の平等化」を目指すデモを行い、全米各地に広がるなど大きなムーブメントに発展。現在、複数の州の公立学校のトイレに生理用品配備や、非課税にする取り組みが広がっています。

イギリスで、14万人近くの学生が生理用品を入手できないために学校を休んでいることが報じられ、17歳の女性の呼びかけで集会や27万超の請願となり、イングランドは11歳～18歳までの女子学生に生理用品の無償配布を決定しました。現在は公立の小中高校で無償配布になっている他、生理用品に対する付加価値税が廃止になりました。

また、ニュージーランド、フランスでは学校で生理用品の無償配布を実施していますが、いずれも国が予算をつけ、社会全体で支える仕組みを作っているのが日本との違いです。ニュージーランドのアーダーン首相は「学校での生理用品の無償配布は、政府が貧困に直接対処できるだけではなく、子どもの幸福にプラスの影響を与えることができる」と述べます。

国の対策の変化と課題

全国の女性たちの声と運動におされ、これまでにないスピードで国が動きました。

厚労省が、「生理の貧困」は、「女性の健康や尊厳にかかわる重要な課題」だとして、「『生理の貧困』が女性の心身の健康等に及ぼす影響調査」（2022年3月結果発表）を行うなど、政府も対応せざるをえなくなっています。

私たちは、全国各地でアンケートを実施し、女性や子どもたちの声を聞き、「生理の貧困」の実態をあきらかにし、国や自治体を動かしてきました。運動する中で、学校や自治体などの心ある人々と心を通わせた共同の取り組みができたことは大きな財産になると思います。だれ1人とりのこさない「生理の貧困」対策を求め、政府に予算化を要求し、これからも運動していきます。

（冨仲　麻里）

家計とくらしの実態

総世帯の消費支出は実質で２年ぶりの増加

２０２１年の総世帯（「２人以上の世帯」と「単身世帯」を合わせた世帯）の消費支出は１世帯当たり１カ月平均23万５１２０円で、前年に比べ名目０・７％、物価変動の影響を除いた実質では１・０％の増加と、新型コロナウイルス感染症の影響が続く中での外出増加などにより、２年ぶりの増加となりました（図表１）。一方、単身世帯の消費支出は、１世帯当たり１カ月平均15万５０４６円で、前年に比べ名目３・０％、実質では３・３％の増加と、４年ぶりに増加しました。消費支出の対前年実質増減率の近年の総世帯の推移をみると、２０１２年（０・２％）、２０１３年（１・１％）は実質増加、２０１４年は消費税率引き上げ（４月）に伴う駆け込み需要がみられたものの、その後の反動減や夏場の天候不順の影響などもあって実質３・２％のマイナスとなり、２０１８年まで５年連続実質減少が続きました。２０１９年は、ゴールデンウィーク10連休や10月の消費税率引き上げに伴う駆け込み需要などにより、実質０・１％増加しました。２０２０年は新型コロナウイルス感染症の影

図表１　消費支出の対前年実質増減率の推移

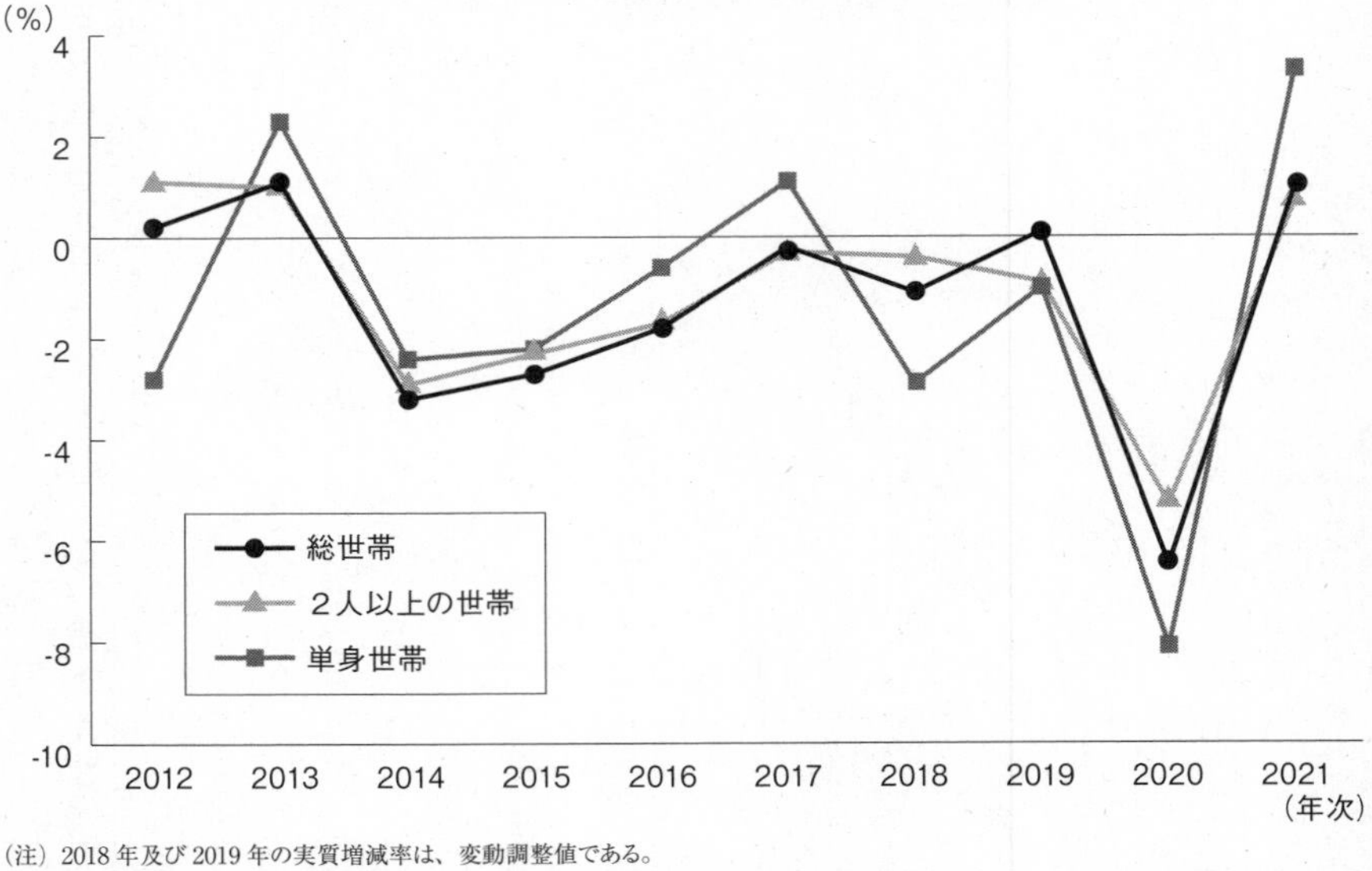

（注）2018 年及び 2019 年の実質増減率は、変動調整値である。
※ 2014 ～ 2016 年の総世帯の減少幅が、２人以上の世帯及び単身世帯に比べて大きくなっているのは、２人以上の世帯及び単身世帯の世帯構成割合が変化し、消費支出水準の低い単身世帯の割合が上昇したことによる。
資料出所：総務省統計局「家計調査報告（家計収支編）2021年（令和3年）平均結果の概要」

響などにより、前年に比べて総世帯は実質６・５％、２人以上の世帯は５・３％、単身世帯は８・１％のマイナスで、比較可能な２００１年以降最低を示しました。これは、外出自粛や在宅勤務、店舗への休業要請や営業時間短縮要請により、食事代、交通関係費、旅行関係費などが大きく減少したことによります。一方、巣ごもり需要による内食の材料や家電の支出増加、感染予防への意識の高まりによる衛生用品などの支出増加など、品目ごとに特徴的な動きもみられました。

消費を抑えざるを得ない「勤労者世帯」の家計

総世帯のうち世帯主が会社等に勤めている現役世代中心の「勤労者世帯」（２人以上の世帯）の２０２１年の家計をみてみましょう（図表２）。世帯員全体の現金収入（税込み）を合計した実収入は60万５３１６円（名目０・７％、実質０・４％減）で、実収入の減少は、２０２０年に家計への支援を目的とした特別定額給付金が支給された反動で、特別収入が名目54・４％のマイナスとなったことなどによります。実収入から直接税や社会保険料を除いた手取り額である可処分所得は49万２６８１円で、名目１・２％、実質０・９％の減少となりました。消費支出は30万９４６９円（名目１・２％、実質１・５％増）です。平均消費性向（可処分所得に占める消費支出の割合）は、62・８％で、前年に比べ１・５ポイント上昇したものの、新型コロナウイルス感染症の影響のない２０１９年と比べると５・１ポイント、２０１５年と比べると11ポイント低下しています（図表２）。このように消費を抑えざるを得ない背景には、自助努力・自己責任にシフトする社会保障などへの不安が指摘されています。

税・社会保険料の負担が家計を圧迫

直接税（所得税や住民税）や社会保険料をあわせた非消費支出（２人以上の勤労者世帯）は、１世帯あたり１カ月平均11万２６３４円で、図表２に示したように２０００年以降５年ごとの数値をみても年々増加しています。非消費支出の内訳は、直接税が４万７２４２円、社会保険料が６万５３３１円です。非消費支出が実収入に占める割合は、２０００年の15・７％から２０２１年には18・６％と増加しています。長期的に税・社会保険料の負担が増え、家計を圧迫し、個人消費の低迷を招いている状況となっています。家計調査では、消費税は購入した代金に含まれ、把握・分離できないことから、消費支出に計上されているため、非消費支出には入っておらず、実際の税負担は消費税をあわせると金額はさらに大きくなります。このように税・社会保障の負担は、家計を圧迫するだけでなく、低所得におかれた女性に不利にはたらいていることが引き続きの課題です。

図表２　２人以上の勤労者世帯の収入と支出の推移
（全国、１世帯当たり年平均１カ月間）

用途分類	2000年（平成12年）	2005年（平成17年）	2010年（平成22年）	2015年（平成27年）	2019年（令和元年）	2020年（令和2年）	2021年（令和3年）
世帯人員（人）	3.52	3.46	3.41	3.39	3.31	3.31	3.28
有業人員（人）	1.67	1.66	1.66	1.73	1.77	1.79	1.78
世帯主の年齢（歳）	46.2	46.9	47.3	48.8	49.6	49.8	50.1
実収入	562,754	524,585	520,692	525,669	586,149	609,535	605,316
勤め先収入	527,818	493,829	485,340	485,595	536,305	536,881	550,973
世帯主収入	460,289	425,706	417,281	412,884	438,263	431,902	444,517
うち男	446,333	412,147	399,677	396,809	418,160	410,324	421,323
世帯主の配偶者の収入	54,723	57,338	57,891	64,768	83,468	89,812	90,827
うち女	54,312	57,035	56,943	63,981	82,305	87,666	88,164
（実収入に占める割合　%）	9.7	10.9	10.9	12.2	14.0	14.4	14.6
実収入以外の受取（繰入金を除く）	401,908	399,061	406,649	411,150	446,909	443,539	439,626
実支出	430,239	412,928	409,039	413,778	433,357	416,707	422,103
消費支出	341,896	329,499	318,315	315,379	323,853	305,811	309,469
非消費支出	88,343	83,429	90,725	98,398	109,504	110,896	112,634
直接税	40,189	35,851	40,116	42,091	45,487	46,155	47,242
勤労所得税	18,480	16,278	14,223	16,076	18,675	18,487	19,718
個人住民税	14,062	12,104	18,553	18,783	19,833	20,239	20,231
他の税	7,647	7,469	7,339	7,231	6,979	7,429	7,294
社会保険料	48,019	47,374	50,540	56,223	63,925	64,672	65,331
公的年金保険料	30,424	27,971	30,241	32,829	38,368	38,683	39,165
健康保険料	16,238	15,889	16,921	19,514	21,219	21,370	21,272
介護保険料	…	1,264	1,629	2,317	3,206	3,454	3,701
他の社会保険料	1,356	2,250	1,749	1,563	1,132	1,165	1,193
他の非消費支出	136	205	70	84	91	70	61
実支出以外の支払（繰越金を除く）	536,782	513,814	522,638	529,419	614,769	655,349	642,190
可処分所得	474,411	441,156	429,967	427,270	476,645	498,639	492,681
平均消費性向（%）	72.1	74.7	74.0	73.8	67.9	61.3	62.8
非消費支出／実収入（%）	15.7	15.9	17.4	18.7	18.7	18.2	18.6

（注）令和元年には平成 31 年1月から4月までを含む。
資料出所：総務省統計局「家計調査」より作成

図表3　実収入の項目別対前年増減率の推移（2人以上の世帯のうち勤労者世帯）（%）

年次	実数	名目増減率									実質増減率
	有業人員（人）	実収入	経常収入							特別収入	実収入
			勤め先収入					他の経常収入	社会保障給付		
			世帯主収入	定期収入	臨時収入・賞与	世帯主の配偶者の収入	他の世帯員収入				
2012年	1.68	1.6	0.2	0.3	-0.1	10.5	-1.4	5.5	6.0	8.0	1.6
2013	1.70	1.0	1.2	0.3	6.0	2.7	4.3	-6.2	-7.0	-1.1	0.5
2014	1.67	-0.7	-0.2	-0.1	-0.7	-1.5	-15.9	-0.7	-3.6	-3.1	-3.9
2015	1.73	1.1	-0.4	-0.5	0.2	7.1	-2.1	7.0	9.6	16.8	0.1
2016	1.74	0.2	0.2	-0.3	2.5	1.3	10.4	1.0	0.2	-14.3	0.3
2017	1.74	1.3	1.4	1.0	3.4	-0.5	3.4	4.6	6.3	-2.1	0.7
2018	1.78	0.6	-0.2	-0.7	2.1	6.0	3.5	-2.8	-1.4	6.0	-0.6
2019	1.77	1.1	1.3	1.6	-0.1	9.1	-19.4	-6.0	-7.0	-0.3	0.5
2020	1.79	4.0	-1.5	-0.8	-4.1	7.6	4.1	6.1	5.4	234.8	4.0
2021	1.78	-0.7	2.9	2.3	5.5	1.1	3.0	-4.8	-5.6	-54.4	-0.4
2021年月平均額（円）	−	605,316	444,517	360,299	84,218	90,827	15,629	36,859	34,623	13,854	−

（注）1 2018年及び2019年の名目増減率及び実質増減率は、変動調整値である。
（注）2 2020年の特別収入には、特別定額給付金が含まれる。
資料出所：総務省統計局「家計調査報告（家計収支編）2021年（令和3年）平均結果の概要」

女性の就業・収入の低さと物価高騰による影響

2人以上の世帯のうち勤労者世帯の実収入の項目別対前年増減率の推移（図表3）をみると、世帯主の配偶者の収入は、2020年は名目で7・6％の増加でしたが、2021年は1・1％の増加に落ち込みました。前述図表2に示すように、妻の収入（世帯主の配偶者の収入「うち女」）は8万8164円で、実収入に占める妻の収入の割合は増加傾向にあるものの14・6％です。

2022年5月の消費者物価指数は、生鮮食品を除いた指数が2020年を100として、101・6となり、去年の同じ月を2・1％上回って、9カ月連続で上昇しました。電気代、ガソリン代など「エネルギー」全体で大幅に上昇しています。また、輸入原材料を多く使う食用油が上昇するなど、食料価格の高騰が続いています。これは、コロナ禍に続き、ウクライナ情勢長期化による先行きの不透明感、原油高や輸送コスト高、急激な円安、世界的な食料争奪戦、地球温暖化とリスク要因などが要因としてあげられます。このような世界情勢の中で、食料自給率37％の日本は、食の安定供給をどう確保していくのかという点も課題です。

これまで問題視されてきたが解決されてこなかった課題が、コロナ禍でより顕著に可視化され、それに加えてこうした物価高騰は、ひとり親、高齢期を含む単身女性、非正規雇用女性労働者など、女性の貧困・格差拡大に影響を及ぼします。同時に、中小事業者などの生活がより深刻化するのも確実です。

企業の給与水準が低迷しており、家計の実収入や可処分所得は頭打ちで、個人消費は低迷し、家計消費を冷え込ませる一方で、企業の内部留保は蓄積しています。ＧＤＰの半分以上を占める個人消費が回復しなければ「成長と分配」の好循環は生まれません。賃金水準を引き上げ、男女の収入格差や非正規雇用の女性への偏重の是正、男女ともに働きやすい環境づくりなどの対応が喫緊の課題です。

（粕谷　美砂子）

ジェンダー視点で所得税法56条、配偶者控除、配偶者特別控除を検証する

はじめに

現行所得税法を足掛かりに、ジェンダー平等社会の税制について考えてみようというのが、この小論の目的です。ジェンダーについては、一般的に「社会的・文化的に形成された性差」と説明されています。ジェンダー平等について男性に質問をすると、「女性を優遇している、男性差別だ」という、従来と同じイメージを持った答えが返ってきます。ジェンダー平等は、多様な性のあり方や、すべての人の人権をも包含する、誰も反対できない民主主義的社会変革の重要なテーマであり、家族制度、家父長制に固執している保守政治を変える運動の強力な武器になるということです。

１９９５年の国連の第４回世界女性会議（北京会議）では、ジェンダーという用語が国連文書にはじめて使われました。日本政府は「ジェンダー」という言語を使わず、日本語で「男女共同参画」と表現し、今もそれを固守しています。２０２２年のジェンダーギャップ指数は、日本が１４６カ国中１１６位という低位置にあることを明らかにしました。日本政府の強固な保守性の結果といえます。

そのことを踏まえて、働く女性に関係する税制として、次の２項目をジェンダー視点で検証してみることにします。まずはじめに家父長制が今も生きる所得税法56条について、次に２０１７年度改定の配偶者控除・配偶者特別控除とパート労働についてです。

１３５年間も生きて人権侵害を続ける所得税法56条・１日も早く廃止を！

所得税法56条は「納税者（夫）と生計を一にしている配偶者（妻）やその他の親族（家族従業者）が夫（納税者）の事業に従事して給料を得ても、原則その給料は夫の事業所得の必要経費に認めない」とし、その給料は妻（家族従業者）の所得としないとするものです。

所得税法56条は、１８８７年（明治20年）に所得税法が創設され「同居の家族に居するものは、すべて戸主の所得に合算するものとする」としたことに始まっています。

明治憲法下の妻は法的無能力者でしたから、妻（同居の家族）の所得はすべて夫（戸主）のものでした。１３５年経た今、現行憲法14条は「すべて国民は、法の下に平等であって」、25条は「すべて国民は、健康で文化的な最低限度の生活を営む権利を有する」と規定していますが、最高裁は所得税法56条を違憲と認めず（２００５年確定）、56条は今も生き続けて、夫（納税者）の事業に従事している妻（配偶者）

が受けるべき所得は夫のものと規定しています。この法律の改廃は国会で決めろと、最高裁は責任を放棄しました。

一見この問題は事業主の夫とその妻の税金問題のように見えますが、実は税法が、言い換えれば国が、女性を自立した生活者として認めようとしない、極めて根深い人権侵害の問題なのです。ジェンダー平等をめざす運動が、莫大なエネルギーを持って世界に拡散している今、女性の人権を否定して、１３５年間も生き続けている所得税法56条を廃止する絶好のチャンスです。力を合わせて廃止を勝ち取りましょう。

配偶者控除・配偶者特別控除額の引き上げとパート労働

１９９０年代に入って少子高齢化が急速に進行し、労働力人口が減少しました。長期化する経済停滞の喫緊の課題は、労働力不足の解消でした。経済成長戦略の要として、女性、若者、高齢者、障がい者など多様な人々を労働力市場に呼び込もうと、安倍内閣は「一億総活躍社会」を政策目標に掲げ、税制面では２０１７年（平成29年）度の税制改定で、女性の就業促進を踏まえて配偶者控除、配偶者特別控除の見直しを行いました。

(1) 改定後の配偶者控除、配偶者特別控除

図表１　配偶者は妻、夫が給与所得者という世帯の例

1　配偶者控除　夫の収入から配偶者控除が出来るのはパート収入103万円まで

妻のパート収入	夫の給与収入			
	1,120万円以下	1,120万円超 1,170万円以下	1,170万円超 1,220万円以下	1,220万円を 超えた場合
0円から 103万円まで	380,000	260,000	130,000	0

2　配偶者特別控除

パート収入が103万円を超えると配偶者控除はなく、配偶者特別控除が出来ます。

妻のパート収入	夫の給与収入			
	1,120万円以下	1,120万円超 1,170万円以下	1,170万円超 1,220万円以下	1,220万円を 超えた場合
103万円超 150万円まで	380,000	260,000	130,000	0

配偶者特別控除は妻のパート収入、103万円超～201.6万円未満まで９区分され、収入が増えるに従って控除額は減ります。掲載は省略します。

資料出所：「平成29年度改正税法のすべて」

(2) 労働力不足解消策としての配偶者特別控除

配偶者控除は、夫の給与収入が1220万円を超えると、妻が無収入でも控除ができなくなりました。

38万円の配偶者特別控除が適用できるパート収入を、103万円超～105万円から103万円超～150万円に引上げました。つまり、「パート収入が103万円を超えて150万円までなら配偶者控除は出来なくても、配偶者特別控除が出来るから、『103万円の壁』を気にせず、もっと働きましょう」と言うわけです。結果はどうなったでしょうか。

2017年配偶者特別控除の適用者は123万人でした。パート収入を150万円に引き上げた2018年は12万人増加して135万人に、2019年はわずかに7万1000人増えましたが、コロナ感染問題の発生によって仕事量が減ったのでしょう、2020年には13万人減って122万人、改定前の2017年と全く変わっていません（国税庁2021年民間給与実態統計調査）。労働力不足の解消策として配偶者特別控除を引き上げて、妻（配偶者）を正規の労働者ではなく、低賃金のパート労働者としての就業化を狙ったのでしょう。1997年以降、片働き世帯より共働き世帯が増加し、女性の労働意欲や自立心は高まっているにもかかわらず、配偶者特別控除の適用者数は増加しませんでした。

(3) 38万円の配偶者控除を最低生活費まで引き上げを

憲法25条は「国民の生存権」を規定しています。税制上は「国は最低生活費に課税をしてはならない」ということです。これを最低生活費非課税といいます。

現行、所得税法の最低生活費非課税額は基礎控除48万円、配偶者控除38万円、扶養控除38万円です。実際の最低生活費に見合う金額ではありません。非課税であるべき生活費に税金がかかっているのです。実態に見合った金額まで基礎控除や扶養控除はもちろん、配偶者控除を最低生活費の公的基準である生活保護基準まで、引き上げなければいけないのです。そうすると配偶者控除のパート収入103万円の限度額は、大幅に引き上げられます。このことからも分かるとおり、実際の生活費に満たない配偶者控除等の人的控除は、低賃金を構成する要因にもなっています。

(4) インボイス制度導入の中止と、消費税率引き下げを求める

政府は2023年10月から消費税のインボイス制度を導入し、小規模事業者と共に個人タクシー、建設業の一人親方、フリーランスなど、仕事を継続するなら事業者登録番号を取り、消費税の課税事業者になることを迫っています。登録番号のない免税事業者は、取引先から「あなたの所は仕入税額

控除が出来ないから取り引きを止める」と廃除され、仕事が続けられず廃業に追い込まれていきます。

課税事業者は事業の取り引きによる消費税を税務署に申告し、納税の義務を負うことになります。たとえ1年間の売り上げが100万円しかなくてもこれらの手続きをしなければなりません。個人の免税事業者は425万人（平成23年税調資料）と推計され、仕事の内容は、農業、個人タクシー、ヤクルト販売員、建設業の一人親方、生・損保の外務員、ピアノ講師、フリーランスなどです。仕事の単価は自分で決定できず、取引先に査定されるという弱い立場にある人たちばかりです。事業取引による消費税の発生、記帳、申告、納税まで新たな事務は、今まで経験のない税金であること、常に期限を伴い、期限が遅れると加算税というペナルティーがつく場合があること等、零細小規模事業者の相当の負担が伴います。

インボイス制度導入は、零細・小規模事業者に対する課税の強化をはかり、これを足掛かりにヨーロッパ並みの税率引き上げが狙いです。反対に中止を要求する運動は、物価高騰対策として大きな世論となりつつある消費税率引き下げに道を切り開きます。日本商工会議所、日本税理士連合会、全国青色申告会総連合、全国建設労働組合総連合等々幅広い団体が政府にインボイス制度実施の延期や中止を求めており、多くの事業者の共通の要求になっています。

大企業や富裕層が享受している優遇税制に対し、圧倒的多数の勤労者の生活費＝命に税金をかけている税制の現状は、応能負担原則の憲法に反しています。こうして集められた税金の使い方について自民党は、軍事費をGDP比2％に増額する一方で、社会保障費の自己負担を増額し、国の負担を削減するという方針を出しています。憲法が生きる税の集め方や使い方に変換することが喫緊の課題となっています。

参考文献

『経済』新日本出版社　2021年3月「女性労働研究と女性解放論、ジェンダー平等」伊藤セツ
『経済』新日本出版社　2021年3月「ジェンダー平等戦略を改めて考える」箕輪明子
『力と心をひとつに』全国商工団体連合会婦人部協議会「所得税法56条の廃止を」浦野広明
『日本税制の総点検』勁草書房　北野弘久・谷山治雄
『改正税法のすべて』平成29年版　大蔵財務協会

（浅井　優子）

コロナ禍で可視化された医療の現状と今後の課題

はじめに

新型コロナウイルス感染症危機より2年が経過しました。保健所の機能不全、入院逼迫《ひっぱく》や相次ぐ自宅療養死など医療崩壊と言うべき状況が様々報道されてきました。感染拡大の局面のたびに、入院困難や医療アクセスが確保されなくなる背景には、歴代自民党政権が進めてきた医療費抑制の下でつくられてきた医療現場の余力のなさが根底にあります。コロナ禍で浮き彫りになった我が国の医療をめぐる現状・課題と政府が進める医療改革について述べます。

人手不足、経営困難な病院現場

日本は先進国で高齢化が最も進み、患者へのケアの手間などを多く要する一方、医師数は欧米諸国に比べ3割以上も少なく、看護師数も辛うじて平均並みです。そのためコロナ以前より病院で働く医師の4割が過労死ラインを超え、勤務医のうち1割（2万人）は過労死ラインの2倍を超える長時間労働を強いられています。医師の「働き方改革」が叫ばれていますが、直近の厚生労働省調査を見ても殆ど改善が見られません。司法で断罪された医学部入試における女性差別も、日本社会に根深い性別役割分担意識とともに医師不足による過労死ライン超えの働き方の常態化が背景にあります。

看護職員は9割で生理休暇が取れない、妊娠者の半数が夜勤に従事するなど、過酷な働き方を強いられています。リハビリや各種技師も含め医療スタッフが慢性的に不足しています。

病院経営面では、入院報酬が極端に低く、病床をフル稼働していないと経営が成り立たず、職員増や業務のＩＣＴ化を進めたくても原資が確保できない状態です。コロナ直前において民間病院等（国公立以外）は、収支差が０・３％（２０１７年）、０・９％（２０１８年）とほぼ利益０であり、一般的な入院病床に支払われる入院基本料に至っては収支差は軒並みマイナス2％～マイナス8％です。内部留保もなくギリギリの状況で回っているのが、民間病院の経営状況です。余力・ためが全くないのが病院現場の現状です。

コロナ入院治療の困難さ

コロナ感染症患者を受け入れるには、他の患者との動線分離（ゾーニング）が必要ですが、特に中小病院では設備構造上困難です。患者受け入れに際しては、病棟やフロアを丸ごと感染症患者用に空ける形となるため、診療報酬（治療費対価）の引き上げや空床確保料などで手当てはされていますが、風評被害やクラスター発生などに伴う減収全般に対する補償はなく、患者受け入れを躊躇せざるを得ない面もあります。縮小・休止する救急など通常医療の確保・連携先も課題です。

こうした中、民間病院は無理を押して、コロナ患者を最大限受け入れています。しかし、平時より感染症に対応できるスタッフをはじめ、人手が全般的に不足する中、通常の10倍以上も人手を要するコロナ重症者などが急増するという局面が繰り返される結果、入院できない患者が地域にあふれる事態となっています。

他方医療現場では、長期に及ぶライフスタイルへの制約やいわれなき差別なども重なり、コロナ専門病院等では職員のバーンアウトが問題となっています。また、ウクライナ侵攻による物価高騰に伴い入院食経費等が急騰し、病院経営は更なる悪化が危惧されます（この間、消費税増税の下でも国は病院に支払う食事代等の診療報酬は据え置き）。

地域で奮闘する開業医の後押しを

発熱患者、自宅等療養者への対応をめぐり、報道では地域の開業医の対応が取りざたされています。

コロナ以前より、診療所医師は高齢化が進み、60歳以上の医師が半数を占め、平均年齢は60・0歳に達しています。全国保険医団体連合会（以下、本会）の会員調査（２０１６年9月）では、70歳代の医師の3人に1人が訪問診療に携わり地域の患者を支えています。また、開業医の4人に1人が過労死ラインを超えて働くなど開業医にも余力があるというわけではありません。

こうした中、全国で医療機関の3分の1が「発熱外来」に取り組んでいます。本会の会員調査（有効回答数１３５６、２０２１年9月）では、診療所のうち小児科 53・0％、内科系44・8％、耳鼻咽喉科 44・4％など普段から発熱患者を診る診療科では2件に1件が対応しています。医療モール・ビル診（ビルの一角で開業）や駐車場など空きスペースがないなど都市部では患者の動線の区分けが困難な状況を踏まえると、最大限に近い対応と言えます。

しかし、国は２０２１年4月以降も医療機関に発熱外来体制の維持を求める一方、診療体制確保に支払う補助金は打ち切っています（感染対策に要する設備・資材補助のみ上限１００万円支給）。昨年末にはＰＣＲ等検査費用も切り下げました。クラスター発生等による患者減や休診コスト（職員の雇用保障含め）に対する医療機関への公的補償もありません。地域の診療所を後押しするためにも、こうした施策の改善が必要です。

自宅等療養者への診療については、感染者が多い東京は、都医師会が検査・診療を行った診療・検査医療機関が、保健所に代わりそのまま健康観察（必要な治療や入院判断含め）も実施する事業を開始し、既に１０００施設が申請しています。職員の生活保障含め、経営を維持していくための手当が求められます。

また、診療所ではワクチン接種にも取り組んでいますが、ワクチンの安定供給が滞る事態や低すぎる報酬（1回の手当が初診料以下）など改善が課題です。

受診抑制が進む患者・国民

患者・国民も、コロナ禍により深刻な被害を受けています。本会の会員調査（有効回答数１１９７１、２０１５年11月）では、開業医（医科、歯科）の2人に1人近くが、お金がないなど患者の経済的理由により、受診の中断・中止を経験しています。民間調査では、勤務医も2人に1人は患者の経済事情から安価な処方に変更した経験があります。

コロナ前より受診抑制が見られる中、コロナ禍によって健康・疾病状態が更に悪化しています。コロナ医療確保に伴う通常医療・健診等の縮小、感染への懸念による受診・健診控えが増加した結果、２０２０年度の医療費は3％低下しています。乳幼児健診や予防接種など受診予定があった子どもの4％が未受診です（国立成育医療研究センター、２０２０年12月）。がん検診も大きく減少し、新規がん患者数が集計開始の２００７年以降、初めて減少しています（国立がん研究センター、２０２１年11月）。特に早期がんの発見数が減っており、進行がんの発見増加が危惧されます。

患者・国民の疾病・健康悪化の進行は、地域医療の最前線に立つ診療所から多数報告され始めています。本会の開業医会員調査（医１３５６名、歯１２０９名、２０２１年9月）では、受診控えなどによる重症化ケースが糖尿病など生活習慣病を筆頭に、皮膚科（アトピー等）、耳鼻咽喉・呼吸器疾患、眼科疾患（緑内障等）から、整形外科関連（骨粗鬆症等）、精神疾患に至るまで広い範囲で見られます。がん発見の遅れ・進行がんのケースも相当数見られます。歯科では、虫歯の進行・多発及び重症化（歯髄炎、抜歯等）、歯周病の悪化やストレスによる噛み締めなど様々な事例が見られます。以降の動向（２０２１年4月〜22年1月）でも、２０１９年に比べ、受診日数は5・8％減少し、受診控え・抑制が止まっておらず、状況の悪化が危惧されます。

政府が進める医療制度改革

こうした中、２０２２年度診療報酬改定が4月に実施されました。改定の基礎資料となる医療経済実態調査（２０２１年6月実施）では、コロナ関連補助金を加味した場合でも、経営水準は、診療所はコロナ前よりも悪化し、病院は利益ほぼゼロ（全体0・4％）という状況でした。医療現場の再建に向けて、診療報酬の大幅な引き上げ・改善が不可欠でしたが、医療技術や人件費等に相当する診療報酬本体の改定率は＋0・43％と２０２０年度改定率（＋0・55％）よりも低く抑えられました。更に、高い医療過誤リスクを伴う初診からのオンライン診療を制度化（コロナ禍では特例扱い）するとともに、医師の診察を受けないまま3～6カ月の長期処方を可能とするような「リフィル処方箋」を導入するなど、患者を医療から更に遠ざける措置も多く盛り込まれました。

10月には、政府は75歳以上の高齢者には窓口負担の2割導入を実施する構えです。約370万人に影響が及びます。コロナ禍で真っ先に医療が保障されるべき高齢者から医療を取り上げるものです。続いて、政府は▽高齢者（70歳以上）の3割負担者の範囲拡大、▽高齢者は貯金等「資産」の保有状況に応じた負担増、▽処方薬の自己負担引き上げ、▽国保料引き上げなど様々な負担増を具体化していく方針を示しています。

更に、「デジタル化」と称して、患者・国民、医療現場も望んでいないマイナンバーカードの保険証利用について、医療機関に23年3月末までにシステム導入するよう原則義務付けた上（現在、システム導入した医療機関は全体の2割）、将来的には保険証を原則廃止する方針まで打ち出しました。マイナンバーカード普及・利用、取得義務化を図るとともに、ICT業界への利権誘導や医療・社会保障抑制を図る狙いです。多額の国税（年1兆円弱！）をマイナンバー制度推進につぎ込む無駄遣いは即刻中止すべきです。

医療・社会保障を充実させる政治へ

他方、コロナ禍で浮き彫りになった医療現場の困難を前に、政府が進める医療改革は一定の修正を図らざるを得なくなっている状況も出てきています。コロナ禍での医療崩壊を前に、入院医療等を供給する際の指針・目標となる医療計画（6年単位）に新興感染症が蔓延した際の医療確保が盛り込まれました。都道府県や医療団体任せにせず、国の人的・財政的責任が問われます。

病床削減を進める地域医療構想についても、436（旧424）の公立・公的病院の再編統合候補リストは撤回しないものの、コロナ禍での自治体病院の活躍や地域からの異論を受けて、病院自体の廃止を求める方針は実質上変更せざるを得ない状況に追いこまれています。同様に医学部定員数を削減する方針は撤回しないものの、当初想定していた2023年度からの定員数削減は、自治体や医療現場から異論が噴出し、急遽中止されました。

医療現場の状況と課題を正確に伝え、世論化し、医療改悪を食い止めることが必要です。コロナ危機は、大企業・富裕層の社会的責任を免罪し、医療・社会保障を切り捨ててきた新自由主義の弊害を浮き彫りにしました。誰もが安心して良質な医療を受けられるよう、75歳以上の2割負担導入はじめ医療制度改悪をストップさせ、医療・社会保障を充実させる政治への転換が求められます。

（松山　洋）

コロナ禍、ウクライナ戦争
—重なる「危機」とケアをめぐって

コロナ禍、ウクライナ戦争—「危機」と改憲論

2020年初頭からの新型コロナウイルスの流行と、本年2月からのロシア・プーチン政権によるウクライナ侵略という大きな「危機」が立て続けに生じてきた今日、日本においては自民党を中心にこうした「危機」に便乗した改憲推進論が盛んになっています。

コロナ禍においては、自民党・日本維新の会を中心として憲法への緊急事態条項創設を求める言説が目立ちましたし、ウクライナ侵略に乗じて、従来から彼らが主導してきた憲法9条改悪論も勢いづいています。安倍元首相からは核兵器の共同保有論が飛び出すなど、政治保守層による日本の軍事大国化を目指す動きが加速しています。

災害や危機の時には、普段からの社会の体制の脆弱性や矛盾が顕在化し、増幅します。コロナ禍での医療・福祉分野の逼迫や疲弊は、この間の人権劣化＝社会保障費抑制政策の結果にほかなりませんが、政権はそうした過去の政策の汚点を認めるどころか、緊急事態条項の議論に代表されるようにこの危機を利用して一層の人権の骨抜き化を狙っているようです。

本稿では、上記のような軍事国家化への動きと、一見、無関係に思えるこの間の社会保障・ケア（以下本稿では介護や近隣の支え合い等を含む概念として使用する）領域での自助・互助論の関係性について指摘しておきたいと思います。

社会保障制度改革推進法と介護の自助・互助化

2012年に民主・自民・公明の3党協議により社会保障制度改革推進法が成立しました。同法は、以後の社会保障制度改革を、「家族相互及び国民相互の助け合い」をもとに国民に「自立」を求めることを基本に進めることを定めました。同法の下で介護領域では介護保険サービスの利用を抑制して、その受け皿として家族・親族における扶養、助け合いを強化するベクトルの政策が従来以上に進められています。

同法に基づきその後、要介護3未満の者の特養入居制限（2015年）や、利用者自己負担の増額（2015年、2018年）などが立て続けに強行されてきましたが、現在はケアマネジメントへの自己負担の導入、自己負担2割負担層の拡大、要介護1・2の訪問介護・通所介護の総合事業への移行などのいっそうの給付抑制政策が検討課題とされています。現在政権が進めている「全世代型社会保障」も、聞こえ

は良いですが、こうした従来の路線を踏襲するものにほかなりません。

地域包括ケアシステムによる「規範的統合」

政権が進めるケア領域における社会保障費抑制、自助・互助化の旗印が「地域包括ケアシステム」の構築です。厚生労働省（以下、厚労省）はこれを建前上は「重度な要介護状態となっても住み慣れた地域で自分らしい暮らしを人生の最後まで続けることができるよう、住まい・医療・介護・予防・生活支援が一体的に提供されるシステム」としています（注1）。しかし、先述のように実際には社会保障費抑制を行うために、医療・介護における公的責任や専門職のサービスを縮小・抑制し、自助・互助の役割や予防・自立を重視し、医療・介護の自己責任化が推進されており、「二枚舌」の政策となっています。

また、以前から厚労省は、同システムの構築に向けて、「規範的統合」という何やらいかめしいスローガンを用いて地域の住民などの動員を提案してきました。「市町村は、介護保険事業計画等で目指すべき方向性・基本方針を定め、その方向性・基本方針を介護事業者・住民等の関係者で共有（規範的統合）し、地域資源を統合していくことが重要」としています（注2）。今日の政策動向からすると、社会保障費抑制という国策目標の下、極力介護保険制度の利用者を限定すべく、その「規範」を行政が住民や介護事業者、専門職等に共有させ、地域全体の資源をその目標に向かって動員していくということになろうかと思います。

自民党憲法改正草案24条と25条

社会保障制度改革推進法の下でこの間政権によってケアの自助・互助化政策が推進されてきましたが、その完成形として目指されているのが日本国憲法の「改正」です。現政権与党の自民党は２０１２年に「日本国憲法改正草案」を取りまとめましたが、市民の諸人権を広範に制限する内容にこの間多くの研究者・法曹・市民らから不安や批判が投げかけられてきました。

同改憲草案は婚姻に関して規定する憲法24条に、「家族は、社会の自然かつ基礎的な単位として、尊重される。家族は、互いに助け合わなければならない」という、家族の助け合い義務を強制する条項を新設することを提案しています。同時に、社会保障の国家責任について規定した25条2項について、現行憲法の「国は、すべての生活部面について、社会福祉、社会保障及び公衆衛生の向上及び増進に努めなければならない。」という文言から、「国は、国民生活のあらゆる側面において…」という文言に変更し、社会保障における国家の役割を「側面」からの支援に後退させることを打ち出しています（注3）。これらを合わせれば、国の社会保障の責任は大幅に軽減され、余力のない多くの一般市民に自助・互助で家族人員の貧困やケア問題に対応する義務が生じることになります。

軍事国家、戦争に必要な助け合い規範

自民党の改憲草案は、9条の改悪により自衛隊を国防軍化、また集団的自衛権等も行使できるようにすること等を提案し、同時に上記のような人々の社会保障の権利の後退＝国家の社会保障責任の後退を提案しています。

仮に、9条改悪により日本の軍事国家化を目指すためには家族や市民同士の助け合い規範を醸成することが極めて重要となります。戦前の日本において、住民レベルのボランタリーな助け合い組織や家父長制家族が国の命令を国民の末端にまで行きわたらせ、国民を戦争に動員し、また彼ら同士を監視させ合う役割を担ってきたことが知られています。家族の扶養義務などの家族秩序強化の要求（戦前の「イエ」制度）は、国家による戦争体制を支える支配・服従関係構築に好都合に機能してきたことが指摘されています（注4）。権力者が戦争に国民を動員するためには、まず家族や地域単位における助け合い精神の醸成、規範的統合が不可欠であり、人々が「イエ」といった末端の支え合い組織を大事にし、家族や近隣者を守るという心理を巧みに利用しながら、権力者は国民を国家のための戦争に動員してきました。

9条改憲が政権や保守政党によって目指されていますが、それと25条の解体、先述のような社会保障費抑制政策下によるケア領域における自助・互助、支え合い精神の醸成がかみ合って、日本福祉国家の解体＝軍事国家化が進行していかないか懸念されます（注5）。

おわりに

要介護者、在宅介護者、介護労働者などのケアの当事者はこの間の社会保障費抑制政策やコロナ禍で疲弊している現状ですが、政府が当てにならないからと言って、現に困っている人々を奉仕的にケアするだけでは問題は根本的には克服できません。それどころか、そういった献身的助け合い規範は、歴史的に権力者によって軍事国家の構築や戦時体制を支える資源として好都合に利用されてきました。

自助・互助・共助・公助論ではなく、国家責任による人権としてのケア保障を求めて、憲法25条に規定される国による社会保障後退禁止・向上増進義務、生存権、生活権、健康権、文化権などの人権に基づいた要求を政府に対して行い、社会保障・人権を守り発展させる「不断の努力」（憲法12条）に取り組む重要性がいまだかつてなく高まっています。

（注1）厚生労働省、https://www.mhlw.go.jp/stf/seisakunitsuite/bunya/hukushi_kaigo/kaigo_koureisha/chiiki-houkatsu/（2022年5月23日最終閲覧）。

（注2）厚生労働省全国介護保険担当課長会議資料「介護予防・日常生活支援総合事業ガイドライン（案）」2014年。

（注3）自由民主党「日本国憲法改正草案」（2012年）参照。

（注4）この視点から憲法24条の重要性について考察した論考としては、若尾典子「近代家族の暴力性と日本国憲法24条」（『名古屋大學法政論集』255号、587～617頁、2014年）。

（注5）助け合い、ボランティアの危うい二面性については、池田浩士『ボランティアとファシズム：自発性と社会貢献の近現代史』（人文書院、2019年）を参照。

（井口　克郎）

低年金の女性高齢者

年金引き下げが続く

２０２１年10月に首相に就任した岸田文雄氏は、当初、『成長と分配の好循環』による新たな日本型資本主義」を掲げ、賃金引き上げ等分配に配慮するかのような発言をしていました。しかし、その後トーンダウンし、22年6月に岸田内閣が決定した「骨太の方針」の新しい資本主義の実行計画では、経済成長が最優先で、分配について抜本的な改善策はなく、新しい看板に変えても、安倍・菅政権の新自由主義による成長戦略路線を引き継ぐものであることは明らかです。社会保障については、「全世代型社会保障」に力を入れるということですが、22年1月に厚生労働省は現役世代の実質賃金が下がったことを理由に、22年度の年金を0・4%引き下げることを決めました。0・4%は、14年度の0・7%に次ぐ大幅な削減です。

さらに、追い打ちをかけるように、22年10月から後期高齢者のうち約３７０万人の医療費の窓口負担が2割と、倍の負担増になります。22年2月からのロシアのウクライナ侵攻の影響も受け、電気・ガス代、食料品など生活必需品の高騰が高齢者の生活を直撃し、新型コロナウイルスの感染拡大で生活と健康に不安を抱える高齢者に対し社会保障を削って「全世代型社会保障」を推進する冷たいやり方は、低年金・低所得者ほど打撃が大きく、貧困と格差は拡大する一方です。

実際に高齢者の年金は

政府・財界や、一部マスコミが強調するように、「日本の社会保障は高齢者を優遇し、若者がワリを食っている」のでしょうか。

２０２０年度では、国民年金（基礎年金）のみの老齢年金受給権者（受給資格期間25年以上）の平均受給月額は男性5万４３３８円、女性5万４２６円で、男女格差があります。国民年金は、40年間満額納付しても年金額は月額6万４８１６円（0・4%引き下げ後）で、生活保護の生活扶助基準以下であり、それしか収入がない場合、「健康で文化的な最低限度の生活」はできません。厚生年金受給権者の平均支給額は月額14万４３６６円で、男性は16万４７４２円、女性は10万３８０８円で男性よりも約6万円も少なく、厚生年金を受給している女性でも、49%が月額10万円未満の低額です。12年に年金受給資格期間が25年から10年になりましたが、それでも無年金者は19年現在77万人と推計されています（厚生労働省年金局「令和2年度厚生年金保険・国民年金事業の概況」より）。

日本の公的年金制度は、①年金受給額が個人で大きく異なり、②同じ種類の年金を受給している場合でも、男女で大きな格差があること、③低年金・無年金者が存在すること、④本土復帰との関連で年金制度の導入が遅れた沖縄県に低年金者・無年金者が他県の倍以上の割合で存在すること等、多くの問題をかかえています。

女性に多い低年金・無年金者

とりわけ、女性に低年金・無年金者が多いのは、結婚、妊娠、育児、介護等で雇用を中断される、正社員で働き続けても男女賃金格差で賃金が低い、家事・育児・介護等のケア労働を無償で担わされる、女性はパート・派遣等の非正規雇用が6割近くを占め、厚生年金に入れず、いわゆる2階部分の標準報酬比例部分を増やすことができないなど、人生の出来事により働き方を変えざるを得なかったからです。会社員や公務員の配偶者が年金保険料を負担しなくても国民年金（老齢基礎年金）を納付したものとして扱う第3号被保険者も、該当者は98％以上が妻で、妻に老人介護等を無償で担わせる福祉政策が根底にあります。税制や社会保険制度も、性別役割分業を後押ししてきました。日本の年金制度は、20歳から60歳まで年金保険料を払う片働きの夫と専業主婦の妻を標準モデルとして構築されており、職場や家庭、社会での長年にわたるジェンダー不平等な扱いが女性の低年金・無年金を生み出していると言えます。現役世代でみても、雇用労働者全体の4割が非正規雇用で、女性の場合は6割近いという現状では今後も大量の低年金者が生じることが危惧されます。

減り続ける年金

２００４年に導入された「マクロ経済スライド制」は、公的年金を納める人の減少率と平均余命の伸びを勘案して年金額を調整（削減）するものです。２０１９年に厚生労働省が公表した財政検証では、経済成長の程度が異なる6つのケースを想定して試算していますが、たとえば経済成長率0％のケース5では、基礎年金（1階部分の国民年金）が58年までに39・8％、標準報酬比例部分（2階部分）は、32年までに10・7％減少して、調整が終了する見込みです。最大の問題点は、いずれのケースでも、厚生年金より基礎年金の給付水準が大幅に削減される結果になることです。つまり、国民年金のみ受給している人、現役時代の給与が低い人ほど、年金受給額の削減割合が大きくなります。基礎年金の最低生活保障機能をまったく果たさなくなります。

さらに、２０２１年度以降は、年金額は、①物価変動率、②名目賃金変動率、③マクロ経済スライドの3つの要素で決められています。たとえば、物価が上がり、賃金が下がる場合、２０２１年3月までは年金は据え置きでしたが、法改正で、同年4月からは年金は賃金に合わせて下がるようになりました。また、賃金や物価による年金改定率がマイナスの場合、マクロ経済スライドによる調整は行われませんが、その未調整分は翌年度以降にキャリーオーバー（繰り越し）されます。こうして、2013年度から22年度で、年金額が名目でマイナス0・7%、物価が5・8%上昇したため、単純計算で実質6・5%の引き下げとなります。年金を減らし続けるマクロ経済スライド制は、廃止すべきです。

深刻な高齢者の貧困

高齢者の貧困は、深刻です（図表1参照）。とりわけ女性は老後の生活が長いこともあり、単身女性世帯の貧困率は53%を超えています。高齢者の就業率が韓国についで高いのも、貧困のため体にむち打ってでも働かざるを得ない人が増えているからです。国は、生活が困窮するならば、生活保護を申請すればよいと言いますが、その捕捉率は約2割で、約8割の生活困窮者が救済から漏れているというのが現状です。重要なことは、生活苦に追いつめられたとき、生きる希望を失い、人の命が危うくなるということです。政府が真に「人」を大事にするというのであれば、社会保障を拡充し、年金制度の抜本的改善策を打ち出すのが政治の責任です。

社会保障を受ける権利は人権

憲法25条は、「すべての国民は、健康で文化的な最低限度の生活を営む権利を有する」（1項）とし、国は社会保障等について、向上及び増進に努めなければならないと定めています（2項）。

図表1　年齢層別・性別の相対的貧困率（2018年）

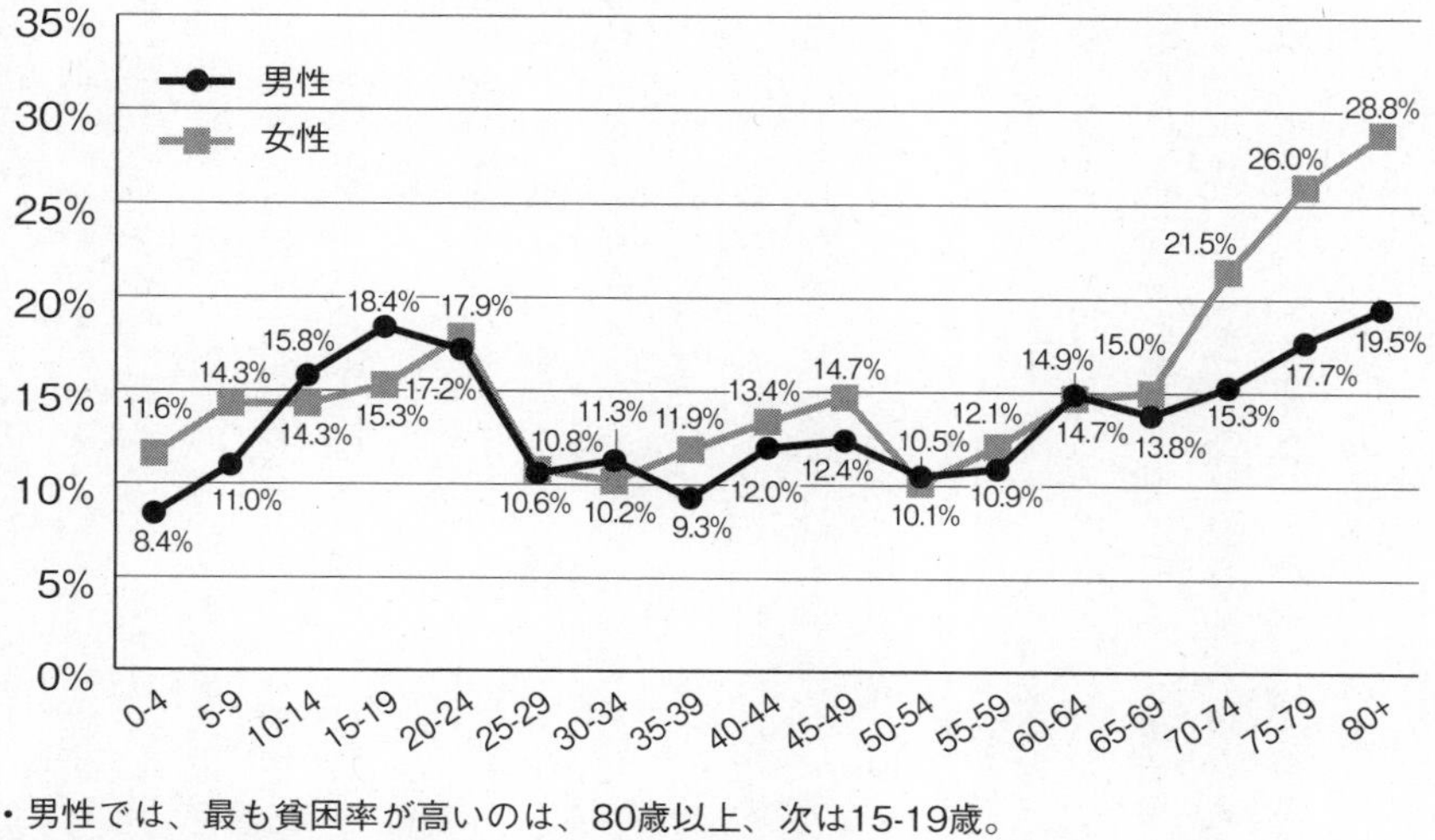

・男性では、最も貧困率が高いのは、80歳以上、次は15-19歳。
・女性では、高齢期（70歳以上）の貧困率が最も高い。

資料出所：阿部彩（2021）「日本の相対的貧困率の動態：2015年から2018年」貧困統計HP

日本が批准している経済的、社会的及び文化的権利に関する国際規約（「社会権規約」）は、社会保障についてのすべての者の権利を認め（9条）、締約国は「権利の完全な実現を漸進的に達成するため」、利用可能な資源を最大限に用いて立法その他で適切な措置をとらなければならない義務があると定めており、社会保障を後退させることは、原則として条約に反することになります。これを「後退禁止の原則」と言い、いかなる後退的措置も、正当性があることについては締約国が証明責任を負います（条約の解釈指針である、一般的意見19）。社会保障の権利は人権であり、締約国はその権利を実現するため社会保障を拡充する義務がある。これが国際人権法の基準で、各国は社会保障の拡充のために財源の確保など最大限の措置を取っています。日本の年金制度は、豊かに発展してきている国際人権基準からみれば、貧弱です。

年金制度の抜本的な改善をしなければ、給付額は下がる一方で、高齢者の命綱は細るばかりです。実効性のある改善策として、世界の主要国で実施されている、公費負担による最低保障年金制度の創設が必要です。

最低保障年金制度の実現を

国連の社会権規約委員会は、2013年に日本政府の第3回報告に対する総括所見で、日本の高齢者、とくに低年金・無年金者に貧困が生じていること、スティグマ（恥の意識）のために生活保護の申請が抑制されていることに懸念を示し、最低保障年金制度の確立と生活保護の申請者が尊厳を持って扱われることなどの措置を取ることを勧告しています。女性差別撤廃委員会も、16年には、日本の定期報告に対する総括所見で日本の貧困問題を取りあげ、「締約国がシングルマザー・寡婦・障害女性・高齢女性のニーズに特別の関心を払い、年金制度をこれらの女性たちの最低生活水準を保障するものに改革するよう」勧告しています。

全日本年金者組合（1989年結成）は、2019年4月に「最低保障年金制度実現への第3次提言」を発表し、ひろく検討をよびかけています。その骨子は、すべての日本国在住者で、20歳を過ぎてから日本に10年以上住んでいる65歳以上の人に、ひとり月額8万円を支給するもので、財源についても約200兆円の年金積立金の計画的な取り崩しも含め、具体的な提言をおこなっています。

年金給付額は、現役時代の雇用と賃金額が大きく影響します。高齢になっても人間としての尊厳を守り、安心して生活できる社会は、世代を問わない要求です。正規雇用の拡大、実質賃金の引き上げ、最低賃金の引き上げ、男女賃金格差の是正、厚生年金加入者の拡大など、現役世代の労働運動の課題としても、大きな取り組みが求められています。

（今野　久子）

子どもと教育

「GIGAスクール構想」「教育DX」のねらいと子どもたち

GIGAスクール構想はどこに子どもたちを導くのか

「毎日タブレットを持って帰って宿題」「ひらがな指導も不十分なまま、アルファベットでパスワード入力」の小学生。「休み時間は教室でPC」「オンラインの世界での見えない人間関係に悩む」中学生。

2021年4月から、全国の公立小中学校に「1人1台端末」が配備され、「GIGAスクール構想」にもとづいたICT活用が促進されようとしています。当初文科省は、2023年度に通信環境を整備するとしていたものを、コロナ禍におけるオンライン学習の推進を求める声を背景に、「1人1台は令和の学びの『スタンダード』」（文科省）として「前倒し」しすすめています。「とにかくICT化を」と前のめりの姿勢です。多くの懸念や課題を抱えたまま小・中学校で「GIGAスクール構想」（注1）2年目が始まっています。さらに、高校でも「1人1台端末」整備を行うよう2021年12月に通知が出されています。

しかし、「GIGAスクール構想」「教育DX」（注2）は、1人1台端末配備だけにとどまらず、教育のあり方を根本から変えるものであるとともに、教職員の働き方や子どもたちの生活全般にも大きな影響を及ぼします。また、民間教育産業の歯止めない公教育への参入や、教育格差の拡大など多くの課題があります。同時に、「デジタル庁」設置などによる個人情報保護制度の改悪などの動きとも関連しています。

あらかじめ述べておきますが、新しい科学技術を教育に活用することは必要だと考えます。しかしその技術を導入し活用するにあたっては、社会的・法的・倫理的な課題を総合的に検討しすすめられなければなりません。「教育のICT化」は、子どもの成長・発達のためにどのような課題があるのか、その危険性も含めあきらかにし、その有効な活用はどうあるべきかなどの充分な検討が必要です。学校現場はもちろん、父母・保護者、教育関係者、地域とともに、十分な論議・検討を行うことが求められます。そのことなしに、「とにかく導入する」「できることをできる人から」では、大きな禍根を残す可能性があります。

(1)「個別最適な学び」が「孤立した学び」に陥る危険性

経済産業省が、AIによる「個別最適化された学び」(経産省「未来の教室」EdTech研究会)を打ち出したことを受け、中央教育審議会(以下、中教審)は「個別最適な学び」の推進を方向づけました。一見すると一人ひとりのニーズにあった教育を推進するかのイメージがあります。しかし、国連子どもの権利委員会(注3)が日本政府に対し厳しく改善を求めるような競争的な環境のもとでは、「個別最適な学び」は一人ひとりをばらばらにした「孤立した学び」となる危険性があります。一人ひとりがPCに向かい、AIにより、個別に「最適化」された学びに陥ることが危惧されます。PCに序列化され管理されながら、「主体的・対話的で深い学び」(中教審)をすすめることはできません。

(2)あらゆる個人情報を蓄積・管理・活用される危険性

中教審答申は「教育データの蓄積・分析・利活用」を強調しています。すでに小学校から「キャリアパスポート」として学びの記録を蓄積し、「eポートフォリオ」として大学入試に活用されています。また、教育データ標準化(注4)や学習履歴・学校健康診断データの蓄積と活用(注5)がすすめられようとしています。

学習履歴や健診結果などの個人情報を保護される権利は基本的な人権です。個人の人格尊重の理念の下に、極めて慎重に取り扱われるべきです。

学習指導要領は「学びに向かう力・人間性等」として評価項目に「主体的に学習に取り組む態度」を示しています。考え方の変容や人間性・態度などについて、幼児教育から高等教育までの個人の内面に関わる個人情報をビッグデータに蓄積し、IT企業や国・行政が利活用することを可能とすることには大きな危険性があります。子どもたちに「デジタルタトゥー」(注6)を押しつけることになりかねません。

(3)子どもたちの心と体へ深刻な影響

ICTの活用推進はネットやSNS利用の促進につながり、子どもの生活や健康に重大な影響を与えます。この間、スマホやICT端末・インターネットの過度な利用による依存症や精神状態への影響、または、脳や視覚神経の発達などへの影響に関する多くの研究が発表されています(注7)。しかし、文科省などは視力低下などの対策のみで、総合的な実態把握や対策は示されていません。家庭への端末持ち帰りによるゲームや動画サイトの無制限な使用、児童生徒間や教員へのチャットによる誹謗中傷など生徒指導上の問題なども多数あげられています。ネット・ゲーム依存などとの関連なども含め、子どもの生活や健康に対する全体的な影響をあきらかにし、具体的な対策を検討する必要があります。

(4) 民間教育産業の歯止めない参入、指導方法の画一化の恐れ

ＩＣＴ教材やデジタル教科書導入にあたり教育への民間教育産業の歯止めない参入を招く危険性があります。これまで蓄積されてきた指導方法などが排除され、特定の指導方法に画一化される可能性があります。文科省は２０２４年度のデジタル教科書の本格導入を計画していますが、あまりに拙速です。発行業者の寡占化により教科書の多様性を喪失し、結果的に国家統制の強化につながりかねません。

全国学テのＣＢＴ化（注８）のみならず、日常のあらゆる学習やテストでＣＢＴ化をすすめることも検討されています。授業やテストで子どもの実態をふまえた工夫や配慮をおこなうことが困難になる危険性があります。

あわせて、ＳＴＥＡＭ教育（注９）プログラムや小学校からのプログラミング教育などが推進されています。教育の出発点となるのは、子どもたちの現実の生活です。子どもと学校の実態をふまえた教材づくりなどが困難となる恐れがあります。

(5) 教育格差をいっそう拡大させる恐れ

端末を使っての家庭学習が想定されています。しかし、各家庭での通信環境は様々であり、大きな格差があります。コロナ禍における休校期間でも、双方向のオンライン学習の実施は約４％にとどまりました。家庭での通信環境の格差がそのまま学びの格差につながる危険性があります。高校での機器購入自己負担（注10）やＢＹＯＤ（注11）をすすめる動きは、家庭の教育費負担増になるとともに、教育格差拡大につながります。

ＩＣＴ活用を子どもの成長・発達のためのものとするために

(1) ＩＣＴ活用を自己目的化せず、成長・発達を保障する「ツール」として

文科省は「ＩＣＴ活用でこれまでの教育を変える」「すべての活動でＩＣＴを」などと言います。「小１でひらがなも習っていないのに、パスワードを覚えさせられている」などの実態もあります。「とにかくＩＣＴ活用を」と、その活用を自己目的化することは、教育を歪めます。

拙速な推進でなく、これまで積み上げてきた教育理念や教育技術・方法を大切にしながら、「どういう使い方が有効か？」「子どもの生活や健康への影響は？」などの議論を深めることが必要です。子どもたちの成長・発達のための「ツール」として有効な活用方法をあわてず検討することが必要ではないでしょうか。

(2)子どもの実態を踏まえた自主的な教育課程づくりを

何よりも、子どもの実態を踏まえた自主的な教育課程づくりをすすめ、有効な活用方法を検討することが必要です。次の観点で検討することを提案します。

(ア)発達段階をふまえて

子どもの実態と発達段階をふまえた活用をすすめることが求められます。子どもの年齢や発達段階・健康状態に応じた活用方法や活用時間などのルールづくりが必要です。また、障害のある子どもの特性に応じた検討をおこなうことは重要です。

(イ)子どもの個人情報を守ること

子どもたちの個人情報を守ることはＩＣＴ活用の大前提です。そのために必要なルールの確立と環境整備が求められます。個人情報を守ることができない恐れがある場合は、教育委員会や民間教育産業に対応を求めることが必要です。

(ウ)すべての子どもたちの効果的な活用を保障する環境整備を

家庭でのデジタル環境に格差があることをふまえた対応が必要です。すべての子どもたちが効果的に活用できるような環境整備を求めることが必要です。

(エ)メディア情報リテラシーの育成など、子どもが主体となる活用の探求を

ＳＮＳは社会インフラとして子どもたちの生活に深く影響を及ぼしていることは無視できません。子どもたちは多くの情報にさらされるとともに、その中には「フェイクニュース」も含まれています。そのもとで、メディア情報リテラシー（注12）の育成が求められます。子どもが主体となってとりくむことができる情報リテラシーをどう保障するかの議論と検討が求められます。学びの主体は子どもであり、何を「最適」とするかを決めるのは子どもです。ＩＣＴの活用も子どもたちとともに考えるとりくみをすすめましょう。

教職員の負担過重、長時間労働の要因とならない対策を

文科省は、「ＩＣＴを活用した校務効率化」を紹介しています。保護者との連絡手段のメール化、学級通信等のオンライン化など、あたかもＩＣＴが多忙化を解決し「働き方改革」に資するものとしています。しかし、ＩＣＴ機器の配置・管理・使用方法の確立などについて、教職員に多くの負担がかかっています。そのために必要な教職員の増員が必要です。

（注1）1人に1台のＰＣと高速ネットワークを整備する文科省の取り組み。「Global and Innovation Gateway for All」

（注2）学習方法や教育課程、教職員の業務や組織についてデジタル技術を活用し、教育のあり方そのものを変えること。

（注3）「あまりにも競争的な制度を含むストレスフルな学校環境から子どもを解放すること」（国連子どもの権利委員会勧告）

（注4）学校、児童生徒の属性、学習内容等で共通化できるものを対象とし①主体情報、②内容情報、③活動情報に区分。

（注5）生涯にわたる個人の健康等情報を電子記録として本人や家族が把握するための仕組み。

（注6）一旦ネット上で公開された個人情報などが一度拡散してしまうと、完全に削除するのが不可能であることを例えた表現。

（注7）例：「中高生のインターネット依存度テストによるインターネットの依存度」（国立久里浜医療センター）

	問題使用疑いレベル	依存疑いレベル
中学生（女子）	51・6%	6・2%
中学生（男子）	45・8%	5・1%
高校生（女子）	58・5%	5・2%
高校生（男子）	51・5%	3・9%

（注8）Computer Based Testing コンピューターを利用した試験の総称。

（注9）Science、Technology、Engineering、Mathematicsを統合的に学習する「ＳＴＥＭ教育」に、Artsを統合する教育手法。

（注10）高校での設置費用負担は、設置者負担16自治体、保護者負担を原則15自治体、検討中11自治体（文科省２０２１年3月）。

（注11）職場が用意する情報機器ではなく、従業員が個人所有する情報機器を持ち込んで利用すること。

（注12）メディアの機能を理解し、批判的に分析評価し、創造的に自己表現し、それによって市民社会に参加し、異文化を超えて対話し、行動する能力。

（宮下　直樹）

日本の性教育の現状と課題
―日本でも国際水準の包括的性教育を！

はじめに

政府は、「女子差別撤廃条約実施状況第9回報告（女子差別撤廃委員会からの事前質問票への回答）」で、女性差別撤廃委員会の出した「責任のある性行動を含む、性と生殖の健康と権利（リプロダクティブ・ヘルス・ライツ）に関する年齢に適した（中略）措置についての情報を提供されたい」という質問17に対して、「子供たちが生命を大切にし、性犯罪・性暴力の加害者、被害者、または傍観者にならないための『生命（いのち）の安全教育』を推進するため、発達段階に応じた教材等を作成し、保護者への周知を含め、推進している」と回答しています。

国際的な性教育指針としての『国際セクシュアリティ教育ガイダンス』（ユネスコ等国連諸機関発行2018年改訂）は、①人間関係、②価値観、人権、文化、セクシュアリティ、③ジェンダーの理解、④暴力と安全、⑤健康と幸福のためのスキル、⑥人間のからだと発達、⑦セクシュアリティと性的行動、⑧性と生殖に関する健康の8分野を学習内容として示しています（注1）。これに比して、日本で今多く行われている性教育は主に②や③に関わるジェンダー平等や性の多様性など一人ひとりの人権を認めたうえで関係性を扱うという部分が未だ不十分です。それだけではなく、人間の性と生殖に関わる身体の構造や名称・機能（性交、避妊、中絶を含む）などの科学的事実を正確に教えるという点でも問題があります。

日本の学校性教育は、先述のガイダンスに象徴されるような国際水準の包括的性教育に照らしてみれば、どんな問題があるのか、「生命の安全教育」教材も含めて、見ていきましょう。

学校教育の内容を規定する学習指導要領と性教育

日本の小中高校と特別支援学校では、文科省が制定した学習指導要領にもとづいて教科書が作成されます。文科省の検定に合格した教科書のみが採択の対象となるので、教師の実際の授業実践も学習指導要領に大きく規定されます。

2011年9月の「七生養護学校事件」に関する東京高裁判決では、「学習指導要領はおおよその教育内容を定めた大綱的基準であって、学習指導要領に記載されていない内容を子どもに教えることがただちに違法とはならない」とされました。この判決は2013年に最高裁で確定します。しかし、これ以降も現場では、学習指導要領と検定教科書に準拠した教育が求められ続けています。性教育に関しては、1998年の学習指導要領改訂時に加筆された次のような制限規定「歯止め規定」が未だ、大きな影響を与えています。
＊学習指導要領の小学校5年理科では、「受精に至る過程は取り扱わない」とされています（これで性交を教えられない）。
＊中学校1年保健体育科では、「妊娠の経過は取り扱わない」とされます。ところが、中学校3年保健体育科では、性感染症の予防として、「感染経路を断つために性的接触をしない」ことを教えると共に、「コンドームの有効性」について教えることも求められています。ここでは、性交ではなく、より多様な性行動を含む性的接触の言葉が使われています。
＊総合学習では、「地域や学校、生徒の実態に応じて（略）創意工夫を活かした教育活動を行う」とあり、地域の実情から、総合学習で妊娠、避妊、中絶を内容とする授業が組まれることがありえます。

このように、先述の「歯止め規定」は、他学年、他教科の学習指導要領と矛盾するものとなっているのです。この背景には、「子どもたちの性行為については適切ではないという基本的スタンスで指導内容を検討していく」ことや、「安易に具体的な避妊方法の指導等に走るべきではない」（中教審初等中等教育分科会教育課程部会『健やかな体を育む教育の在り方に関する専門部会最終報告書』２００５年）とする子ども観があると思われます。この文書では、性教育を行う際の留意点として、①保護者や地域の理解を十分に得ること、②教職員の共通理解を図り、児童生徒の発達段階（受容能力）を十分考慮すること、③集団指導の内容と、個別指導の内容の区別を明確にすることが挙げられています。

これらの留意点は、いずれも、現実には性教育を抑制するものとして利用されることが多く、特に、問題のある子どもへの個別指導とすべての子どもを対象とした集団指導は区別するという論理は、近未来に全員に起きうる身体上、心理上の変化や関係性、人間の多様性についての知識、情報、スキルをすべての子どもに事前に伝えることを回避するものとして使われてきました。

これは、子どもたちを性的存在として認めない「子ども観」であり、その根底には、性教育は「寝た子を起こす」という誤った性教育観と子どもへの不信感があるように思われます。ここには「セクシュアリティは人間の生涯にわたる基本的な要素である」という視点や子どもの性と生殖の健康と権利を保障するといった視点は全く、見られません。

このように日本では、学習指導要領に阻まれて、中高生の知りたい事項、自分の性的健康を守るための科学的知識とスキル、態度などについて十分学べるようにはなっていないのです（海外諸国の性教育については（注2）の参考文献を参照）。

近年の文科省の取り組み
―「生命の安全教育」検討会での議論と教材

　文科省は、２０２１年４月に一部の学校で「生命の安全教育」を試験的に始めました。取り組みの一環として、性被害、性加害の未然防止を目的にした予防啓発教材が幼児期用、小学校低・中学年用、小学校高学年用、中学生用、高校生用、高校卒業直前用、特別支援教育用に開発され、文科省のＨＰで公開されています。これを見ると、同じ4月に公開された『＃つながるＢＯＯＫ』（厚労省の助成金を得た研究グループ、研究代表者安達知子、研究分担者北村邦夫らの研究の成果物）が、思春期の中学、高校生の「本当に知りたい性教育」にリアルに向き合っているのに比べ、性虐待や性暴行とは、どのようなことを指すのかが具体的に述べられていないことに起因する不十分さが見られます。

　小中学生用の教材までは、一切「性交」という言葉も出てきません。高校生用教材の「性暴力とは」の箇所でも〝体に触る性暴力〟と〝体に触らない性暴力〟の表現にとどまり、やっと「性暴力は身近なところで起こっています」の箇所で、性暴力、性被害の内容として、性交という言葉が出てくるだけです。当然、性的健康を守るために必要な、交際相手との性的合意や避妊方法等も含めた知識などは取り上げられていません。高校卒業直前用で、やっと「性暴力が起きないようにする」のところで、〝相手の同意を確認し、相手の意思を尊重しよう〟があげられ、具体例が示されています。

　この背景には前述の「歯止め規定」があることが、「生命の安全教育」検討会（２０２０-２０２１年にかけて4回開催）の議事録で確認できます。「性交を説明せずに、性暴力や性被害は具体的にどういうことかを子どもたちに理解させることはできないのではないか」と質問する委員に対して、文科省の担当者は、「学習指導要領の中には『歯止め規定』があるので、性行為は取り扱わないことになっている」と答えています。こうして、検討会では、最終的に〝性交〟については取り扱わないことになったのです。

昔からそうだったわけではない

　第二次大戦後、日本も、男女共学制を導入し、性教育も純潔教育から性教育へと進みました。１９４９年の『中等学校保健計画実施要領（試案）』に準拠して作成された中学と高校の保健科の教科書では、「成熟期への到達」として性教育に関する内容が示され、１９５１年度から使用されています。途中で後退もしますが、エイズ予防対策という課題を抱えた90年代の日本の性教育はアジアでは進んでおり、教師たちは中学生に「性の不安と悩み」「性情報・性文化」「性の自立と家族」などと共に、「性的欲求と性行動」「性交と避妊」「性感染症」など、２００２年ごろから始まる性教育バッシングで攻撃された教育内容を教え、蓄積してきました。当時の文部省も1999年には『学校における性教育の考え方進め方』を刊行し、性教育を推進する立場にありました（実際は1998年の学習指導要領で「歯止め規定」を設けるなど問題があったが）。

これらの内容と、ジェンダー平等や性の多様性、子ども、若者の性的自立などが一般化し社会に根付く前に、2003年の「七生養護学校事件」に象徴されるような性教育バッシングが始まりました。さらに、男女共同参画社会基本法（1999年）の成立に象徴されるような90年代の男女共同参画社会づくりに向けての議論や政策を個々にバッシングし、全体として時代を逆行させようとする運動が、日本軍の「慰安婦問題」を皮切りに、夫婦別姓問題、男女共同参画条例、家庭科教科書、男女混合名簿、ジェンダーフリー等へとその攻撃の対象を拡大しながら展開して行きました。このようなジェンダーをめぐるバックラッシュの中で、学校性教育も後退せざるを得なかったのです。

おわりに
―今求められる性教育の課題

第1に、「歯止め規定」をなくし、国際標準の包括的性教育をベースに、学習指導要領を整備する必要があります。

第2に、包括的性教育に対する理解を促進することです。文科省の担当者や教育委員会をはじめとする教育関係者と保護者対象の研修や学習会で、包括的性教育の中核には、ジェンダー平等と性の多様性を前提とする人権教育があること、性教育は性行動が活発になる前に事前の準備として行うこと等を確認したいものです。

第3に、NGOや市民、政治家等による包括的性教育の実施要求との連携が求められます。

第4に、医療関係者との連携、地方教育行政への働きかけも重要です。

最後に、何よりも、教師の創意工夫と豊かな教育実践のために、教師に研修の機会も含めた教育の自由を保障することが、日本の性教育を充実させる緊急課題であると言えます。

（注1）ユネスコ編『国際セクシュアリティ教育ガイダンス【改訂版】』浅井春夫、艮香織、田代美江子、福田和子、渡辺大輔訳、明石書店、2020年
（注2）橋本紀子、池谷壽夫、田代美江子編著『教科書にみる世界の性教育』かもがわ出版、2018年

（橋本　紀子）

学校統廃合の現状と課題

コロナ禍で少人数学級は実現したのに なぜ「小規模校ダメ論」なのか

２０２０年、コロナ禍の部分登校や分散登校の中で、少人数の学級で学ぶ楽しさ、教える喜びの経験を背景に起きた国民的運動によって、40年ぶりに「少人数学級の実現」が進展しました。すなわち、義務教育標準法改正により、小学校のみですが学級定数が「40人以下」から「35人以下」に改正されたのです。「（少人数学級の教育的効果の）エビデンスがない」と財務省が長く反対していたのに対して、運動の中で、教育学者たちは「少人数学級はいかに教育的効果が高いのか」の根拠となる多くの実証的な研究データを集めました。例えば、「家庭学習や個別指導評価は20人以下で効果が高い」など多くの研究がありました。

対照的に今日、教育学的な根拠が不十分なままに「小規模校ダメ論」が前面に出されています。図表1の「全国および東京都の公立小中高廃校数の推移」に見るように、２０００年代になってから全国で学校統廃合が多いままで推移しています。

図表1　全国および東京都の公立小中高廃校数の推移

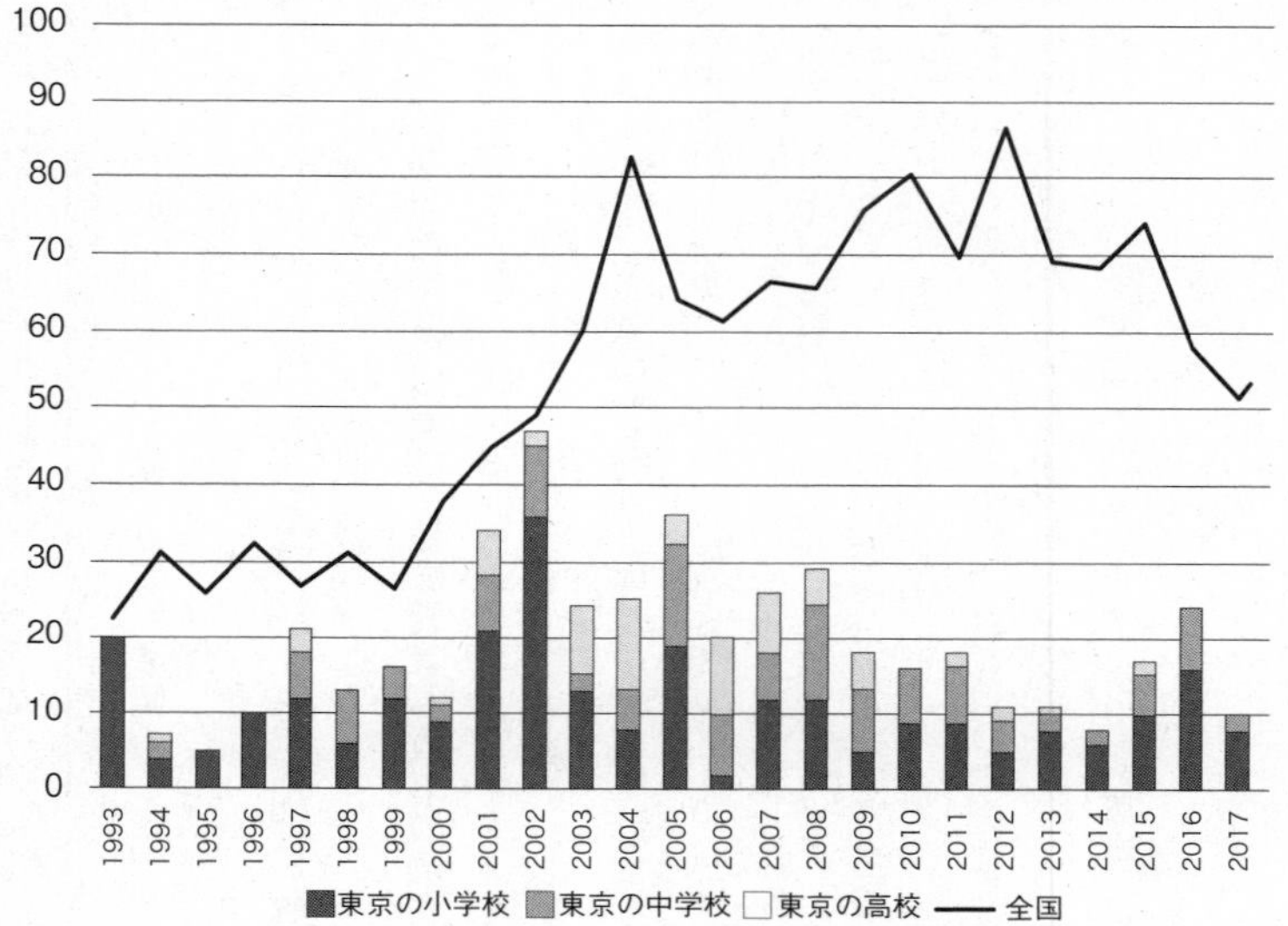

資料出所：文科省調査、東京都教育委員会「東京都公立学校一覧」より筆者が作成（2020年）

教育学的には、学級人数と教育的効果の相関関係についてはいくつもの研究があるのですが、学校規模と教育的効果についてはは相関を証明できないのです。そもそも複式学級のあるような小規模校では教師の指導方法が異なっています。きめ細かな指導によりいわゆる高い「学力」が保障されている事例を目にすることも多くあります。

図表1を見ると、最初の廃校数上昇には東京都が関与しています。2000年に品川区が導入し、その後他の区市に拡大した学校選択制によって、小規模校が選択されずに小規模化して多くの統廃合（一定人数を下回ると機械的統合を行うケースも）が行われました。この傾向は2007年頃まで続き、約140校が廃校になりました。

その後、地方において平成の大合併期に廃校は増加します。さらに2014年にスタートした「地方創生」政策の下で、後述する、総務省が要請した「公共施設等総合管理計画」が統廃合のインセンティブになっていくのです。内閣府の経済財政一体化推進委員会の改革工程表で教育施策の筆頭に「学校規模の適正化」が挙げられるなど、学校統廃合は政策的に推進されていきます。

2015年には58年ぶりに文科省が学校統廃合の「手引き」を改正しました。そこでは「新しい学び」などを理由に、「単学級以下校の統廃合の適否を速やかに検討する」ことが盛り込まれました。さらに従来の距離規定に加えて「（スクールバス等を用いて）おおむね1時間以内」と時間規定が統合基準に追加されます。

それまで1956年の統廃合「手引き」は、小規模校のデメリットとして「施設整備」「教員定数の充足」のみをあげていました。さらに統廃合が急増した1973年に出された文部省通達では「小規模校にも教育上の利点」と方針転換が見られ「Uターン通達」と称されました。背景には、過疎化で急増した統廃合が子どもたちや地域に与えた惨状が国会で取り上げられた経緯があります。その2つを廃止して出されたのが今回の「手引き」なのです。初めて、「小規模校は子どもの学びにとって問題がある」と理由付けしたのですが、そこには実証的な根拠の提示はありません。

さらに自治体は独自に「複式学級が出た場合」、「学年2クラス以下になった場合」「12～18学級以下」といった独自の統合「基準」を設定します。そこでも「切磋琢磨」といった教育的俗語が使われ、やはり科学的根拠が示されているわけではないのです。時には誘導的な内容の「保護者アンケート」が根拠に使われたりします。しかし、教育行政による「教育論」の宣伝は、地域の学校を守ろうとする運動から当事者である親を分断するためには有効に機能します。

公共施設等総合管理計画が後押し

今、全国で統廃合を後押ししているのは、「地方創生」政策のもと、２０１４－２０１６年度に総務省が全自治体に要請した「公共施設等総合管理計画」です。これは、将来的な改修工事によって算定される赤字を回避するために、あらかじめ公共施設総延床面積を縮減することを自治体に計画させるものです。しばしば数値目標―例えば埼玉県熊谷市は「40年間で公共施設を43％削減」といった―が設定されます。そして公共施設の4～6割を占める学校教育施設が絶好のターゲットになっているのです。

国は、再編を進める多くの財政誘導を用いています。例えば計画策定費用は特別交付税から支出され、廃止する施設解体費用にも地方債が適用されます。２０２１年度まで期限付きで、「規模最適化」や「複合化（例えば学校と児童施設や地域交流施設などを同一施設とする）」も、財政的に有利な「地域最適化事業債」の対象となりました。計画に記載されさえすれば対象となるので、各地で駆け込み統廃合とみられる事態も出現しました。ハコモノ優先で教育学的な理由付けが弱い統合、実質的な統合である小中一貫校化計画も出現しています。

また、計画策定の約4割が民間のコンサルタントに丸投げされています。その結果、公共施設再編を唱える経済学者、根本祐二氏らの東洋大学ＰＰＰ研究センターなどのコンサルタントが多くの自治体の計画を請負い、厳しい削減計画が打ち出されています。そして多くの自治体で紛糾しています。

同時にＰＦＩ（注1）の活用など民営化も進められ、「コスト削減」などを口実に学校建設計画の策定から維持管理まで民間にゆだねる埼玉県越谷市のようなケースも出現しています。地域の学校計画なのに、スケジュールありきで説明会も十分に行われず、親や地域住民の意向が反映されにくいものになります。

プール廃止

公共施設再編に伴う公教育民営化の突破口として学校プールの廃止と民間プール活用の問題があります。埼玉県、東京都、大阪府などを中心に、老朽化したプールを改修せずに地域の民間プールでの民間インストラクターによる授業で代替しようとするケースが増えているのです。学校からバスで子どもたちを民間プールまで運び、年間10時間程度水泳授業を受けさせる形態をとります。最近20年間で統廃合以外に学校プールは2千施設も減少しています。

水泳授業や学校でのプール施設管理は教職員にとって負担でもあり、保護者の中にも本来有償の民間インストラクターによる指導をむしろ歓迎する声もあります。しかし水泳は学校教育で身につける「基礎学力」の1つとされ、また「命を守る」ための呼吸法や着衣泳なども指導内容に含まれています。公共施設再編推進を勧める研究者は当初から、年間稼働日数が少ない水泳授業・施設を民営化、施設削減の突破口とすることの有効性を主張していました。

全市規模の統廃合計画に

公共施設等総合管理計画を受けて、東京都下で特別交付税を受けている町田市、清瀬市、八王子市などで全市規模の統廃合計画、小中一貫校化計画が打ち出されています。

清瀬市の場合は老朽化した校舎を統合校にして改修し、小中一貫校も用いる計画で、監査法人トーマツがコンサルタントを行っています。トーマツは都立病院独立行政法人化でも強硬な結論ありきの報告書を作成しています。市民に反対運動が起きた結果、教育学的根拠が示されない小中一貫教育の部分が一旦は引っ込められましたが、再度提示されています。八王子市も、老朽化した校舎を改修する場合はすべて小中一貫校化し、さらに子育て施設や集会施設などと「複合化」する計画を打ち出しています。「複合化」については子どもの安全面などから検討が必要です。

町田市も、統合基準を大きくしたうえで、市立学校の3分の1に当たる小学校18校、中学校6校を閉校する計画を打ち出しました。以前、統合校で子どもたちが落ち着かなくなった経験も踏まえて、市民に反対運動が起きています。

展望、親の分断をどうやって共同に変えていくのか

今行われている統廃合は強力な国の財政誘導をてこに、保護者をフェイクの「教育論」で不安にさせて分断することによって進められています。その結果、地域コミュニティの核である学校を地域住民は守りたいのに、孤立無援化し傷つくケースもあります。

しかし当事者である親が子どものために学校の存続を思い、さらに情報提供や学習によって事実を知ることができれば、地域と共同した運動で大きな力を発揮する可能性があります。それゆえに統廃合が子どもに与えるリスクや小規模校の教育的価値について、親に情報提供してくれるキーパーソンの存在は必要です。地域の教職員や自治体労働者、議員などがその役割を果たしています。今までの事例から経験的に、数名の親が本気で学校存続を願うようになれば、ソーシャルネットワークサービスが発達している今日、学校を守る運動に発展させることはできます。とにかく、広範な正しい情報提供は決定的に重要です。

政策的に、「地方創生」の財政誘導政策を検証することも必要です。市の機能を集中させるコンパクトシティの優等生だった富山県富山市は、今になって急に出された周辺部切り

捨ての大規模統廃合計画に衝撃を受けています。市民は、全市的な政策の方向性の見直し、大企業が活動しやすい新自由主義的な再編ではなく、地域コミュニティを守る方向性を考えるべきではないでしょうか。統廃合はしばしば首長選の大きな争点になるのです。

また、現在、統合校舎の場合は建設費の2分の1が国から出て、危険校舎の場合は3分の1となっている国庫負担率を同率にするなど、法制度で是正されるべき点は多いです。少人数学級のように国民的な運動が今こそ求められます。

(注1) Private Finance Initiative：プライベート・ファイナンス・イニシアティブの略。公共施設等の建設、維持管理、運営等を民間が事業主体となって行う方式。

(山本　由美)

民法・少年法の改正と18歳・19歳のセーフティネット縮小

はじめに

2022年4月1日より、改正民法が施行され、これまで20歳以上であった成年年齢は18歳以上に引き下げられました。これまで民法上「未成年」であった18歳と19歳が「成年」として扱われます。同じ日、改正少年法も施行されましたが、こちらの「少年」年齢は20歳未満のまとされています。ただ18歳・19歳は「特定少年」と位置づけ、成人と同様の刑事手続きで裁く範囲を拡大するなど、17歳以下の少年と異なる手続きとなっています。

これまでと何が変わるのでしょうか。

成年年齢引き下げの経緯

成年年齢の引き下げのきっかけは、2007年に成立した国民投票法が投票年齢を満18歳以上としたことでした。その後2015年に公職選挙法が改正され、国会議員・地方議員の選挙権年齢も満18歳以上となりました。ここから、「選挙権があるのだから18歳以上を大人として扱うべき」との議論が急速に高まり、2018年に成年年齢を満18歳以上とする民法改正が行われ、今年4月から施行されたのです。

他方で、少年法の適用年齢の引き下げは2017年から法務省の法制審議会で専門家による検討がなされましたが、3年以上の議論を経ても結論が出ませんでした。そこへ2020年、突如自民党と公明党が少年法の改正を合意し、2021年に18歳・19歳を「特定少年」とする改正少年法を成立させました。

何が変わるのか

18歳以上の人は、民法上「成年」になるので、契約を自分1人でできるようになります。これまで20歳未満の人が親の同意なしに行った契約は取り消すことができましたが、今年4月以降は18歳・19歳の人がした契約は親に同意なく行ったものでも取り消すことはできません。

また、少年法では、これまでも殺人や傷害致死など人の命を奪うような行為は原則として成人と同じ裁判にかけられましたが、18歳・19歳については、これに加えて、法定刑の下限が1年以上の事件（強盗や強制性交など）の場合も、原則として成人と同じ裁判にかけられることになりました。さらに、成人と同じ裁判手続きになった場合、18歳・19歳の者は実名報道が解禁されることになります。

18歳・19歳のセーフティネットの縮小

成年年齢が18歳になったことは、選挙権年齢の引き下げから当然と受け止める人もいるでしょう。18歳にもなれば、大人としての自覚を促したいと思う上の世代の思いや、いい加減子ども扱いしてほしくないという18歳・19歳の気持ちも理解できます。しかし、18歳成年制は、これまで機能していた18歳・19歳のセーフティネットを大きく狭めてしまう面があることを理解する必要があります。

（1）契約の際のセーフティネットの縮小（民法）

18歳・19歳の年頃は、誘惑とリスクに囲まれています。この時期は環境が大きく変わります。高校生から大学生、専門学校、社会人になるなど、就職やアルバイトでそれまでよりもお金を得ることもできます。好きにお金を使って買い物をするのも、クレジットカードを作るのも、消費者金融からお金を借りるのも成年であれば親の同意はいりません。

18歳・19歳はまだ社会における経験も少なく、先のことを考えて慎重に行動するよりも、目の前の楽しさや欲望が勝ってしまうということがよくあります。ネットショッピングで高額の買い物をしてしまったり、カードローンで多額の借金をしてしまったり、詐欺メールや詐欺サイトに引っ掛かる等の消費者被害にあったり、書類をよく読まないで不利益な契約をしてしまうこともあるかもしれません。

未成年であれば判断を誤って不利益な契約をしてしまっても、親の同意なく行った契約は後から取り消すことができました。この未成年者の取消権が、判断力がまだ成熟していない18歳・19歳の人を守っていました。しかし、今年4月以降、18歳・19歳の人が行った契約にこの未成年者取消権を使うことはできなくなってしまいました。

（2）トラブルに巻き込まれた場面でのセーフティネットの縮小（少年法）

18歳・19歳は、環境が変わり人間関係が新たになることでトラブルに巻き込まれやすい時期でもあります。さらに、今の子どもたちは犯罪に巻き込まれる危険が以前よりも増しています。一昔前は、夜の繁華街でも行かなければ犯罪に関与することなどなかったかもしれません。しかし今は、SNSで「割のいいバイトがある」と紹介され「オレオレ詐欺」に関与したり、女の子が「お金が無い」と書き込むと、「私が助けてあげる」と見ず知らずの人からの返信がたくさん来る状況があります。身分証などを写真でとられるので、一度犯罪グループに関わると抜け出すのは容易ではありません。

未熟さから誘いに乗って過ちを犯したり、犯罪に関わる状況から抜けられなくなったりした子どもたちを、その環境から引き離し、本人に問題点の自覚や反省を促す最後のセーフティネットが少年法の手続でした。少年法では、少年の成長発達権の保障の理念の下、家庭の状況や生育環境、学習環境、就労環境等、犯罪に関与してしまった様々な要因を家庭裁判所が詳しく調査をします。その調査に基づいて処分が決まります。

成人の刑事事件ではこんな詳しい調査は行われず、不起訴や罰金で本人への働きかけも不十分なまま手続きが終わってしまうことの方が多いです。成人ではすぐに釈放となってしまう事件でも、少年法では全ての事案について裁判所が詳しい調査を行い、少年に反省を促す働きかけが行われます。「少年法は甘い」と言う人がいますが、実態は異なります。

少年の更生に少年法は十分に機能しています。少年事件はこの15年以上減少し続け、ピーク時の10分の1になっています。少年院を出た少年の再犯率も成人の再犯率より相当低く抑えられています。「少年事件は増えている、凶悪化している」というのは、事実に基づかない誤解です。法務省の法制審議会でも、少年法が適切に機能していることが共通理解であったため、適用年齢を引き下げるべきでないとの意見も有力で結論を出せませんでした。

今年4月に施行された改正少年法では、18歳・19歳は引き続き少年法の対象とされています。しかし、成人と同じ刑事裁判となる範囲が強盗や強制性交などにも拡大されています。強盗や強制性交には様々な事案があります。例えば、万引きをして店員に見つかり逃げたところ、追いかけてきた店員を押し倒したりした場合も強盗(事後強盗)となり得ます。相手の同意があると勘違いをした場合も強制性交に該当し得ます。少年の問題がどこにあったのか詳しく調査をして、少年に自覚と反省を促す対応をすべき事案も、成人と同じ手続きで詳しい調査や働きかけが行われないままになるおそれがあります。

しかも、18歳・19歳の人は、刑事裁判となった場合、実名報道が解禁されます。インターネット上に名前や罪名がずっと残ってしまえば、更生や社会復帰に大きな障がいとなります。

これまで以上にセーフティネットの充実と学習が重要です

民法の成年年齢が引き下げられた結果、「大人」の消費者としてモノを買い、お金を支出する人が増えます。これは企業にとっては大変好ましい事です。高額の商品を買わせたとしても、これまでのように取り消される心配はありません。少年法のような手間と時間のかかる手続きを行う範囲が小さくなれば、予算の削減につながります。18歳・19歳の人たちは、「大人」として扱われることと引き換えに、セーフティネットが縮小されました。何か判断を誤ったり、トラブルに巻き込まれた場合は否応なく自己責任が押し付けられることになります。

今後は、未成年者に限らず、成年者(特に高齢者)を含めて消費者被害を防いだり、犯罪に関与してしまった際に反省と更生・社会復帰を促したりする制度づくりが不可欠です。

そして私たちの身を守るためには学習も重要です。法制度に限らず、社会の様々な仕組みにはその仕組みごとに理由があります。制度を変える場合は、その制度が何のためにあってどんな機能をしているのかをまず検証することが不可欠です。

残念ながら今回の民法と少年法の改正はその検証が十分になされないまま、「選挙権があるんだから他でも大人として扱うべき」との表面的な議論で行われてしまった気がします。選挙権年齢は、社会に様々な人がいる前提で、どの範囲の意見を政治に反映させるかという問題です。その年齢に達していれば、能力や責任は関係ありません。様々な能力の人がいる社会を反映させるのだから当然です。選挙権年齢に一定の能力や責任を果たすことを求める意見は、かつて女性の能力を男性よりも低く見て女性に選挙権を認めなかったり、一定の納税をしている人にだけ選挙権を認めたことと発想が重なります。それぞれの制度の理由や機能から適用される範囲が検討されなければなりません。必ずしも適用年齢を統一させなければならないという事ではありません。実際、今回の18歳成年制でも、競馬やパチンコ、喫煙や飲酒はそれぞれの理由から引き続き20歳以上とされています。

今回、私たちは、十分な検討をしないまま18歳・19歳の人に、セーフティネットを縮小し、自己責任を押し付ける制度改正を行ってしまいました。その反省に立てば、制度の改正については、政府やマスコミから聞こえてくる耳にここちよい情報だけでなく、なぜその制度があって、本当に変える必要があるのか、学習して私たち自身が考えることがこれまで以上に大切となります。

（小林　善亮）

平和・人権・民主主義

改憲の動きとジェンダー
―平和主義と民主主義の危機

１９５０年代から続く改憲の動き

日本では、１９５２年のサンフランシスコ講和条約の発効後すぐに、保守改憲政党が日本国憲法批判に基づいて、憲法改正に向けた動きを開始しました。その結果、自民党の前身である保守政党の自由党（同じく保守政党である日本民主党と合流し、自民党が誕生）の憲法調査会は、１９５４年11月に「日本国憲法改正案要綱」を発表しています。翌55年結党の自民党は、当初から「現行憲法の自主的改正」（注１）を党是の１つとして掲げてきました。この動きは現在にいたるまで続いてきましたが、「55年体制」（１９５５年から38年間続いた自民党の政権与党の継続とそれに対立する日本社会党を第１野党とする与野党対立の体制のこと）の間は、憲法改正手続を進めることができませんでした。特に日本社会党の力が強く、自民党が衆参両議院で３分の２以上の議席を獲得できずにきたからです。つまり、憲法改正手続の最初のステップである国会による発議には、「各議院の総議員の３分の２以上の賛成」（憲法96条１項）が必要ですが、改憲を進めたい自民党が衆参両議院で３分の２以上の議席を獲得することができずにきたのです。

それでも、保守改憲派はあきらめずに道筋をつくり、そのなかで例えば、日本会議新憲法研究会が２００１年２月に改訂版「新憲法の大綱」（注２）を発表したり、自民党が２００５年10月に「新憲法草案」を、２０１２年４月に「日本国憲法改正草案」を発表したりしてきました。また同時に、改憲を促すための外堀―その前哨戦が２００６年の教育基本法の改悪―を確実に埋めながら、その機運を長年狙ってきました。なお、２０１５年９月に強行採決の形で成立した安全保障法制は、歴代政権が憲法違反として認めてこなかった集団的自衛権の限定行使を可能にするなど、戦争や武力の行使の放棄などを規定する憲法9条に明白に反する違憲立法であると同時に、事実上の改憲といえる立法でもありました。

保守改憲派の憲法観とジェンダー

こうした長年続く改憲の動きを見ていくと、自民党を含む保守改憲派の憲法観の特徴がはっきりと見えてきます。根底には、軍事的および経済的に強い国家になり、国際社会で〈強い〉日本のプレゼンスをしっかりと示したいという願望があります。この願望を実現するために、たびたび主張されてきたのが次の5点です。

① 新自由主義に基づく経済活動の規制緩和とそれにともなう雇用形態の多様化

② 〈平和＝軍事力に依拠する安全保障〉に基づく防衛費の増額や軍備拡大の必要性

③ 〈社会保障の削減を目的とする〉自助や共助の推進。特に共助を促すために、〈家族の絆〉を強調した家族の助け合いの美徳化

④ 現行憲法上の前提である個人主義を利己主義と曲解して批判し、教育を通して国家への忠誠心を醸成するための愛国教育の強化

⑤ 個人よりも国家の存立を優先し、緊急の名の下での人権制約

紙幅の関係から、これらの5つの主張のうち、特にジェンダーに基づく不平等や暴力にかかわる点を補足します。

①により、社会権のひとつとして労働者の権利を保護してきた労働法規の改悪が進んだため、非正規雇用の労働者が増大し、結果的に格差が広がる社会になりました。そのなかで、大きなしわ寄せが女性労働者に及びました。とりわけ、未婚・離婚のシングルマザー世帯の貧困は子どもの貧困に直結するという、構造的暴力の大きな要因になったのです。しかし、憲法25条の生存権があるにもかかわらず、権利意識の醸成が進まず、社会に根強く残っている生活保護受給者に対する厳しい眼差しや偏見ゆえに、権利行使に踏み出すのが困難な状態が続いてきました。こうして、非正規労働と育児のワンオペをしている女性たちは、ダブルどころかトリプルワークを掛け持ちしながら、なんとか日々の生活をやりくりせざるを得ない状況を強いられてきました。

権利は当然にして行使してもいいものであり、権利を行使する者へのバッシングが他者の権利の否定につながる行為であるという意識が社会で広がらないと、生活保護の捕捉率は上昇しません。その点から考えると、憲法25条の実現のために、行政は人々が権利を安心して行使できる環境づくりにも力を入れる必要があるということになります。にもかかわらず、例えば、菅義偉前首相（2020年9月から2021年

10月）は就任当初から〈自助・共助〉を強調するなど、構造的に生み出されてきた女性や子どもの貧困に背を向ける姿勢を示しました。

共助という考え方は、先の自民党による日本国憲法改正草案の前文（現行のものを完全変更）に盛り込まれている「家族や社会全体が助け合って国家を形成する」（注3）と、同24条1項（新設の条項案）にある「家族は、互いに助け合わなければならない」（注4）に一致するものです。また、同条同項で家族を「社会の自然かつ基礎的な単位」（注5）とみなすことで人権主体である個人の意思を否定します。家族の助け合いを強いることは、公助である社会保障を否定すると同時に、家族の中に残る家父長的社会規範に基づく権力関係や性別役割分担などに起因する暴力や差別を軽視したり、無視したりすることにつながります。これだと、例えば、DVの被害者が経済的しがらみや子どものことなどを考えてなかなか逃げる決心がつかないときに（そういう例が非常に多くある）、さらにその決心を阻む要因にもなるのです（注6）。

自民党の改憲4項目

自民党の日本国憲法改正草案（2012年）は現段階でも否定されていませんが、国防軍の設置を明記している点（9条の2）などから考えると、多くの国民から賛意を得るにはかなりハードルが高いことが予想されます。したがって、自民党は初の改憲実績をつくるために、そのハードルを低くする戦略をとりはじめました。それに基づいて示されたのが、2018年3月にまとめられた「改憲イメージたたき台（素案）」です。

具体的には、①自衛隊の憲法明記、②緊急事態条項（憲法学上の「国家緊急権」）の導入、③教育環境の整備、④参院合区の解消の4項目となります（注7）。うち、本命は①と②であり、③と④は改憲のハードルをさらに下げるために主張されたものと言えるでしょう。なぜなら、本来的には改憲ではなく、法律論の範囲内で議論すべきものであるからです。特に③については、現行憲法26条があり、それに基づく施策をきちんとすることが従来から求められてきたと言っても過言ではありません。

①について、自民党は、自衛の措置の一環として、長年存在してきた自衛隊を9条の2として憲法に明記しても、現状の追認であるため何も変わらないと主張しています。しかし、最小限度といった文言もないまま、自衛の措置のために自衛隊の保持を盛り込むことは、自衛の名の下で際限なく武力を行使する道を憲法上可能にすることを意味します。それは、安全保障法制下での集団的自衛権の限定行使を無制限行使、すなわち自衛隊が世界中でフルに戦うことができる状況につながるものになります。そうなったときに、憲法上認め

られた正規の存在となった自衛隊に関連する訴訟を提起することも困難になってくるでしょう。そもそも、現行の9条のあとに、9条の2を加える場合、後法優位の原則により、前法である9条が死文化し、結果的に平和条項の終焉化がもたらされるのです。

②について、自民党や保守改憲派は、コロナ禍に乗じて、憲法に緊急事態条項が導入されていないために、新型コロナウイルスの感染拡大問題のような深刻な事態に対応することができないと主張しています。それは明らかに間違った憲法解釈です。仮に現行憲法にすでに緊急事態条項が導入されていたとしても、有効な感染防止策をとることができたわけではないでしょう。感染症だけでなく地震などの自然災害対策というのは、個別の法律により対応すべき課題であるからです。むしろ、政府がこれまで、コロナ禍により生活などに大きな影響が及んだ人々に対して、幅広い多面的な支援策を実施してこなかったために、多数の人々が非常に苦しい生活を強いられてきたと言えるでしょう。そもそも、緊急事態条項というのは、憲法秩序を停止し、全権を一部の公権力に集中させて非常措置をとることを可能とするものであるため、人権の制約を引き起こす原因になるものです。現行憲法にあえて緊急事態条項を導入しなかったのは、民主政治の徹底を図るためであったことを強調しておきます（注8）。

参院選後の改憲の動き

2022年7月の参議院選挙以後は、衆議院の解散がない限り、また は議員の欠員が生じない限り、国政選挙は3年間実施されることはありません。この3年の間に保守改憲派は、特に衆参両議院の憲法審査会を頻繁に開いて、改憲手続を確実に進めていくでしょう。その意味では、日本国憲法施行以来の最大の危機を迎えることになります。すでに、コロナ禍やロシアによるウクライナへの軍事侵略に便乗する形で、自衛隊の憲法明記や緊急事態条項（とりわけ緊急時の国会議員の任期延長）の導入が果敢に主張されてきました。

憲法改正はいかなる場合であっても認められないということはありません。前述のように改正手続は憲法上に盛り込まれており、基本的人権の尊重や平和主義、国民主権の3大原理の視点から、改正をしなければならないだけの明確な立法事実がある場合には、そうしなければなりません。しかし、自民党の改憲4項目には立法事実がありません。そもそも、憲法に何が書かれているのかを知らないという国民が一定数以上いる国において、先になされるべきことは、憲法の内容を学び、それが私たちの日常生活の平穏さを保つためにどのような権利を保障しているのかを強く知ることであるはずです。憲法の内容を知らずに、憲法改正というのは論理的にもあり得ないことです。

加えて、9条や25条だけでなく、現行憲法上、唯一、「個人の尊厳」を謳っている憲法24条（家庭生活における個人の尊重と両性の平等）の意義を多角的に理解することも求められます。24条は足元の生活におけるジェンダーに起因する差別や暴力の問題を克服するために必要不可欠な条項です。また、24条を13条（個人の尊重）や14条1項（平等原則）とあわせて読み解いていくことで、日本社会の喫緊の課題である選択的夫婦別氏制度の導入や同性婚の法制化を導く条文がすでに憲法上に存在していることを確認できるのではないでしょうか。

（注1）自民党「党の政綱」の「六　独立体制の整備」より。https://www.jimin.jp/aboutus/declaration/（２０２２年７月６日最終確認）

（注2）オリジナルは、日本会議の前身である「日本を守る国民会議」が作成した１９９３年版である。

（注3）自民党『日本国憲法改正草案（現行憲法対照）』１頁。https://jimin.jp-east-2.storage.api.nifcloud.com/pdf/news/policy/130250_1.pdf（２０２２年７月６日最終閲覧）

（注4）同右、８頁。

（注5）同右、同頁。

（注6）自民党の日本国憲法改正草案の全文や24条の改憲案の問題の詳細については、拙稿「重要条文・憲法二四条はなぜ狙われるのか」、塚田穂高編著『徹底検証　日本の右傾化』（筑摩書房、２０１７年）、１８２－２０２頁を参照されたい。

（注7）改憲イメージたたき台（素案）の問題の詳細は、清末愛砂・石川裕一郎・飯島滋明・池田賢太編著『自民党改憲案にどう向きあうか』（現代人文社、２０１８年）を参照されたい。

（注8）清末愛砂・飯島滋明・石川裕一郎・榎澤幸広編著『緊急事態条項で暮らし・社会はどうなるか―「お試し改憲」を許すな』（現代人文社、２０１７年）。10－11頁。

（清末　愛砂）

核兵器禁止条約を生み出した世界の流れを確信に

核兵器禁止条約発効という歴史的達成

昨年1月22日、最悪の非人道兵器である核兵器の開発、実験、製造、取得、保有、貯蔵、移転、受領、使用、威嚇などを法的に明確に禁止する核兵器禁止条約が発効しました。この歴史的な達成により世界は、核兵器を国際法によって違法化するという新たな段階へと進みました。今年7月7日現在、この条約には66カ国が批准し、批准国が1カ国増える度に核兵器のない世界へと近づいていくカウントダウンが始まっています。核兵器の禁止から廃絶へと進む新しいステージの幕が切って落とされたのです。

核兵器禁止条約の発効は、「原爆は人間として死ぬことも人間らしく生きることも許しません」と核兵器の非人道性を告発し、「ヒロシマ・ナガサキをくり返すな!」「ふたたび被爆者をつくるな!」と叫びつづける被爆者の声に国際社会が真摯に耳を傾け、核兵器の非人道性を直視して、その完全廃絶を実現しようと決意したことの表れです。

2012年にスイス、ノルウェーなど16カ国が核兵器の非人道性を告発する共同声明を発出してから10年足らずのうちに、世界は核兵器禁止条約を手にしました。この急速な展開の背後には、①これまで65年以上にわたる被爆者と、被爆者とともに歩んできた原水爆禁止運動の諦めることのない粘り強い運動の蓄積がようやく実を結んだこと、②大国の横暴を許さず民主主義と「法の支配」、紛争の平和的解決を求めて、新たな国際社会のあり方を作り出そうとする世界の不可逆な流れが力強く存在していることという2つの要因を見出せます。

世界は、平和的生存権を高らかに謳い、戦争放棄と戦力放棄を定めた日本国憲法にようやく追いつこうとしているのです。私たちは核兵器禁止条約を生み出した世界の変化に確信を持ち、この流れをさらに前へと進めていかなければなりません。

今年2月、突如開始されたロシアによるウクライナ侵略は、核兵器禁止条約を生み出した世界の流れに対する真っ向からの挑戦でした。さらにプーチンの蛮行に便乗する火事場泥棒のような者どもが、「憲法9条で日本を守れるのか?」「敵基地攻撃能力が必要だ!」「核共有を議論すべきだ!」など日本国憲法や非核三原則への攻撃を一斉に開始しました。

私たちは、こうした動きに対して、この世界における真の対立軸がどこにあるのかをしっかりと見極めていくことが必要です。

核兵器禁止条約を生み出した不可逆な流れ

核兵器禁止条約を生み出した世界の不可逆な流れは4つに整理することができます。

(1) 大国による拒否権の発動を許さず、大国も小国も熟議を尽くし、最後は1国1票の多数決で世界の重要事項を決めていこうとする民主主義の流れです。この熟議の過程には、市民社会と呼ばれるNGOや草の根の市民にも参加が求められ、国際世論の力で大国の横暴を包囲する。そのような世界のあり方を目指す流れです。核兵器禁止条約は、国連総会での多数決により開催が決定された国際会議において、市民社会も参加する熟議の末、賛成122、反対1の多数決で採択されました。これ自体が国際社会における民主主義の表れだったのです。

(2) 核武装した大国の「力の支配」に対して、大国も小国も国際法の下に平等に従うという「法の支配」を確立しようとする流れです。「力の支配」を象徴する核兵器を禁止条約という国際法によって違法化し、その完全廃絶に向かおうとする国際社会の決意は、この流れに沿うものです。

(3) 核兵器による報復をちらつかせ、敵を脅迫し、恐怖によって屈服させようとする「核抑止力」を真っ向から否定する流れです。「核抑止」が「核脅迫」以外の何ものでもないことは、この間のプーチン大統領の言動によって、白日の下にさらされました。たとえ「抑止」のためであろうとも、ヒロシマ・ナガサキの悲劇を生み出した非人道兵器の使用を許すことなどできません。それが世界の流れです。禁止条約は、こうした立場から、核兵器の「使用の威嚇」を明確に違法化したのです。

(4) 国際紛争を武力行使によって解決するのではなく、あくまでも話し合いにより平和的・外交的に解決していこうという流れです。これこそが国連憲章の精神であり、その具体化こそが日本国憲法の平和的生存権と第9条に他なりません。

こうした世界の流れは、一昨年以来のコロナ禍によって、ますます強められていきました。2年余りで630万人もの死者を出しているパンデミックに直面して、これまでになく多くの人びとが、人間の生命の大切さ、人間の尊厳・個人の尊厳に思いを馳せざるを得なかったからです。

国連軍縮担当上級代表の中満泉さんが、「国連の75年の歴史において、莫大な破壊力を持つ兵器により安全保障を確保しようとする愚かさがこれほど明らかであったことはありません」（「国連軍縮部は活発な取り組みを続けています」、2020年4月28日）と述べていることも、その明白な表れです。

ロシアのウクライナ侵略という逆流

今年2月24日に突如開始されたロシアによるウクライナ侵略は、核兵器禁止条約を生み出した世界の流れに真っ向から挑戦する野蛮な逆流に他なりません。

(1)国連安保理常任理事国として拒否権を発動できるロシア自身が、国連憲章に明白に違反する侵略行為に打って出たうえ、露骨な拒否権行使によって安保理を機能不全に陥らせたのです。安保理5大国の拒否権がこれほど露骨に発動されたことはありません。しかし1国1票の民主主義を求める世界の流れは、ロシアによる拒否権行使に、決して屈しませんでした。すかさず40年ぶりの国連緊急特別総会を招集して、3月3日に141対5の圧倒的多数でロシアによるウクライナ侵略への非難決議を採択し、さらに24日にもウクライナ侵略に関する人道決議を140対5で可決したのです。大国の横暴を許さず、国際社会と市民社会の圧倒的な世論によって、大国を包囲することがいまこそ求められているのです。

(2)ウクライナ侵略の開始にあたりプーチン大統領は、ロシアは「世界で最も強力な核保有国の1つ」だと公言し、「抑止力」の「特別態勢移行」を命じました。以来折に触れ、核兵器使用をちらつかせ、世界を威嚇しています。プーチン大統領のこうした言動は、これまでになく露骨な核脅迫としか言いようのないものです。「核抑止」の正体が核脅迫に他ならないこと。それがこれほど明白に示されたこともありません。これは禁止条約が明確に違法化した核兵器の「使用の威嚇」以外の何ものでもないのです。

(3)ロシアによるウクライナ侵略は明白な国連憲章違反であり、ウクライナ各地でくり広げられている市民への無差別攻撃や虐殺行為は、ジュネーブ条約はじめ国際人道法に反するものです。こうした国際法違反の蛮行は、「法の支配」への真っ向からの挑戦です。プーチン大統領はじめ戦争犯罪人は法により裁かれなければなりません。国際刑事裁判所の検察官がウクライナに派遣され、捜査が開始されています。国際社会において、「力の支配」に対する「法の支配」がいま試されようとしています。

ロシアのウクライナ侵略という蛮行は、核兵器禁止条約を生み出した世界の流れへの真っ向からの挑戦です。私たちの眼前で起きていることを貫く、真の対立軸がどこにあるのかをしっかりと見極めていくこと。それがいま必要です。

火事場泥棒的改憲論は
プーチンの側に立つことの表明

ロシアによるウクライナ侵略に便乗して、火事場泥棒としか言いようのない改憲論が噴出しています。ロシアや中国や北朝鮮が攻めてきたら、「憲法9条で日本を守れるのか」。敵の基地だけでなく敵の中枢を殲滅するための打撃力を含む「敵基地攻撃能力」を保有すべきだ。軍事費をGDP比1%から2%へと倍増すべきだ。米国の核兵器を共有する「核共有」について議論すべきだ。憲法9条を改悪して自衛隊を書き込むことにとどまらない、軍事大国化や核武装までを視野に入れた暴論が、ここぞとばかりに飛び交っています。これを火事場泥棒と言わずに何と言えば良いのでしょう。

いま少なからぬ国民が、こうした火事場泥棒的議論に影響を受けつつあることに、私たちは大いに警戒をしなければなりません。いまや日本国憲法は最大の危機を迎えつつあると言っても良いでしょう。ただ重要なことは、「核兵器禁止条約を生み出し、日本国憲法に追いつきつつある世界の不可逆な流れ」対「これに真っ向から挑戦する逆流としてのロシアによるウクライナ侵略」という真の対立軸を見極めた時、この便乗犯的火事場泥棒の動きがどのように見えてくるのかということです。

便乗犯的火事場泥棒の議論に共通するのは、「武力」には「武力」を、「力の支配」には「力の支配」を、「抑止力」には「抑止力」をという、「力」対「力」のカビの生えたような古臭い論理です。核兵器禁止条約を生み出し、日本国憲法に追いつきつつある世界は、「力の支配」に対しては「法の支配」を対置し、「力」を振りかざす大国の横暴に対しては熟議と多数決による民主主義を対置する、こうした新しい世界のあり方を展望しているのです。

こうした視点で見た時、火事場泥棒的に「力」対「力」の議論を振りかざす自民や維新をはじめとする改憲勢力が、プーチン大統領と同じ側に立つものに他ならないことは誰の目から見ても明らかです。プーチンのような存在を日本では決して生み出さないこと。これこそが日本国憲法第9条の意味に他なりません。彼らもまたプーチンのように「力」をふるい、他国を蹂躙し、核兵器で世界を脅迫したいのです。だからこそ改憲勢力は、憲法第9条が邪魔で仕方がないのです。こうした構図を見極めること。これこそが、いま私たちに求められているのです。

（冨田　宏治）

復帰50年の沖縄から安保体制を問う

沖縄は、本年5月15日で日本復帰から50年が経過しました。

復帰に託した沖縄県民の願い

沖縄に対する米国の軍事占領は、沖縄戦時の米軍上陸から開始され、サンフランシスコ講和条約により日本国から分断されることによって継続したのです。72年復帰までの27年間に及んだことになります。

米軍の軍事的占領下の沖縄住民には基本的人権の法的保障はなく、虫けら同然でした。沖縄住民の生命安全は侵害され、生存の基礎たる財産権は剥奪され、犠牲と苦難の歴史が続いたのです。それら諸悪の根源は米軍基地の存在であり、それを基盤とする軍事力行使の結果です。

そのような状況からの脱却を求めて、沖縄住民は祖国復帰闘争を不屈に展開し、「基地のない平和な沖縄」、「日本国憲法下での基本的人権の保障」を、祖国復帰に託したのです。

安保体制下への編入と米軍基地の存続

復帰した日本国の統治体制は、憲法体制と日米軍事同盟を基盤とする安保条約体制の二元的体制下にあり、前者は「武力によらない平和」の国家構築を理念とするのに比して、後者の理念は「武力による平和」の国家構築です。敵対する両体制の同時併存、これが立憲主義に違反する我が国の統治の特徴です。

復帰した沖縄にも両体制が全面適用される結果、憲法体制の適用によって沖縄県民にも基本的人権が法的に保障されることになりました。しかし、一方、安保体制の適用によって在沖米軍基地は復帰後も基本的に現状のまま維持存続することになります。諸悪の根源の存続は、復帰後も沖縄の犠牲と苦難の歴史が継続することを意味します。安保体制下の復帰後50年史はそのことを実証しているのです。米軍占領下と根本的な差異はありません。安保体制こそが、沖縄県民の祖国復帰に託した願いを一蹴し蹂躙した張本人ということになります。

頻発する米兵犯罪とその特性

復帰後も頻発する米兵犯罪は、軍事力の特性を具現化したものです。元海兵隊員であったアレン・ネルソンはこう言います。「米兵は訓練によって暴力性・殺人性を徹底的に意識と身体にたたき込まれる。米兵が街へ外出するとき、殺人性・暴力性のみを基地内に置いておくことはできない。殺人性を帯びた米兵の街への外出は不可避的に犯罪を発生させる。米兵犯罪のたびに米軍当局は綱紀粛正を言うがそれは建前で、本音はようやく本物の兵士になったと満足する」と。

米兵犯罪の中でもとりわけ性犯罪は、「敵」征服の高揚感を実感しうる疑似体験とも言われています。それが米兵による性犯罪の頻発を招くことになるのです。沖縄県民は95年9月に発生した少女暴行事件で8万5000人の県民大会でもって「米軍の綱紀粛正」を求めましたが、続発の要因がここにあるのです。16年5月に発生した元海兵隊員による女性殺害・死体遺棄事件は、除隊から2年後の犯行ですが、身に染み込んだ殺人性は容易に消失しないことを立証しました。

このように性犯罪をはじめとする米兵犯罪は偶発的なものではなく、軍隊の特性がもたらす必然的・構造的なものであり、その予防・根絶は軍隊が存在する限り困難です。そこに戦後沖縄の犠牲と苦難の根源があるのです。

日米軍事同盟の基本理念である「武力による平和」は、このような非人間的な組織によって維持確保される安全保障です。それを直視せずに我が国の安全保障論を論じることは出来ないはずです。

日米地位協定と改正運動の広がり

(1) 対米従属の根拠法としての地位協定

米軍由来の国民の犠牲の要因に、米軍の軍事優先を全面的に保証する日米地位協定の存在があります。

日米地位協定は、安保条約の実施法として米軍基地及び米軍の日本国内における法的地位を定めたものです。その本質は、我が国の独立国家としての主権を制約・放棄して、米軍優先を保証する対米従属の根拠法です。それは国民の人権侵害を招来することになります。国家主権の確立しない国の国民の人権が保障されることはないからです。

地位協定の中でも、米軍が「死活的利益」とするのは3条の排他的管理権と17条の刑事裁判権だといわれます。前者は米軍基地に日本法の適用を排除して治外法権下に置くもので、米軍の我が国内における自由な行動を保証し、法的な規制・制約を原則免除するものです。後者は米兵犯罪の処罰対象を公務外犯罪に限定したうえで、さらにそれについても裁判権を放棄するとの日米間の密約があって米兵犯罪を不処罰傾向へと招き、事実上野放しにしています。

さらに米兵等の在日米軍基地への入国につき検疫義務を免除する5条が原因となって、在沖米軍基地と岩国基地が新型コロナウイルスの発生源となり周辺住民の感染爆発を招いたことは記憶に新しいところです。

(2) 抜本的改正運動の広がり

95年発生の少女暴行事件において、基地内の米兵被疑者は重大事件といえども、起訴前は、日本国は身柄拘束できないとの地位協定17条のありようが問題化しました。刑事司法権の制約とそれに伴う米兵優遇の不平等性が県民の怒りを呼び、それを契機に地位協定の抜本的改正運動が沸き起こったのです。

沖縄県は同年11月、起訴前身柄拘束を含めて10項目の改正要求を公表し、それが嚆矢《こうし》となって改正要求は全国的に拡大します。日弁連は改正案を作成して見直しを求めています。全国知事会は18年7月に日本政府に対して日米地位協定の抜本的改正を提言し、さらに20年11月には同趣旨の再提言をするとともに、新型コロナウイルス感染防止対策をも要請しました。21年12月現在、抜本的改定を求める意見書は全国全自治体の12・9％に相当する230自治体で採択されています。さらに沖縄県は他国の地位協定や米軍基地の運用状況を現地で直接調査する等して改正へ向けて精力的に活動しています。今や改正要求は全国的な課題となっています。

しかるに日本政府は改正にはまったく否定的で、運用改善で糊塗する方針を崩しません。国民の人権擁護や国家主権の回復よりも、対米従属を貫く日本政府の姿勢こそが安保体制存続の根幹をなしているのです。

オール沖縄の成立と政府との対決

(1)　大同団結としてのオール沖縄

日米両政府による民意を無視した辺野古新基地建設の強行及びオスプレイの強行配備に怒った沖縄県民は、「オール沖縄」でもって米軍基地提供者の日本政府に対峙・対抗します。保革を越えた県民の総意は2013年1月、「オスプレイの配備撤回」、「普天間基地の閉鎖撤去、県内移設断念」を求める「建白書」となって、時の安倍首相に突きつけます。安保体制の是非を越えて、県民の生命・安全の保障を求める県民総結集の運動主体の誕生で、「オール沖縄」と呼ばれるようになりました。それは沖縄県民の安保体制への反撃を意味します。

それ以降の沖縄の政治状況は、オール沖縄対日本政府及びその圧力に服してオール沖縄から脱退した自公勢力との対決構図として展開されます。

オール沖縄は14年11月の県知事選挙で、自民党沖縄県連幹事長を歴任した翁長雄志知事を誕生させました。翁長知事は巨大な国家権力に対抗するために「腹八分、腹六分」と唱えて沖縄県民の大同団結を呼びかけます。オール沖縄は、14年12月の衆院選挙で4つの全選挙区で推薦候補者が当選し、その威力を発揮します。

(2)　全国的支援によるオール沖縄の強化を

オール沖縄の威力に恐れをなした日本政府は、その分断と弱体化に取り組みます。分断策により県内企業グループがオール沖縄から離脱します。弱体化策は沖縄の首長選挙における官邸主導の選挙対策です。その戦術は、選挙では辺野古問題については一切沈黙するという争点隠しであり、基地再編交付金の給付や関係地域への直接的な経済的援助等による懐柔です。

官邸主導による地方自治体の首長選挙は、国家からの自立という地方自治の本旨を否定し、争点隠しの選挙は民主主義の根幹に反するものです。しかも、辺野古新基地の正当性そのものによって国民の支持を得るのではなくて、隠蔽と国家的買収行為によってその建設の推進力としているのです。

政府によるオール沖縄弱体化対策は一定奏功し、オール沖縄は、翁長知事逝去後の知事選で後継者の玉城デニー知事を当選させたものの、21年総選挙で沖縄3区の現職候補が落選し、辺野古現地の名護市長選挙では18年と22年に連敗する等、まさに試練に立たされています。

そのような状況下で、来たる8月25日告示、9月11日投開票で沖縄県知事選挙を迎えます。最大の争点は辺野古新基地建設の是非です。新基地建設を阻止し、日米両政府にそれを断念させる確かな道は、玉城知事の再選しかありません。

沖縄県知事選挙で予測される官邸丸がかえ選挙に対抗するためには、全国的支援によるオール沖縄の体制強化と沖縄現地における大衆的選挙闘争の展開が強く求められています。知事選勝利は全国的な市民と野党の共闘を激励し、その発展強化にも寄与します。

結びに代えて

戦後77年間の沖縄の犠牲と苦難の歴史は、一貫して存在する米軍の軍事力が招来したもので、復帰後のそれは安保体制の中核要素として存在しています。「敵」の殲滅を目的とする軍事力は、抑止力としてではなく行使力として存在意義を有することは、ロシアのウクライナ侵略が証明しています。その価値観は弱肉強食、組織原則は絶対的な上意服従であり、民主主義の基本たる対等平等性とは無縁です。

市川房枝の「平和なくして平等なく、平等なくして平和なし」は、軍事力を否定した憲法9条において体現され、安保体制を否定するものです。軍事力なき社会の到来は、世界の現実及び加速化する我が国の戦争する国づくりの現況に鑑みて容易なことではありません。しかし、平塚らいてうの「私は永遠に失望しないでしょう」を私たちの共通の信念として、立ち向かう決意と覚悟が求められているのではないでしょうか。そこに女性や子どもを含めたすべての人間の尊厳が保障される社会制度が構築されると信じるからです。

（仲山　忠克）

資料

女子差別撤廃条約実施状況　第9回報告（女子差別撤廃委員会からの事前質問票への回答）（仮訳）

日本国政府
2021年9月

はじめに

日本国の男女共同参画社会基本法（以下「基本法」という。）は、「男女共同参画社会の実現を二十一世紀の我が国社会を決定する最重要課題と位置付け、社会のあらゆる分野において、男女共同参画社会の形成の促進に関する施策の推進を図っていくことが重要である。」とし、男女共同参画基本計画を定め、施策の総合的かつ計画的な推進を図ることを規定している。

基本法に基づき、日本国政府は、2020年12月の閣議において、第5次男女共同参画基本計画（以下「第5次基本計画」という。）を決定した。

第5次基本計画は、次のことを明確に定めている。

（1）女子差別撤廃委員会（以下「委員会」という。）や国連女性の地位委員会における意見及び議論を踏まえ、女子差別撤廃条約（以下「本条約」という。）を積極的に遵守し、第4回世界女性会議北京宣言及び行動綱領に沿った取組を進めること。

（2）「持続可能な開発のための2030アジェンダ」の重みを十分に認識し、国内本部機構の機能の充実及び強化を図り、政府が行うあらゆる取組において常にジェンダー平等及びジェンダーの視点を確保し施策に反映していくこと（ジェンダー主流化）。

（3）G7、G20、APEC及びOECDといった首脳級及び閣僚級の国際会議における国際合意を確実に実施するとともに、今後とも国際的な議論及び取組に積極的に貢献していくこと。

本報告では、委員会からの事前質問票に対する回答として、第5次基本計画の内容を中心に、本報告の対象期間（2014（平成26）年9月から2021（令和3）年6月まで）における日本国の本条約の実施状況を説明する。

本条約の法的地位及び認知度並びに選択議定書の批准

問1　本条約の規定の国内法への完全な編入を確保するために講じられた措置につき、情報を提供されたい。

政府、省庁、国会議員及び裁判官に対して本条約及び委員会の一般勧告を周知するために、締約国が実施した研修、能力開発及び啓発プログラムにつき報告されたい。かかる研修の影響評価が行われたか否かについて、示されたい。

本条約の規定が国内裁判で言及された事例を示されたい。

第7回及び第8回合同定期報告に関する委員会の前回の最終見解（CEDAW／C／JPN／CO／7－8、パラ8、9及び50）及び2018年の普遍的・定期的レビューの作業部会によって作成された勧告（A／HRC／37／15、パラ161・11及び161・12）に照らし、選択議定書を批准するために行った検討及び批准に対する障害につき、詳述されたい。また、選択議定書の批准のために要する期間に関連し、国会承認に向けた計画及び見通しについても報告されたい。

（答）

1　日本国憲法第98条第2項は、「日本国が締結した条約及び確立された国際法規は、これを誠実に遵守することを必要とする。」と規定しており、本条約は、国内法としての効力をすでに持っている。

2　本条約及び委員会の一般勧告を内閣府及び外務省のホームページに掲載して周知している。第7回及び第8回報告に対する委員会の最終見解を衆議院及び参議院に対して情報提供している。裁判官に対しては、司法研修所が、毎年、新しい職務またはポストに就く際の研修の中で、本条約を始めとするジェンダー平等への意識を高める講演を行っているものと承知している。（特記事項：日本国憲法は、立法、行政及び司法の三権分立を規定している。）

3　女性の再婚禁止期間を定める法令の規定の憲法適合性が争点の1つとなった2015年12月16日の最高裁判所大法廷判決において、山浦善樹最高裁判所判事は、その意見の中で、「国連の自由権規約委員会や女子差別撤廃委員会から我が国に対し、再婚禁止期間の制度が国際条約における男女平等や自由に婚姻をすることができる旨の規定に違反するものとされ、1998年以降、廃止すべきことの要請ないし勧告が繰り返しなされていることも重要な事実である。」旨言及した。夫婦同氏制を定める民法第750条の憲法適合性が争点となった2021年6月23日の最高裁判所決定では、同条は合憲であると判断されたが、一部の最高裁判所判事は同条が違憲であるとの意見であり、その根拠として委員会から勧告を受けたこと等に言及するものがあった。

4　本条約選択議定書が定める個人通報制度については、本条約の実施の効果的な担保を図るとの趣旨から注目すべき制度と認識している。第5次基本計画は、「女子差別撤廃条約の選択議定書については、諸課題の整理を含め、早期締結について真剣な検討を進める。」と定めている。

個人通報制度の受入れに当たっては、我が国の司法制度や立法政策との関連での問題の有無や、同制度を受け入れる場合の実施体制等の検討課題があると認識している。「個人通報制度関係省庁研究会」において、人権諸条約に基づき設置された委員会に対する個人からの通報事例を可能な限り収集し、同委員会の対応について研究を行っている。最近では、2019年4月と2020年8月に同研究会を開催した。

引き続き、各方面から寄せられる意見も踏まえつつ、制度の受入れの是非につき、真剣に検討を進めていく。

女性に対する差別の定義及び法的枠組み

問2　前回の最終見解（パラ10、11、12及び13）に照らして、また、本条約第1条及び第2条に沿って、国家及び非国家主体による直接的及び間接的差別並びに公的及び私的な差別を含む、女性に対する差別の包括的な定義を導入するために講じた具体的な措置につき情報を提供されたい。

マイノリティ・グループに属する女性及び女児に対する複合的／交差的な形態の差別を禁じ、彼女たちをハラスメント及び暴力から守る包括的な反差別法につき、情報を提供されたい。締約国におけるマイノリティ・グループに属する女性に対する差別を撤廃するために講じられた措置の影響を監視又は評価する独立の専門家組織の設置の障害につき、詳述されたい。

皇室典範に関し、現在、女性皇族には皇位継承が認められないとする規定が含まれているが、女性が皇位を継承することを可能とするために締約国がとろうとしている手続の詳細を提供されたい。

（答）

5　日本国憲法第14条は、すべて国民は法の下に平等であって、性別により差別されない旨を規定している。基本法は、「男女共同参画社会の形成は（中略）男女が性別による差別的取扱いを受けないこと（中略）を旨として行わなければならない。」と規定している。「女子に対する差別」を第1条で定義している本条約は、国内法としての効力を持っている。雇用の分野における男女の均等な機会及び待遇の確保等に関する法律（以下「男女雇用機会均等法」という。）は、雇用の分野における男女間の直接差別と間接差別を禁止している。

6　第5次基本計画は、マイノリティ・グループに属する女性及び女児の複合的な困難や彼女らに対する暴力について定めている。基本法に基づき設置された関係大臣及びジェンダーに関し優れた識見を有する者から構成される男女共同参画会議が第5次基本計画に基づく施策の実施を監視する。

7　我が国の皇室制度も諸外国の王室制度も、それぞれの国の歴史や伝統を背景に、国民の支持を得て今日に至っているものであり、皇室典範に定める我が国の皇位継承の在り方は、国家の基本に関わる事項である。女性に対する差別の撤廃を目的とする本条約の趣旨に照らし、委員会が我が国の皇室典範について取り上げることは適当ではない。

問3　本条約第1条及び第2条に基づく締約国の義務に従い、また、あらゆる場所における全ての女性及び女児に対するあらゆる形態の差別を撤廃するとする持続可能な開発目標（SDGs）のターゲット5・1及び指標5・1・1に沿い、本条約が適用される全ての分野における性別に基づく平等及び性別に基づく差別のないことを推進、強化及び監視するために締約国の法律及び政策を調和させるプロセスの完結に向けたタイムラインを具体的に示されたい。

（答）

8　基本法は、男女共同参画社会の形成（男女が、社会の対等な構成員として、自らの意思によって社会のあらゆる分野における活動に参画する機会が確保され、もって男女が均等に政治的、経済的、社会的及び文化的利益を享受することができ、かつ、共に責任を担うべき社会を形成すること。）の促進に関する基本計画を定め、施策の総合的かつ計画的な推進を図ることを規定している。第5次基本計画は、持続可能な開発目標（SDGs）を始めとする我が国が主体的に参画してきたジェンダー平等に係る各種の多国間合意の着実な履行の観点も踏まえ、2025年度末までの具体的な取組と成果目標を定めている。また、その具体的施策については、男女共同参画会議が、第5次基本計画に基づく施策の実施を監視し、必要があると認めるときは、内閣総理大臣及び関係各大臣に対し、意見を述べると定めている。

問4　2つの最近採択された法的枠組み、すなわち、本邦外出身者に対する不当な差別的言動の解消に向けた取組の推進に関する法律及び部落差別の解消の推進に関する法律について、ジェンダーの視点が欠け、マイノリティ・グループに属する女性及び女児に対するヘイトスピーチについての罰則と救済の規定がなく、アイヌの女性及び女児に対する差別について禁止していないと委員会に報告されている。かかるギャップを是正するために締約国が講じようとしている措置について概説されたい。

前回の委員会勧告（パラ13（a））に関して、結婚に際して、旧姓を維持することを女性が選択できるようにするための法律の採択に向けてとられた行動につき情報を提供されたい。最近の民法の一部改正により、再婚禁止期間が100日に設定されたことに鑑み、離婚後の再婚に関し、女性に課せられている再婚禁止期間の撤廃のため締約国が講じようとしている措置を詳述されたい。

（答）

9　第5次基本計画は、外国人やルーツが外国であること、アイヌの人々であること、同和問題（部落差別）に関することに加え、女性であることで更に複合的に困難な状況に置かれている人々に対し、実態の把握に努め、人権教育及び啓発活動の促進や人権侵害の疑いのある事案を認知した場合の調査救済活動の取組を進めることを定めている。本邦外出身者に対する不当な差別的言動の解消に向けた取組の推進に関する法律（以下、「ヘイトスピーチ解消法」という。）及び部落差別の解消の推進に関する法律の趣旨を踏まえ、女性及び女児を被害者とする人権侵害を含む人権問題について、人権啓発活動や相談体制の充実に取り組んでいる。人権侵害の疑いのある事案を認知した場合には、所要の調査を行い、事案に応じた適切な措置を講じている。

10　民法第750条は、「夫婦は、婚姻の際に定めるところに従い、夫又は妻の氏を称する。」旨定めており、夫婦は、その合意により、夫又は妻のいずれかの氏を称することとなるが、希望すれば夫婦のいずれもが結婚前の氏を名乗れる選択的夫婦別氏制度も含め、夫婦の氏に関する具体的な制度の在り方に関し、第5次基本計画は、国民各層の意見や国会における議論の動向を注視しながら、司法の判断も踏まえ、更なる検討を進めることを定めている。また、ホームページなどでの情報提供を通じて、国民や国会での議論が深まるよう取り組んでいる。

さらに、第5次基本計画は、旧姓の通称使用の拡大やその周知に取り組むことを定めている。

再婚禁止期間は嫡出推定が重複する事態を回避するために必要であると解されている。現在、嫡出推定制度の見直しに向けた検討を行っており、その検討も踏まえ、再婚禁止期間の在り方について検討する必要があると考えている。

国内人権機構

問5　前回の委員会勧告（パラ15）に沿って、人権を促進し擁護するための国内人権機構の地位に関する原則（パリ原則）に沿った、女性の人権について扱う権限を有する独立の国内人権機構の設置に向けて締約国により講じられた措置について示されたい。2012年に、人権委員会設置法案が起草され国会に提出されたものの、その後、今日に至るまで進展していないと報告されている。この遅延の原因となった障害を克服するために行われた取組を明らかにされたい。

（答）

11　人権救済制度の在り方については、これまでなされてきた議論の状況も踏まえ、適切に検討しているところである。全国50か所の法務局、地方法務局及びその支局（合計311か所）における職員及び全国約1万4000人の人権擁護委員が人権相談に応じており、人権侵害の疑いのある事案を認知した場合、所要の調査を行い、事案に応じた適切な措置を講じている。

女性の地位向上のための国内本部機構

問6　委員会の前回の最終見解（パラ16）に沿って、男女共同参画会議及び男女共同参画推進連携会議の権限が規定されたか否か示されたい。内閣府特命担当大臣（男女共同参画）の事務局、男女共同参画会議及び男女共同参画推進連携会議によるジェンダーへの予算付けを含む、ジェンダー主流化のための政策・プログラムの調整を確実にするメカニズムを報告されたい。

本条約の文脈で、第5次基本計画の実施を監視するシステム実現のために割り当てられた人的資源及び財政資源に関するデータ並びに講じられた措置を提供されたい。

（答）

12　男女共同参画会議の権限は、基本法において、次のとおり規定している。

（1）内閣総理大臣が作成する男女共同参画基本計画の案について意見を述べること。

（2）基本的な方針や政策、重要事項を調査審議し、内閣総理大臣や関係大臣に対して意見を述べること。

（3）ジェンダー施策の実施状況を監視するとともに、政府の施策が及ぼす影響を調査し、内閣総理大臣や関係大臣に意見を述べること。

また、男女共同参画推進連携会議の権限は、男女共同参画社会づくりに向けての国民的な取組を推進することであることを、内閣官房長官が定めている。

第5次基本計画は、あらゆる分野においてジェンダーの視点を確保し施策に反映する（ジェンダー主流化）ため、次のことを定めている。

（1）男女共同参画会議において、第5次基本計画の進捗状況を検証する、集中的に議論すべき課題や新たな課題について調査審議を行う、成果目標の達成状況について、中間年に点検・評価すること。

（2）男女共同参画会議の意見を踏まえ、毎年6月を目途に重点方針を決定し、予算編成に反映させること（ジェンダー予算）。

（3）男女共同参画推進連携会議の場を活用し、意見交換や情報共有、市民社会との対話を行うこと。

13　国内本部機構の事務局である内閣府男女共同参画局は、職員が77名であり、２０２０年度の予算は37億円である。第5次基本計画における施策の実施の監視については、今後、男女共同参画会議が行い、必要に応じ、内閣総理大臣や関係大臣に対して意見を述べる。

暫定的特別措置

問7　第4次男女共同参画基本計画において、事実上の男女共同参画を加速するために設定された数値目標の影響及び結果についての情報を提供されたい。

本条約第4条1及び暫定的特別措置に関する委員会の一般勧告第25号（２００４年）に従った法定のクオータ制の採用に向けた取組を報告されたい。

本条約の全ての分野における、マイノリティ・グループに属する女性及び障害のある女性の権利の強化のために講じた措置についても情報提供されたい。

第5次基本計画が設定した、女性の地位向上に特に関連する目標と指標を詳述されたい。

（答）

14　第4次男女共同参画基本計画（以下「第4次基本計画」という。）の成果目標の達成状況は、別添資料1のとおり。この資料は、第5次基本計画の審議を行った男女共同参画会議において議論された資料の一つである。

15　基本法は、積極的改善措置を含めた男女共同参画社会の形成の促進のための施策の総合的な策定及び実施を国の責務として規定している。第5次基本計画は、政党に対し、２０１８年に成立した政治分野における男女共同参画推進法の趣旨に沿って、クオータ制を含む積極的改善措置等の自主的な取組の実施を要請することを定めている。

16　第5次基本計画は、性的指向及び性自認（性同一性）に関すること、障害があること、外国人やルーツが外国であること、アイヌの人々であること、同和問題（部落差別）に関することに加え、女性であることで更に複合的に困難な状況に置かれている人々に対し、正しい理解を深め、社会全体が多様性を尊重する環境づくりに資するよう、人権教育及び啓発を進めることを定めている。

17　第5次基本計画の成果目標は、別添資料2のとおり。

固定観念及び有害な慣行

問8　基本法、第4次基本計画及び人権教育プログラムに関して、女性及び女児の性的対象化並びに特に、アイヌ、部落、在日韓国・朝鮮人及び移民女性といった民族的及びマイノリティ・グループに属する女性及び女児に向けられる性差別的な発言に対処するため、これらの法律、計画及びプログラムの効果を評価するデータ、指標又は情報の有無を示されたい。

家父長制的態度や教育、雇用、経済生活、政治生活、公的生活及び家族の責任に反映されている根強い固定観念と闘うために講じられた措置について詳述されたい。これらに関して監視、コンプライアンス、見直し、申立て及び是正のメカニズムを確保するために講じられた措置について情報提供されたい。

（答）

18　マイノリティ・グループに属する女性及び女児を含め、女性及び女児に対する差別は許されないとの観点から人権啓発活動や相談体制の充実に取り組んでいる。法務省が２０１９年に受け付けた人権相談のうち、女性を被害者とする差別待遇に関するものは３９１件、女性を被害者とする強制又は強要に関するものは５６７７件であった。

19　第5次基本計画は、人権に配慮し、固定的な性別役割分担意識や性差に関する偏見の解消及び固定観念を打破するとともに、無意識の思い込みによる悪影響が生じないよう、男女双方の意識改革と理解の促進を図ることを定めている。第5次基本計画における施策の実施の監視については、パラ12及びパラ13を参照。また、男女雇用機会均等法により、労働者の募集・採用、配属及び昇進等における性別を理由とする差別を禁止しており、雇用における固定的な性別役割分担意識を払拭すべく、具体的な事例を示して周知啓発している。

女性に対するジェンダーに基づく暴力

問9　本条約の規定及び委員会の一般勧告第19号が改訂された女性に対する暴力に関する一般勧告第35号（２０１７年）が示した指針に沿い、配偶者等からの暴力、配偶者強姦及び近親相姦の犯罪化の規定を含む、女性に対する暴力対策のために刑法改正に向けて講じられた措置について報告されたい。配偶者強姦に関する法律の詳細、また、当事者間の関係の存在が判決を重くする要因とみなされるか否かを説明されたい。

あらゆる形態の暴力行為に関し、年齢、民族、居住地、移民の地位、国籍に基づいて細分化されたデータを提出し、もしあれば被害者と加害者の関係性を示されたい。捜査事例及び訴追され、有罪とされ、処罰された加害者の数に関するデータを提供されたい。

　暴力の被害者のためのシェルター及び支援施設に関するデータを提供されたい。

　かかる事例の保護命令の適用に関する詳細を示されたい。

　女性及び女児に対する性的暴行を助長するポルノ製品の禁止のために講じられた措置を示されたい。


（答）

20　２０１７年7月13日に刑法の一部を改正する法律を施行し、18歳未満の者に対し、その者を現に監護する者であることによる影響力があることに乗じてわいせつな行為又は性交、肛門性交若しくは口腔性交をした場合、暴行・脅迫がなくとも強制わいせつ罪又は強制性交等罪と同様に処罰するという「監護者わいせつ罪」及び「監護者性交等罪」を新設した。
　同法律の施行により、強姦罪の対象となる行為を性交、肛門性交又は口腔性交に改め、被害者の性別を問わないこととし、その罪名を「強制性交等罪」としたほか、強制性交等罪等の性犯罪について、被害者の告訴なく起訴し得ることとした。また、強制性交等罪について、法定刑の下限を懲役3年から5年に引き上げた（配偶者間の強姦については、強制性交等罪が成立し得る。）。

　女性及び女児に対する暴力は、殺人罪、傷害罪、暴行罪、強制性交等罪及び強制わいせつ罪等による刑事処罰の対象とされており、事案に応じて適切な処分が行われている。

　量刑は裁判所が判断するところ、当事者間の関係の存在が判決を重くする要因と判断される場合はある。

21　警察では、被害者等の生命及び身体の安全の確保を最優先に、刑罰法令等に抵触する場合には、検挙その他の適切な措置を講じるなどしている。警察における配偶者からの暴力事案及びストーカー事案への対応状況については、別添資料3のとおり。警察における殺人、強制性交等、暴行、傷害、強制わいせつの認知及び検挙状況については、別添資料4のとおり。

22　暴力の被害者のためのシェルター及び支援施設に関するデータは次のとおり。
（1）婦人相談所一時保護所：47か所（２０１９年4月１日現在）、一時保護件数：女性：４０５２人、同伴家族：３５３６人（２０１８年度）
（2）婦人保護施設：47か所（２０１９年4月1日現在）、保護件数：女性：７５４人、同伴家族：３５９人（２０１８年度）
（3）各都道府県及び政令指定都市が把握している民間シェルターを運営している団体数：全国で１２４（２０２０年11月1日現在）

23　配偶者からの暴力の防止及び被害者の保護等に関する法律に基づく裁判所による保護命令の発令状況は、別添資料5のとおり。

24　刑法は、わいせつな文書、図画、電磁的記録に係る記録媒体その他の物の頒布、公然陳列や有償頒布目的での所持等を処罰している。また、児童ポルノについては、児童買春、児童ポルノに係る行為等の規制及び処罰並びに児童の保護等に関する法律が、その製造、提供、公然陳列及び所持等を処罰している。刑事事件として取り上げるべきものについては、刑事法令を適用して適切に対処している。第5次基本計画は、法令に基づいた厳正な取締り、業界による自主規制などの流通防止対策の推進を定めている。刑事事件として取り上げるべきものは、適切に対処している。インターネット上に流通する女性及び女児のわいせつ図画を、サイバーパトロールを通じて早期に把握し検挙措置を講じている。

問10　優生保護法に関する前回の最終見解（パラ25）に沿って、女性の強制不妊手術という形での過去の暴行に関し、詳細な情報を提出されたい。強制不妊手術の全ての被害者に対する補償とリハビリテーションの措置を伴う具体的な措置について報告されたい。

（答）

25　旧優生保護法下における不妊手術について、以下の情報を厚生労働省のホームページで公表している。

（１）都道府県、保健所設置市及び特別区における、関連資料の保管状況（２０１８年9月）。

（２）医療機関・福祉施設や保健所設置市以外の市町村における優生手術に関する個人記録の保有状況（２０１８年10月）。

２０１９年に施行された旧優生保護法に基づく優生手術等を受けた者に対する一時金の支給等に関する法律（旧優生保護法一時金支給法）に基づき、旧優生保護法に基づく手術を受けた者に対し、３２０万円の一時金を支給している。支給件数は９０８件である（２０２１年5月末現在）。

特定の疾病や障害を有すること等を理由として生殖を不能にする手術又は放射線の照射を強いられるような事態を二度と繰り返すことのないよう、２０２０年6月から、国会が、旧優生保護法に基づく優生手術の調査を行っている。

問11　体罰が学校や家で蔓延し、広く認められ、あらゆる環境下における体罰が法的枠組みで明示的に禁止されていないと委員会に報告されている。児童の権利委員会が報告期間中に発出した勧告（ＣＲＣ／Ｃ／ＪＰＮ／ＣＯ／４－５、パラ26）に鑑み、女性及び女児に対する暴力撲滅のための総合的取組を支えるため、子どもに対する体罰を禁じ撲滅するために講じられた措置につき、情報を提供されたい。

（答）

26　児童虐待の防止等に関する法律（児童虐待防止法）は、２０１９年の改正により、児童の親権を行う者は児童のしつけに際して体罰を加えてはならない旨を規定している。また、教職員による児童生徒への体罰は、学校教育法により禁止されている。さらに、民法の懲戒権の在り方について検討を行っている。

このほか、リーフレットやインターネット広告の作成などにより、体罰によらない子育ての推進のための周知啓発を行っている。

学校現場における体罰根絶に向けて、体罰の実態調査を実施している。懲戒と体罰の区別及び体罰防止に関する取組について、教育委員会に対する指導を行っている。

人権相談所や専用相談電話である「子どもの人権110番」及び「インターネット人権相談受付窓口」を設けている。「子どもの人権SOSミニレター」を全国の小学校及び中学校の児童及び生徒に配布するなど、子どもたちがより相談しやすい体制を整備している。人権侵害の疑いのある事案を認知した場合には、所要の調査を行い、事案に応じた適切な措置を講じている。

人身取引及び売買春による搾取

問12 人身取引対策行動計画の下で達成した結果に関する情報を提供されたい。被害者認知プログラムを含む人身取引被害者のためのサポート及び支援プログラムについて、性別、年齢及び国籍によって細分化された最新情報を、加害者に対する訴追、有罪判決及び刑罰に関する情報と共に提供されたい。女性及び女児の人身取引を防止し、被害者を保護し、加害者の訴追を円滑にすることを目的として、二国間、地域及び国際協力を改善するために講じられた措置の詳細を示されたい。技能実習制度における適正化の実施状況についても報告されたい。

(答)

27 「人身取引対策行動計画2014」に基づき、関係機関との協力体制を一層強化して、人身取引の撲滅及び被害者の適切な保護に取り組んでいる。風俗店への積極的な立入り、警察への被害申告を多言語で呼び掛けるリーフレットの作成及び配布、並びに、匿名通報ダイヤルの運用を行っている。また、啓発用ポスターやリーフレットにより広報及び啓発活動を実施している。さらに、人身取引被害者の立場に十分配慮し、被害者保護の観点から、被害者が不法残留の出入国管理及び難民認定法違反の状態にある場合には在留特別許可を与えるなど、被害者の法的地位の安定化を図っている。2019年4月から2020年3月までに人身取引と認知した事案の処分状況は、起訴された者が32人、証拠上の問題により不起訴処分となった者が7人である。この起訴された者32人のうち、30人は有罪が確定し、2人は公判係属中である。有罪が確定した者の裁判結果は別添資料6のとおり。

2017年7月、国際組織犯罪防止条約と国際組織犯罪防止条約を補足する人(特に女性及び児童)の取引を防止し、抑止し及び処罰するための議定書を締結した。同条約の締結国及び地域との間において、中央当局ルートによる迅速な捜査共助を実施することが可能となっている。国際刑事警察機構(ICPO)を通じて、人身取引被害者の送出国の捜査機関との間で情報交換を行っている。また、毎年、「人身取引事犯に係るコンタクトポイント連絡会議」を開催し、在京大使館、関係省庁、都道府県、NGO、国際移住機関(IOM)と意見交換及び情報交換を行っている。国連機関(国連薬物犯罪事務所(UNO

ＤＣ）、国連女性機関（UN Women）、ＩＯＭ）及び関係基金（ＪＡＩＦ２・０）への拠出や国際協力機構（ＪＩＣＡ）による事業を通じて、主にアジア地域諸国における人身取引防止と被害者保護の強化のための支援を積極的に実施している。さらに、２００５年から毎年継続してＩＯＭ日本事務所との連携（拠出も含む。）を通じて、日本国内で認知された外国人人身取引被害者の自主的な帰国と社会復帰を支援している。２０１８年3月にフィリピンで開催された「人身取引関連事案に関する国際合同捜査・オペレーション向上のためのＡＳＥＡＮ＋３法執行機関による机上訓練」に検察官を出席させ、法的・実務的な課題・解決策についての相互理解を深めた。

28 技能実習生を対象に電話やメールにより8言語での申告・相談に応じる母国語相談窓口を外国人技能実習機構に設置し、相談者に必要な助言を行っている。外国人の技能実習の適正な実施及び技能実習生の保護に関する法律（技能実習法令）違反の疑いがある事案については、監理団体や実習実施者に対する実地検査を行い、法令違反が認められた場合には必要な指導を実施している。２０１9年度は、監理団体及び実習実施者の合計約1万８０００件の実地検査を行い、そのうち、約６２００件に対して、技能実習法違反（帳簿書類の作成・備付けの不備、実習内容等の計画との相違、報酬等の支払いの不適切事例など）が認められたため、指導を行っている。

「慰安婦」

問13 「慰安婦」への侵害に対する国家の責任という差し迫った未解決の問題については、被害者の真実、正義、及び完全かつ効果的な補償と賠償を伴う救済のための権利を認識するために講じられた措置を含む、前回の勧告（パラ29）に関する情報を提供されたい。また、指導者や公職にある者が、被害者に精神的外傷を与え得るような中傷発言を控えるようにするために講じられた措置を示されたい。

（答）

29 本条約は、我が国が本条約を締結（１９８５年）する以前に生じた問題に対して遡って適用されないため、慰安婦問題を本条約の実施状況の報告において取り上げることは適切でないというのが我が国の基本的な考えである。その上で、事前質問事項の中で慰安婦問題について言及されている点に関し、あえて、貴委員会への参考として、我が国の取組について述べることとする。

（1）慰安婦問題については、日本政府はこれまで誠実に対応してきている。

（2）先の大戦に関わる賠償並びに財産及び請求権の問題について、日本政府は、米国、英国、フランス等45か国との間で締結したサンフランシスコ平和条約及びその他二国間の条約等に従って誠実に対応してきており、これらの条約等の当事国との間では、個人の請求権の問題も含めて、法的に解決済みである。

（3）その上で、日本政府は、元慰安婦の方々の名誉回復と救済措置を積極的に講じてきた。1995年には、日本国民と日本政府の協力の下、元慰安婦の方々に対する償いや救済事業等を行うことを目的として、財団法人「女性のためのアジア平和国民基金」（略称：「アジア女性基金」）が設立された。アジア女性基金には、日本政府が約48億円を拠出し、また、日本人一般市民から約6億円の募金が寄せられた。日本政府は、元慰安婦の方々の現実的な救済を図るため、元慰安婦の方々への「償い金」や医療・福祉支援事業の支給等を行うアジア女性基金の事業に対し、最大限の協力を行ってきた。アジア女性基金の事業では、元慰安婦の方々285人（フィリピン211人、韓国61人、台湾13人）に対し、国民の募金を原資とする「償い金」（一人当たり200万円）が支払われた。また、アジア女性基金は、これらの国・地域において、日本政府からの拠出金を原資とする医療・福祉支援事業として一人当たり300万円（韓国・台湾）、120万円（フィリピン）を支給した（合計金額は、一人当たり500万円（韓国・台湾）、320万円（フィリピン））。さらに、アジア女性基金は、日本政府からの拠出金を原資として、インドネシアにおいて、高齢者用の福祉施設を整備する事業を支援し、また、オランダにおいて、元慰安婦の方々の生活状況の改善を支援する事業を支援した。

（4）個々の慰安婦の方々に対して「償い金」及び医療・福祉支援が提供された際、その当時の内閣総理大臣（橋本龍太郎内閣総理大臣、小渕恵三内閣総理大臣、森喜朗内閣総理大臣及び小泉純一郎内閣総理大臣）は、自筆の署名を付したおわびと反省を表明した手紙をそれぞれ元慰安婦の方々に直接送った。

（5）特に、日韓間の関係においては、上述のとおり慰安婦問題を含め、両国間の財産・請求権の問題は、1965年の日韓請求権協定で完全かつ最終的に解決済みであり、さらに、日韓両政府は、多大なる外交努力の末に、2015年12月の日韓外相会談における合意によって、慰安婦問題の「最終的かつ不可逆的な解決」を確認した。また、日韓両首脳間においても、この合意を両首脳が責任を持って実施すること、また、今後、様々な問題に対し、この合意の精神に基づき対応することを確認した。この合意については、潘基文国連事務総長（当時）を始め、米国政府を含む国際社会も歓迎している。この合意に基づき、2016年8月、日本政府は韓国政府が設立した「和解・癒やし財団」に対し、10億円の支出を行った。「和解・癒やし財団」は、これまで、合意時点で御存命の方々47人のうち35人に対し、また、お亡くなりになっていた方々199人のうち64人の御遺族に対し、資金を支給しており、多くの元慰安婦の方々の評価を得ている。このように、日本は日韓合意の下で約束した措置を全て実施してきている。韓国政府もこの合意が両国政府の公式合意と認めているものであり、国際社会が韓国側による合意の実施を注視している状況である。

（6）２０１５年の内閣総理大臣談話に述べられているとおり、21世紀こそ女性の人権が傷つけられることのない世紀とするため、リードしていく決意であり、国連女性機関、紛争下の性的暴力担当国際連合事務総長特別代表事務所、紛争関連の性的暴力生存者のためのグローバル基金等が実施する各種事業に拠出・支援し、今まさに傷ついている紛争下の性的暴力の被害者の救済や、かかる暴力の防止のための啓発活動等を積極的に行っている。

（7）第7回及び第8回報告に対する委員会の最終見解で記載があった教科書に関し、我が国では教科書は民間の著作物であり、学習指導要領に基づき、具体的にどのような歴史問題について取り上げ、どのように記述するかについては、教科書発行者の判断に委ねられている。

政治的及び公的活動への参画

問14 「第４次男女共同参画基本計画（「第４次基本計画」）」において設定された、指導的地位に女性が占める割合を30％とするとの目標が達成できておらず、政治的及び公的活動、特に管理職への女性の代表が不足していると委員会に報告されている。前回の委員会の最終見解（パラ18、19、30及び31）に沿って、政党に関する法律の内容の変更点や、立法、行政及び司法分野における女性の参画の最新の統計について、情報を提供されたい。また、当該法律に不遵守の際の罰則や実施を確保するためのメカニズムが含まれているかどうか、示されたい。当該法律が直近の選挙で適用された場合は、その結果についてのデータを提供されたい。

締約国において、意思決定に女性が参画することの重要性や女性活躍の必要性について、意識啓発のためのキャンペーンや取組を行ってきたかどうか示されたい。第５次基本計画に沿って、指導的地位に就く女性を増加させるための、男女の参画に関する目標と戦略に関する情報を提供されたい。

（答）

30 男女の候補者の数ができる限り均等となることを目指すことを定めた政治分野における男女共同参画の推進に関する法律を２０２１年に改正したことにより、セクシュアルハラスメント及び妊娠・出産等に関するハラスメント防止のための研修、並びに、相談体制の整備等の規定を追加した。立法、行政及び司法分野における女性の参画の最新の統計は、別添資料7のとおり。

31 政治分野における男女共同参画の推進に関する法律には罰則規定を設けていない。２０１９年7月に実施された参議院議員選挙における候補者に占める女性の割合は28・1％であり、前回の24・7％から3・4ポイント上昇した。

32 政治分野における男女共同参画の推進に関する法律に基づき、政党の取組状況を公表し、クオータ制に関する諸外国の取組を調査研究し、情報提供を行っている。

政府、地方公共団体及び民間企業における女性活躍について、女性の職業生活における活躍の推進に関する法律（以下「女性活躍推進法」という。）に基づく目標設定や情報公表などの積極的改善措置を促進している。女性活躍推進法の内容について、企業向けの相談会及び説明会、並びに、個別企業訪問などの周知及び啓発を行っている。企業経営者や地方公共団体の長に対して「輝く女性の活躍を加速する男性リーダーの会」（2021年4月30日現在で257名の企業経営者及び地方公共団体の長が参加。）への参加を求め、女性人材の発掘、能力開発、登用、意識変革及び働き方改革を促し、かつ、情報発信を行っている。

33　第5次基本計画の概要と成果目標については、別添資料8のとおり。

国籍

問15　婚外子による国籍の取得に関して問題に直面する女性がとれる法的手段を確保するために締約国が講じようとしている措置について、情報提供されたい。また、二重国籍禁止や国籍法への抵触により無国籍になるかもしれない女性及び女児が国籍を取得するために、締約国が講じようとしているセーフガード措置について詳述されたい。

（答）

34　国籍法は、次のとおり規定している。

（1）日本人母から生まれた婚外子は、出生と同時に日本国籍を取得する。

（2）外国人母から生まれた婚外子で日本人男から認知された子は、未成年の間に届出をすることによって日本国籍を取得することができる。

（3）日本で出生したものの、父母が不明又は無国籍である者は、出生と同時に日本国籍を取得する。

なお、無国籍者に対しては、一定の条件の下で帰化条件を緩和している。

教育

問16　科学、技術、情報通信技術、工学、数学、医学及び社会科学といった伝統的に男性が占めてきた学問分野を含む高等教育への入学及び修了における女性割合を向上させるための暫定的特別措置を含む具体的措置についての情報を提供されたい。
統計上、名門大学における男女のバランスは偏っており、大学入学試験における不公平な慣習が、かかる分野、特に医学分野において女性志願者が選抜される妨げとなっているという。これについて説明されたい。
また、委員会の前回の勧告（パラ33（b））に沿って、教育分野の上位の管理職や意思決定を行う地位への女性の参画を改善するために、また、女性教授の数を増やすために講じられた措置について、最新データを提供し、詳述されたい。

（答）

35　第5次基本計画は、女子中高生、保護者及び教員における科学技術系の進路への興味関心や理解を向上させるための取組により、女性の理工系進路選択を促進することを定めている。産官学からなる支援体制づくりを進め、情報提供やロールモデルの提示、出前授業、シンポジウム及び調査研究を進めている。

36　医学部医学科入試において、性別による一律の取扱いの差を設けていた例が見られたことから、不適切な事案であると指摘した。また、全ての大学の全ての学部学科の入学者選抜における共通ルールである「大学入学者選抜実施要項」を改訂し、性別等の属性を理由として一律に取扱いの差異を設けるといったような公正性を欠く不適切な合否判定を行わないことを明記した。この共通ルールを踏まえ、各大学において入学者選抜の点検や改善が行われている。第5次基本計画は、各大学への周知徹底を図るとともに、とりわけ医学部医学科入学者選抜に係る入試情報について、男女別の合格率の積極的開示を各大学に促すことを定めている。

37　第5次基本計画は、教育委員会及び学校において、女性の能力発揮が組織の活性化に不可欠であること、また、管理職の性別構成が児童生徒の意識に影響を与えうることを踏まえ、教育長、教育委員、校長及び教頭など意思決定過程への女性の登用を推進することを定めている。初等中等教育機関については、教育委員会に対して女性管理職の積極的登用の促進を依頼している。大学については、自主的な目標設定の促進及び女性活躍の取組への支援を行っている。最新データは、別添資料9のとおり。

問17　委員会に寄せられた情報によると、アイヌ及び部落の女児は、奨学金へのアクセスに困難を抱えており、在日韓国・朝鮮学校の生徒は、政府の高校授業料免除プログラム及び公的奨学金プログラムから除外されているという。地方自治体が、在日韓国・朝鮮学校への補助金を削減していると報道されている。これについて説明されたい。

締約国は、教育機関における、いじめやマイノリティ・グループの女性及び女児を対象とした人種差別的感情表現を含む女性及び女児への暴力を防止し、処罰し、根絶するためにどのように考えているか、詳細を提供されたい。

また、障害のある女児の教育へのアクセスに当たって直面する障壁について報告されたい。

学校のカリキュラムに、責任ある性行動を含む、性と生殖の健康と権利（リプロダクティブ・ヘルス・ライツ）に関する年齢に適した必須教育を含めるために講じられた措置についての情報を提供されたい。

学校教育制度を通じて、ジェンダーに基づく固定観念に対抗するための意識の啓発のために、締約国により行われた取組につき報告されたい。

（答）

38　アイヌ子弟に対する奨学金は、性別を区別することなく広く給付・貸与している。

日本学生支援機構による奨学金は、法令上、大学、高等専門学校及び専門学校が対象となっており、朝鮮学校は法令上これらに該当しない。この奨学金は、国籍要件を設けているが、在日韓国人の学生の中で要件に合致する者であれば（例えば特別永住者）対象となる。

高等学校等修学支援金制度は、日本国内に在住していれば、国籍を問わずに支援対象としている。朝鮮学校が対象となっていない理由は、法令上で定める審査基準に適合すると認めるに至らなかったためである。

地方公共団体が朝鮮学校へ補助金を支給するに当たっては、それぞれの判断と責任により、その適正かつ透明性のある執行の確保等に留意しつつ執行されているものと認識している。

39　都道府県教育委員会の人権教育担当者等を集めた会議において、ヘイトスピーチ解消法の趣旨や不当な差別的言動を解消するための教育活動について説明している。「子どもの人権ＳＯＳミニレター」を全国の小学校及び中学校の児童及び生徒に配布して子どもたちがより相談しやすい体制を整備している。人権侵害の疑いのある事案を認知した場合には、事案に応じた適切な措置を講じている。女性及び女児に対する暴力は、事案に応じて適切な刑事処分が行われている。また、子供たちが生命を大切にし、性犯罪・性暴力の加害者、被害者、または傍観者にならないための「生命（いのち）の安全教育」を推進するため、発達段階に応じた教材等を作成し、保護者への周知を含め、推進している。

40　障害のある子供が教育を受けるに当たっては、個々の障害の特性に応じた特別な支援が必要となる。障害のある女児を含む子供に対して、障害のある子供と障害のない子供が可能な限り共に教育を受けられるように条件整備を行っている。障害のある子供の自立と社会参加を見据え、一人一人の教育的ニーズに最も的確に応える指導を提供できるよう、連続性のある多様な学びの場の整備を行っている。

41　小学校、中学校及び高等学校の学習指導要領は、性と生殖の健康と権利に関する内容を指導内容として位置づけている。学校における性に関する指導は、学習指導要領に基づき、児童生徒が性に関して正しく理解し、適切に行動を取れるようにすることを目的に、体育科、保健体育科及び特別活動などの学校教育活動全体を通じて行われている。

42　第5次基本計画は、教育基本法が掲げる男女の平等を重んずる態度を養うという教育の目標を達成するため、教員の養成、採用及び育成の各段階において男女共同参画の視点を取り入れ、校長を始めとする教職員及び教育委員会における男女共同参画の理解を促進するとともに、学校教育及び社会教育において男女平等の理念を推進する教育及び学習の一層の充実を図ることを定めている。

初等中等教育段階については、児童生徒の発達の段階に応じ、学校教育全体を通じて、人権の尊重、男女の平等、男女相互の理解及び協力の重要性、並びに、家族や家庭生活の大切さについての指導を行っている。また、教員の男女共同参画意識の啓発のためのプログラム開発を実施している。高等教育段階においては、各大学において、男女共同参画の視点を踏まえた教職員研修及びキャリア教育を行っている。

雇用

問18　労働市場における根強い男女間の水平的・垂直的職務分離と、男女間の賃金格差に対処する、2015年の女性活躍推進法や、労働基準法及びその他の関連法の下での具体的な取組につき示されたい。

同一価値労働に対する同一賃金原則の実施の現状につき報告されたい。

前回の委員会の勧告（パラ35（c）及び（d））に沿って、職場におけるセクシュアルハラスメントを禁止し、かかるハラスメントを抑止するための適切な制裁を科すために、また、妊娠や母親であることを理由とするものを含む雇用における差別があった場合の司法へのアクセスを確保する法的枠組みの採用のために行われた取組について説明されたい。

職場におけるセクシュアルハラスメント事例と、そのようなセクシュアルハラスメントやその他の差別に対する事例の調査を含む結果について、報告しデータを提供されたい。行われた検査の種類と数について、また労働監督官が遭遇する困難についての詳細について提供されたい。

（答）

43　第5次基本計画は、性別を理由とする差別的取扱い及び男女間の賃金格差の解消に取り組むことを定めている。また、職場における女性の参画拡大及び能力発揮のための支援を定めている。

女性活躍推進法は、事業主に対し、女性活躍に関する行動計画の策定及び情報公表を行うことを義務付けている。

また、労働基準法第4条は、労働者が女性であることを理由とする賃金の差別的な取扱いを禁止している。

さらに、2020年4月より順次施行されている短時間労働者及び有期雇用労働者の雇用管理の改善等に関する法律（パートタイム・有期雇用労働法）及び改正後の労働者派遣事業の適正な運営の確保及び派遣労働者の保護等に関する法律の円滑な施行に取り組み、同一企業内における正規雇用労働者と非正規雇用労働者との間の不合理な待遇差の解消を図っている。

44　第5次基本計画は、同一価値労働同一賃金に向けた取組などを通じて女性の経済的自立を図ることの重要性を明記している。また、労働者が女性であることを理由とする賃金の差別的な取扱いについては、パラ43のとおり、労働基準法第4条に基づき禁止されている。本条に違反する事業場については指導の対象となる。本条の違反事業場数は、2019年：1件、2018年：4件、2017年：5件。

45　第5次基本計画においては、職場におけるセクシュアルハラスメント、妊娠・出産等に関するハラスメント及び育児休業等に関するハラスメントの根絶等、雇用の分野における男女の均等な機会及び待遇の確保は、働きたい人が性別に関わりなく活躍できる社会の実現に不可欠の前提であることを定めている。

男女雇用機会均等法及び育児休業、介護休業等育児又は家族介護を行う労働者の福祉に関する法律（以下「育児・介護休業法」という。）は、事業主に対して、次のことを規定している。

（1）職場におけるセクシュアルハラスメント、妊娠・出産等に関するハラスメント及び育児休業等に関するハラスメントの防止のための雇用管理上の措置を講じることの義務付け。

（2）婚姻、妊娠・出産等を理由とする不利益取扱いや、育児休業等を理由とする不利益取扱いの禁止。

法違反があった場合には、都道府県労働局において、助言、指導及び勧告を行い、勧告に従わない場合は企業名の公表を行う。また、法に基づく紛争解決援助及び調停の活用により、円滑な紛争解決を図っている。

46 都道府県労働局は、男女雇用機会均等法及び育児・介護休業法に基づき、職場におけるセクシュアルハラスメント、妊娠・出産等に関するハラスメント、または、育児休業等に関するハラスメントの防止のための雇用管理上の措置義務に違反があった場合や、婚姻、妊娠・出産等を理由とする不利益取扱い、または、育児休業等に関する不利益取扱いの禁止に違反があった場合、事業主に対して助言及び指導等を行っている。

職場におけるセクシュアルハラスメントに関する是正指導の件数は、２０１９年度：４６７１件、２０１８年度：４９５３件、２０１７年度：４４５８件。

職場における婚姻、妊娠・出産等に関するハラスメントに関する是正指導の件数は、２０１９年度：５６６２件、２０１８年度：６００８件、２０１７年度：５７６４件。

職場における育児休業等に関するハラスメントに関する是正指導の件数は、２０１９年度：５２３６件、２０１８年度：５０９７件、２０１７年度：５７４１件。

職場における婚姻、妊娠・出産を理由とする不利益取扱いに関する是正指導の件数は、２０１９年度：40件、２０１８年度：39件、２０１７年度：35件。

職場における育児休業等に関する不利益取り扱いに関する是正指導の件数は、２０１９年度：20件、２０１８年度：21件、２０１７年度：22件。

問19　両親休暇に関する規定の導入の確保、育児責任への男性の平等な参加の推進、十分な保育施設の提供のために、締約国により講じられた措置について情報を提供されたい。

家事労働者の権利に関する意識を啓発し、このグループの保護を提供するための具体的なプログラムが実施されているかどうか示されたい。

マイノリティ・グループに属する女性や移民の女性の雇用に関する政策の影響に関して細分化された情報を提供されたい。国際労働機関の基本条約の一つである１９５８年の差別待遇（雇用及び職業）条約（第１１１号）を批准するために締約国が講じようとしている措置の詳細を提供されたい。また、国際労働機関の２０００年の母性保護条約（第１８３号）、２０１１年の家事労働者条約（第１８９号）及び２０１９年の暴力及びハラスメント条約（第１９０号）を批准すべきかについて締約国が行った検討に関する情報を提供されたい。

（答）

47　第５次基本計画は、夫婦での子育てを促進するため、出生直後の休業の取得を促進する新たな枠組みを導入するとともに、本人又は配偶者の妊娠・出産の申出をした個別の労働者に対する休業制度の周知の措置や、研修・相談窓口の設置等の職場環境の整備について、事業主に義務づけること、男性の育児休業取得率の公表を促進することを検討し、２０２１年の通常国会に必要な法案の提出を図ることとしている。政府は２０２１年２月にこれらの内容を含む法律案を国会に提出し、２０２１年６月に成立した。これに加え、政府の職員については、２０２０年度から、すべての男性職員が１か月以上の育児参画のための休暇・休業を取得することを目標に取組を開始している。

　男性の育児休業や育児への参加を推奨する「イクメンプロジェクト」及び「さんきゅうパパプロジェクト」の実施を通じて、男性の育児休業取得に関する社会的な機運の醸成を図っている。

　「待機児童解消加速化プラン」に基づき、２０１３年度から２０１７年度までの５か年で合計約53・５万人分の保育の受け皿を確保した。また、「子育て安心プラン」に基づき、２０１８年度から２０２０年度末までの３か年で32万人分の保育の受け皿の整備を進めた。なお、「新子育て安心プラン」は、２０２１年度から２０２４年度末の４年で約14万人分の保育の受け皿を確保することとしている。

48　家事労働者は、団結権や団体交渉権が法律で保障されており、また、労災保険に加入することができる。制度については広く周知している。

49　第５次基本計画は、外国人女性が、言語の違い、文化・価値観の違い及び地域における孤立等の困難に加えて、女性であることにより更に複合的に困難な状況に置かれている場合があることに留意し、就労支援についての多言語での情報提供及び相談体制の整備を定めている。２０２０年10月末時点で、外国人労働者数は１７２万４３２８人、そのうち男性は91万８１６９人、女性は80万６１５９人である。

50　日本国政府は、個々のＩＬＯ条約について、条約を批准することの意義等を十分に検討し、批准することが適当と考えられるものについて、国内法制との整合性をきめ細かく確保した上で批准してきた。具体的には、労使が参加するＩＬＯ懇談会等において条約を批准するにあたっての課題についての議論などを行っている。

　第５次基本計画でも、委員会からの事前質問票で指摘があったそれらの条約について、締結する際に課題となり得る課題を整理するなど具体的な検討を行い、批准を追求するための継続的かつ持続的な努力を払うことを定めたところ、引き続き、そのような努力を行ってまいりたい。

健康

問20　委員会に寄せられた情報によると、締約国の刑法は、中絶を犯罪化しており、一方、母体保護法の下では、人工中絶の際に配偶者の同意を必要としている。前回の委員会の勧告

（パラ39（a）及び（b））に沿ってこれらの規定を改正するために締約国が講じようとしている措置について情報を提供されたい。

　女性の安全な中絶へのアクセスと利用可能性を増加させるために講じられた措置について報告されたい。

　安全な中絶方法に関する科学的に正しい情報を、中絶を必要とする女性に提供するための締約国の取組を示されたい。

委員会の前回の勧告（パラ39）に沿って、女性及び女児の自殺を防止することを目指した、目標と指標を含む包括的な計画の採用のために、締約国によって行われた取組に関する情報を提供されたい。

　自殺問題に対処するために導入されたその他の措置とそれによって生じた結果に関し、データと統計とともに詳述されたい。

（答）

51　母体保護法においては、人工妊娠中絶には原則として配偶者の同意を必要としているが、以下の場合は本人の同意だけで人工妊娠中絶が可能である。

（1）配偶者が知れないときやその意思を表示することができないとき。

（2）妊娠後に配偶者がなくなったとき。

「配偶者が知れないとき」には事実上所在不明の場合も含まれ、また、「その意思を表示することができないとき」には事実上その意思を表示することができない場合も含まれる。

母体保護法は、「暴行若しくは脅迫によって又は抵抗若しくは拒絶することができない間に姦淫されて妊娠したもの」のみならず、「妊娠の継続又は分娩が身体的又は経済的理由により母体の健康を著しく害するおそれのあるもの」の要件を満たした場合には、適法に人工妊娠中絶を行うことができる。この場合には刑法の堕胎罪は成立しない。また、強制性交の加害者の同意を求める趣旨ではないことや、妊婦が配偶者暴力被害を受けているなど、婚姻関係が実質破綻しており、人工妊娠中絶について配偶者の同意を得ることが困難な場合は、本人の同意だけで足りる場合に該当することについて、解釈を明確化し、関係機関に周知を行っている。

52　母体保護法は、人工妊娠中絶を実施することができる医師を、「都道府県の医師会が指定する医師」としている。医師会は、申請に対する審査及び2年ごとの資格審査による更新を行っている。

　第5次基本計画は、以下のことを定めている。

（1）性犯罪・性暴力やDVが背景にある場合に関係機関の連携が重要であること。

（2）性や妊娠に関し、助産師などの相談支援体制を強化すること。

53　第5次基本計画は、予期せぬ妊娠に関する悩みに対し、女性健康支援センターにおいて専門相談員を配置する等、相談体制を強化し、市町村及び医療機関への同行支援や、学校及び地域の関係機関と連携することを定めている。妊娠・出産、その後の子育て、または、人工妊娠中絶の悩みを抱える者に対して、訪問指導等の母子保健事業を活用した相談支援のほか、女性健康支援センター及び児童相談所での相談援助を行っている。

54　自殺対策基本法に基づき、「自殺総合対策大綱」を定め、包括的な取組を進めている。社会全体の自殺リスクを低下させるため、自殺を考えている者に対する電話相談やＳＮＳ相談等の相談体制を拡充している。また、様々な困難を抱えた若年女性を支援するため、２０１８年度に「若年被害女性等支援モデル事業」を創設し、公的機関及び民間団体が密接に連携して、夜間の見回り・声掛けなどアウトリーチ支援や居場所の確保、相談対応及び自立支援を実施している。データについては別添資料10のとおり。

問21　放射性物質による汚染の影響を受けた女性の健康状態に関し、詳述されたい。福島第一原発事故によって起こった健康被害を示されたい。また、妊婦を含む、福島県で被ばくした女児及び女性に治療を提供するシステムが確立されたか否かにつき報告されたい。

委員会に寄せられた情報によると、たばこ使用の影響は、女性及び女児の健康にとって有害であり、締約国の女性の4・88％を死に至らしめており、妊婦を含む多くの女性及び女児が受動喫煙の影響を受けているという。屋内の公共の場所や職場における喫煙を禁止し、たばこ製品を魅力的に包装しないようにすることを求める「たばこの規制に関する世界保健機関枠組条約」上の締約国の義務との間の法的ギャップに対処するための締約国の取組を示されたい。

（答）

55　福島県が行った調査は、以下のことを示している。

（１）調査方法が異なり単純な比較はできないものの、県内での早産率、低出生体重児出生率及び先天奇形・先天異常の発生率は全国的な平均と大きく変わらない。

（２）これまでに発見された甲状腺がんについて、現時点では放射線の影響とは考えにくい。甲状腺検査の結果、引き続き医療が必要になった者に対して、治療にかかる経済的負担を支援する「甲状腺検査サポート事業」を行っている。

56　受動喫煙対策を強化し、国民の健康増進を一層図るために、２０２０年に改正健康増進法を施行した。同法律では、（１）「望まない受動喫煙」をなくす、（２）受動喫煙による健康影響が大きい子ども及び患者等に特に配慮する、（３）施設の類型及び場所ごとに対策を実施するという考え方を基本として、施設の類型及び場所ごとに、禁煙措置や喫煙場所の特定を行うとともに、標識提示の義務付けを行うことを定めている。２０１９年にたばこ事業法施行規則を改正することで、たばこの包装に係る注意文言表示の内容を最新の科学的知見に即したものとし、望まない受動喫煙の防止など「他者への影響」について表示を充実させている。

経済的及び社会的給付

問22　最低限の生活水準の保障のため、寡婦、障害のある女性及び高齢の女性に特に焦点を当てた年金制度改革、貧困が女性及び女児へもたらす不均衡な影響を最小化することを意図した前回の委員会の勧告（パラ41）に関して、締約国により行われた取組とその成果について報告されたい。

災害弔慰金の支給等に関する法律にジェンダーの要素が取り入れられていることに関する情報を、また、女性の起業を促進する締約国の取組について提供されたい。

（答）

57　第5次基本計画は、次のことを定めている。

（1）貧困等生活上の困難に陥ることなく、健康で文化的な生活を送るために十分な賃金を確保できるようにするため、男女共同参画の視点から就業・生活面の環境整備を行う。

（2）ひとり親家庭に対しきめ細かな自立支援を行う。

（3）高齢、疾病、または障害などの理由で働くことができない女性が貧困に陥ることがないよう、個人の様々な生き方に沿った支援を行う。

（4）高齢期の女性の貧困について、低年金・無年金者問題に対応する。

年金制度においては、女性の割合が高い短時間労働者について、基礎年金に加えて2階の報酬比例部分の年金を手厚くし、被用者にふさわしい保障を実現する観点から、被用者保険の適用拡大を進めてきた。また、２０２０年5月に成立した年金制度の機能強化のための国民年金法等の一部を改正する法律（年金制度改正法）においては、現行の５００人超規模から、２０２２年10月に１００人超規模、２０２４年10月に50人超規模の企業まで適用範囲を拡大することとしている。さらに、生活保護制度において、困窮の程度に応じて生活費や住居費の支援等の必要な保護を実施している。

58　災害弔慰金は、災害により死亡した者の遺族に対して支給するものであり、性別で区別することをしていない。災害援護資金は、自然災害により、住居や家財に相当程度の被害を受けた世帯の世帯主に対して貸付けをするものであり、性別の区別なく、貸付けを行っている。

第5次基本計画は、各種制度において給付及び負担が世帯単位から個人単位になるよう、マイナンバー制度も活用しつつ、見直しの検討を進めることを定めている。

女性の起業を後押しするため、地域の金融機関や産業・創業支援機関、女性に対するキャリア相談を行う民間事業者及びＮＰＯによる「女性起業家等支援ネットワーク」で蓄積された支援ノウハウを全国に普及すべく、各省関係者、自治体及び女性起業家支援機関をメンバーとした関係者連絡会議を実施している。支援者の育成のための研修も実施している。起業意欲のある女性を対象に日本政策公庫の融資により支援している。女性の起業支援に取り組む地方公共団体の取組を地域女性活躍推進交付金により支援している。

農山漁村の女性や不利な状況にあるグループの女性

問23　締約国の農山漁村の女性の状況、特に土地の所有権やアクセスに関し、状況を改善するために講じた措置に関する情報を提供されたい。意思決定過程や政策策定への女性の参画を確保するために講じられた措置を詳述されたい。

委員会の前回の勧告（パラ43）に関して、家族経営において女性の仕事が認識されることを確保することが意図された所得税法の見直しに関する現状を報告されたい。

アイヌや部落、在日韓国・朝鮮の女性、障害のある女性、レズビアン、バイセクシュアルやトランスジェンダーの女性、移民の女性、高齢の女性や寡婦を含む、先住民族や少数民族、その他のマイノリティ・グループの女性が、教育、雇用、健康及び政治的・公的活動といった分野への参画において直面する、交差的な形態の差別に対処するために講じられた措置に関する詳細な情報を提供されたい。また、これらの人々の司法へのアクセスや、シェルターや社会的サービス及び法的・心理学的カウンセリングといったその他のサービスへのアクセスのために講じられた具体的な措置を示されたい。

（答）

59　第5次基本計画や2020年3月に閣議決定した「食料・農業・農村基本計画」は、次のことを定めている。

（1）女性の経営への参画の推進。
（2）地域をリードする女性農林水産業者の育成。
（3）農山漁村に関する方針策定への女性の参画の推進。
（4）女性が働きやすい環境の整備。
（5）育児・介護の負担の軽減。
（6）固定的な性別役割分担意識の変革に向けた取組。

土地の所有権を含めた女性農業者の状況を改善するため、家族従事者の間で役割分担及び就業条件を取り決める家族経営協定の締結を推進している。意思決定過程への女性参画を拡大するため、農業委員会等に関する法律（農業委員会法）、農業協同組合法、水産業協同組合法及び森林組合法を改正し、農業委員や組合の理事について年齢や性別に著しい偏りが生じないよう配慮しなければならないことを規定した。これに加え、農業委員会や農業協同組合について、女性の登用実績を毎年調査し、公表することにした。また、土地改良区について女性の登用を促すことにした。

60　所得税法の規定は、性別を問わず適用されるものであり、前回勧告にある「女性の経済的自立を妨げる影響がある」との指摘は当たらないと考える。

61　マイノリティ・グループの女性が直面する交差的な形態の差別への対処については、パラ6、9、16、18、38、39、40のとおり。

62　日本司法支援センター（法テラス）では、利用者からの問合せに応じて、マイノリティの女性に対する偏見・差別を含む法的問題の解決に役立つ法制度及び相談窓口に関する情報を無料で提供している。

気候変動、災害リスクの削減及び管理

問24　気候変動が女性に不均衡な影響を与える中で、また、気候変動を背景とする、ジェンダーに関する観点からの災害リスクの削減に関する一般勧告第37号に沿って、女性の権利保護と促進をどのように具体的に確保しようとしているかを含む、締約国の気候緩和及びエネルギー政策について詳述されたい。

　報告期間における中央防災会議のメンバーの中に占める女性の割合を明らかにし、データを提供されたい。

　また、前回の委員会勧告（パラ45）に関して、地方自治体の防災会議のメンバーの中の女性の割合を報告し、データを提供されたい。締約国の気候変動適応と災害リスク削減のための枠組みにおいて、ジェンダーの視点を取り入れた規定を示されたい。


（答）

63　第5次基本計画は、次のことを定めている。

（1）国の災害対応において男女共同参画の視点を取り入れた取組を進める。

（2）意思決定の場や災害対応の現場への女性の参画、男女別データの作成・活用、災害から受ける影響やニーズの違いに配慮した取組及び避難生活における安全・安心の確保など、地方公共団体の男女共同参画の視点からの取組を推進する。

（3）気候変動問題等の環境問題への対応において、国際的な潮流を踏まえ、政策・方針決定過程への女性の参画拡大を図るとともに、具体的な取組に男女共同参画の視点が反映されるよう積極的に取り組む。

　２０１９年に閣議決定した「パリ協定に基づく成長戦略としての長期戦略」は、ＳＤＧｓ全体の達成に向けて、気候変動以外のＳＤＧｓの要素とも整合的に気候変動対策を進めていく必要があることを定めている。

64　中央防災会議のメンバーの中に占める女性の割合は次のとおりである。

	中央防災会議
2015年	18.5%
2016年	13.8%
2017年	13.8%
2018年	10.3%
2019年	6.9%
2020年	13.8%
2021年	16.1%

65　地方自治体の防災会議のメンバーの中の女性の割合は次のとおりである。２０２１年度内をめどに、地方公共団体の取組状況のフォローアップを行い、公表するとともに、今後、毎年継続的なフォローアップを行う。

	都道府県防災会議	市町村防災会議
2015年	13.2%	7.7%
2016年	14.0%	8.0%
2017年	14.9%	8.1%
2018年	15.7%	8.4%
2019年	16.0%	8.7%
2020年	16.1%	8.8%

66　気候変動適応と災害リスク削減に関連する第5次基本計画の規定はパラ63のとおり。中央防災会議が決定している「防災基本計画」もジェンダーの視点を取り入れた様々な規定を設けている（詳細は別添資料11のとおり。）。２０２０年5月に、地方公共団体に対し、「災害対応力を強化する女性の視点～男女共

同参画の視点からの防災・復興ガイドライン～」の活用を依頼し、第5次基本計画でその活用徹底を定めている。

婚姻及び家族関係

問25　委員会の前回の勧告（第49パラ（a）及び（b））に沿って、離婚する女性の配偶者の財政状況にかかる情報へのアクセスを確保することを含む、明確な離婚手続による夫婦財産の分与を規律するために締約国により講じられた措置を示されたい。両親が離婚した子供の福祉を保障するために締約国が講じた措置を説明されたい。報告によれば、「非嫡出子」という用語が、婚外子を指すため法的文脈で依然使用されている。かかる用語の廃止と非婚の母から生まれた子供への社会的差別を廃絶するための措置につき、報告されたい。

（答）

67　民法は、離婚に伴う財産分与について規律し、財産分与の方法について何らの制限をしていない。また、当事者間に財産分与の協議が調わない場合の家庭裁判所での手続きを明確に定めている。

２０２０年4月から施行した改正民事執行法は、判決等の債務名義を有する債権者が債務者以外の第三者から債務者の財産に関する情報を取得する手続きを新設し、財産開示の強化も行った。この改正により、離婚を考えている女性は、配偶者が養育費を支払わない場合には、裁判所を通じて、銀行、登記所、市町村から債務者の預貯金、不動産及び勤務先の情報を取得することが可能となった。

第5次基本計画では、養育費の支払い確保に向けた調査・検討、養育費制度を見直すための法改正の検討及び安全・安心な面会交流のための具体策の検討が掲げられ、必要な検討が行われている。

我が国の民法においては、妻が婚姻中に懐胎した子は夫の子である可能性が高く、婚姻を基礎として当然に嫡出子と推定することが子の利益の保護に資すること、他方で、そのような婚姻という推定の基礎がない嫡出でない子については、任意又は訴えによる認知によって父子関係を生じさせることが子の利益に合致することを踏まえ、父子関係の定め方等について嫡出子と嫡出でない子とで異なる規律を定めている。「嫡出でない子」という用語は、あくまで法律上の婚姻関係にない男女の間に出生した子を意味するもので、差別的な意味合いはない。２０１３年に施行された改正民法は、嫡出子と嫡出でない子の相続分を同等と定めている。

句読点などの表記は原文のままにしています。
添付資料は、男女共同参画局のホームページ参照。

ウクライナに関するシマ・バホス国連女性機関（UN women）事務局長の声明

2022年3月30日

ウクライナにおける戦争が女性と少女に打撃を与え続ける中、国連女性機関（UN women）は、国連事務総長の平和への緊急呼びかけを改めて表明する。戦争は今、直ちに止めるべきだ。

戦争が始まって以来、1000万人以上の人々が安全と安心を求めて家を追われている。UN women は、すでに400万人以上を受け入れているウクライナの近隣諸国を称賛する。

ウクライナから避難を余儀なくされた人々の約90％を女性と少女が占めており、人身売買、性的暴力、ジェンダーに基づく暴力、必要不可欠なサービスや物品へのアクセスができないなど、ジェンダー特有のリスクにさらされている。これらのリスクのいくつかは、すでに現実のものとなっているという報告が来ている。このような状況から、女性と少女の固有の権利とニーズが優先されるよう、ジェンダー視点に立った緊急の対応が求められている。

ウクライナ国内および近隣諸国の女性団体は、これらのニーズを満たすために独自に対応している。これらの組織の大半は、ウクライナの女性と少女に対する支援にコミットしているが、自らの命の危険性も日々高くなっている。

女性団体は、食料と避難所、法的支援、精神衛生支援、避難中や移動中の人々への支援を提供している。これらの組織を支援することは優先事項でなければならない。この作業と人道援助機関の活動のために、安全な人道的回廊を確保することが不可欠である。私たちは、人道的停戦を求める国連事務総長の呼びかけに同調する。

女性団体は、ウクライナにおける UN women の今回の対応の中心になっている。私たちは、UN women が事務局を務める国連女性・平和・人道基金を通じた追加資金とともに、女性団体に直ちに資金を配分し、さらに多くの資金を拠出している。

私たちは、女性の優先的ニーズ、特に安全が確実に確保されるように努力している。避難所へのアクセス、食品、医薬品、衛生用品、宿泊施設、水、電力や接続性へのアクセスなどの必需品、そして、仕事、収入を得る能力を含む生計手段へのアクセス支援をしている。

私たちは、戦争におけるジェンダー・ダイナミクスとその影響に関する最新のデータと分析を、女性や少女のための活動に取り組んでいるすべての人々が利用できるように、迅速なジェンダー評価を実施している。また、人権理事会が設置した国連調査委員会に専門家を派遣している。私たちの専門家は、戦争の文脈における女性と少女に対する性的暴力、虐待、搾取を調査するためのスキルと経験を持っている。私たちがこの活動に投資するのは、性的暴力やジェンダーに基づく暴力を防ぐためには、これらの犯罪を調査し、女性と少女の権利の根本的な侵害に対して加害者の責任を問うことが不可欠であることを私たちの経験が示しているからである。

UN women は、国連ファミリー内外のパートナーとともに、私たちのエネルギー、専門知識、資源を全力で提供する決意を固めている。私たちは、ウクライナにおける戦争に対するグローバルな対応に、女性の権利、利益、声及びリーダーシップが、完全に組み込まれるため、国際政治の領域における私たちの発言力を使う。UN women は、世界中のすべての女性と少女が戦争の被害から守られるよう、私たちの役割を果たすことにコミットしており、あらゆる機会を活用して女性と少女のレジリエンスとリーダーシップを支援する。

(国連ウィメン日本協会仮訳　メールマガジン unwomennihon@aroma.ocn.ne.jp 第81号より)

ウクライナ
国連高官、性暴力疑惑の迅速な調査を求め、女性と女児を保護するための措置の強化を呼びかけ

2022年4月7日

本声明は、紛争下における性的暴力担当国連事務総長特別代表のプラミラ・パッテン氏と、国連女性機関（UN Women）事務局長のシマ・バホス氏によるものです。

我々は、ブチャやその他の地域で殺害された市民の映像に深い衝撃を受けています。また、ウクライナの戦争に関連して、女性や女児に対しての性的暴力の疑いが高まっていることに重大な懸念を抱いています。我々は、国連事務総長がウクライナでの戦争を今すぐ止めるよう求めていることに賛同します。このような戦争とそれによって住処を追われることは、人身売買を含むあらゆる形態の性的暴力のリスクを高め、女性と女児に偏った影響を与えます。このような犯罪の抑止と予防の中心的な側面として、正義と説明責任を確保するために、性的暴力の疑いに対して厳密な調査が行われなければなりません。

性的暴力の生存者の保護と救命および社会復帰支援の提供を確保するためにあらゆる取り組みがなされることが極めて重要です。安全性とアクセス制限により、国連による情報の検証には引き続き大きな課題があります。しかし、このことが予防と対応策を講じるための緊急かつ迅速な行動の妨げになることがあってはなりません。

性的暴力の疑いは、戦争犯罪の可能性について深刻な疑問を提起しています。レイプやあらゆる形態の性的暴力、非人道的な扱いを断固として禁止する国際人道法および人権法は、すべての紛争当事者によって完全に順守されなければなりません。国連安全保障理事会決議2106号および2467号に明示されているように、具体的かつ期限付きの予防措置とともに、レイプおよびその他の形態の性的暴力を禁止する命令が、それぞれの指揮系統を通じて直ちに発せられるべきです。

被災者の緊急ニーズに対応するため、国連は性的暴力の被害者と生存者のための保護・対応活動を強化しており、これには性と生殖に関する健康と権利のニーズへの対応も含まれます。

これらの活動は、ウクライナの市民社会、特に現地の女性団体との協力のもとで立案、実施されています。すべての対応は生存者中心でなければならず、生存者の安全と幸福が最優先されることを保証するものでなければなりません。

我々は、難民を受け入れ、宿を提供する国々を称賛し、感謝を

表明するとともに、性的暴力の生存者のために包括的なサービスが利用できることを保証するよう働きかけます。国連加盟国および市民社会の、性的暴力の予防と対応、ならびに生存者のための正義の確保という義務を果たすための取り組みに対し、我々は全面的な支援を行います。

（国連ウィメン日本協会仮訳　メールマガジン unwomennihon@aroma.ocn.ne.jp 第81号より）

こども家庭庁設置法案

成立　2022年6月15日
施行　2023年4月1日

第一章　総則

（目的）
第一条　この法律は、こども家庭庁の設置並びに任務及びこれを達成するため必要となる明確な範囲の所掌事務を定めるとともに、その所掌する行政事務を能率的に遂行するため必要な組織を定めることを目的とする。

第二章　こども家庭庁の設置並びに任務及び所掌事務等

第一節　こども家庭庁の設置

（設置）
第二条　内閣府設置法（平成十一年法律第八十九号）第四十九条第三項の規定に基づいて、内閣府の外局として、こども家庭庁を設置する。
2　こども家庭庁の長は、こども家庭庁長官（以下「長官」という。）とする。

第二節　こども家庭庁の任務及び所掌事務等

（任務）
第三条　こども家庭庁は、心身の発達の過程にある者（以下「こども」という。）が自立した個人としてひとしく健やかに成長することのできる社会の実現に向け、子育てにおける家庭の役割の重要性を踏まえつつ、こどもの年齢及び発達の程度に応じ、その意見を尊重し、その最善の利益を優先して考慮することを基本とし、こども及びこどものある家庭の福祉の増進及び保健の向上その他のこどもの健やかな成長及びこどものある家庭における子育てに対する支援並びにこどもの権利利益の擁護に関する事務を行うことを任務とする。
2　前項に定めるもののほか、こども家庭庁は、同項の任務に関連する特定の内閣の重要政策に関する内閣の事務を助けることを任務とする。
3　こども家庭庁は、前項の任務を遂行するに当たり、内閣官房を助けるものとする。

（所掌事務）
第四条　こども家庭庁は、前条第一項の任務を達成するため、次に掲げる事務をつかさどる。
一　小学校就学前のこどもの健やかな成長のための環境の確保及び小学校就学前のこどものある家庭における子育て支援に

関すること。
二　子ども・子育て支援法（平成二十四年法律第六十五号）の規定による子ども・子育て支援給付その他の子ども及び子どもを養育している者に必要な支援に関すること（同法第六十九条第一項の規定による拠出金の徴収に関することを除く。）。
三　就学前の子どもに関する教育、保育等の総合的な提供の推進に関する法律（平成十八年法律第七十七号）に規定する認定こども園に関する制度に関すること。
四　こどもの保育及び養護に関すること。
五　こどものある家庭における子育ての支援体制の整備並びに地域におけるこどもの適切な遊び及び生活の場の確保に関すること。
六　こどもの福祉のための文化の向上に関すること。
七　母子家庭及び父子家庭並びに寡婦の福祉の増進に関すること。
八　第四号から前号までに掲げるもののほか、こども、こどものある家庭及び妊産婦その他母性の福祉の増進に関すること。
九　こどもの安全で安心な生活環境の整備に関する基本的な政策の企画及び立案並びに推進に関すること。
十　独立行政法人日本スポーツ振興センターが行う独立行政法人日本スポーツ振興センター法（平成十四年法律第百六十二号）第十五条第一項第七号に規定する災害共済給付に関すること。
十一　青少年が安全に安心してインターネットを利用できる環境の整備等に関する法律（平成二十年法律第七十九号）第八条第一項に規定する基本計画の作成及び推進に関すること。
十二　こどもの保健の向上に関すること（児童福祉法（昭和二十二年法律第百六十四号）の規定による小児慢性特定疾病医療費の支給等に関することを除く。）。
十三　妊産婦その他母性の保健の向上に関すること。
十四　成育過程にある者及びその保護者並びに妊産婦に対し必要な成育医療等を切れ目なく提供するための施策の総合的な推進に関する法律（平成三十年法律第百四号）第十一条第一項に規定する成育医療等基本方針の策定及び推進に関すること。
十五　旧優生保護法に基づく優生手術等を受けた者に対する一時金の支給等に関する法律（平成三十一年法律第十四号）の規定による一時金の支給等に関すること。
十六　こどもの虐待の防止に関すること。
十七　いじめ防止対策推進法（平成二十五年法律第七十一号）の規定によるいじめの防止等に関する相談の体制その他の地域における体制の整備に関すること。
十八　前二号に掲げるもののほか、こどもの権利利益の擁護に関すること（他省の所掌に属するものを除く。）。

十九　少子化社会対策基本法（平成十五年法律第百三十三号）第七条に規定する大綱の策定及び推進に関すること。

二十　子ども・若者育成支援推進法（平成二十一年法律第七十一号）第八条第一項に規定する子ども・若者育成支援推進大綱の作成及び推進に関すること。

二十一　前号に掲げるもののほか、子ども・若者育成支援（子ども・若者育成支援推進法第一条に規定する子ども・若者育成支援をいう。次項第三号において同じ。）に関する関係行政機関の事務の連絡調整及びこれに伴い必要となる当該事務の実施の推進に関すること。

二十二　子どもの貧困対策の推進に関する法律（平成二十五年法律第六十四号）第八条第一項に規定する大綱の策定及び推進に関すること。

二十三　大学等における修学の支援に関する法律（令和元年法律第八号）の規定による大学等における修学の支援に関する関係行政機関の経費の配分計画に関すること。

二十四　こども、こどものある家庭及び妊産婦その他母性に関する総合的な調査に関すること。

二十五　所掌事務に係る国際協力に関すること。

二十六　政令で定める文教研修施設において所掌事務に関する研修を行うこと。

二十七　前各号に掲げるもののほか、法律（法律に基づく命令を含む。）に基づきこども家庭庁に属させられた事務

2　前項に定めるもののほか、こども家庭庁は、前条第二項の任務を達成するため、行政各部の施策の統一を図るために必要となる次に掲げる事項の企画及び立案並びに総合調整に関する事務（内閣官房が行う内閣法（昭和二十二年法律第五号）第十二条第二項第二号に掲げる事務を除く。）をつかさどる。

一　こどもが自立した個人としてひとしく健やかに成長することのできる社会の実現に向けた基本的な政策に関する事項

二　結婚、出産又は育児に希望を持つことができる社会環境の整備等少子化の克服に向けた基本的な政策に関する事項

三　子ども・若者育成支援に関する事項

3　前二項に定めるもののほか、こども家庭庁は、前条第二項の任務を達成するため、内閣府設置法第四条第二項に規定する事務のうち、前条第一項の任務に関連する特定の内閣の重要政策について、当該重要政策に関して閣議において決定された基本的な方針に基づいて、行政各部の施策の統一を図るために必要となる企画及び立案並びに総合調整に関する事務をつかさどる。

（資料の提出要求等）

第五条　長官は、こども家庭庁の所掌事務を遂行するため必要があると認めるときは、関係行政機関の長に対し、資料の提出、説明その他必要な協力を求めることができる。

第三章　こども家庭庁に置かれる機関

第一節　審議会等

（設置）

第六条　こども家庭庁に、こども家庭審議会を置く。

２　前項に定めるもののほか、別に法律で定めるところによりこども家庭庁に置かれる審議会等は、旧優生保護法一時金認定審査会とし、旧優生保護法に基づく優生手術等を受けた者に対する一時金の支給等に関する法律（これに基づく命令を含む。）の定めるところによる。

（こども家庭審議会）

第七条　こども家庭審議会は、次に掲げる事務をつかさどる。

一　内閣総理大臣、関係各大臣又は長官の諮問に応じて、こどもが自立した個人としてひとしく健やかに成長することのできる社会の実現に向けた基本的な政策に関する重要事項を調査審議すること。

二　前号に規定する重要事項に関し、内閣総理大臣、関係各大臣又は長官に意見を述べること。

三　内閣総理大臣又は長官の諮問に応じて、次に掲げる重要事項を調査審議すること。

イ　子ども・子育て支援法の施行に関する重要事項

ロ　こども、こどものある家庭及び妊産婦その他母性の福祉の増進に関する重要事項

ハ　こども及び妊産婦その他母性の保健の向上に関する重要事項

ニ　こどもの権利利益の擁護に関する重要事項

四　前号イに掲げる重要事項に関し内閣総理大臣、関係各大臣又は長官に、同号ロからニまでに掲げる重要事項に関し内閣総理大臣又は長官に、それぞれ意見を述べること。

五　次に掲げる法律の規定によりその権限に属させられた事項を処理すること。

イ　児童福祉法

ロ　児童買春、児童ポルノに係る行為等の規制及び処罰並びに児童の保護等に関する法律（平成十一年法律第五十二号）

ハ　次世代育成支援対策推進法（平成十五年法律第百二十号）

ニ　就学前の子どもに関する教育、保育等の総合的な提供の推進に関する法律

ホ　子ども・子育て支援法

ヘ　成育過程にある者及びその保護者並びに妊産婦に対し必要な成育医療等を切れ目なく提供するための施策の総合的な推進に関する法律

２　こども家庭審議会の委員その他の職員で政令で定めるものは、内閣総理大臣が任命する。

３　前二項に定めるもののほか、こども家庭審議会の組織及び委員その他の職員その他こども家庭審議会に関し必要な事項については、政令で定める。

第二節　特別の機関

第八条　別に法律の定めるところによりこども家庭庁に置かれる

特別の機関は、次の表の上欄に掲げるものとし、それぞれ同表の下欄の法律（これらに基づく命令を含む。）の定めるところによる。

少子化社会対策会議	少子化社会対策基本法
子ども・若者育成支援推進本部	子ども・若者育成支援推進法
子どもの貧困対策会議	子どもの貧困対策の推進に関する法律

第四章　雑則

（官房及び局の数等）

第九条　こども家庭庁は、内閣府設置法第五十三条第二項に規定する庁とする。

2　内閣府設置法第五十三条第二項の規定に基づきこども家庭庁に置かれる官房及び局の数は、三以内とする。

附　則

（施行期日）

1　この法律は、令和五年四月一日から施行する。

（検討）

2　政府は、この法律の施行後五年を目途として、小学校就学前のこどもに対する質の高い教育及び保育の提供その他のこどもの健やかな成長及びこどものある家庭における子育てに対する支援に関する施策の実施の状況を勘案し、これらの施策を総合的かつ効果的に実施するための組織及び体制の在り方について検討を加え、必要があると認めるときは、その結果に基づいて所要の措置を講ずるものとする。

理由

こどもが自立した個人としてひとしく健やかに成長することのできる社会の実現に向け、子育てにおける家庭の役割の重要性を踏まえつつ、こどもの年齢及び発達の程度に応じ、その意見を尊重し、その最善の利益を優先して考慮することを基本とし、こども及びこどものある家庭の福祉の増進及び保健の向上その他のこどもの健やかな成長及びこどものある家庭における子育てに対する支援並びにこどもの権利利益の擁護に関する事務を行うとともに、当該任務に関連する特定の内閣の重要政策に関する内閣の事務を助けることを任務とするこども家庭庁を、内閣府の外局として設置することとし、その所掌事務及び組織に関する事項を定める必要がある。これが、この法律案を提出する理由である。

こども家庭庁設置法の施行に伴う関係法律の整備に関する法律案

成立　2022年6月15日
施行　2023年4月1日

（学校教育法の一部改正）

第一条　学校教育法（昭和二十二年法律第二十六号）の一部を次のように改正する。

第二十五条に次の二項を加える。

文部科学大臣は、前項の規定により幼稚園の教育課程その他の保育内容に関する事項を定めるに当たつては、児童福祉法（昭和二十二年法律第百六十四号）第四十五条第二項の規定により児童福祉施設に関して内閣府令で定める基準（同項第三号の保育所における保育の内容に係る部分に限る。）並びに就学前の子どもに関する教育、保育等の総合的な提供の推進に関する法律（平成十八年法律第七十七号）第十条第一項の規定により主務大臣が定める幼保連携型認定こども園の教育課程その他の教育及び保育の内容に関する事項との整合性の確保に配慮しなければならない。

文部科学大臣は、第一項の幼稚園の教育課程その他の保育内容に関する事項を定めるときは、あらかじめ、内閣総理大臣に協議しなければならない。

（児童福祉法の一部改正）

第二条　児童福祉法（昭和二十二年法律第百六十四号）の一部を次のように改正する。

第四条第二項中「厚生労働大臣」を「主務大臣」に改める。

第六条の二の二第二項中「厚生労働省令」を「内閣府令」に改め、同条第三項中「厚生労働大臣」を「内閣総理大臣」に改め、同条第四項から第六項まで、第八項及び第九項中「厚生労働省令」を「内閣府令」に改める。

第六条の三第一項第二号及び第三項から第八項までの規定中「厚生労働省令」を「内閣府令」に改め、同条第九項第一号中「第十九条第一項第二号」を「第十九条第二号」に、「厚生労働省令」を「内閣府令」に改め、同条第十二項第一号ハ、第十三項及び第十四項中「厚生労働省令」を「内閣府令」に改める。

第六条の四各号中「厚生労働省令」を「内閣府令」に改める。

第八条第八項及び第九項中「社会保障審議会」を「こども家庭審議会、社会保障審議会」に改める。

第十一条第一項第二号ト(5)及び第四項中「厚生労働省令」を「内閣府令」に改める。

第十二条の三第二項第七号中「厚生労働省令」を「内閣府令」に改め、同条第三項中「厚生労働大臣」を「内閣総理大臣」に改める。

第十三条第三項第二号中「厚生労働省令」を「内閣府令」に改め、同項第七号中「厚生労働大臣」を「内閣総理大臣」に改め、同項第八号中「厚生労働省令」を「内閣府令」に改め、同条第六項及び第九項中「厚生労働大臣」を「内閣総理大臣」に改める。

第十八条の二の次に次の一条を加える。

第十八条の二の二　内閣総理大臣及び厚生労働大臣は、児童委員の制度の運用に当たつては、必要な情報交換を行う等相互に連携を図りながら協力しなければならない。

第十八条の五第一号中「厚生労働省令」を「内閣府令」に改める。

第十八条の八第一項中「厚生労働大臣」を「内閣総理大臣」に改める。

第十八条の九第一項及び第十八条の十八第一項中「厚生労働省令」を「内閣府令」に改める。

第二十一条中「厚生労働大臣」を「内閣総理大臣」に改める。

第二十一条の二中「おいて」の下に「、第十九条の十二第二項中「厚生労働大臣」とあるのは「内閣総理大臣」と、第十九条の二十第四項中「厚生労働省令」とあるのは「内閣府令」と読み替えるほか」を加える。

第二十一条の三第三項中「厚生労働大臣」を「内閣総理大臣」に改める。

第二十一条の四第一項中「次条」を「次条第一項」に改める。

第二十一条の五に次の一項を加える。

厚生労働大臣は、前項の基本的な方針を定め、又は変更するときは、あらかじめ、関係行政機関の長に協議しなければならない。

第二十一条の五の三第一項中「厚生労働省令」を「内閣府令」に改め、同条第二項第一号中「厚生労働大臣」を「内閣総理大臣」に改める。

第二十一条の五の四第一項及び第二項中「厚生労働省令」を「内閣府令」に改め、同条第三項各号中「厚生労働大臣」を「内閣総理大臣」に改める。

第二十一条の五の六中「厚生労働省令」を「内閣府令」に改める。

第二十一条の五の七第一項、第二項及び第四項から第十項までの規定中「厚生労働省令」を「内閣府令」に改め、同条第十三項中「厚生労働大臣」を「内閣総理大臣」に改める。

第二十一条の五の八第一項及び第二項、第二十一条の五の九第二項並びに第二十一条の五の十一第一項中「厚生労働省令」を「内閣府令」に改める。

第二十一条の五の十二第一項中「厚生労働大臣」を「内閣総理大臣」に改める。

第二十一条の五の十三第一項、第二十一条の五の十四並びに第二十一条の五の十五第一項、第二項、第三項第六号ただし書、第七号及び第十号並びに第四項中「厚生労働省令」を「内閣府令」に改める。

第二十一条の五の十七の見出しを削り、同条第一項、第二項及び第五項中「厚生労働省令」を「内閣府令」に改める。

第二十一条の五の十九第三項並びに第二十一条の五の二十第一項、第三項及び第四項中「厚生労働省令」を「内閣府令」に改める。

第二十一条の五の二十一第二項中「厚生労働大臣」を「内閣総理大臣」に改める。

第二十一条の五の二十六第一項中「厚生労働省令」を「内閣府令」に改め、同条第二項中「厚生労働省令」を「内閣府令」に改め、同項第四号中「厚生労働大臣」を「内閣総理大臣」に改め、同条第三項中「厚生労働省令」を「内閣府令」に、「厚生労働大臣、」を「内閣総理大臣、」に、「厚生労働大臣等」を「内閣総理大臣等」に改め、同条第四項中「厚生労働大臣等」を「内閣総理大臣等」に、「厚生労働省令」を「内閣府令」に改め、同条第五項中「厚生労働大臣等」を「内閣総理大臣等」に改める。

第二十一条の五の二十七第一項中「厚生労働大臣等」を「内閣総理大臣等」に改め、同条第二項及び第三項中「厚生労働大臣」を「内閣総理大臣」に改め、同条第四項中「厚生労働大臣」を「内閣総理大臣」に、「厚生労働省令」を「内閣府令」に改める。

第二十一条の五の二十八第一項中「厚生労働大臣等」を「内閣総理大臣等」に、「厚生労働省令」を「内閣府令」に改め、同条第二項から第四項までの規定中「厚生労働大臣等」を「内閣総理大臣等」に改め、同条第五項中「厚生労働大臣」を「内閣総理大臣」に、「厚生労働省令」を「内閣府令」に改める。

第二十一条の五の二十九第一項中「厚生労働省令」を「内閣府令」に改める。

第二十一条の五の三十中「おいて」の下に「、第十九条の十二第二項中「厚生労働大臣」とあるのは「内閣総理大臣」と、第十九条の二十第四項中「厚生労働省令」とあるのは「内閣府令」と読み替えるほか」を加える。

第二十一条の五の三十二、第二十一条の十の二第三項、第二十一条の十五、第二十二条第二項及び第四項並びに第二十三条第二項及び第五項中「厚生労働省令」を「内閣府令」に改める。

第二十四条の二第一項中「厚生労働省令」を「内閣府令」に改め、同条第二項第一号中「厚生労働大臣」を「内閣総理大臣」に改める。

第二十四条の三第一項、第二項及び第五項から第七項までの規定中「厚生労働省令」を「内閣府令」に改め、同条第十項中「厚生労働大臣」を「内閣総理大臣」に改める。

第二十四条の四第二項及び第二十四条の五中「厚生労働省

令」を「内閣府令」に改める。

第二十四条の六第一項中「厚生労働大臣」を「内閣総理大臣」に改める。

第二十四条の七第一項、第二十四条の八、第二十四条の九第一項、第二十四条の十二第三項並びに第二十四条の十三第一項及び第三項中「厚生労働省令」を「内閣府令」に改める。

第二十四条の二十第一項中「厚生労働省令」を「内閣府令」に改め、同条第二項第二号中「厚生労働大臣」を「内閣総理大臣」に改める。

第二十四条の二十一中「おいて」の下に「、第十九条の十二第二項中「厚生労働大臣」とあるのは「内閣総理大臣」と、第十九条の二十第四項中「厚生労働省令」とあるのは「内閣府令」と読み替えるほか」を加える。

第二十四条の二十三及び第二十四条の二十四第一項中「厚生労働省令」を「内閣府令」に改める。

第二十四条の二十六第二項中「厚生労働大臣」を「内閣総理大臣」に改め、同条第五項中「厚生労働大臣」を「内閣総理大臣」に、「厚生労働省令」を「内閣府令」に改め、同条第七項中「厚生労働省令」を「内閣府令」に改める。

第二十四条の二十七第一項中「厚生労働省令」を「内閣府令」に改め、同条第二項中「厚生労働大臣」を「内閣総理大臣」に改め、同条第三項中「厚生労働省令」を「内閣府令」に改める。

第二十四条の二十八第一項、第二十四条の三十一第一項及び第二項、第二十四条の三十二、第二十四条の三十五第一項第一号及び第二号並びに第二十四条の三十六第三号及び第四号中「厚生労働省令」を「内閣府令」に改める。

第二十四条の三十八第一項中「厚生労働省令」を「内閣府令」に改め、同項第三号中「厚生労働大臣」を「内閣総理大臣」に改め、同条第二項中「厚生労働省令」を「内閣府令」に改め、同条第三項中「厚生労働省令」を「内閣府令」に、「厚生労働大臣、」を「内閣総理大臣、」に、「厚生労働大臣等」を「内閣総理大臣等」に改め、同条第四項中「厚生労働大臣等」を「内閣総理大臣等」に、「厚生労働省令」を「内閣府令」に改め、同条第五項中「厚生労働大臣等」を「内閣総理大臣等」に改める。

第二十四条の三十九第一項中「厚生労働大臣等」を「内閣総理大臣等」に改め、同条第二項及び第三項中「厚生労働大臣」を「内閣総理大臣」に改め、同条第四項中「厚生労働大臣」を「内閣総理大臣」に、「厚生労働省令」を「内閣府令」に改める。

第二十四条の四十第一項中「厚生労働大臣等」を「内閣総理大臣等」に、「厚生労働省令」を「内閣府令」に改め、同条第二項から第四項までの規定中「厚生労働大臣等」を「内閣総理大臣等」に改め、同条第五項中「厚生労働大臣」を「内閣総理大臣」に、「厚生労働省令」を「内閣府令」に改める。

第二十五条の二第三項及び第五項から第七項までの規定中「厚生労働省令」を「内閣府令」に改め、同条第八項中「厚生労働大臣」を「内閣総理大臣」に改める。

第二十六条第一項第二号、第二十七条第一項第二号、第三十三条の二第一項ただし書、第三十三条の四ただし書、第三十三条の六第一項、第二項及び第五項、第三十三条の八第二項ただし書、第三十三条の十五第二項、第三十三条の十六並びに第三十三条の十八第一項、第二項及び第八項中「厚生労働省令」を「内閣府令」に改める。

第三十三条の十九第一項及び第四項から第六項までの規定、第三十三条の二十二第八項並びに第三十三条の二十四第二項中「厚生労働大臣」を「内閣総理大臣」に改める。

第三十四条の三第二項及び第四項、第三十四条の四第一項及び第三項、第三十四条の八第二項及び第四項、第三十四条の八の二第二項、第三十四条の九、第三十四条の十二第一項及び第三項並びに第三十四条の十三中「厚生労働省令」を「内閣府令」に改める。

第三十四条の十五第二項並びに第三項第四号ニただし書、ホ及びト中「厚生労働省令」を「内閣府令」に改め、同条第五項ただし書中「第十九条第一項第三号」を「第十九条第三号」に、「厚生労働省令」を「内閣府令」に改め、同条第七項中「厚生労働省令」を「内閣府令」に改める。

第三十四条の十六第二項、第三十四条の十八第一項及び第三項、第三十四条の十九並びに第三十四条の二十一中「厚生労働省令」を「内閣府令」に改める。

第三十五条第三項、第四項、第五項第四号ニただし書、ホただし書及びト並びに第七項中「厚生労働省令」を「内閣府令」に改め、同条第八項ただし書中「第十九条第一項第二号」を「第十九条第二号」に、「厚生労働省令」を「内閣府令」に改め、同条第十一項及び第十二項中「厚生労働省令」を「内閣府令」に改める。

第四十四条の二第一項中「厚生労働省令」を「内閣府令」に改める。

第四十五条第二項中「厚生労働省令」を「内閣府令」に改め、同項の次に次の二項を加える。

内閣総理大臣は、前項の内閣府令で定める基準（同項第三号の保育所における保育の内容に関する事項に限る。）を定めるに当たつては、学校教育法第二十五条第一項の規定により文部科学大臣が定める幼稚園の教育課程その他の保育内容に関する事項並びに認定こども園法第十条第一項の規定により主務大臣が定める幼保連携型認定こども園の教育課程その他の教育及び保育の内容に関する事項との整合性の確保並びに小学校及び義務教育学校における教育との円滑な接続に配慮しなければならない。

内閣総理大臣は、前項の内閣府令で定める基準を定めるときは、あらかじめ、文部科学大臣に協議しなければならない。

第四十五条の二第一項中「厚生労働大臣」を「内閣総理大臣」に改める。

第四十七条第一項ただし書、第二項ただし書及び第三項並びに第四十八条中「厚生労働省令」を「内閣府令」に改める。

第五十六条第一項、第五十六条の二第二項及び第五十六条の四中「厚生労働大臣」を「内閣総理大臣」に改める。

第五十六条の四の二第二項第三号中「厚生労働省令」を「内閣府令」に改め、同条第四項中「厚生労働大臣」を「内閣総理大臣」に改める。

第五十六条の四の三第一項中「厚生労働大臣」を「内閣総理大臣」に改め、同条第二項及び第三項中「厚生労働省令」を「内閣府令」に改める。

第五十六条の五中「規定は、」の下に「児童福祉施設の用に供するため」を加え、「児童福祉施設」を「社会福祉法人」に改め、同条に後段として次のように加える。

この場合において、社会福祉法第五十八条第二項中「厚生労働大臣」とあるのは、「内閣総理大臣」と読み替えるものとする。

第五十六条の五の三中「厚生労働省令」を「内閣府令」に改める。

第五十七条の三の三第一項、第三項、第四項及び第六項中「厚生労働大臣」を「内閣総理大臣」に改める。

第五十七条の三の四第一項及び第四項中「厚生労働省令」を「内閣府令」に改める。

第五十七条の四の二中「これらの規定」を「同法第百六条第一項」に、「あるのは、」を「あるのは」に改め、「含む」の下に「。第百八条第一項及び第五項において同じ」を加え、「とする」を「と、同項第一号及び同法第百八条中「厚生労働大臣」とあるのは「内閣総理大臣」とする」に改める。

第五十九条の二第一項及び第二項、第五十九条の二の二第三号、第五十九条の二の四第三号並びに第五十九条の二の五第一項中「厚生労働省令」を「内閣府令」に改める。

第五十九条の四第二項及び第三項中「厚生労働大臣」を「内閣総理大臣」に改める。

第五十九条の五第一項中「第十九条の十六第一項、」を削り、「厚生労働大臣」を「内閣総理大臣」に改め、同条第二項及び第三項中「厚生労働大臣」を「内閣総理大臣」に改め、同条に次の一項を加える。

第一項、第二項前段及び前項の規定は、第十九条の十六第一項の規定により都道府県知事の権限に属するものとされている事務について準用する。この場合において、第一項、第二項前段及び前項中「内閣総理大臣」とあるのは、「厚生労働大臣」と読み替えるものとする。

第五十九条の七中「厚生労働省令」を「内閣府令」に改め、同条ただし書中「厚生労働大臣」を「内閣総理大臣」に改める。

第五十九条の八第一項中「この法律に規定する厚生労働大臣の権限」を「厚生労働大臣」に改め、「より、」の下に「第十六条第三項、第五十七条の三の三第二項及び第五項並びに第五十九条の五第四項において読み替えて準用する同条第一項に規定する厚生労働大臣の権限を」を加え、同条に第一項及び第二項として次の二項を加える。

内閣総理大臣は、この法律に規定する内閣総理大臣の権限（政令で定めるものを除く。）をこども家庭庁長官に委任する。

こども家庭庁長官は、政令で定めるところにより、前項の規定により委任された権限の一部を地方厚生局長又は地方厚生支局長に委任することができる。

（母体保護法の一部改正）

第三条　母体保護法（昭和二十三年法律第百五十六号）の一部を次のように改正する。

第二条第一項中「厚生労働省令」を「内閣府令」に改める。

第十五条第一項及び第二項並びに第四十条第二項中「厚生労働大臣」を「内閣総理大臣」に改める。

（民生委員法の一部改正）

第四条　民生委員法（昭和二十三年法律第百九十八号）の一部を次のように改正する。

第二十七条を削る。

第二十八条中「第二十六条」を「前条」に改め、同条を第二十七条とし、同条の次に次の一条を加える。

第二十八条 厚生労働大臣は、この法律の運用に当たつては、内閣総理大臣の協力を求めるものとする。

（医療法の一部改正）

第五条　医療法（昭和二十三年法律第二百五号）の一部を次のように改正する。

第三十条の三中第三項を第四項とし、第二項の次に次の一項を加える。

3　厚生労働大臣は、基本方針を定め、又はこれを変更しようとするときは、関係行政機関の長に協議するものとする。

（身体障害者福祉法等の一部改正）

第六条　次に掲げる法律の規定中「厚生労働省令」を「主務省令」に改める。

一　身体障害者福祉法（昭和二十四年法律第二百八十三号）第九条第二項及び第三項並びに第十八条第二項

二　国民健康保険法（昭和三十三年法律第百九十二号）第百十六条の二第一項第三号

三　知的障害者福祉法（昭和三十五年法律第三十七号）第九条第二項及び第三項並びに第十六条第一項第二号

四　高齢者の医療の確保に関する法律（昭和五十七年法律第八十号）第五十五条第一項第二号

（生活保護法の一部改正）

第七条　生活保護法（昭和二十五年法律第百四十四号）の一部を次のように改正する。

第八十四条の三中「厚生労働省令」を「主務省令」に改める。

別表第一備考中第六号を第七号とし、第二号から第五号までを一号ずつ繰り下げ、第一号の次に次の一号を加える。

二　三の項下欄（第二号に係る部分に限る。）、六の項下欄（第二号及び第三号に係る部分に限る。）及び七の項下欄

（第三号に係る部分に限る。）の厚生労働省令　内閣総理大臣

（地方交付税法の一部改正）

第八条　地方交付税法（昭和二十五年法律第二百十一号）の一部を次のように改正する。

第十二条第三項の表第二十七号中「第十九条第一項第一号」を「第十九条第一号」に改める。

（社会福祉法の一部改正）

第九条　社会福祉法（昭和二十六年法律第四十五号）の一部を次のように改正する。

第八十九条第三項中「総務大臣」を「内閣総理大臣及び総務大臣」に改める。

（児童扶養手当法の一部改正）

第十条　児童扶養手当法（昭和三十六年法律第二百三十八号）の一部を次のように改正する。

第十三条の三第二項及び第十四条第四号中「厚生労働省令」を「内閣府令」に改める。

第二十条中「厚生労働大臣」を「内閣総理大臣」に改める。

第二十八条中「厚生労働省令」を「内閣府令」に改める。

第二十八条の二第三項中「厚生労働大臣」を「内閣総理大臣」に改める。

第三十二条中「厚生労働省令」を「内閣府令」に改める。

（母子及び父子並びに寡婦福祉法の一部改正）

第十一条　母子及び父子並びに寡婦福祉法（昭和三十九年法律第百二十九号）の一部を次のように改正する。

第六条第六項第二号中「厚生労働省令」を「内閣府令」に改める。

第十一条第一項中「厚生労働大臣」を「内閣総理大臣」に改め、同条第三項中「厚生労働大臣」を「内閣総理大臣」に、「これを変更しようとする」を「変更する」に改め、同条第四項中「厚生労働大臣」を「内閣総理大臣」に、「又はこれを」を「又は」に改める。

第十二条第二項中「変更しようとする」を「変更する」に改め、同条第三項中「変更しようとする」を「変更する」に、「第七十七条第一項」を「第七十二条第一項」に改め、同条第四項中「変更しようとする」を「変更する」に改め、同条第五項中「変更しようとする」を「変更する」に、「厚生労働省令」を「内閣府令」に改める。

第十七条第一項、第十八条ただし書及び第二十条中「厚生労働省令」を「内閣府令」に改める。

第二十一条中「休止しようとする」を「休止する」に、「厚生労働省令」を「内閣府令」に改める。

第二十八条第一項中「（平成二十四年法律第六十五号）」を削り、同条第二項中「第十九条第一項第二号」を「第十九条第二号」に改め、同条第三項中「厚生労働省令」を「内閣府令」に改める。

第三十条第三項、第三十一条第一号及び第二号、第三十一条の五第二項、第三十一条の七第一項及び第四項、第三十一条の九

第三項、第三十一条の十一第二項、第三十三条第一項及び第四項、第三十五条第三項、第三十五条の二第二項、第三十七条第七項並びに第四十七条中「厚生労働省令」を「内閣府令」に改める。

（母子保健法の一部改正）

第十二条　母子保健法（昭和四十年法律第百四十一号）の一部を次のように改正する。

第十二条中「厚生労働省令」を「内閣府令」に改める。

第十三条第二項中「厚生労働大臣」を「内閣総理大臣」に改める。

第十五条、第十六条第三項及び第四項、第十七条の二第一項第一号及び第二号並びに第二項並びに第十九条の二中「厚生労働省令」を「内閣府令」に改める。

第二十条第七項中「診療報酬」と」の下に「、同条第二項中「厚生労働大臣」とあるのは「内閣総理大臣」と」を、「市町村」と」の下に「、「厚生労働省令」とあるのは「内閣府令」と」を加える。

第二十二条第二項第四号中「厚生労働省令」を「内閣府令」に改める。

第二十七条（見出しを含む。）中「厚生労働大臣」を「内閣総理大臣」に改める。

第二十八条を次のように改める。

（権限の委任）

第二十八条　内閣総理大臣は、この法律に規定する内閣総理大臣の権限（政令で定めるものを除く。）をこども家庭庁長官に委任する。

2　こども家庭庁長官は、政令で定めるところにより、前項の規定により委任された権限の一部を地方厚生局長又は地方厚生支局長に委任することができる。

（住民基本台帳法の一部改正）

第十三条　住民基本台帳法（昭和四十二年法律第八十一号）の一部を次のように改正する。

第三十一条第三項中「、国民年金の被保険者及び」を「及び国民年金の被保険者に関する事項については厚生労働大臣、」に、「厚生労働大臣」を「内閣総理大臣」に改める。

（こどもの国協会の解散及び事業の承継に関する法律及び母子家庭の母及び父子家庭の父の就業の支援に関する特別措置法の一部改正）

第十四条　次に掲げる法律の規定中「厚生労働大臣」を「内閣総理大臣」に改める。

一　こどもの国協会の解散及び事業の承継に関する法律（昭和五十五年法律第九十一号）第一条第三項、第四条、第五条並びに第六条第一項及び第二項

二　母子家庭の母及び父子家庭の父の就業の支援に関する特別措置法（平成二十四年法律第九十二号）第二条第一項及び第二項

（小学校及び中学校の教諭の普通免許状授与に係る教育職員免許

法の特例等に関する法律の一部改正）

第十五条　小学校及び中学校の教諭の普通免許状授与に係る教育職員免許法の特例等に関する法律（平成九年法律第九十号）の一部を次のように改正する。

第二条第一項及び第三条第二項中「厚生労働大臣」を「関係行政機関の長」に改める。

（中小企業等経営強化法の一部改正）

第十六条　中小企業等経営強化法（平成十一年法律第十八号）の一部を次のように改正する。

第七十三条に次の一項を加える。
14　内閣総理大臣は、この法律による権限（こども家庭庁の所掌に係るものに限り、政令で定めるものを除く。）をこども家庭庁長官に委任する。
第七十五条に次の一項を加える。
3　こども家庭庁長官は、政令で定めるところにより、第七十三条第十四項の規定により委任された権限の一部を地方厚生局長又は地方厚生支局長に委任することができる。
（児童買春、児童ポルノに係る行為等の規制及び処罰並びに児童の保護等に関する法律の一部改正）

第十七条　児童買春、児童ポルノに係る行為等の規制及び処罰並びに児童の保護等に関する法律（平成十一年法律第五十二号）の一部を次のように改正する。

第十五条第一項中「厚生労働省」を「こども家庭庁」に改める。

第十六条の二第一項中「社会保障審議会」を「こども家庭審議会」に改め、同条第二項中「社会保障審議会」を「こども家庭審議会」に、「厚生労働大臣」を「内閣総理大臣」に改め、同条第三項中「厚生労働大臣」を「内閣総理大臣」に改める。

（児童虐待の防止等に関する法律の一部改正）

第十八条　児童虐待の防止等に関する法律（平成十二年法律第八十二号）の一部を次のように改正する。

第八条の二第二項、第十二条第一項、第十二条の四第一項、第四項及び第六項並びに第十三条第一項及び第三項中「厚生労働省令」を「内閣府令」に改める。

第十三条の三第二項中「第十九条第一項第二号」を「第十九条第二号」に改める。

第十三条の五中「厚生労働省令」を「内閣府令」に改める。

（健康増進法の一部改正）

第十九条　健康増進法（平成十四年法律第百三号）の一部を次のように改正する。

第九条第二項中「あらかじめ」の下に「、内閣総理大臣」を加える。

（独立行政法人日本スポーツ振興センター法の一部改正）

第二十条　独立行政法人日本スポーツ振興センター法（平成十四年法律第百六十二号）の一部を次のように改正する。

第三十六条中「及び主務省令は、それぞれ文部科学大臣及び文部科学省令」を「は、次のとおり」に改め、同条に次の各号を加える。

一　役員及び職員並びに財務及び会計その他管理業務に関する事項については、文部科学大臣（第十五条第一項第七号に掲げる業務（これに附帯する業務を含む。次号において同じ。）に係る財務及び会計に関する事項については、文部科学大臣及び内閣総理大臣）

二　第十五条第一項第七号に掲げる業務に関する事項については、内閣総理大臣

三　第十五条に規定する業務のうち前号に規定する業務以外のものに関する事項については、文部科学大臣

第三十六条に次の一項を加える。

2　センターに係る通則法における主務省令は、主務大臣の発する命令とする。

附則第八条第一項第二号及び第五号中「文部科学大臣及び厚生労働大臣」を「内閣総理大臣」に改め、同条第三項中「及び第二項」の下に「、第三十六条第一項第一号及び第二号」を、「児童」と」の下に「、第三十六条第一項第一号中「同じ。）」とあるのは「同じ。）及び附則第八条第一項に規定する業務」と、同項第二号中「業務」とあるのは「業務及び附則第八条第一項に規定する業務」と」を加える。

（独立行政法人福祉医療機構法の一部改正）

第二十一条　独立行政法人福祉医療機構法（平成十四年法律第百六十六号）の一部を次のように改正する。

附則第五条の三第三項を同条第五項とし、同条第二項の次に次の二項を加える。

3　次の各号に掲げる事項については、機構に係る通則法における主務大臣は、第二十八条の規定にかかわらず、当該各号に定める大臣とする。

一　第一項の業務に関する事項　内閣総理大臣

二　第一項の業務に係る財務及び会計に関する事項　厚生労働大臣及び内閣総理大臣

4　前項各号に掲げる事項については、機構に係る通則法における主務省令は、第二十八条の規定にかかわらず、当該各号に定める大臣の発する命令とする。

（地方独立行政法人法の一部改正）

第二十二条　地方独立行政法人法（平成十五年法律第百十八号）の一部を次のように改正する。

別表備考第二号中「から第十一号まで」を「、第十号」に改め、同表備考第四号中「第十三号」を「第十一号、第十三号」に改める。

（次世代育成支援対策推進法の一部改正）

第二十三条　次世代育成支援対策推進法（平成十五年法律第百二十号）の一部を次のように改正する。

第七条第四項中「子ども・子育て支援法（平成二十四年法律第六十五号）第七十二条に規定する子ども・子育て会議」を「こども家庭審議会」に改める。

第十一条第一項中「厚生労働省令」を「内閣府令」に改める。

第二十二条第一項中「厚生労働大臣」を「内閣総理大臣」

に、「内閣総理大臣」を「厚生労働大臣」に改め、「環境大臣とし」の下に「、一般事業主行動計画に係る部分（雇用環境の整備に関する部分に限る。）については厚生労働大臣とし」を加え、同条第二項中「厚生労働大臣、内閣総理大臣」を「内閣総理大臣、厚生労働大臣」に改める。

附則第二条第一項中「平成三十七年三月三十一日」を「令和七年三月三十一日」に改める。

（少子化社会対策基本法の一部改正）

第二十四条　少子化社会対策基本法（平成十五年法律第百三十三号）の一部を次のように改正する。

第十八条第一項中「内閣府」を「こども家庭庁」に改める。

第十九条第三項を次のように改める。

3　委員は、次に掲げる者をもって充てる。

一　内閣府設置法（平成十一年法律第八十九号）第九条第一項に規定する特命担当大臣（次号において「特命担当大臣」という。）であって、同項の規定により命を受けて同法第十一条の三に規定する事務を掌理するもの

二　内閣官房長官、関係行政機関の長、特命担当大臣（前号に掲げる特命担当大臣を除く。）及びデジタル大臣のうちから、内閣総理大臣が指定する者

（障害者の日常生活及び社会生活を総合的に支援するための法律の一部改正）

第二十五条　障害者の日常生活及び社会生活を総合的に支援するための法律（平成十七年法律第百二十三号）の一部を次のように改正する。

第四条第一項中「厚生労働大臣」を「主務大臣」に改め、同条第四項中「厚生労働省令」を「主務省令」に改める。

第五条第一項から第十六項まで及び第十九項から第二十三項までの規定中「厚生労働省令」を「主務省令」に改め、同条第二十五項中「厚生労働省令」を「主務省令」に、「車いす」を「車椅子」に、「厚生労働大臣」を「主務大臣」に改め、同条第二十七項中「厚生労働省令」を「主務省令」に改める。

第十一条の見出し並びに同条第一項及び第二項中「厚生労働大臣」を「主務大臣」に改める。

第十一条の二第一項及び第四項、第十九条第三項及び第四項、第二十条第一項から第五項までの規定、第二十二条、第二十三条、第二十四条第一項及び第二項並びに第二十五条第二項中「厚生労働省令」を「主務省令」に改める。

第二十九条第一項及び第二項中「厚生労働省令」を「主務省令」に改め、同条第三項第一号及び第六項中「厚生労働大臣」を「主務大臣」に改め、同条第八項中「厚生労働省令」を「主務省令」に改める。

第三十条第一項及び第二項中「厚生労働省令」を「主務省令」に改め、同条第三項各号中「厚生労働大臣」を「主務大臣」に改め、同条第四項中「厚生労働省令」を「主務省令」に改める。

第三十一条第一項、第三十四条第一項及び第三項、第三十五条第二項、第三十六条第一項、第二項、第三項第六号ただし

書、第七号及び第九号並びに第四項、第三十七条第一項、第三十八条第一項、第三十九条第一項、第四十一条の二第一項、第二項及び第五項、第四十三条第三項、第四十四条第三項並びに第四十六条中「厚生労働省令」を「主務省令」に改める。

第四十七条の二第二項中「厚生労働大臣」を「主務大臣」に改める。

第五十一条の二第一項中「厚生労働省令」を「主務省令」に改め、同条第二項中「厚生労働省令」を「主務省令」に改め、同項第四号中「厚生労働大臣」を「主務大臣」に改め、同条第三項中「厚生労働省令」を「主務省令」に、「厚生労働大臣、」を「主務大臣、」に、「厚生労働大臣等」を「主務大臣等」に改め、同条第四項中「厚生労働大臣等」を「主務大臣等」に、「厚生労働省令」を「主務省令」に改め、同条第五項中「厚生労働大臣等」を「主務大臣等」に改める。

第五十一条の三第一項中「厚生労働大臣等」を「主務大臣等」に改め、同条第二項及び第三項中「厚生労働大臣」を「主務大臣」に改め、同条第四項中「厚生労働大臣」を「主務大臣」に、「厚生労働省令」を「主務省令」に改める。

第五十一条の四第一項中「厚生労働大臣等」を「主務大臣等」に、「厚生労働省令」を「主務省令」に改め、同条第二項から第四項までの規定中「厚生労働大臣等」を「主務大臣等」に改め、同条第五項中「厚生労働大臣」を「主務大臣」に、「厚生労働省令」を「主務省令」に改める。

第五十一条の六第一項、第五十一条の七、第五十一条の八、第五十一条の九第一項及び第二項並びに第五十一条の十第二項中「厚生労働省令」を「主務省令」に改める。

第五十一条の十四第一項及び第二項中「厚生労働省令」を「主務省令」に改め、同条第三項中「厚生労働大臣」を「主務大臣」に改め、同条第六項中「厚生労働大臣」を「主務大臣」に、「厚生労働省令」を「主務省令」に改め、同条第八項中「厚生労働省令」を「主務省令」に改める。

第五十一条の十五第一項中「厚生労働省令」を「主務省令」に改め、同条第二項中「厚生労働大臣」を「主務大臣」に改め、同条第三項中「厚生労働省令」を「主務省令」に改める。

第五十一条の十七第二項中「厚生労働大臣」を「主務大臣」に改め、同条第五項中「厚生労働大臣」を「主務大臣」に、「厚生労働省令」を「主務省令」に改め、同条第七項中「厚生労働省令」を「主務省令」に改める。

第五十一条の十八第一項中「厚生労働省令」を「主務省令」に改め、同条第二項中「厚生労働大臣」を「主務大臣」に改め、同条第三項中「厚生労働省令」を「主務省令」に改める。

第五十一条の十九第一項、第五十一条の二十第一項、第五十一条の二十三第一項及び第二項、第五十一条の二十四第一項及び第二項、第五十一条の二十五、第五十一条の二十八第一項第一号及び第二号並びに第二項第一号及び第二号並びに第五十一条の二十九第一項第三号及び第四号並びに第二項第三号及び第四号中「厚生労働省令」を「主務省令」に改める。

第五十一条の三十一第一項中「厚生労働省令」を「主務省

令」に改め、同条第二項中「厚生労働省令」を「主務省令」に改め、同項第五号中「厚生労働大臣」を「主務大臣」に改め、同条第三項中「厚生労働省令」を「主務省令」に、「厚生労働大臣、」を「主務大臣、」に、「厚生労働大臣等」を「主務大臣等」に改め、同条第四項中「厚生労働大臣等」を「主務大臣等」に、「厚生労働省令」を「主務省令」に改め、同条第五項中「厚生労働大臣等」を「主務大臣等」に改める。

第五十一条の三十二第一項中「厚生労働大臣等」を「主務大臣等」に改め、同条第二項及び第三項中「厚生労働大臣」を「主務大臣」に改め、同条第四項中「厚生労働大臣」を「主務大臣」に、「厚生労働省令」を「主務省令」に改める。

第五十一条の三十三第一項中「厚生労働大臣等」を「主務大臣等」に、「厚生労働省令」を「主務省令」に改め、同条第二項から第四項までの規定中「厚生労働大臣等」を「主務大臣等」に改め、同条第五項中「厚生労働大臣」を「主務大臣」に、「厚生労働省令」を「主務省令」に改める。

第五十三条第一項、第五十四条、第五十五条、第五十六条第一項及び第二項並びに第五十七条第二項中「厚生労働省令」を「主務省令」に改める。

第五十八条第一項及び第二項中「厚生労働省令」を「主務省令」に改め、同条第三項第二号及び第三号並びに第四項中「厚生労働大臣」を「主務大臣」に改める。

第五十九条第一項及び第二項第一号中「厚生労働省令」を「主務省令」に改める。

第六十条第二項中「おいて」の下に「、同条第二項中「厚生労働省令」とあるのは、「主務省令」と読み替えるほか」を加える。

第六十一条中「厚生労働省令」を「主務省令」に改める。

第六十二条第二項中「厚生労働大臣」を「主務大臣」に改める。

第六十四条、第六十九条第二号、第七十条第一項、第七十一条第一項、第七十三条第四項及び第五項並びに第七十四条中「厚生労働省令」を「主務省令」に改める。

第七十六条第一項中「厚生労働省令」を「主務省令」に改め、同条第二項中「厚生労働大臣」を「主務大臣」に改め、同条第三項中「厚生労働省令」を「主務省令」に改め、同条第五項中「厚生労働大臣」を「主務大臣」に改め、同条第六項中「厚生労働省令」を「主務省令」に改める。

第七十六条の二第一項中「厚生労働大臣」を「主務大臣」に改める。

第七十六条の三第一項、第二項及び第八項中「厚生労働省令」を「主務省令」に改める。

第七十七条第一項中「、厚生労働省令」を「、主務省令」に改め、同項第三号及び第四号中「厚生労働省令」を「主務省令」に改め、同項第六号中「厚生労働省令」を「主務省令」に、「厚生労働大臣」を「主務大臣」に改め、同項第九号中「厚生労働省令」を「主務省令」に改める。

第七十七条の二第三項及び第四項、第七十八条第一項、第七

十九条第二項から第四項までの規定、第八十条第二項、第八十三条第三項並びに第八十四条第二項中「厚生労働省令」を「主務省令」に改める。

第八十七条第一項及び第四項から第六項までの規定、第八十九条第九項並びに第九十条第二項中「厚生労働大臣」を「主務大臣」に改める。

第九十六条に後段として次のように加える。

この場合において、社会福祉法第五十八条第二項中「厚生労働大臣」とあるのは、「主務大臣」と読み替えるものとする。

第九十六条の三中「厚生労働省令」を「主務省令」に改める。

第百五条の二中「これらの規定」を「同法第百六条第一項」に、「あるのは、」を「あるのは」に改め、「含む」の下に「。第百八条第一項及び第五項において同じ」を加え、「とする」を「と、同項第一号及び同法第百八条中「厚生労働大臣」とあるのは「主務大臣」とする」に改める。

第百六条の次に次の一条を加える。

（主務大臣等）

第百六条の二　この法律における主務大臣は、厚生労働大臣とする。ただし、障害児に関する事項を含むものとして政令で定める事項については、内閣総理大臣及び厚生労働大臣とする。

2　この法律における主務省令は、主務大臣の発する命令とする。

第百七条第一項中「規定する」を「よる主務大臣の権限であって、前条第一項の規定により」に、「権限」を「権限とされるもの」に改め、同条に次の二項を加える。

3　この法律による主務大臣の権限であって、前条第一項ただし書の規定により内閣総理大臣の権限とされるもの（政令で定めるものを除く。）は、こども家庭庁長官に委任する。

4　前項の規定によりこども家庭庁長官に委任された権限の一部は、政令で定めるところにより、地方厚生局長又は地方厚生支局長に委任することができる。

第百八条及び附則第二条第二項中「厚生労働省令」を「主務省令」に改める。

（就学前の子どもに関する教育、保育等の総合的な提供の推進に関する法律の一部改正）

第二十六条　就学前の子どもに関する教育、保育等の総合的な提供の推進に関する法律（平成十八年法律第七十七号）の一部を次のように改正する。

目次中「第三十七条」を「第三十八条」に、「第三十八条・第三十九条」を「第三十九条・第四十条」に改める。

第三条第二項第一号中「第二十五条」を「第二十五条第一項」に改め、同条第八項第一号中「第十九条第一項第一号」を「第十九条第一号」に改め、同項第二号中「第十九条第一項第二号」を「第十九条第二号」に改め、同項第三号中「第十九条第一項第三号」を「第十九条第三号」に改める。

第十条第二項中「厚生労働省令」を「内閣府令」に改める。

第十三条第三項中「子ども・子育て支援法第七十二条に規定する子ども・子育て会議」を「こども家庭審議会」に改める。

第十五条第一項中「第三十九条」を「第四十条」に改める。

第十七条第六項第一号中「第十九条第一項第一号」を「第十九条第一号」に改め、同項第二号中「第十九条第一項第二号」を「第十九条第二号」に改め、同項第三号中「第十九条第一項第三号」を「第十九条第三号」に改める。

第三十六条第一項中「、文部科学大臣及び厚生労働大臣」を「及び文部科学大臣」に改める。

第三十九条を第四十条とし、第三十八条を第三十九条とし、第五章中第三十七条を第三十八条とし、第三十六条の次に次の一条を加える。

（権限の委任）
第三十七条　内閣総理大臣は、この法律に規定する内閣総理大臣の権限（政令で定めるものを除く。）をこども家庭庁長官に委任する。
2　こども家庭庁長官は、政令で定めるところにより、前項の規定により委任された権限の一部を地方厚生局長又は地方厚生支局長に委任することができる。

（子ども・若者育成支援推進法の一部改正）

第二十七条　子ども・若者育成支援推進法（平成二十一年法律第七十一号）の一部を次のように改正する。

第二十六条中「内閣府」を「こども家庭庁」に改める。

第二十九条第二項を削る。

第三十条第一項中「並びに」を「及び」に、「第四条第一項第二十五号に掲げる事項に関する事務及びこれに関連する同条第三項」を「第十一条の三」に改める。


（平成二十二年度等における子ども手当の支給に関する法律の一部改正）

第二十八条　平成二十二年度等における子ども手当の支給に関する法律（平成二十二年法律第十九号）の一部を次のように改正する。

第二十三条第一項及び第二十七条中「厚生労働省令」を「内閣府令」に改める。

第三十条第一項中「厚生労働省令」を「内閣府令」に、「厚生労働大臣」を「内閣総理大臣」に改め、同条第二項中「厚生労働大臣」を「内閣総理大臣」に改める。

第三十二条（見出しを含む。）中「厚生労働省令」を「内閣府令」に改める。

附則第三条中「厚生労働大臣」を「内閣総理大臣」に改める。


（地域の自主性及び自立性を高めるための改革の推進を図るための関係法律の整備に関する法律の一部改正）

第二十九条　地域の自主性及び自立性を高めるための改革の推進を図るための関係法律の整備に関する法律（平成二十三年法律第三十七号）の一部を次のように改正する。

附則第四条中「厚生労働省令」を「内閣府令」に、「厚生労

働大臣」を「内閣総理大臣」に、「同条第二項」を「児童福祉法第四十五条第二項」に改める。

（障害者虐待の防止、障害者の養護者に対する支援等に関する法律の一部改正）

第三十条　障害者虐待の防止、障害者の養護者に対する支援等に関する法律（平成二十三年法律第七十九号）の一部を次のように改正する。

第九条第二項中「厚生労働省令」を「主務省令」に改める。

第三十条中「厚生労働省令」を「内閣府令・厚生労働省令」に改める。

（平成二十三年度における子ども手当の支給等に関する特別措置法の一部改正）

第三十一条　平成二十三年度における子ども手当の支給等に関する特別措置法（平成二十三年法律第百七号）の一部を次のように改正する。

第三条第一項及び第三項各号、第六条第一項及び第二項、第二十四条第一項、第二十五条第一項及び第二項、第二十六条第二項、第二十七条第一項並びに第三十一条中「厚生労働省令」を「内閣府令」に改める。

第三十四条第一項中「厚生労働省令」を「内閣府令」に、「厚生労働大臣」を「内閣総理大臣」に改め、同条第二項中「厚生労働大臣」を「内閣総理大臣」に改める。

第三十六条（見出しを含む。）中「厚生労働省令」を「内閣府令」に改める。

（再生可能エネルギー電気の利用の促進に関する特別措置法の一部改正）

第三十二条　再生可能エネルギー電気の利用の促進に関する特別措置法（平成二十三年法律第百八号）の一部を次のように改正する。

第二条の二第四項中「第四条第一項第二十八号」を「第四条第一項第二十七号」に改める。

（子ども・子育て支援法の一部改正）

第三十三条　子ども・子育て支援法（平成二十四年法律第六十五号）の一部を次のように改正する。

目次中「子ども・子育て会議等（第七十二条―第七十七条）」を「市町村等における合議制の機関（第七十二条）」に、「第七十八条―第八十二条」を「第七十三条―第七十七条」に、「第八十三条―第八十七条」を「第七十八条―第八十二条」に改める。

第十九条第二項を削る。

第二十条第一項中「前条第一項各号」を「前条各号」に、「同項各号」を「同条各号」に改め、同条第三項中「前条第一項第二号」を「前条第二号」に改め、同条第四項中「前条第一項各号」を「前条各号」に改める。

第二十三条第一項中「第十九条第一項各号」を「第十九条各号」に改め、同条第四項中「第十九条第一項第三号」を「第十九条第三号」に改める。

第二十四条第一項第一号中「第十九条第一項第三号」を

「第十九条第三号」に改める。

第二十七条第一項中「第十九条第一項第一号」を「第十九条第一号」に、「同項第二号」を「同条第二号」に改め、同条第三項第一号中「第十九条第一項各号」を「第十九条各号」に改め、同条第四項中「を定め、又は変更しようとするとき、及び」を「並びに」に改め、「あらかじめ、第一項の一日当たりの時間及び期間を定める内閣府令については」及び「、前項第一号の基準については文部科学大臣及び厚生労働大臣に」を削り、「第七十二条に規定する子ども・子育て会議」を「こども家庭審議会」に改める。

第二十八条第一項第二号中「第十九条第一項第一号」を「第十九条第一号」に改め、同項第三号中「第十九条第一項第二号」を「第十九条第二号」に改め、同条第三項中「を定め、又は変更しようとするとき、」、「あらかじめ、第一項第二号の内閣府令については」及び「、前項第二号及び第三号の基準については文部科学大臣及び厚生労働大臣に」を削り、「第七十二条に規定する子ども・子育て会議」を「こども家庭審議会」に改める。

第二十九条第四項中「あらかじめ、厚生労働大臣に協議するとともに、第七十二条に規定する子ども・子育て会議」を「こども家庭審議会」に改める。

第三十条第一項中「第十九条第一項第二号又は」を「第十九条第二号又は」に改め、同項第二号中「第十九条第一項第一号」を「第十九条第一号」に改め、同項第三号中「第十九条第一項第二号」を「第十九条第二号」に改め、同項第四号中「第十九条第一項第一号」を「第十九条第一号」に改め、同条第三項中「を定め、又は変更しようとするとき、」を削り、「から第四号まで」を「及び第四号」に改め、「あらかじめ、第一項第二号及び第四号の内閣府令については」及び「、前項第三号の基準については厚生労働大臣に、同項第二号及び第四号の基準については文部科学大臣及び厚生労働大臣に」を削り、「第七十二条に規定する子ども・子育て会議」を「こども家庭審議会」に改める。

第三十条の四第二号及び第三号並びに第三十条の五第七項各号中「第十九条第一項第二号」を「第十九条第二号」に改める。

第三十一条第一項第一号中「第十九条第一項各号」を「第十九条各号」に改め、同項第二号中「第十九条第一項第一号」を「第十九条第一号」に改め、同項第三号中「第十九条第一項第二号」を「第十九条第二号」に、「同項第三号」を「同条第三号」に改め、同条第二項中「あらかじめ、第七十七条第一項」を「第七十二条第一項」に改める。

第三十二条第一項中「、あらかじめ」を削る。

第三十三条第二項中「第十九条第一項各号」を「第十九条各号」に改め、同条第三項中「、あらかじめ」及び「及び厚生労働大臣」を削り、同条第四項中「第四十五条第四項」を「第四十五条第三項」に改める。

第三十四条第三項第一号中「第七十七条第一項第一号」を

「第七十二条第一項第一号」に改め、同条第四項中「を定め、又は変更しようとするとき、」、「、あらかじめ」及び「及び厚生労働大臣」を削り、「第七十二条に規定する子ども・子育て会議」を「こども家庭審議会」に改める。

第四十三条第一項中「第十九条第一項第三号」を「第十九条第三号」に改め、同条第二項中「あらかじめ、第七十七条第一項」を「第七十二条第一項」に改める。

第四十四条中「、あらかじめ」を削る。

第四十五条中第三項を削り、第四項を第三項とし、第五項を第四項とし、第六項を第五項とする。

第四十六条第三項第一号中「第七十七条第一項第二号」を「第七十二条第一項第二号」に改め、同条第四項中「を定め、又は変更しようとするとき、」及び「、あらかじめ、厚生労働大臣に協議するとともに」を削り、「第七十二条に規定する子ども・子育て会議」を「こども家庭審議会」に改める。

第五十二条第一項第一号及び第五十五条第一項中「第四十五条第六項」を「第四十五条第五項」に改める。

第五十八条の四第一項第六号中「厚生労働省令」を「内閣府令」に改め、同条第三項中「、あらかじめ」及び「及び厚生労働大臣」を削る。

第六十条第三項中「、あらかじめ」及び「、厚生労働大臣」を削り、「第七十二条に規定する子ども・子育て会議」を「こども家庭審議会」に改める。

第六十一条第二項第一号中「第十九条第一項各号」を「第十九条各号」に、「同項第三号」を「同条第三号」に改め、同条第七項中「あらかじめ、第七十七条第一項」を「第七十二条第一項」に改め、同条第八項及び第九項中「、あらかじめ」を削る。

第六十二条第二項第一号中「第十九条第一項各号」を「第十九条各号」に改め、同条第五項中「あらかじめ、第七十七条第四項」を「第七十二条第四項」に改める。

第六十六条の三第一項中「第十九条第一項第二号」を「第十九条第二号」に改める。

第七十条第三項中「、あらかじめ」を削る。

第七章の章名を次のように改める。

第七章　市町村等における合議制の機関

第七十二条から第七十六条までを削る。

第七十七条の見出しを削り、第七章中同条を第七十二条とする。

第八章中第七十八条を第七十三条とし、第七十九条を第七十四条とし、第八十条を第七十五条とし、同条の次に次の一条を加える。

（権限の委任）

第七十六条　内閣総理大臣は、この法律に規定する内閣総理大臣の権限（政令で定めるものを除く。）をこども家庭庁長官に委任する。

2　こども家庭庁長官は、政令で定めるところにより、前項の規定により委任された権限の一部を地方厚生局長又は地方厚生支局長に委任することができる。

第八十一条を削り、第八十二条を第七十七条とする。

第九章中第八十三条を第七十八条とし、第八十四条から第八十七条までを五条ずつ繰り上げる。

附則第九条第一項中「第十九条第一項第一号」を「第十九条第一号」に改め、同条第二項中「、あらかじめ」及び「及び厚生労働大臣」を削り、「第七十二条に規定する子ども・子育て会議」を「こども家庭審議会」に改める。

附則第十四条第五項中「、あらかじめ」及び「及び厚生労働大臣」を削る。


（子どもの貧困対策の推進に関する法律の一部改正）

第三十四条　子どもの貧困対策の推進に関する法律（平成二十五年法律第六十四号）の一部を次のように改正する。

第十五条第一項中「内閣府」を「こども家庭庁」に改める。

第十六条第三項を次のように改める。
3　委員は、次に掲げる者をもって充てる。
一　内閣府設置法（平成十一年法律第八十九号）第九条第一項に規定する特命担当大臣であって、同項の規定により命を受けて同法第十一条の三に規定する事務を掌理するもの
二　会長及び前号に掲げる者以外の国務大臣のうちから、内閣総理大臣が指定する者
第十六条第四項中「内閣府」を「こども家庭庁」に改める。


（国家戦略特別区域法の一部改正）

第三十五条　国家戦略特別区域法（平成二十五年法律第百七号）の一部を次のように改正する。

第十二条の四第三項中「第十九条第一項第三号」を「第十九条第二号」に、「同項第二号」を「同条第二号」に改め、同条第四項の表第二十九条第一項の項中「同項第二号」を「第十九条第二号」に改め、同表第三十条第一項第三号の項中「第十九条第一項第二号」を「第十九条第二号」に改め、同表第四十三条第一項の項中「同項第二号」を「同条第二号」に、「同項第三号」を「同条第三号」に改め、同表第四十五条第二項の項中「第十九条第一項第二号」を「第十九条第二号」に、「前項」を「同項」に、

「

総数を	総数（国家戦略特別区域特定小規模保育事業者にあっては、当該区分に応ずる当該国家戦略特別区域特定小規模保育事業所の第二十九条第一項の確認において定められた利用定員の総数）を

」

を

「

総数を	総数（国家戦略特別区域特定小規模保育事業者にあっては、当該区分に応ずる当該国家戦略特別区域特定小規模保育事業所の第二十九条第一項の確認において定められた利用定員の総数）を
同項	前項

」

に改め、同表第四十五条第四項の項中「第四十五条第四項」を「第四十五条第三項」に改め、同表第六十一条第二項第一号の

項中「同項第二号」を「同条第二号」に改める。

第十二条の五第四項第一号中「厚生労働省令」を「内閣府令」に改め、同条第六項及び第九項中「厚生労働大臣」を「内閣総理大臣」に改め、同条第十二項中「厚生労働省令」を「内閣府令」に改める。

（障害者の日常生活及び社会生活を総合的に支援するための法律及び児童福祉法の一部を改正する法律の一部改正）

第三十六条　障害者の日常生活及び社会生活を総合的に支援するための法律及び児童福祉法の一部を改正する法律（平成二十八年法律第六十五号）の一部を次のように改正する。

附則第六条中「新障害者総合支援法」を「障害者総合支援法」に、「厚生労働省令」を「主務省令」に改める。

附則第九条中「第二条の規定による改正後の同法（次条において「新児童福祉法」という。）」を「同法」に、「厚生労働省令」を「内閣府令」に改める。

附則中第十条を削り、第十一条を第十条とし、第十二条から第十九条までを削る。

（義務教育の段階における普通教育に相当する教育の機会の確保等に関する法律の一部改正）

第三十七条　義務教育の段階における普通教育に相当する教育の機会の確保等に関する法律（平成二十八年法律第百五号）の一部を次のように改正する。

第七条第三項中「あらかじめ」を「内閣総理大臣に協議するとともに」に改める。

（民間あっせん機関による養子縁組のあっせんに係る児童の保護等に関する法律の一部改正）

第三十八条　民間あっせん機関による養子縁組のあっせんに係る児童の保護等に関する法律（平成二十八年法律第百十号）の一部を次のように改正する。

第六条第二項第五号及び第三項第四号から第六号までの規定、第七条第一項第三号及び第二項、第八条第一号、第九条、第十条第一項、第十三条、第十四条第一項、第十八条から第二十条までの規定、第二十一条第一項、第二十四条第二項及び第三項、第二十五条第二項、第二十六条第四号、第二十七条第一項から第九項まで及び第十二項、第二十九条第二項第三号、第三十条第三号、第三十二条第一項第一号から第五号までの規定、第三十四条並びに第三十六条第二項中「厚生労働省令」を「内閣府令」に改める。

第三十七条中「厚生労働大臣」を「内閣総理大臣」に改める。

第三十九条第一項、第四十二条及び第四十三条（見出しを含む。）中「厚生労働省令」を「内閣府令」に改める。

（成育過程にある者及びその保護者並びに妊産婦に対し必要な成育医療等を切れ目なく提供するための施策の総合的な推進に関する法律の一部改正）

第三十九条　成育過程にある者及びその保護者並びに妊産婦に対し必要な成育医療等を切れ目なく提供するための施策

の総合的な推進に関する法律（平成三十年法律第百四号）の一部を次のように改正する。

目次中

「第四章　成育医療等協議会（第十七条・第十八条）
第五章　雑則（第十九条）」

を「第四章　雑則（第十七条）」に改める。

第十一条第三項中「厚生労働大臣」を「内閣総理大臣」に改め、同条第四項中「厚生労働大臣」を「内閣総理大臣」に、「内閣総理大臣、文部科学大臣」を「文部科学大臣、厚生労働大臣」に、「成育医療等協議会」を「こども家庭審議会」に改め、同条第五項中「厚生労働大臣」を「内閣総理大臣」に改める。

第四章を削る。

第十九条の見出しを削り、同条第三項中「厚生労働大臣」を「内閣総理大臣」に改め、第五章中同条を第十七条とする。

第五章を第四章とする。

（旧優生保護法に基づく優生手術等を受けた者に対する一時金の支給等に関する法律の一部改正）

第四十条　旧優生保護法に基づく優生手術等を受けた者に対する一時金の支給等に関する法律（平成三十一年法律第十四号）の一部を次のように改正する。

第五条第一項中「厚生労働大臣」を「内閣総理大臣」に改める。

第七条第一項中「、厚生労働省令」を「、内閣府令」に、「厚生労働大臣」を「内閣総理大臣」に改め、同項第五号中「厚生労働省令」を「内閣府令」に改め、同条第二項中「厚生労働大臣」を「内閣総理大臣」に改める。

第八条第一項中「厚生労働省令」を「内閣府令」に、「厚生労働大臣」を「内閣総理大臣」に改め、同条第二項中「厚生労働省令」を「内閣府令」に改め、同条第三項及び第四項中「厚生労働大臣」を「内閣総理大臣」に改める。

第九条（見出しを含む。）、第十条第一項、第二項及び第六項並びに第十三条第一項中「厚生労働大臣」を「内閣総理大臣」に改める。

第十六条第一項中「厚生労働省」を「こども家庭庁」に改める。

第十七条第二項中「厚生労働大臣」を「内閣総理大臣」に改める。

第二十三条中「厚生労働省令」を「内閣府令」に改め、同条第一号中「厚生労働大臣」を「内閣総理大臣」に改める。

第二十五条及び第二十七条中「厚生労働大臣」を「内閣総理大臣」に改める。

第三十条（見出しを含む。）中「厚生労働省令」を「内閣府令」に改める。

（過疎地域の持続的発展の支援に関する特別措置法の一部改正）

第四十一条　過疎地域の持続的発展の支援に関する特別措置法（令和三年法律第十九号）の一部を次のように改正する。

第四十五条第二項中「国土交通大臣」の下に「、内閣総理大臣」を加える。

（教育職員等による児童生徒性暴力等の防止等に関する法律の一部改正）

第四十二条　教育職員等による児童生徒性暴力等の防止等に関する法律（令和三年法律第五十七号）の一部を次のように改正する。

第十二条第一項中「次項」を「以下この条」に改め、同条に次の一項を加える。

3　文部科学大臣は、基本指針を定め、又は変更するときは、あらかじめ、内閣総理大臣に協議するものとする。

（内閣府設置法の一部改正）

第四十三条　内閣府設置法（平成十一年法律第八十九号）の一部を次のように改正する。

第三条第二項中「推進」の下に「、こども（こども家庭庁設置法（令和四年法律第▼▼▼号）第三条第一項に規定するこどもをいう。次条第一項第二十八号において同じ。）が自立した個人としてひとしく健やかに成長することのできる社会の実現に向けた施策の推進」を加える。

第四条第一項中第二十五号を削り、第二十六号を第二十五号とし、第二十七号を第二十六号とし、第二十八号を第二十七号とし、同号の次に次の一号を加える。

二十八　こどもが自立した個人としてひとしく健やかに成長することのできる社会の実現に向けた基本的な政策に関する事項

第四条第一項第二十九号を次のように改める。

二十九　結婚、出産又は育児に希望を持つことができる社会環境の整備等少子化の克服に向けた基本的な政策に関する事項

第四条第一項中第三十二号を第三十三号とし、第三十一号を第三十二号とし、第三十号を第三十一号とし、第二十九号の次に次の一号を加える。

三十　子ども・若者育成支援推進法（平成二十一年法律第七十一号）第一条に規定する子ども・若者育成支援に関する事項

第四条第三項中第二十六号の二から第二十七号までを削り、第二十七号の二を第二十七号とし、第二十七号の三から第二十七号の六までを削り、第二十七号の七を第二十七号の二とし、第二十七号の八を第二十七号の三とし、第四十六号を削り、第四十七号を第四十六号とし、第四十八号から第五十四号までを一号ずつ繰り上げ、第五十四号の二を第五十四号とし、第五十四号の三を第五十四号の二とし、第五十四号の四を第五十四号の三とし、第五十四号の五を第五十四号の四とし、第五十四号の六を第五十四号の五とし、第六十二号を第六十三号とし、第六十一号の次に次の一号を加える。

六十二　こども家庭庁設置法第四条第一項に規定する事務

第十一条中「第四条第一項第二十六号」を「第四条第一項第二十五号」に改める。

第十一条の二中「第四条第一項第二十七号及び第二十八号」を「第四条第一項第二十六号及び第二十七号」に、「第四条第三項第二十七号の二」を「第四条第三項第二十七号」に改める。

第十一条の三中「第四条第一項第二十九号及び第三項第二十七号の三から第二十七号の六まで」を「第四条第一項第二十八号から第三十号までに掲げる事務、同条第二項に規定する事務（こども家庭庁設置法第四条第三項の規定によりこども家庭庁の所掌に属するものに限る。）及び第四条第三項第六十二号」に改める。

第十五条第二項及び第十六条第二項中「及び消費者庁」を「、消費者庁及びこども家庭庁」に改める。

第三十七条第三項の表子ども・子育て会議の項を削る。

第四十条第一項中「、子ども・子育て本部」を削り、同条第三項の表子ども・若者育成支援推進本部の項、少子化社会対策会議の項及び子どもの貧困対策会議の項を削る。

第四十条の四第一項中「第四十七号」を「第四十六号」に改める。

第四十一条の二を削る。

第四十一条の三第一項中「第四条第一項第三十号」を「第四条第一項第三十一号」に改め、同条を第四十一条の二とする。

第六十四条の表に次のように加える。

こども家庭庁	こども家庭庁設置法

附則第四条の三中「第四十一条の三第一項」を「第四十一条の二第一項」に改める。

（文部科学省設置法の一部改正）

第四十四条　文部科学省設置法（平成十一年法律第九十六号）の一部を次のように改正する。

第四条第一項第十二号中「、学校給食及び災害共済給付（学校の管理下における幼児、児童、生徒及び学生の負傷その他の災害に関する共済給付をいう。）」を「及び学校給食」に改め、同項第四十二号中「内閣府」を「こども家庭庁」に改める。

（厚生労働省設置法の一部改正）

第四十五条　厚生労働省設置法（平成十一年法律第九十七号）の一部を次のように改正する。

第四条第一項第二十一号の次に次の一号を加える。

二十一の二　児童福祉法（昭和二十二年法律第百六十四号）の規定による小児慢性特定疾病医療費の支給等に関すること。

第四条第一項中第七十四号から第八十号の二までを削り、第八十一号を第七十四号とし、第八十二号を第七十五号とし、第八十三号を削り、第八十四号を第七十六号とし、第八十五号を第七十七号とし、同項第八十六号中「第八十一号、第八十二号及び前二号」を「第七十四号から前号まで」に改め、同号を同項第七十八号とし、同項中第八十七号を第七十九号とし、第八十八号を第八十号とし、第八十九号を第八十一号とし、第八十九号の二を第八十二号とし、第八十九号の三を第八十三号とし、第八十九号の四を第八十四号とし、第九十号を第八十五号とし、第九十一号から第九十六号までを五号ずつ繰り上げ、第九十六号の二を第九十二号とし、第九十七号を第九十三号とし、第九十八号から第百号までを四号ずつ繰り上げ、第百号の二を第九十七号とし、第百一号を第九十八号とし、第百二号から第百四号までを三号ずつ繰り上げ、第百四号の二を第百二号とし、第百五号を第百三号とし、第百六号から第百十一号までを二号ずつ繰り上げる。

第六条第二項中

「成育医療等協議会
旧優生保護法一時金認定審査会
アルコール健康障害対策関係者会議」

を「アルコール健康障害対策関係者会議」に改める。

第七条第一項第四号中「（昭和二十二年法律第百六十四号）、児童買春、児童ポルノに係る行為等の規制及び処罰並びに児童の保護等に関する法律（平成十一年法律第五十二号）」を削る。

第十三条の二の三及び第十三条の二の四を削る。

第十八条第一項を次のように改める。

地方厚生局は、厚生労働省の所掌事務のうち、第四条第一項第四号、第九号から第十六号まで、第十七号、第十八号、第十九号、第二十二号、第二十三号、第二十六号、第二十八号、第三十号、第三十一号、第三十二号、第三十三号、第三十七号から第四十号まで、第七十四号から第七十七号まで、第七十九号から第八十一号まで、第八十五号から第九十二号まで、第九十四号から第九十七号まで、第九十九号、第百一号及び第百九号に掲げる事務を分掌する。

第十八条第三項を同条第八項とし、同条第二項中「前項」を「第三項」に改め、同項を同条第七項とし、同条第一項の次に次の五項を加える。

2　前項に定めるもののほか、地方厚生局は、こども家庭庁の所掌事務のうち、こども家庭庁設置法（令和四年法律第▼▼▼号）第四条第一項第二号、第四号、第五号、第八号、第十二号、第十三号及び第十六号に掲げる事務（次条第二項において「こども家庭庁事務」という。）を分掌する。

3　前二項に定めるもののほか、地方厚生局は、消費者庁及び消費者委員会設置法（平成二十一年法律第四十八号）第四条第一項各号に掲げる事務のうち法令の規定により地方厚生局に属させられた事務をつかさどる。

4　地方厚生局は、第二項の規定により分掌する事務については、こども家庭庁長官の指揮監督を受けるものとする。

5　前項に定めるもののほか、第二項の規定により地方厚生局が分掌する事務の処理に関し必要な事項は、内閣総理大臣と厚生労働大臣が協議して定める。

6　前項の協議により定められた事項で公示を必要とする

ものは、内閣総理大臣が告示するものとする。

第十九条第一項中「所掌事務」の下に「（前条第二項及び第三項に定めるものを除く。第五項において同じ。）」を加え、同条第五項中「前条第二項の規定は、第二項」を「前条第四項から第六項までの規定は第二項の規定により地方厚生支局が分掌する事務について、同条第七項の規定は第三項」に改め、同項を同条第六項とし、同条中第四項を第五項とし、第三項を第四項とし、同条第二項中「前項」を「前二項」に改め、同項を同条第三項とし、同条第一項の次に次の一項を加える。

2 前項に定めるもののほか、地方厚生支局は、こども家庭庁事務を分掌する。

第二十一条第一項中「第百二号、第百六号及び第百十一号」を「第九十九号、第百四号及び第百九号」に改める。

附則第二項中「第四条第一項第八十五号」を「第四条第一項第七十七号」に改める。

（復興庁設置法の一部改正）

第四十六条 復興庁設置法（平成二十三年法律第百二十五号）の一部を次のように改正する。

附則第三条第一項の表少子化社会対策基本法（平成十五年法律第百三十三号）の項中「第十九条第三項」を「第十九条第三項第二号」に改める。

附 則

（施行期日）

第一条 この法律は、こども家庭庁設置法（令和四年法律第▼▼▼号）の施行の日から施行する。ただし、附則第九条の規定は、この法律の公布の日から施行する。

（処分等に関する経過措置）

第二条 この法律の施行前にこの法律による改正前のそれぞれの法律（これに基づく命令を含む。以下この条及び次条において「旧法令」という。）の規定により従前の国の機関がした認定、指定その他の処分又は通知その他の行為は、法令に別段の定めがあるもののほか、この法律の施行後は、この法律による改正後のそれぞれの法律（これに基づく命令を含む。以下この条及び次条において「新法令」という。）の相当規定により相当の国の機関がした認定、指定その他の処分又は通知その他の行為とみなす。

2 この法律の施行の際現に旧法令の規定により従前の国の機関に対してされている申請、届出その他の行為は、法令に別段の定めがあるもののほか、この法律の施行後は、新法令の相当規定により相当の国の機関に対してされた申請、届出その他の行為とみなす。

3 この法律の施行前に旧法令の規定により従前の国の機関に対して申請、届出その他の手続をしなければならない事項で、この法律の施行の日前に従前の国の機関に対してその手続がされていないものについては、法令に別段の定めがあるもののほか、この法律の施行後は、これを、新法令の相当規定により相当の国の機関に対してその手続がされていないものとみなして、新法令の規定を適用する。

（命令の効力に関する経過措置）

第三条　旧法令の規定により発せられた内閣府設置法第七条第三項の内閣府令又は国家行政組織法（昭和二十三年法律第百二十号）第十二条第一項の省令は、法令に別段の定めがあるもののほか、この法律の施行後は、新法令の相当規定に基づいて発せられた相当の内閣府設置法第七条第三項の内閣府令又は国家行政組織法第十二条第一項の省令としての効力を有するものとする。

（罰則の適用に関する経過措置）

第四条　この法律の施行前にした行為に対する罰則の適用については、なお従前の例による。

（少子化社会対策基本法の一部改正に伴う経過措置）

第五条　この法律の施行の際現に第二十四条の規定による改正前の少子化社会対策基本法第十八条第一項の規定により置かれている少子化社会対策会議は、第二十四条の規定による改正後の少子化社会対策基本法第十八条第一項の規定により置かれる少子化社会対策会議となり、同一性をもって存続するものとする。

（子ども・若者育成支援推進法の一部改正に伴う経過措置）

第六条　この法律の施行の際現に第二十七条の規定による改正前の子ども・若者育成支援推進法第二十六条の規定により置かれている子ども・若者育成支援推進本部は、第二十七条の規定による改正後の子ども・若者育成支援推進法第二十六条の規定により置かれる子ども・若者育成支援推進本部となり、同一性をもって存続するものとする。

（子どもの貧困対策の推進に関する法律の一部改正に伴う経過措置）

第七条　この法律の施行の際現に第三十四条の規定による改正前の子どもの貧困対策の推進に関する法律第十五条第一項の規定により置かれている子どもの貧困対策会議は、第三十四条の規定による改正後の子どもの貧困対策の推進に関する法律第十五条第一項の規定により置かれる子どもの貧困対策会議となり、同一性をもって存続するものとする。

（旧優生保護法に基づく優生手術等を受けた者に対する一時金の支給等に関する法律の一部改正に伴う経過措置）

第八条　この法律の施行の際現に第四十条の規定による改正前の旧優生保護法に基づく優生手術等を受けた者に対する一時金の支給等に関する法律第十六条第一項の規定により置かれている旧優生保護法一時金認定審査会（次項において「旧審査会」という。）は、第四十条の規定による改正後の旧優生保護法に基づく優生手術等を受けた者に対する一時金の支給等に関する法律（次項において「改正後旧優生保護法一時金支給法」という。）第十六条第一項の規定により置かれる旧優生保護法一時金認定審査会（次項において「新審査会」という。）となり、同一性をもって存続するものとする。

2　この法律の施行の際現に旧審査会の委員である者は、この法律の施行の日に、改正後旧優生保護法一時金支給法第十七条第二項の規定により、新審査会の委員として任命されたものとみなす。この場合において、その任命されたものとみなされる委員の任期は、改正後旧優生保護法一時金支給法第十九条第一項の規定にかかわらず、同日における旧審査会の委員としての任期の残任期間と同一の期間とする。

（政令への委任）

第九条　附則第二条から前条までに定めるもののほか、この法律の施行に関し必要な経過措置（罰則に関する経過措置を含む。）は、政令で定める。

理由

こども家庭庁設置法の施行に伴い、児童福祉法その他の関係法律及び内閣府設置法その他の行政組織に関する法律について、所要の規定の整備を行う必要がある。これが、この法律案を提出する理由である。

こども家庭庁設置法案及びこども家庭庁設置法の施行に伴う関係法律の整備に関する法律案に対する附帯決議

2022年5月13日
衆議院内閣委員会

政府は、本法の施行に当たっては、次の事項に留意し、その運用等について遺漏なきを期すべきである。

一　こども施策の実施に当たっては、関係府省庁、地方公共団体等の連携を十分に確保すること。特にこどもの教育に関しては、こども施策に関する総合調整機能を担うこども家庭庁と教育行政をつかさどる文部科学省との緊密な連携の確保を図ること。

二　こども家庭審議会は、メンバー及び運営の公平性・透明性に加え、こどもを取り巻く諸課題に迅速に対処するために必要な課題の把握・検証を不断に行い、関係府省庁、地方公共団体、教育機関その他の関係機関などに対する実効性のある施策の実現に取り組むこと。

三　こども施策の検討に当たっては、こどもや若者の意見を把握するために、特定の手段によることなく多様な手法を検討・活用するとともに、こどもや若者が意見を表明しやすい環境整備に向けて、地方公共団体、教育機関その他の関係機関などと緊密に連携すること。また、こどもの意見形成を促進するために、こどもの年齢及び発達を考慮し、こどもが理解しやすくかつアクセスしやすい多様な方法で十分な情報提供を行うこと。

四　こどもの年齢及び発達の程度に応じ、こどもの意見を尊重し、その最善の利益を優先して考慮するための方針を早期に具体化し、その実施に当たっては、関係府省庁に対しその趣旨を徹底するとともに、実効性の確保に向けて恒常的な連携を図ること。

五　我が国の家族関係社会支出が諸外国と比べて低水準となっているとの指摘を踏まえ、政府はこども政策に関する予算の確実な確保とともに、更なる予算確保のための中長期的な方策及びそのための安定財源の確保の検討に早期に着手すること。

こども家庭庁設置法案及びこども家庭庁設置法の施行に伴う関係法律の整備に関する法律案に対する附帯決議

2022年6月14日
参議院内閣委員会

政府は、本法の施行に当たり、次の事項について適切な措置を講ずるべきである。

一　こども施策の実施に当たっては、関係府省庁、地方公共団体等の連携及び人材の育成確保に万全を期すこと。特にこどもの教育に関しては、こども施策に関する総合調整機能を担うこども家庭庁と教育行政をつかさどる文部科学省との緊密な連携の確保を図ること。

二　生活困窮家庭のこどもの学習・生活支援、いじめや不登校への対応、児童虐待防止対策等のこども施策はこども家庭庁設置後においても複数の府省庁が関わることから、こども家庭庁は、こども施策の司令塔として、企画立案、執行、評価及び改善の各段階を通じて積極的に関与し、こどもの最善の利益の実現を図ること。その際、必要に応じて関係府省庁との協働プロジェクトを展開するなど、組織の枠組みにとらわれない施策の実施に努めること。また、こども家庭庁がその「役割」を十分に果たせるよう、しっかりとした人員体制の構築を図ること。

三　こども家庭庁の所掌事務を掌理する内閣府特命担当大臣は、内閣府設置法第十二条の規定による関係行政機関の長に対する勧告等の権限を適切に行使すること。

四　こども家庭審議会は、メンバーの選定及び運営の公平性・透明性を確保するとともに、こどもを取り巻く諸課題に迅速に対処するために必要な課題の把握・検証を不断に行い、関係府省庁、地方公共団体、教育機関その他の関係機関などに対する実効性のある施策の実現に取り組むこと。

五　こども施策の検討に当たっては、こどもや若者の意見を把握するために、特定の手段によることなく多様な手法を検討・活用するとともに、こどもや若者が意見を表明しやすい環境整備に向けて、地方公共団体、教育機関その他の関係機関などと緊密に連携すること。また、こどもの意見形成を促進するために、こどもの年齢及び発達の程度を考慮し、こどもが理解しやすく、かつ、アクセスしやすい多様な方法で十分な情報提供を行うこと。

六　こどもの年齢及び発達の程度に応じ、こどもの意見を尊重し、その最善の利益を優先して考慮するための方針を早期に具体化し、その実施に当たっては、関係府省庁に対しその趣旨を徹底するとともに、実効性の確保に向けて恒常的な連携を図ること。

七　政府は、こどもに関するデータや統計について、国際比較の観点も含め、更なる充実を図ること。

八　我が国の家族関係社会支出が諸外国と比べて低水準となっているとの指摘を踏まえ、こども政策については、こどもの視点に立って、必要な政策を取りまとめた上でその充実を図り、十分な予算確保のための方策及びそのための安定財源の確保の検討に早期に着手すること。

九　こども家庭庁設置法の施行後五年を目途として行われる検討に当たっては、文部科学省が所掌する事務のうち初等中等教育等に関する事務及び同法第四条第一項に規定する事務を含むこども施策の総合的な推進を図るための行政組織の連携などその在り方について、検討し、その結果に基づき、必要な措置を講ずること。

十　九の検討を行うに当たっては、特に、こどもの権利の擁護に関する施策の実施の状況についても十分に勘案すること。

右決議する。

困難な問題を抱える女性への支援に関する法律案

成立　2022年5月19日
施行　2024年4月1日

第一章　総則

（目的）

第一条　この法律は、女性が日常生活又は社会生活を営むに当たり女性であることにより様々な困難な問題に直面することが多いことに鑑み、困難な問題を抱える女性の福祉の増進を図るため、困難な問題を抱える女性への支援に関する必要な事項を定めることにより、困難な問題を抱える女性への支援のための施策を推進し、もって人権が尊重され、及び女性が安心して、かつ、自立して暮らせる社会の実現に寄与することを目的とする。

（定義）

第二条　この法律において「困難な問題を抱える女性」とは、性的な被害、家庭の状況、地域社会との関係性その他の様々な事情により日常生活又は社会生活を円滑に営む上で困難な問題を抱える女性（そのおそれのある女性を含む。）をいう。

（基本理念）

第三条　困難な問題を抱える女性への支援のための施策は、次に掲げる事項を基本理念として行われなければならない。

一　女性の抱える問題が多様化するとともに複合化し、そのために複雑化していることを踏まえ、困難な問題を抱える女性が、それぞれの意思が尊重されながら、抱えている問題及びその背景、心身の状況等に応じた最適な支援を受けられるようにすることにより、その福祉が増進されるよう、その発見、相談、心身の健康の回復のための援助、自立して生活するための援助等の多様な支援を包括的に提供する体制を整備すること。

二　困難な問題を抱える女性への支援が、関係機関及び民間の団体の協働により、早期から切れ目なく実施されるようにすること。

三　人権の擁護を図るとともに、男女平等の実現に資することを旨とすること。

（国及び地方公共団体の責務）

第四条　国及び地方公共団体は、前条の基本理念にのっとり、困難な問題を抱える女性への支援のために必要な施策を講ずる責務を有する。

（関連施策の活用）

第五条　国及び地方公共団体は、困難な問題を抱える女性への支援のための施策を講ずるに当たっては、必要に応じて福祉、保健医療、労働、住まい及び教育に関する施策その他の関連施策の活用が図られるよう努めなければならない。

（緊密な連携）

第六条　国及び地方公共団体は、困難な問題を抱える女性への支援のための施策を講ずるに当たっては、関係地方公共団体相互間の緊密な連携が図られるとともに、この法律に基づく支援を行う機関と福祉事務所（社会福祉法（昭和二十六年法律第四十五号）に規定する福祉に関する事務所をいう。）、児童相談所、児童福祉施設（児童福祉法（昭和二十二年法律第百六十四号）第七条第一項に規定する児童福祉施設をいう。）、保健所、医療機関、職業紹介機関（労働施策の総合的な推進並びに労働者の雇用の安定及び職業生活の充実等に関する法律（昭和四十一年法律第百三十二号）第二条に規定する職業紹介機関をいう。）、職業訓練機関、教育機関、都道府県警察、日本司法支援センター（総合法律支援法（平成十六年法律第七十四号）第十三条に規定する日本司法支援センターをいう。）、配偶者暴力相談支援センター（配偶者からの暴力の防止及び被害者の保護等に関する法律（平成十三年法律第三十一号）第三条第一項に規定する配偶者暴力相談支援センターをいう。）その他の関係機関との緊密な連携が図られるよう配慮しなければならない。

第二章　基本方針及び都道府県基本計画等

（基本方針）

第七条　厚生労働大臣は、困難な問題を抱える女性への支援のための施策に関する基本的な方針（以下「基本方針」という。）を定めなければならない。

2　基本方針においては、次に掲げる事項につき、次条第一項の都道府県基本計画及び同条第三項の市町村基本計画の指針となるべきものを定めるものとする。

一　困難な問題を抱える女性への支援に関する基本的な事項

二　困難な問題を抱える女性への支援のための施策の内容に関する事項

三　その他困難な問題を抱える女性への支援のための施策の実施に関する重要事項

3　厚生労働大臣は、基本方針を定め、又はこれを変更しようとするときは、あらかじめ、関係行政機関の長に協議しなければならない。

4　厚生労働大臣は、基本方針を定め、又はこれを変更したときは、遅滞なく、これを公表しなければならない。

（都道府県基本計画等）

第八条　都道府県は、基本方針に即して、当該都道府県における困難な問題を抱える女性への支援のための施策の実施に関する基本的な計画（以下この条において「都道府県基本計画」という。）を定めなければならない。

2　都道府県基本計画においては、次に掲げる事項を定めるものとする。
一　困難な問題を抱える女性への支援に関する基本的な方針
二　困難な問題を抱える女性への支援のための施策の実施内容に関する事項
三　その他困難な問題を抱える女性への支援のための施策の実施に関する重要事項

3　市町村（特別区を含む。以下同じ。）は、基本方針に即し、かつ、都道府県基本計画を勘案して、当該市町村における困難な問題を抱える女性への支援のための施策の実施に関する基本的な計画（以下この条において「市町村基本計画」という。）を定めるよう努めなければならない。

4　都道府県又は市町村は、都道府県基本計画又は市町村基本計画を定め、又は変更したときは、遅滞なく、これを公表しなければならない。

5　厚生労働大臣は、都道府県又は市町村に対し、都道府県基本計画又は市町村基本計画の作成のために必要な助言その他の援助を行うよう努めなければならない。

第三章　女性相談支援センターによる支援等

（女性相談支援センター）
第九条　都道府県は、女性相談支援センターを設置しなければならない。

2　地方自治法（昭和二十二年法律第六十七号）第二百五十二条の十九第一項の指定都市（以下「指定都市」という。）は、女性相談支援センターを設置することができる。

3　女性相談支援センターは、困難な問題を抱える女性への支援に関し、主として次に掲げる業務を行うものとする。
一　困難な問題を抱える女性に関する各般の問題について、困難な問題を抱える女性の立場に立って相談に応ずること又は第十一条第一項に規定する女性相談支援員若しくは相談を行う機関を紹介すること。
二　困難な問題を抱える女性（困難な問題を抱える女性がその家族を同伴する場合にあっては、困難な問題を抱える女性及びその同伴する家族。次号から第五号まで及び第十二条第一項において同じ。）の緊急時における安全の確保及び一時保護を行うこと。
三　困難な問題を抱える女性の心身の健康の回復を図るため、医学的又は心理学的な援助その他の必要な援助を行うこと。
四　困難な問題を抱える女性が自立して生活することを促進するため、就労の支援、住宅の確保、援護、児童の保育等に関する制度の利用等について、情報の提供、助言、関係機関との連絡調整その他の援助を行うこと。
五　困難な問題を抱える女性が居住して保護を受けることができる施設の利用について、情報の提供、助言、関係機関との連絡調整その他の援助を行うこと。

4　女性相談支援センターは、その業務を行うに当たっては、その支援の対象となる者の抱えている問題及びその背景、心身の状況等を適切に把握した上で、その者の意向を踏まえながら、最適な支援を行うものとする。
5　女性相談支援センターに、所長その他所要の職員を置く。
6　女性相談支援センターには、第三項第二号の一時保護を行う施設を設けなければならない。
7　第三項第二号の一時保護は、緊急に保護することが必要と認められる場合その他厚生労働省令で定める場合に、女性相談支援センターが、自ら行い、又は厚生労働大臣が定める基準を満たす者に委託して行うものとする。
8　前項の規定による委託を受けた者若しくはその役員若しくは職員又はこれらの者であった者は、正当な理由がなく、その委託を受けた業務に関して知り得た秘密を漏らしてはならない。
9　第三項第二号の一時保護に当たっては、その対象となる者が監護すべき児童を同伴する場合には、当該児童の状況に応じて、当該児童への学習に関する支援が行われるものとする。
10　女性相談支援センターは、その業務を行うに当たっては、必要に応じ、困難な問題を抱える女性への支援に関する活動を行う民間の団体との連携に努めるものとする。
11　前各項に定めるもののほか、女性相談支援センターに関し必要な事項は、政令で定める。

（女性相談支援センターの所長による報告等）
第十条　女性相談支援センターの所長は、困難な問題を抱える女性であって配偶者のないもの又はこれに準ずる事情にあるもの及びその者の監護すべき児童について、児童福祉法第二十三条第二項に規定する母子保護の実施が適当であると認めたときは、これらの者を当該母子保護の実施に係る都道府県又は市町村の長に報告し、又は通知しなければならない。

（女性相談支援員）
第十一条　都道府県（女性相談支援センターを設置する指定都市を含む。第二十条第一項（第四号から第六号までを除く。）並びに第二十二条第一項及び第二項第一号において同じ。）は、困難な問題を抱える女性について、その発見に努め、その立場に立って相談に応じ、及び専門的技術に基づいて必要な援助を行う職務に従事する職員（以下「女性相談支援員」という。）を置くものとする。
2　市町村（女性相談支援センターを設置する指定都市を除く。第二十条第二項及び第二十二条第二項第二号において同じ。）は、女性相談支援員を置くよう努めるものとする。
3　女性相談支援員の任用に当たっては、その職務を行うのに必要な能力及び専門的な知識経験を有する人材の登用に特に配慮しなければならない。

（女性自立支援施設）
第十二条　都道府県は、困難な問題を抱える女性を入所させて、その保護を行うとともに、その心身の健康の回復を図るための医学的又は心理学的な援助を行い、及びその自立の促進のためにその生活を支援し、あわせて退所した者について相談その他の援助を行うこと（以下「自立支援」という。）を目的とする施設（以下「女性自立支援施設」という。）を設置することができる。

2　都道府県は、女性自立支援施設における自立支援を、その対象となる者の意向を踏まえながら、自ら行い、又は市町村、社会福祉法人その他適当と認める者に委託して行うことができる。

3　女性自立支援施設における自立支援に当たっては、その対象となる者が監護すべき児童を同伴する場合には、当該児童の状況に応じて、当該児童への学習及び生活に関する支援が行われるものとする。

（民間の団体との協働による支援）

第十三条　都道府県は、困難な問題を抱える女性への支援に関する活動を行う民間の団体と協働して、その自主性を尊重しつつ、困難な問題を抱える女性について、その意向に留意しながら、訪問、巡回、居場所の提供、インターネットの活用、関係機関への同行その他の厚生労働省令で定める方法により、その発見、相談その他の支援に関する業務を行うものとする。

2　市町村は、困難な問題を抱える女性への支援に関する活動を行う民間の団体と協働して、その自主性を尊重しつつ、困難な問題を抱える女性について、その意向に留意しながら、前項の業務を行うことができる。

（民生委員等の協力）

第十四条　民生委員法（昭和二十三年法律第百九十八号）に定める民生委員、児童福祉法に定める児童委員、人権擁護委員法（昭和二十四年法律第百三十九号）に定める人権擁護委員、保護司法（昭和二十五年法律第二百四号）に定める保護司及び更生保護事業法（平成七年法律第八十六号）に定める更生保護事業を営む者は、この法律の施行に関し、女性相談支援センター及び女性相談支援員に協力するものとする。

（支援調整会議）

第十五条　地方公共団体は、単独で又は共同して、困難な問題を抱える女性への支援を適切かつ円滑に行うため、関係機関、第九条第七項又は第十二条第二項の規定による委託を受けた者、困難な問題を抱える女性への支援に関する活動を行う民間の団体及び困難な問題を抱える女性への支援に従事する者その他の関係者（以下この条において「関係機関等」という。）により構成される会議（以下この条において「支援調整会議」という。）を組織するよう努めるものとする。

2　支援調整会議は、困難な問題を抱える女性への支援を適切かつ円滑に行うために必要な情報の交換を行うとともに、困難な問題を抱える女性への支援の内容に関する協議を行うものとする。

3　支援調整会議は、前項に規定する情報の交換及び協議を行うため必要があると認めるときは、関係機関等に対し、資料又は情報の提供、意見の開陳その他必要な協力を求めることができる。

4　関係機関等は、前項の規定による求めがあった場合には、これに協力するよう努めるものとする。

5　次の各号に掲げる支援調整会議を構成する関係機関等の区分

に従い、当該各号に定める者は、正当な理由がなく、支援調整会議の事務に関して知り得た秘密を漏らしてはならない。

一 国又は地方公共団体の機関 当該機関の職員又は職員であった者

二 法人 当該法人の役員若しくは職員又はこれらの者であった者

三 前二号に掲げる者以外の者 支援調整会議を構成する者又は当該者であった者

6 前各項に定めるもののほか、支援調整会議の組織及び運営に関し必要な事項は、支援調整会議が定める。

第四章 雑則

（教育及び啓発）

第十六条 国及び地方公共団体は、この法律に基づく困難な問題を抱える女性への支援に関し国民の関心と理解を深めるための教育及び啓発に努めるものとする。

2 国及び地方公共団体は、自己がかけがえのない個人であることについての意識の涵かん養に資する教育及び啓発を含め、女性が困難な問題を抱えた場合にこの法律に基づく支援を適切に受けることができるようにするための教育及び啓発に努めるものとする。

（調査研究の推進）

第十七条 国及び地方公共団体は、困難な問題を抱える女性への支援に資するため、効果的な支援の方法、その心身の健康の回復を図るための方法等に関する調査研究の推進に努めるものとする。

（人材の確保等）

第十八条 国及び地方公共団体は、困難な問題を抱える女性への支援に従事する者の適切な処遇の確保のための措置、研修の実施その他の措置を講ずることにより、困難な問題を抱える女性への支援に係る人材の確保、養成及び資質の向上を図るよう努めるものとする。

（民間の団体に対する援助）

第十九条 国及び地方公共団体は、困難な問題を抱える女性への支援に関する活動を行う民間の団体に対し、必要な援助を行うよう努めるものとする。

（都道府県及び市町村の支弁）

第二十条 都道府県は、次に掲げる費用（女性相談支援センターを設置する指定都市にあっては、第一号から第三号までに掲げる費用に限る。）を支弁しなければならない。

一 女性相談支援センターに要する費用（次号に掲げる費用を除く。）

二 女性相談支援センターが行う第九条第三項第二号の一時保護（同条第七項に規定する厚生労働大臣が定める基準を満たす者に委託して行う場合を含む。）及びこれに伴い必要な事務に要する費用

三 都道府県が置く女性相談支援員に要する費用

四 都道府県が設置する女性自立支援施設の設備に要する費用

五 都道府県が行う自立支援（市町村、社会福祉法人その他適

当と認める者に委託して行う場合を含む。）及びこれに伴い必要な事務に要する費用

六　第十三条第一項の規定により都道府県が自ら行い、又は民間の団体に委託して行う困難な問題を抱える女性への支援に要する費用

2　市町村は、市町村が置く女性相談支援員に要する費用を支弁しなければならない。

3　市町村は、第十三条第二項の規定により市町村が自ら行い、又は民間の団体に委託して行う困難な問題を抱える女性への支援に要する費用を支弁しなければならない。

（都道府県等の補助）

第二十一条　都道府県は、社会福祉法人が設置する女性自立支援施設の設備に要する費用の四分の三以内を補助することができる。

2　都道府県又は市町村は、第十三条第一項又は第二項の規定に基づく業務を行うに当たって、法令及び予算の範囲内において、困難な問題を抱える女性への支援に関する活動を行う民間の団体の当該活動に要する費用（前条第一項第六号の委託及び同条第三項の委託に係る委託費の対象となる費用を除く。）の全部又は一部を補助することができる。

（国の負担及び補助）

第二十二条　国は、政令で定めるところにより、都道府県が第二十条第一項の規定により支弁した費用のうち、同項第一号及び第二号に掲げるものについては、その十分の五を負担するものとする。

2　国は、予算の範囲内において、次に掲げる費用の十分の五以内を補助することができる。

一　都道府県が第二十条第一項の規定により支弁した費用のうち、同項第三号及び第五号に掲げるもの（女性相談支援センターを設置する指定都市にあっては、同項第三号に掲げるものに限る。）

二　市町村が第二十条第二項の規定により支弁した費用

3　国は、予算の範囲内において、都道府県が第二十条第一項の規定により支弁した費用のうち同項第六号に掲げるもの及び市町村が同条第三項の規定により支弁した費用並びに都道府県及び市町村が前条第二項の規定により補助した金額の全部又は一部を補助することができる。

第五章　罰則

第二十三条　第九条第八項又は第十五条第五項の規定に違反して秘密を漏らした者は、一年以下の懲役又は五十万円以下の罰金に処する。

附則

（施行期日）

第一条　この法律は、令和六年四月一日から施行する。ただし、次の各号に掲げる規定は、当該各号に定める日から施行する。

一　次条並びに附則第三条、第五条及び第三十八条の規定　公布の日

二　附則第三十四条の規定　この法律の公布の日又は児童福祉

法等の一部を改正する法律（令和四年法律第▼▼▼号）の公布の日のいずれか遅い日

三　附則第三十五条の規定　この法律の公布の日又は刑法等の一部を改正する法律（令和四年法律第▼▼▼号）の公布の日のいずれか遅い日

四　附則第三十六条の規定　この法律の公布の日又は刑法等の一部を改正する法律の施行に伴う関係法律の整理等に関する法律（令和四年法律第▼▼▼号）の公布の日のいずれか遅い日

（検討）

第二条　政府は、この法律の公布後三年を目途として、この法律に基づく支援を受ける者の権利を擁護する仕組みの構築及び当該支援の質を公正かつ適切に評価する仕組みの構築について検討を加え、その結果に基づいて所要の措置を講ずるものとする。

2　政府は、前項に定める事項のほか、この法律の施行後三年を目途として、この法律の施行の状況について検討を加え、必要があると認めるときは、その結果に基づいて所要の措置を講ずるものとする。

（準備行為）

第三条　厚生労働大臣は、この法律の施行の日（以下「施行日」という。）前においても、第七条第一項から第三項までの規定の例により、基本方針を定めることができる。この場合において、厚生労働大臣は、同条第四項の規定の例により、これを公表することができる。

2　前項の規定により定められ、公表された基本方針は、施行日において、第七条第一項から第三項までの規定により定められ、同条第四項の規定により公表された基本方針とみなす。

（売春防止法の一部改正）

第四条　売春防止法（昭和三十一年法律第百十八号）の一部を次のように改正する。

目次中

「第三章　補導処分（第十七条－第三十三条）
第四章　保護更生（第三十四条－第四十条）
附則」

を「附則」に改める。

第一条中「かんがみ」を「鑑み」に改め、「とともに、性行又は環境に照して売春を行うおそれのある女子に対する補導処分及び保護更生の措置を講ずる」を削る。

第三章及び第四章を削る。

（補導処分に付された者に係る措置）

第五条　政府は、前条の規定による改正前の売春防止法（以下「旧売春防止法」という。）第十七条の規定により補導処分に付された者であって、施行日前に婦人補導院（附則第十条の規定による廃止前の婦人補導院法（昭和三十三年法律第十七号。附則第十一条において「旧婦人補導院法」という。）第一条第一項に規定する婦人補導院をいう。以下同じ。）から退院し、又は旧売春防止法第三十条の規定により補導処分の執行を受け終わったものとされた者以外のものが、施行日以後において必要に応じてこの法律に基づく支援を受けることができるよう、その者に対する当該支援に関する情報の提供、関係機関の連携を図るための措置その他の必要な措置を講ずるものとする。

第六条　前条の者であって施行日前に婦人補導院に収容されたものについては、この法律の施行の時において刑の執行猶予の期間を経過したものとみなす。

2　旧売春防止法第五条の罪と他の罪とにつき懲役又は禁錮に処せられ、旧売春防止法第十七条の規定により補導処分に付された者については、刑法（明治四十年法律第四十五号）第五十四条第一項の規定により旧売春防止法第五条の罪の刑によって処断された場合を除き、前項の規定を適用しない。

第七条　施行日前に婦人補導院から退院した者及び旧売春防止法第三十条の規定により補導処分の執行を受け終わったものとされた者に係る更生緊急保護（更生保護法（平成十九年法律第八十八号）第八十五条第一項に規定する更生緊急保護をいう。次項において同じ。）及び刑執行終了者等に対する援助（刑法等の一部を改正する法律第六条の規定による改正後の更生保護法第八十八条の二に規定する援助をいう。同項において同じ。）については、なお従前の例による。ただし、更生保護法第八十六条第三項の規定は、適用しない。

2　前条第一項に規定する者に係る更生緊急保護及び刑執行終了者等に対する援助については、前項に規定する者の例による。

（婦人相談所に関する経過措置等）

第八条　この法律の施行の際現に存する旧売春防止法第三十四条第一項に規定する婦人相談所は、女性相談支援センターとみなす。この場合において、この法律の施行の際現に行われている同条第三項第三号の一時保護及びその委託は、第九条第七項の規定により行われる同条第三項第二号の一時保護及びその委託とみなす。

2　この法律の施行後に行われる女性相談支援員の任用に当たっては、この法律の施行の際現に旧売春防止法第三十五条第一項又は第二項の規定により婦人相談員を委嘱されている者については、第十一条第三項に規定する人材として、その登用に特に配慮しなければならない。

3　この法律の施行の際現に存する旧売春防止法第三十六条に規定する婦人保護施設は、女性自立支援施設とみなす。この場合において、この法律の施行の際現に行われている同条の収容保護及びその委託は、第十二条第二項の規定により行われる自立支援及びその委託とみなす。

（旧売春防止法に規定する費用に関する経過措置）

第九条　施行日前に行われ、又は行われるべきであった旧売春防止法第三十八条に規定する費用についての都道府県及び市の支弁並びに国の負担及び補助並びに旧売春防止法第三十九条に規定する費用についての都道府県の補助については、なお従前の例による。

（婦人補導院法の廃止）

第十条　婦人補導院法は、廃止する。

（婦人補導院法の廃止に伴う経過措置）

第十一条　旧婦人補導院法第十二条の規定による手当金の支給及び旧婦人補導院法第十九条の規定による遺留金品の措置については、なお従前の例による。この場合において、これらに関する事務は、法務省令で定める法務省の職員が行うものとする。

（地方自治法の一部改正）

第十二条　地方自治法の一部を次のように改正する。

別表第一売春防止法（昭和三十一年法律第百十八号）の項を削る。

（児童福祉法の一部改正）

第十三条　児童福祉法の一部を次のように改正する。

第二十三条第四項中「売春防止法（昭和三十一年法律第百十八号）第三十六条の二」を「困難な問題を抱える女性への支援に関する法律（令和四年法律第▼▼▼号）第十条」に改める。

（地方財政法及びストーカー行為等の規制等に関する法律の一部改正）

第十四条　次に掲げる法律の規定中「婦人相談所」を「女性相談支援センター」に改める。
一　地方財政法（昭和二十三年法律第百九号）第十条第十号
二　ストーカー行為等の規制等に関する法律（平成十二年法律第八十一号）第九条第一項
（公職選挙法及び日本国憲法の改正手続に関する法律の一部改正）
第十五条　次に掲げる法律の規定中「、少年鑑別所若しくは婦人補導院」を「若しくは少年鑑別所」に改める。
一　公職選挙法（昭和二十五年法律第百号）第四十八条の二第一項第三号
二　日本国憲法の改正手続に関する法律（平成十九年法律第五十一号）第六十条第一項第三号
（精神保健及び精神障害者福祉に関する法律の一部改正）

第十六条　精神保健及び精神障害者福祉に関する法律（昭和二十五年法律第百二十三号）の一部を次のように改正する。

第二十六条中「、少年鑑別所及び婦人補導院」を「及び少年鑑別所」に、「疑」を「疑い」に、「左の」を「次の」に改める。

第四十三条第一項中「行ない」を「行い」に改め、「若しくは補導処分」を削る。

（電波法の一部改正）

第十七条　電波法（昭和二十五年法律第百三十一号）の一部を次のように改正する。

第百三条の二第十四項第三号中「、少年鑑別所法」を「及び少年鑑別所法」に改め、「及び婦人補導院法（昭和三十三年法律第十七号）第一条第一項に規定する婦人補導院」を削る。

（社会福祉法の一部改正）

第十八条　社会福祉法の一部を次のように改正する。

第二条第二項第六号中「売春防止法（昭和三十一年法律第百十八号）」を「困難な問題を抱える女性への支援に関する法律（令和四年法律第▼▼号）」に、「婦人保護施設」を「女性自立支援施設」に改める。

（出入国管理及び難民認定法の一部改正）

第十九条　出入国管理及び難民認定法（昭和二十六年政令第三百十九号）の一部を次のように改正する。

第六十二条第三項中「少年法」を「又は少年法」に改め、「、又は売春防止法（昭和三十一年法律第百十八号）第十七条の処分を受けて退院するとき」を削り、同条第四項中「若しくは売春防止法第十七条の処分を受けて婦人補導院に在院している場合」を削る。

第六十三条第一項中「若しくは婦人補導院」を削り、同条第二項中「基き」を「基づき」に改め、「若しくは婦人補導院」を削り、同項ただし書中「但し」を「ただし」に改める。

（麻薬及び向精神薬取締法等の一部改正）

第二十条　次に掲げる法律の規定中「、少年鑑別所及び婦人補導院」を「及び少年鑑別所」に改める。

一　麻薬及び向精神薬取締法（昭和二十八年法律第十四号）第五十八条の五

二　矯正医官の兼業の特例等に関する法律（平成二十七年法律第六十二号）第二条第一号

三　再犯の防止等の推進に関する法律（平成二十八年法律第百四号）第三条第二項

（国家公務員共済組合法の一部改正）

第二十一条　国家公務員共済組合法（昭和三十三年法律第百二十八号）の一部を次のように改正する。

第三条第二項第一号中「、婦人補導院」を削る。

（矯正医官修学資金貸与法の一部改正）

第二十二条　矯正医官修学資金貸与法（昭和三十六年法律第二十三号）の一部を次のように改正する。

第一条中「、少年鑑別所及び婦人補導院」を「及び少年鑑別所」に、「かんがみ」を「鑑み」に改める。

（激甚《じん》災害に対処するための特別の財政援助等に関する法律の一部改正）

第二十三条　激甚《じん》災害に対処するための特別の財政援助等に関する法律（昭和三十七年法律第百五十号）の一部を次のように改正する。

第三条第一項第九号中「売春防止法（昭和三十一年法律第百十八号）第三十六条」を「困難な問題を抱える女性への支援に関する法律（令和四年法律第▼▼号）第十二条第一項」に、「婦人保護施設」を「女性自立支援施設」に、「収容保護」を「同項に規定する自立支援」に改める。

（母子及び父子並びに寡婦福祉法の一部改正）

第二十四条　母子及び父子並びに寡婦福祉法（昭和三十九年法律

第百二十九号）の一部を次のように改正する。
第三条の二第一項中「売春防止法（昭和三十一年法律第百十八号）第三十五条第一項」を「困難な問題を抱える女性への支援に関する法律（令和四年法律第▼▼▼号）第十一条第一項」に、「婦人相談員」を「女性相談支援員」に改める。

（児童手当法の一部改正）

第二十五条　児童手当法（昭和四十六年法律第七十三号）の一部を次のように改正する。
第三条第三項第四号中「売春防止法（昭和三十一年法律第百十八号）第三十六条に規定する婦人保護施設（以下「婦人保護施設」を「困難な問題を抱える女性への支援に関する法律（令和四年法律第▼▼▼号）第十二条第一項に規定する女性自立支援施設（同号において「女性自立支援施設」に改める。
第四条第一項第四号中「婦人保護施設」を「女性自立支援施設」に改める。

（行政手続法及び行政不服審査法の一部改正）

第二十六条　次に掲げる法律の規定中「、少年鑑別所又は婦人補導院」を「又は少年鑑別所」に改める。
一　行政手続法（平成五年法律第八十八号）第三条第一項第八号
二　行政不服審査法（平成二十六年法律第六十八号）第七条第一項第九号

（更生保護事業法の一部改正）

第二十七条　更生保護事業法の一部を次のように改正する。
第二条第二項第八号中「。次号において同じ」を削り、同項第九号を削り、同項第十号を同項第九号とする。

（更生保護事業法の一部改正に伴う経過措置）

第二十八条　施行日前に婦人補導院に収容された者については、施行日以後は、更生保護事業法第二条第五項に規定する被保護者とみなす。

（児童虐待の防止等に関する法律の一部改正）

第二十九条　児童虐待の防止等に関する法律（平成十二年法律第八十二号）の一部を次のように改正する。
第五条第一項中「婦人相談所」を「女性相談支援センター」に、「婦人相談員」を「女性相談支援員」に改める。

（配偶者からの暴力の防止及び被害者の保護等に関する法律の一部改正）

第三十条　配偶者からの暴力の防止及び被害者の保護等に関する法律の一部を次のように改正する。
第三条第一項中「婦人相談所」を「女性相談支援センター」に改め、同条第三項第一号中「婦人相談員」を「女性相談支援員」に改め、同条第四項中「婦人相談所」を「女性相談支援センター」に改める。
第四条（見出しを含む。）中「婦人相談員」を「女性相談支援員」に改める。
第五条（見出しを含む。）中「婦人保護施設」を「女性自立支援施設」に改める。

第二十七条の見出し中「市」を「市町村」に改め、同条第一項第一号中「婦人相談所」を「女性相談支援センター」に改め、同項第二号中「婦人相談所」を「女性相談支援センター」に改め、「含む。）」の下に「及びこれに伴い必要な事務」を加え、同項第三号中「都道府県知事の委嘱する婦人相談員」を「都道府県が置く女性相談支援員」に改め、同条第二項中「市」を「市町村」に、「その長の委嘱する婦人相談員」を「市町村が置く女性相談支援員」に改める。

第二十八条第二項第二号中「市」を「市町村」に改める。

（更生保護法の一部改正）

第三十一条　更生保護法の一部を次のように改正する。

第十三条中「、婦人補導院の長」を削る。

第十六条中第七号を削り、第八号を第七号とし、第九号を第八号とする。

第二十三条第一項第二号中「並びに売春防止法（昭和三十一年法律第百十八号）第二十五条第四項」を削り、同項第三号中「並びに売春防止法第二十五条第四項」を削る。

第二十七条第三項中「若しくは婦人補導院」を削り、「、少年院の長又は婦人補導院の長」を「又は少年院の長」に改め、同条第四項中「（売春防止法第二十六条第二項において準用する場合を含む。）」及び「（同法第二十六条第二項において準用する場合を含む。）」を削る。

第二十九条第一項中「この法律及び売春防止法の定めるところにより、」を削る。

（更生保護法の一部改正に伴う調整規定）

第三十二条　施行日が刑法等の一部を改正する法律附則第一項第二号に掲げる規定の施行の日以後である場合には、前条のうち更生保護法第十六条中第七号を削り、第八号を第七号とし、第九号を第八号とする改正規定中「第七号を削り、第八号を第七号とし、第九号を第八号」とあるのは、「第六号を削り、第七号を第六号とし、第八号を第七号」とする。

（平成二十三年度における子ども手当の支給等に関する特別措置法の一部改正）

第三十三条　平成二十三年度における子ども手当の支給等に関する特別措置法（平成二十三年法律第百七号）の一部を次のように改正する。

第三条第三項第四号中「売春防止法」を「困難な問題を抱える女性への支援に関する法律（令和四年法律第▼▼▼号）附則第四条の規定による改正前の売春防止法」に改める。

（児童福祉法等の一部を改正する法律の一部改正）

第三十四条　児童福祉法等の一部を改正する法律の一部を次のように改正する。

第二条のうち児童福祉法第二十三条の次に二条を加える改正規定のうち第二十三条の三中「売春防止法第三十六条の二」を「困難な問題を抱える女性への支援に関する法律第十条」に改める。

第六条を次のように改める。

第六条　削除

本則に次の一条を加える。

（困難な問題を抱える女性への支援に関する法律の一部改正）

第十条　困難な問題を抱える女性への支援に関する法律（令和四年法律第▼▼号）の一部を次のように改正する。

第十条中「第二十三条第二項」を「第六条の三第十八項に規定する妊産婦等生活援助事業の実施又は同法第二十三条第二項」に、「当該」を「当該妊産婦等生活援助事業の実施又は当該」に改める。

（刑法等の一部を改正する法律の一部改正）

第三十五条　刑法等の一部を改正する法律の一部を次のように改正する。

第九条のうち更生保護事業法第二条第二項第十号の改正規定中「同項第十号」を「同項第九号」に改める。

（刑法等の一部を改正する法律の施行に伴う関係法律の整理等に関する法律の一部改正）

第三十六条　刑法等の一部を改正する法律の施行に伴う関係法律の整理等に関する法律の一部を次のように改正する。

第三十条中売春防止法第十七条第一項の改正規定、同法第二十六条第二項の改正規定並びに同法第三十二条第一項及び第二項の改正規定を削る。

第二百二十一条に次の一号を加える。

八十九　困難な問題を抱える女性への支援に関する法律（令和四年法律第▼▼号）

第二十三条　第四百七十一条中「第二条第二項第十号」を「第二条第二項第九号」に改める。

第四百八十四条第二項中「及び旧売春防止法第三章に規定する補導処分に関する事項」を削り、同条第三項を削る。

（法務省設置法の一部改正）

第三十七条　法務省設置法（平成十一年法律第九十三号）の一部を次のように改正する。

第四条第一項第十二号中「、補導処分」を削り、同項第十五号中「、少年院又は婦人補導院」を「又は少年院」に改める。

第八条第一項中「婦人補導院」を削る。

第十二条及び第十三条を次のように改める。

第十二条及び第十三条　削除

第十六条第一項中「、少年鑑別所及び婦人補導院」を「及び少年鑑別所」に改める。

（政令への委任）

第三十八条　この附則に定めるもののほか、この法律の施行に関し必要な経過措置は、政令で定める。

理由

女性が日常生活又は社会生活を営むに当たり女性であることにより様々な困難な問題に直面することが多いことに鑑み、困難な問題を抱える女性の福祉の増進を図るため、困難な問題を抱える女性への支援に関する必要な事項を定めることにより、困難な問題を抱える女性への支援のための施策を推進し、もって人権が尊重され、及び女性が安心して、かつ、自立して暮らせる社会の実現に寄与する必要がある。これが、この法律案を提出する理由である。

この法律の施行に伴い必要となる経費

この法律の施行に伴い必要となる経費は、令和六年度において約四十三億円の見込みである。

性をめぐる個人の尊厳が重んぜられる社会の形成に資するために性行為映像制作物への出演に係る被害の防止を図り及び出演者の救済に資するための出演契約等に関する特則等に関する法律案

成立　2022年6月15日
施行　2022年6月23日
（第5章をのぞく）

第一章　総則

（目的）

第一条　この法律は、性行為映像制作物の制作公表により出演者の心身及び私生活に将来にわたって取り返しの付かない重大な被害が生ずるおそれがあり、また、現に生じていることに鑑み、性行為映像制作物への出演に係る被害の発生及び拡大の防止を図り、並びにその被害を受けた出演者の救済に資するために徹底した対策を講ずることが出演者の個人としての人格を尊重し、あわせてその心身の健康及び私生活の平穏その他の利益を保護するために不可欠であるとの認識の下に、性行為の強制の禁止並びに他の法令による契約の無効及び性行為その他の行為の禁止又は制限をいささかも変更するものではないとのこの法律の実施及び解釈の基本原則を明らかにした上で、出演契約の締結及び履行等に当たっての制作公表者等の義務、出演契約の効力の制限及び解除並びに差止請求権の創設等の厳格な規制を定める特則並びに特定電気通信役務提供者の損害賠償責任の制限及び発信者情報の開示に関する法律（平成十三年法律第百三十七号）の特例を定めるとともに、出演者等のための相談体制の整備等について定め、もって出演者の性をめぐる個人の尊厳が重んぜられる社会の形成に資することを目的とする。

（定義）

第二条　この法律において「性行為」とは、性交若しくは性交類似行為又は他人が人の露出された性器等（性器又は肛門をいう。以下この項において同じ。）を触る行為若しくは人が自己若しくは他人の露出された性器等を触る行為をいう。

2　この法律において「性行為映像制作物」とは、性行為に係る人の姿態を撮影した映像並びにこれに関連する映像及び音声によって構成され、社会通念上一体の内容を有するものとして制作された電磁的記録（電子的方式、磁気的方式その他人の知覚によっては認識することができない方式で作られる記録であって、電子計算機による情報処理の用に供されるものをいう。以下同じ。）又はこれに係る記録媒体であって、その全体として専ら性欲を興奮させ又は刺激するものをいう。

3　この法律において「性行為映像制作物への出演」とは、性行為映像制作物において性行為に係る姿態の撮影の対象となることをいう。
4　この法律において「出演者」とは、性行為映像制作物への出演をし、又はしようとする者をいう。
5　この法律において「制作公表」とは、撮影、編集、流通、公表（頒布、公衆送信（公衆（特定かつ多数の者を含む。）によって直接受信されることを目的として無線通信又は有線電気通信の送信を行うことをいう。）又は上映をいう。以下同じ。）等（これらの行為に関するあっせんを含む。）の一連の過程の全部又は一部を行うことをいう。
6　この法律において「出演契約」とは、出演者が、性行為映像制作物への出演をして、その性行為映像制作物の制作公表を行うことを承諾することを内容とする契約をいう。
7　この法律において「制作公表者」とは、性行為映像制作物の制作公表を行う者として、出演者との間で出演契約を締結し、又は締結しようとする者をいう。
8　この法律において「制作公表従事者」とは、制作公表者以外の者であって、制作公表者との間の雇用、請負、委任その他の契約に基づき性行為映像制作物の制作公表に従事する者をいう。

（実施及び解釈の基本原則）
第三条　制作公表者及び制作公表従事者は、その行う性行為映像制作物の制作公表により出演者の心身及び私生活に将来にわたって取り返しの付かない重大な被害が生ずるおそれがあり、また、現に生じていることを深く自覚して、出演者の個人としての人格を尊重し、あわせてその心身の健康及び私生活の平穏その他の利益を保護し、もってその性をめぐる個人の尊厳が重んぜられるようにしなければならない。
2　制作公表者及び制作公表従事者は、性行為映像制作物に係る撮影に当たっては、出演者に対して性行為を強制してはならない。
3　この法律のいかなる規定も、公の秩序又は善良の風俗に反する法律行為を無効とする民法（明治二十九年法律第八十九号）第九十条の規定その他の法令の規定により無効とされる契約を有効とするものと解釈してはならない。
4　制作公表者及び制作公表従事者は、性行為映像制作物の制作公表に当たっては、この法律により刑法（明治四十年法律第四十五号）、売春防止法（昭和三十一年法律第百十八号）その他の法令において禁止され又は制限されている性行為その他の行為を行うことができることとなるものではないことに留意するとともに、出演者の権利及び自由を侵害することがないようにしなければならない。

第二章　出演契約等に関する特則

第一節　締結に関する特則

（出演契約）
第四条　出演契約は、性行為映像制作物ごとに締結しなければならない。
2　出演契約は、書面又は電磁的記録でしなければ、その効力を生じない。
3　前項の出演契約に係る書面又は電磁的記録（以下「出演契約書等」という。）には、制作公表者及び出演者の氏名又は名称その他制作公表者及び出演者を特定するために必要な事項並びに当該出演契約の締結の日時及び場所のほか、次に掲げる事項（当該制作公表者に係る部分に関する事項に限る。）を記載し、又は記録しなければならない。
一　当該出演者が性行為映像制作物への出演をすること。
二　当該出演者の性行為映像制作物への出演に係る撮影を予定する日時及び場所
三　前号の撮影の対象となる当該出演者の性行為に係る姿態の具体的内容
四　前号の性行為に係る姿態の相手方を特定するために必要な事項
五　当該性行為映像制作物の公表の具体的方法及び期間
六　当該性行為映像制作物の公表を行う者が制作公表者以外の者であるときは、その旨及び当該公表を行う者の氏名又は名称その他当該公表を行う者を特定するために必要な事項
七　当該出演者が受けるべき報酬の額及び支払の時期
八　その他内閣府令で定める事項
（出演契約に係る説明義務）
第五条　制作公表者は、出演者との間で出演契約を締結しようとするときは、あらかじめ、その出演者に対し、前条第三項に規定する事項（同項各号に掲げる事項については、当該制作公表者に係る部分に関する事項に限る。次条及び第二十一条第二号において「出演契約事項」という。）について出演契約書等の案を示して説明するとともに、次に掲げる事項についてこれらの事項を記載し又は記録した書面又は電磁的記録（以下「説明書面等」という。）を交付し又は提供して説明しなければならない。
一　第七条から第十六条までに規定する事項
二　第十一条の取消権については追認をすることができる時から、第十二条第一項の解除権については出演者が当該解除権を行使することができることを知った時から、それぞれ、時効によって消滅するまで、五年間行使することができること。
三　撮影された映像により出演者が特定される可能性があること。
四　第十七条第一項の規定により国が整備した体制における同項に規定する相談に応じる機関（同条第二項の規定により都道府県が整備した体制における当該相談に応じる機関があるときは、当該機関を含む。）の名称及び連絡先
五　その他内閣府令で定める事項
2　制作公表者は、前項の規定による説明を行うに当たっては、出演者がその内容を容易かつ正確に理解することができるよう、丁寧に、かつ、分かりやすく、これを行わなければならな

い。

3　制作公表者以外の者は、出演契約の内容又は第一項各号に掲げる事項に関し、出演者を誤認させるような説明その他の行為をしてはならない。

（出演契約書等の交付等義務）

第六条　制作公表者は、出演者との間で出演契約を締結したときは、速やかに、当該出演者に対し、出演契約事項が記載され又は記録された出演契約書等を交付し、又は提供しなければならない。

第二節　履行等に関する特則

（性行為映像制作物の撮影）

第七条　出演者の性行為映像制作物への出演に係る撮影は、当該出演者が出演契約書等の交付若しくは提供を受けた日又は説明書面等の交付若しくは提供を受けた日のいずれか遅い日から一月を経過した後でなければ、行ってはならない。

2　出演者の性行為映像制作物への出演に係る撮影において、出演者は、出演契約において定められている性行為に係る姿態の撮影であっても、その全部又は一部を拒絶することができる。これによって制作公表者又は第三者に損害が生じたときであっても、当該出演者は、その賠償の責任を負わない。

3　出演者の性行為映像制作物への出演に係る撮影に当たっては、出演者の健康の保護（生殖機能の保護を含む。）その他安全及び衛生並びに出演者が性行為に係る姿態の撮影を拒絶することができるようにすることその他その債務の履行の任意性が確保されるよう、特に配慮して必要な措置を講じなければならない。

4　いかなる名称によるかを問わず、出演者の性行為映像制作物への出演に係る撮影に密接に関連する出演者の撮影（私事性的画像記録の提供等による被害の防止に関する法律（平成二十六年法律第百二十六号）第二条第一項各号のいずれかに掲げる人の姿態の撮影に限る。）は、出演者の性行為映像制作物への出演に係る撮影とみなして前三項の規定を適用する。この場合において、前二項中「性行為に係る姿態」とあるのは、「私事性的画像記録の提供等による被害の防止に関する法律第二条第一項各号のいずれかに掲げる人の姿態」とする。

（撮影された映像の確認）

第八条　制作公表者は、性行為映像制作物の公表が行われるまでの間に、出演者に対し、出演契約に基づいて撮影された映像のうち当該出演者の性行為映像制作物への出演に係る映像であって公表を行うもの（当該制作公表者が当該公表に関する権原を有するものに限る。）を確認する機会を与えなければならない。

（性行為映像制作物の公表の制限）

第九条　性行為映像制作物の公表は、当該性行為映像制作物に係る全ての撮影が終了した日から四月を経過した後でなければ、行ってはならない。

第三節　無効、取消し及び解除等に関する特則

（出演契約等の条項の無効）

第十条　性行為映像制作物を特定しないで、出演者に契約の相手方その他の者が指定する性行為映像制作物への出演をする義務を課す契約の条項は、無効とする。

2　次に掲げる出演契約の条項は、無効とする。

一　出演者の債務不履行について損害賠償の額を予定し、又は違約金を定める条項

二　制作公表者の債務不履行により出演者に生じた損害を賠償する責任の全部若しくは一部を免除し、又は制作公表者にその責任の有無若しくは限度を決定する権限を付与する条項

三　制作公表者の債務の履行に際してされたその制作公表者の不法行為により出演者に生じた損害を賠償する責任の全部若しくは一部を免除し、又は制作公表者にその責任の有無若しくは限度を決定する権限を付与する条項

四　出演者の権利を制限し又はその義務を加重する条項であって、民法第一条第二項に規定する基本原則に反して出演者の利益を一方的に害するものと認められるもの

（出演契約の取消し）

第十一条　制作公表者が第五条第一項又は第六条の規定に違反したときは、出演者は、その出演者の性行為映像制作物への出演に係る出演契約の申込み又はその承諾の意思表示を取り消すことができる。制作公表従事者が第五条第三項の規定に違反したときも、同様とする。

（出演契約の法定義務違反による解除）

第十二条　次に掲げるときは、出演者は、民法第五百四十一条の催告をすることなく、直ちにその出演者の性行為映像制作物への出演に係る出演契約の解除をすることができる。

一　第七条第一項又は第三項の規定に違反して、その出演者の性行為映像制作物への出演に係る撮影（同条第四項の規定により出演者の性行為映像制作物への出演に係る撮影とみなされる撮影を含む。）が行われたとき。

二　第八条の規定に違反して、その出演者に対し、撮影された映像のうち当該出演者の性行為映像制作物への出演に係る映像であって公表を行うものを確認する機会を与えることなく、性行為映像制作物の公表が行われたとき。

三　第九条の規定に違反して、同条の期間を経過する前に性行為映像制作物の公表が行われたとき。

2　前項の解除があった場合においては、制作公表者は、当該解除に伴う損害賠償を請求することができない。

（出演契約の任意解除等）

第十三条　出演者は、任意に、書面又は電磁的記録により、その出演者の性行為映像制作物への出演に係る出演契約の申込みの撤回又は当該出演契約の解除（以下この条において「出演契約の任意解除等」という。）をすることができる。ただし、当該出演者に係る性行為映像制作物の公表が行われた日から一年を経過したとき（出演者が、制作公表者若しくは制作公表従事者が第五項の規定に違反

して出演契約の任意解除等に関する事項につき不実のことを告げる行為をしたことによりその告げられた内容が事実であるとの誤認をし、又は制作公表者若しくは制作公表従事者が第六項の規定に違反して威迫したことにより困惑し、これらによって当該期間を経過するまでにその出演契約の任意解除等をしなかった場合には、当該出演者が、当該制作公表者又は制作公表従事者が内閣府令で定めるところによりその出演契約の任意解除等をすることができる旨を記載して交付した書面を受領した日から一年を経過したとき）は、この限りでない。

2　出演契約の任意解除等は、出演契約の任意解除等に係る書面又は電磁的記録による通知を発した時に、その効力を生ずる。

3　出演契約の任意解除等があった場合においては、制作公表者は、当該出演契約の任意解除等に伴う損害賠償を請求することができない。

4　前三項の規定に反する特約で出演者に不利なものは、無効とする。

5　制作公表者及び制作公表従事者は、出演契約の任意解除等を妨げるため、出演者に対し、出演契約の任意解除等に関する事項（第一項から第三項までの規定に関する事項を含む。）その他その出演契約に関する事項であって出演者の判断に影響を及ぼすこととなる重要なものにつき、不実のことを告げる行為をしてはならない。

6　制作公表者及び制作公表従事者は、出演契約の任意解除等を妨げるため、出演者を威迫して困惑させてはならない。

（解除の効果）

第十四条　出演契約が解除されたときは、各当事者は、その相手方を原状に復させる義務を負う。

第四節　差止請求権

第十五条　出演者は、出演契約に基づくことなく性行為映像制作物の制作公表が行われたとき又は出演契約の取消し若しくは解除をしたときは、当該性行為映像制作物の制作公表を行い又は行うおそれがある者に対し、当該制作公表の停止又は予防を請求することができる。

2　出演者は、前項の規定による請求をするに際し、その制作公表の停止又は予防に必要な措置を請求することができる。

3　制作公表者は、出演者が第一項の規定による請求をしようとするときは、当該出演者に対し、その性行為映像制作物の制作公表を行い又は行うおそれがある者に関する情報の提供、当該者に対する制作公表の停止又は予防に関する通知その他必要な協力を行わなければならない。

第三章　特定電気通信役務提供者の損害賠償責任の制限及び発信者情報の開示に関する法律の特例

第十六条　特定電気通信役務提供者の損害賠償責任の制限及び発信者情報の開示に関する法律第三条第二項及び第四条（第一号に係る部分に限る。）並びに私事性的画像記録の提供等による被害の防止に関する法律第四条の場合のほか、特定電気通信役務提供者（特定電気通信役務提供者の損害賠償責任の制限及び発信者情報の開示に関する法律第二条第三号の特定電気通信役務提供者をいう。第一号及び第二号において同じ。）は、特定電気通信（同法第二条第一号の特定電気通信をいう。第一号において同じ。）による情報の送信を防止する措置を講じた場合において、当該措置により送信を防止された情報の発信者（同法第二条第四号の発信者をいう。第二号及び第三号において同じ。）に生じた損害については、当該措置が当該情報の不特定の者に対する送信を防止するために必要な限度において行われたものである場合であって、次の各号のいずれにも該当するときは、賠償の責めに任じない。

一　特定電気通信による情報であって性行為映像制作物に係るものの流通によって自己の権利を侵害されたとする者（当該性行為映像制作物の出演者に限る。）から、当該権利を侵害したとする情報（以下この号及び次号において「性行為映像制作物侵害情報」という。）、当該権利が侵害された旨、当該権利が侵害されたとする理由及び当該性行為映像制作物侵害情報が性行為映像制作物に係るものである旨（同号において「性行為映像制作物侵害情報等」という。）を示して当該特定電気通信役務提供者に対し性行為映像制作物侵害情報の送信を防止する措置（同号及び第三号において「性行為映像制作物侵害情報送信防止措置」という。）を講ずるよう申出があったとき。

二　当該特定電気通信役務提供者が、当該性行為映像制作物侵害情報の発信者に対し当該性行為映像制作物侵害情報等を示して当該性行為映像制作物侵害情報送信防止措置を講ずることに同意するかどうかを照会したとき。

三　当該発信者が当該照会を受けた日から二日を経過しても当該発信者から当該性行為映像制作物侵害情報送信防止措置を講ずることに同意しない旨の申出がなかったとき。

第四章　相談体制の整備等

（相談体制の整備）

第十七条　国は、性行為映像制作物への出演に係る勧誘、出演契約等の締結及びその履行等、性行為映像制作物の制作公表の各段階において、出演者の個人としての人格を尊重し、あわせてその心身の健康及び私生活の平穏その他の利益を保護し、もってその性をめぐる個人の尊厳が重んぜられるようにする観点から、性行為映像制作物への出演に係る被害の発生及び拡大の防止を図り、並びにその被害を受けた出演者の救済に資するとともに、その被害の背景にある貧困、性犯罪及び性暴力等の問題の根本的な解決に資するよう、出演者その他の者からの相談に応じ、その心身の状態及び生活の状況その他の事情を勘案して適切に対応するために必要な体制を整備するものとする。

2　都道府県は、その地域の実情を踏まえつつ、前項の国の体制の整備に準じた体制の整備をするよう努めるものとする。

（その他の支援措置等）

第十八条　国及び地方公共団体は、前条に定めるもののほか、性行為映像制作物への出演に係る被害の背景にある貧困、性犯罪及び性暴力等の問題の根本的な解決に資するよう、社会福祉に関する施策、性犯罪及び性暴力の被害者への支援に関する施策その他の関連する施策との連携を図りつつ、出演者その他の者への支援その他必要な措置を講ずるものとする。

（被害の発生を未然に防止するための教育及び啓発）

第十九条　国及び地方公共団体は、性行為映像制作物への出演に係る被害が一度発生した場合においてはその被害の回復を図ることが著しく困難となることに鑑み、学校をはじめ、地域、家庭、職域その他の様々な場を通じて、性行為映像制作物への出演に係る被害の発生を未然に防止するために必要な事項に関する国民の十分な理解と関心を深めるために必要な教育活動及び啓発活動の充実を図るものとする。

第五章　罰則

第二十条　第十三条第五項又は第六項の規定に違反したときは、その違反行為をした者は、三年以下の懲役若しくは三百万円以下の罰金に処し、又はこれを併科する。

第二十一条　次の各号のいずれかに該当するときは、その違反行為をした者は、六月以下の懲役若しくは百万円以下の罰金に処し、又はこれを併科する。

一　第五条第一項の規定に違反して、説明書面等を交付せず若しくは提供せず、又は同項各号に掲げる事項が記載され若しくは記録されていない説明書面等若しくは虚偽の記載若しくは記録のある説明書面等を交付し若しくは提供したとき。

二　第六条の規定に違反して、出演契約書等を交付せず若しくは提供せず、又は出演契約事項が記載され若しくは記録されていない出演契約書等若しくは虚偽の記載若しくは記録のある出演契約書等を交付し若しくは提供したとき。

第二十二条　法人の代表者若しくは管理人又は法人若しくは人の代理人、使用人その他の従業者が、その法人又は人の業務に関し、次の各号に掲げる規定の違反行為をしたときは、行為者を罰するほか、その法人に対して当該各号に定める罰金刑を、その人に対して各本条の罰金刑を科する。

一　第二十条　一億円以下の罰金刑

二　前条　同条の罰金刑

2　人格のない社団又は財団について前項の規定の適用がある場合には、その代表者又は管理人が、その訴訟行為につきその人格のない社団又は財団を代表するほか、法人を被告人又は被疑者とする場合の刑事訴訟に関する法律の規定を準用する。

附則

（施行期日）

第一条　この法律は、公布の日の翌日から施行する。ただし、第五章の規定は、公布の日から起算して二十日を経過した日から施行する。

（経過措置）

第二条　第二章（第十条第一項及び第四節を除く。）の規定は、この法律の施行前に締結された出演契約並びにこれに基づく出演者の性行為映像制作物への出演に係る撮影、その撮影された映像の確認及びその性行為映像制作物の公表については、適用しない。

2　第十条第一項の規定は、この法律の施行前に締結された契約については、適用しない。

第三条　この法律の施行の日から起算して二年を経過する日（次項において「二年経過日」という。）までの間にされた出演契約の出演者からの申込み若しくはその申込みに係る出演契約又はその間に締結された出演契約についての第十三条第一項の規定の適用については、同項中「一年」とあるのは、「二年」とする。

2　二年経過日の翌日から起算して一年を経過する日までの間にされた出演契約の出演者からの申込み若しくはその申込みに係る出演契約又はその間に締結された出演契約（前項の規定の適用があるものを除く。）についての第十三条第一項の規定の適用については、同項中「経過した」とあるのは、「経過し、かつ、この法律の施行の日から起算して四年六月を経過した」とする。

3　前二項の規定の適用がある場合における第五条第一項（第一号に係る部分に限る。）の規定の適用については、同号中「事項」とあるのは、「事項（附則第三条第一項又は第二項の規定により読み替えられた第十三条第一項に規定する事項を含む。）」とする。

（検討）

第四条　この法律の規定については、この法律の施行後二年以内に、この法律の施行状況等を勘案し、検討が加えられ、その結果に基づいて必要な措置が講ぜられるものとする。

2　前項の検討に当たっては、性行為映像制作物の公表期間の制限及び無効とする出演契約等の条項の範囲その他の出演契約等に関する特則の在り方についても、検討を行うようにするものとする。

（調整規定）

第五条　この法律の施行の日から特定電気通信役務提供者の損害賠償責任の制限及び発信者情報の開示に関する法律の一部を改正する法律（令和三年法律第二十七号）の施行の日の前日までの間における第十六条の規定の適用については、同条中「及び第四条」とあるのは、「及び第三条の二」とする。

（刑法等の一部を改正する法律の施行に伴う関係法律の整理等に関する法律の一部改正）

第六条　刑法等の一部を改正する法律の施行に伴う関係法律の整理等に関する法律（令和四年法律第▼▼▼号）の一部を次のように改正する。

第八十条に次の一号を加える。

十七　性をめぐる個人の尊厳が重んぜられる社会の形成に資するために性行為映像制作物への出演に係る被害の防止を図り及び出演者の救済に資するための出演契約等に関する特則等に関する法律（令和四年法律第▼▼▼号）第二十条及び第二十一条

理由

性行為映像制作物の制作公表により出演者の心身及び私生活に将来にわたって取り返しの付かない重大な被害が生ずるおそれがあり、また、現に生じていることに鑑み、性行為映像制作物への出演に係る被害の発生及び拡大の防止を図り、並びにその被害を受けた出演者の救済に資するために徹底した対策を講ずることが出演者の個人としての人格を尊重し、あわせてその心身の健康及び私生活の平穏その他の利益を保護するために不可欠であるとの認識の下に、出演者の性をめぐる個人の尊厳が重んぜられる社会の形成に資するため、性行為の強制の禁止並びに他の法令による契約の無効及び性行為その他の行為の禁止又は制限をいささかも変更するものではないとのこの法律の実施及び解釈の基本原則を明らかにした上で、出演契約の締結及び履行等に当たっての制作公表者等の義務、出演契約の効力の制限及び解除並びに差止請求権の創設等の厳格な規制を定める特則並びに特定電気通信役務提供者の損害賠償責任の制限及び発信者情報の開示に関する法律の特例を定めるとともに、出演者等のための相談体制の整備等について定める必要がある。これが、この法律案を提出する理由である。

性行為映像制作物への出演に係る被害の防止及び出演者の救済に関する件

２０２２年５月25日
衆議院内閣委員会決議

政府は、性をめぐる個人の尊厳が重んぜられる社会の形成に資するために性行為映像制作物への出演に係る被害の防止を図り及び出演者の救済に資するための出演契約等に関する特則等に関する法律の施行に当たっては、次の事項に留意し、その運用等について遺漏なきを期すべきである。

一　性行為映像制作物（以下「ＡＶ」という。）への出演により甚大な被害が発生していることを踏まえ、性暴力被害者、いわゆる虐待サバイバー・発達特性のある人も含め、全てのＡＶ出演被害者の尊厳と人格を尊重し、被害の予防や救済の実現に万全を期すこと。また、本法が公序良俗に反する契約や違法な行為を容認又は合法化するものではないことを周知徹底すること。

二　本法の適切な運用を図るため、本法の趣旨及び内容について関係機関等に周知徹底するとともに、成立に至る経緯について周知すること。また、若年層に対するＡＶ出演被害に関する啓発を行うなど、本法の被害防止・救済に関する広報・普及啓発をより具体的かつ積極的に行うこと。

三　ＡＶ出演被害者に対する適切な支援を行うため、被害の実態調査を実施すること。また、内閣府におけるＡＶ出演被害対策のための体制を整えること。関係機関・団体と連携し、実効性のある相談体制を構築するとともに、被害者の支援に必要な財政上の措置を講ずること。また、性犯罪・性暴力被害者のためのワンストップ支援センター、法テラス、インターネットを通じた被害防止・救済に取り組む関係機関、地方公共団体の男女共同参画窓口等の関係構築を促進し、支援環境の整備に努めること。警察における相談支援体制を強化し、女性警察官の配置の強化など、ＡＶ出演被害者が相談しやすい環境の確保、傷ついた心理に寄り添う対応の強化を図ること。

四　被害者が制作公表者の氏名・住所を知らないまま海外のウェブサイトやサーバーを経由した被害が拡散していることに鑑み、被害者が本法の定める解除、取消、差止請求を実施できるよう必要な支援を行うこと。また、ＡＶ出演被害者が拡散防止措置を迅速に、困難なく申請できるよう、時機にかなった必要な支援を行うこと。ＡＶ出演被害者救済のためのサイト運営事業者の役割などを明らかにし、対策を強化すること。また、サイト運営事業者自身による契約約款や利用規約等に基づく主体的な削除等の取組を支援するとともに、迅速・的確な拡散防止の対応ができるよう環境整備を行うこと。

五　本法施行後において、差止請求、拡散防止及び被害の相談件数等について実態を把握するとともに、その結果に基づいて検討を行い必要な措置を講ずること。

六　ＡＶ出演被害については、本法の罰則規定とともに、刑法の強要罪、強制性交等罪等、職業安定法、労働者派遣法、売春防止法、著作権法、私事性的画像記録の提供等による被害の防止に関する法律（リベンジポルノ対策法）、児童買春、児童ポルノに係る行為等の規制及び処罰並びに児童の保護等に関する法律（児童ポルノ禁止法）による厳正な取締りを強化すること。また、本法の趣旨及び罰則規定の意義、本法制定の背景であるＡＶ出演被害の特徴と重大性について、必要な研修を職員に行い、法曹関係者に周知すること。

右決議する。

性をめぐる個人の尊厳が重んぜられる社会の形成に資するために性行為映像制作物への出演に係る被害の防止を図り及び出演者の救済に資するための出演契約等に関する特則等に関する法律案に対する付帯決議

２０２２年６月14日
参議院内閣委員会

政府は、本法の施行に当たり、次の諸点について適切な措置を講ずるべきである。

一　性行為映像制作物（以下「ＡＶ」という。）への出演により甚大な被害が発生していることを踏まえ、性暴力被害者、いわゆる虐待サバイバー・発達特性のある人も含め、全てのＡＶ出演被害者の尊厳と人格を尊重し、被害の予防や救済の実現に万全を期すこと。また、本法が公序良俗に反する契約や違法な行為を容認又は合法化するものではないことを周知徹底すること。

二　本法の適切な運用を図るため、本法の趣旨及び内容について関係機関等に周知徹底するとともに、成立に至る経緯について周知すること。また、若年層に対するＡＶ出演被害に関する啓発を行うなど、本法の被害防止・救済に関する広報・普及啓発をより具体的かつ積極的に行うこと。

三　ＡＶ出演被害者に対する適切な支援を行うため、被害の実態調査を実施すること。また、内閣府におけるＡＶ出演被害対策のための体制を整えること。関係機関・団体と連携し、実効性のある相談体制を構築するとともに、被害者の支援に必要な財政上の措置を講ずること。また、性犯罪・性暴力被害者のためのワンストップ支援センター、法テラス、インターネットを通じた被害防止・救済に取り組む関係機関、地方公共団体の男女共同参画窓口等の関係構築を促進し、支援環境の整備に努めること。警察における相談支援体制を強化し、女性警察官の配置の強化など、ＡＶ出演被害者が相談しやすい環境の確保、傷ついた心理に寄り添う対応の強化を図ること。

四　ＡＶ出演被害に至る背景となる問題を把握・分析し、包括的な解決に向け必要な取組を推進すること。

五　被害者が制作公表者の氏名・住所を知らないまま海外のウェブサイトやサーバーを経由した被害が拡散していることに鑑み、被害者が本法の定める解除、取消、差止請求を実施できるよう必要な支援を行うこと。また、ＡＶ出演被害者が拡散防止措置を迅速に、困難なく申請できるよう、時機にかなった必要な支援を行うこと。ＡＶ出演被害者救済のためのサイト運営事業者の役割などを明らかにし、対策を強化すること。また、サイト運営事業者自身による契約約款や利用規約等に基づく主体的な削除等の取組を支援するとともに、迅速・的確な拡散防止の対応ができるよう環境整備を行うこと。加えて、拡散につながり得る違法なアップロードについて、より厳正に対応すること。

六　本法施行後において、差止請求、拡散防止及び被害の相談件数等について実態を把握するとともに、その結果に基づいて検討を行い必要な措置を講ずること。

七　ＡＶ出演被害については、本法の罰則規定とともに、刑法の強要罪、強制性交等罪等、職業安定法、労働者派遣法、売春防止法、著作権法、私事性的画像記録の提供等による被害の防止に関する法律（リベンジポルノ対策法）、児童買春、児童ポルノに係る行為等の規制及び処罰並びに児童の保護等に関する法律（児童ポルノ禁止法）による厳正な取締りを強化すること。また、本法の趣旨及び罰則規定の意義、本法制定の背景であるＡＶ出演被害の特徴と重大性について、必要な研修を職員に行い、法曹関係者に周知すること。

右決議する。

付属統計表

本書では、資料としてできる限りジェンダーの視点から国民のくらしや社会状況を図表で紹介しています。出典の多くは政府統計を基に作成しています。

収録した統計資料は、政府統計を中心に毎年更新して掲載しています。2022年は、「図表付－121産業、性別労働組合当たり平均専従者数」の政府統計が公表されていません。そのため、前年のまま掲載しました。また国民生活基礎調査に関係する図表も、本書編集時に集計結果が公表されていない為、前年のままです。個々の政府統計についてジェンダー統計の視点から点検する必要があるようです。

今年の特集としては、2022年3月23日厚生労働省が発表した「『生理の貧困』が女性の心身の健康等に及ぼす影響に関する調査」結果の一部を掲載しました。この調査は、厚労省が同年2月に実施したものです。コロナ禍で可視化された女性の格差と貧困を象徴する事例として女性の「生理」に焦点にあてた調査結果に注目しました。

本書の論考とともに各分野で活用されることを願います。

付属統計表

1、人口動態

2、世帯・生活

3、栄養・家計

9、社会保障給付費の動向

（太田　美音）

10、「生理の貧困」が女性の心身の健康等に及ぼす影響に関する調査

図表付133-139は、2022年3月23日
厚生労働省が発表した調査結果から一部を掲載

図表付-1　わが国の人口ピラミッド（2021年10月1日現在）

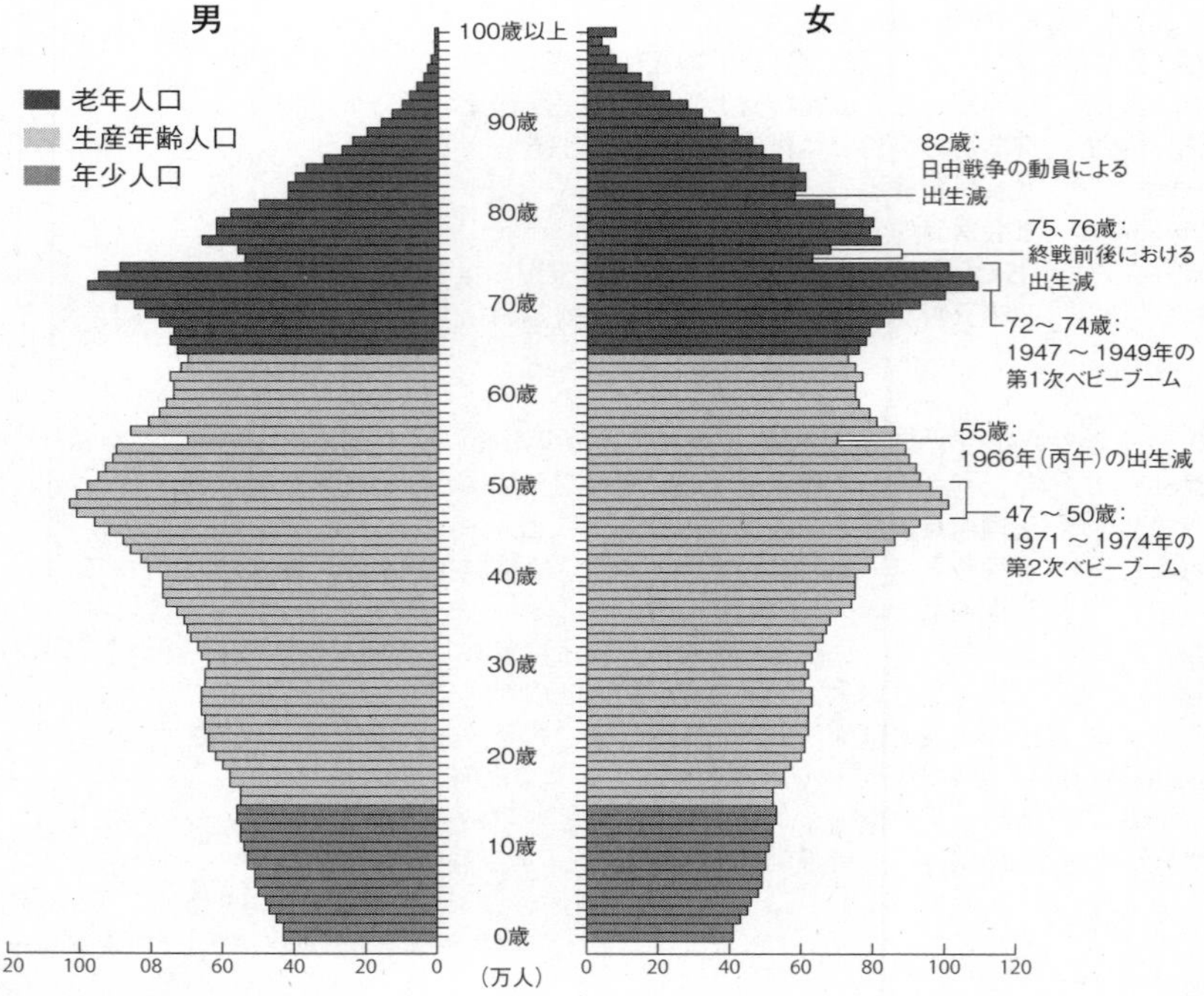

資料出所：総務省統計局「人口推計」

図表付-2　年齢3区分別人口の推移

年次	総人口（千人）				年齢3区分割合（%）		
	総数	0～14歳	15～64歳	65歳以上	0～14歳	15～64歳	65歳以上
1960年	94,302	28,434	60,469	5,398	30.2	64.1	5.7
1970	104,665	25,153	72,119	7,393	24.0	68.9	7.1
1975	111,940	27,221	75,807	8,865	24.3	67.7	7.9
1980	117,060	27,507	78,835	10,647	23.5	67.4	9.1
1985	121,049	26,033	82,506	12,468	21.5	68.2	10.3
1990	123,611	22,486	85,904	14,895	18.2	69.7	12.1
1995	125,570	20,014	87,165	18,261	16.0	69.5	14.6
2000	126,926	18,472	86,220	22,005	14.6	68.1	17.4
2005	127,768	17,521	84,092	25,672	13.8	66.1	20.2
2010	128,057	16,803	81,032	29,246	13.2	63.8	23.0
2015	127,095	15,887	76,289	33,465	12.6	60.7	26.6
2020	126,146	14,956	72,923	35,336	12.1	59.2	28.7
2021	125,502	14,784	74,504	36,214	11.8	59.4	28.9

（注）各年10月1日現在。総数には年齢不詳を含む。年齢3区分割合は年齢不詳を除いて算出。
資料出所：総務省統計局「国勢調査」、「人口推計」（2021年）

図表付-3　平均寿命（出生時の平均余命）の推移

（単位：年）

年次	女	男	男女差
1947年	53.96	50.06	3.90
1960	70.19	65.32	4.87
1970	74.66	69.31	5.35
1975	76.89	71.73	5.16
1980	78.76	73.35	5.41
1985	80.48	74.78	5.70
1990	81.90	75.92	5.98
1995	82.85	76.38	6.47
2000	84.60	77.72	6.88
2005	85.52	78.56	6.96
2010	86.30	79.55	6.75
2015	86.99	80.75	6.24
2016	87.14	80.98	6.16
2017	87.26	81.09	6.17
2018	87.32	81.25	6.06
2019	87.45	81.41	6.04
2020	87.71	81.56	6.15

（注）1970年以前は沖縄県を含まない。
資料出所：厚生労働省「完全生命表」、「簡易生命表」（2016～2019年）

図表付-4　出生数および合計特殊出生率の推移

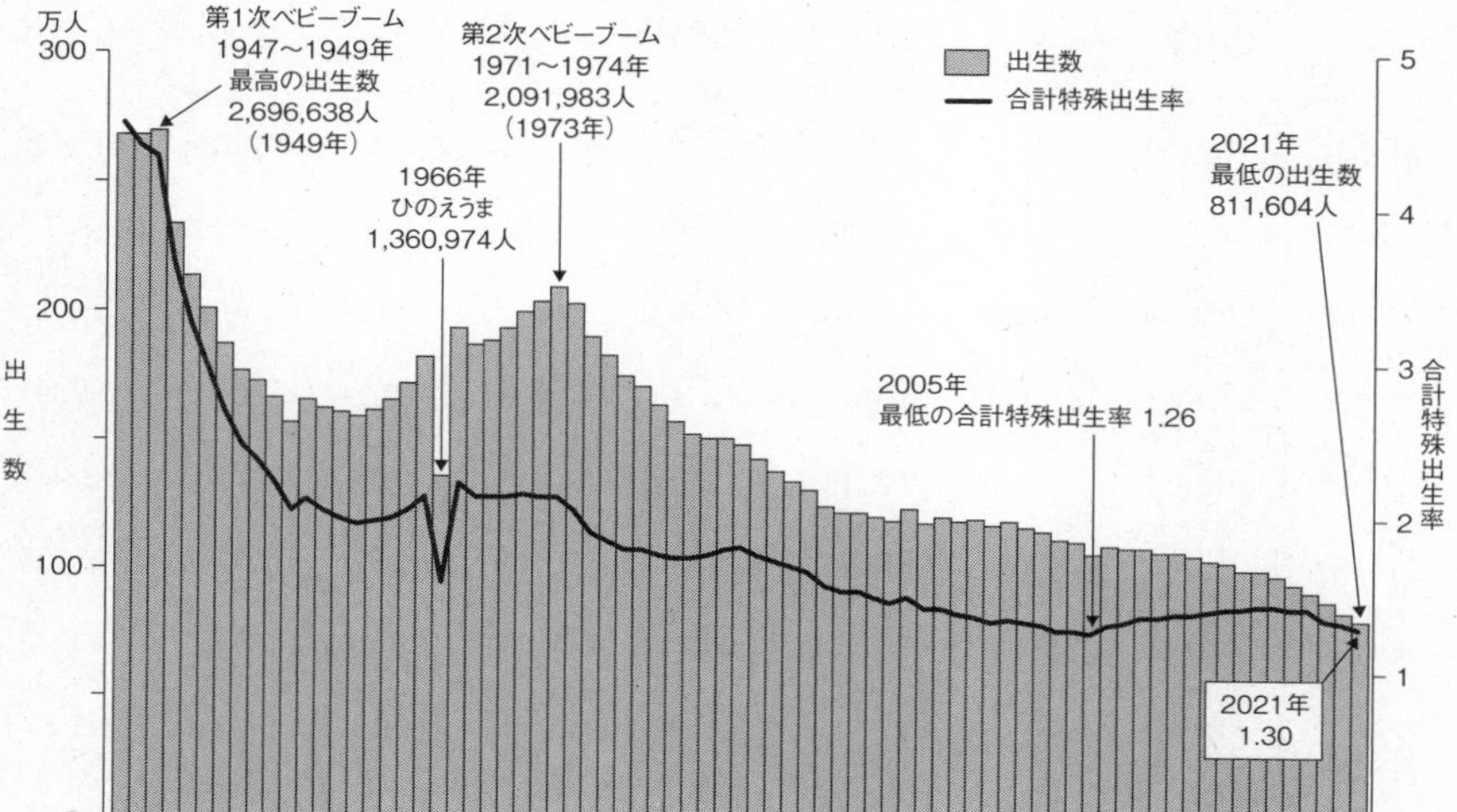

（注）1．1972年以前は沖縄県を含まない。2021年は概数。
2．合計特殊出生率（期間合計特殊出生率）とは、その年次の15歳から49歳までの女性の年齢別出生率を合計したもので、1人の女性が仮にその年次の年齢別出生率で一生の間に生むとしたときの子ども数に相当する。
資料出所：厚生労働省「人口動態統計」

図表付-5　人口動態率の推移

年次	出生	死亡	自然増減	乳児死亡	新生児死亡	死産	周産期死亡	合計特殊出生率
	（人口千対）			（出生千対）		（出産千対）		
1947年	34.3	14.6	19.7	76.7	31.4	44.2	…	4.54
1960	17.2	7.6	9.6	30.7	17.0	100.4	…	2.00
1970	18.8	6.9	11.8	13.1	8.7	65.3	…	2.13
1980	13.6	6.2	7.3	7.5	4.9	46.8	20.2	1.75
1985	11.9	6.3	5.6	5.5	3.4	46.0	15.4	1.76
1990	10.0	6.7	3.3	4.6	2.6	42.3	11.1	1.54
1995	9.6	7.4	2.1	4.3	2.2	32.1	7.0	1.42
2000	9.5	7.7	1.8	3.2	1.8	31.2	5.8	1.36
2005	8.4	8.6	−0.2	2.8	1.4	29.1	4.8	1.26
2010	8.5	9.5	−1.0	2.3	1.1	24.2	4.2	1.39
2015	8.0	10.3	−2.3	1.9	0.9	22.0	3.7	1.45
2019	7.0	11.2	−4.2	1.9	0.9	22.0	3.4	1.36
2020	6.8	11.1	−4.3	1.8	0.8	20.1	3.2	1.33
2021	6.6	11.7	−5.1	1.7	0.8	19.7	3.4	1.30

（注）１．1970年以前は沖縄県を含まない。2021年は概数。
２．「乳児死亡」とは、生後１年未満の死亡、「新生児死亡」とは、乳児死亡のうち、生後４週未満の死亡をいう。
３．「死産」とは、妊娠満12週以後の死児の出産、「周産期死亡」とは、妊娠満22週以降の死産に早期（生後１週未満）新生児死亡を加えたものをいう。
４．周産期死亡率は周産期死亡数を出産数（妊娠満22週以後の死産数に出生数を加えたもの）で除している。
５．「合計特殊出生率」（期間合計特殊出生率）とは、その年次の15歳から49歳までの女性の年齢別出生率を合計したもので、１人の女性が仮にその年次の年齢別出生率で一生の間に生むとしたときの子ども数に相当する。
資料出所：厚生労働省「人口動態統計」

図表付-6　母の年齢階級別出生数の推移

母の年齢	1975年	1985	1995	2005	2015	2019	2020	2021
総　数	1,901,440	1,431,577	1,187,064	1,062,530	1,005,721	865,239	840,835	811,604
15歳未満	9	23	37	42	39	40	37	5,541
15～19	15,990	17,854	16,075	16,531	11,891	7,742	6,911	
20～24	479,041	247,341	193,514	128,135	84,465	72,092	66,751	59,894
25～29	1,014,624	682,885	492,714	339,328	262,266	220,933	217,804	210,427
30～34	320,060	381,466	371,773	404,700	364,887	312,582	303,436	292,435
35～39	62,663	93,501	100,053	153,440	228,302	201,010	196,321	193,173
40～44	8,727	8,224	12,472	19,750	52,561	49,191	47,899	48,516
45～49	312	244	414	564	1,256	1,593	1,624	1,617
50歳以上	7	1	−	34	52	56	52	

（注）総数には年齢不詳を含む。2021年は概数。
資料出所：厚生労働省「人口動態統計」

図表付-7　合計特殊出生率の推移（年齢階級別）

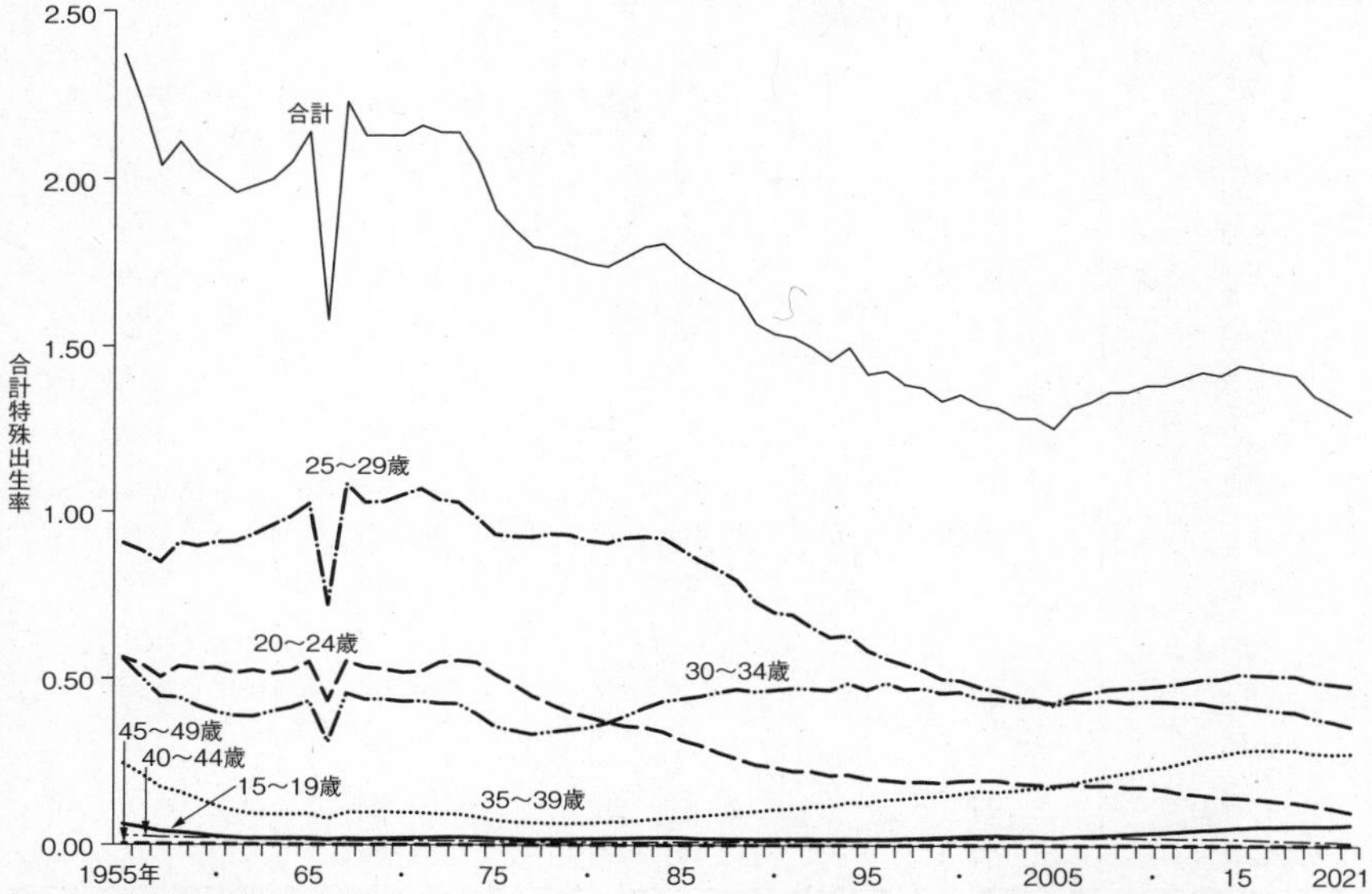

（注）年齢階級別の数値は各歳別出生率を合計したものであり、15歳及び49歳にはそれぞれ14歳以下、50歳以上を含んでいる。
2021年は概数。
資料出所：厚生労働省「人口動態統計」

図表付-8　出生順位別母の平均年齢の推移

（単位：歳）

年次	総　数	第１子	第２子	第３子
1960年	27.6	25.4	27.8	29.9
1970	27.5	25.6	28.3	30.6
1980	28.1	26.4	28.7	30.6
1985	28.6	26.7	29.1	31.4
1990	28.9	27.0	29.5	31.8
1995	29.1	27.5	29.8	32.0
2000	29.6	28.0	30.4	32.3
2005	30.4	29.1	31.0	32.6
2010	31.2	29.9	31.8	33.2
2015	31.8	30.7	32.5	33.5
2019	32.0	30.7	32.7	33.8
2020	32.0	30.7	32.8	33.9
2021	…	30.9	…	…

（注）１．1970年以前は沖縄県を含まない。2021年は概数。
　　　２．総数は第4子以上を含む平均年齢である。
資料出所：厚生労働省「人口動態統計」

図表付-9　婚姻・離婚件数の推移

年次	婚姻		離婚	
	件数（組）	率（人口千対）	件数（組）	率（人口千対）
1947年	934,170	12.0	79,551	1.02
1960	866,115	9.3	69,410	0.74
1970	1,029,405	10.0	95,937	0.93
1980	774,702	6.7	141,689	1.22
1985	735,850	6.1	166,640	1.39
1990	722,138	5.9	157,608	1.28
1995	791,888	6.4	199,016	1.60
2000	798,138	6.4	264,246	2.10
2005	714,265	5.7	261,917	2.08
2010	700,222	5.5	251,379	1.99
2015	635,225	5.1	226,238	1.81
2019	599,007	4.8	208,496	1.69
2020	525,507	4.3	193,253	1.57
2021	501,116	4.1	184,386	1.50

（注）1970年以前は沖縄県を含まない。2021年は概数。
資料出所：厚生労働省「人口動態統計」

図表付-10　平均婚姻年齢の推移

（単位：歳）

年次	全婚姻		初婚	
	妻	夫	妻	夫
1975年	25.2	27.8	24.7	27.0
1980	25.9	28.7	25.2	27.8
1985	26.4	29.3	25.5	28.2
1990	26.9	29.7	25.9	28.4
1995	27.3	29.8	26.3	28.5
2000	28.2	30.4	27.0	28.8
2005	29.4	31.7	28.0	29.8
2010	30.3	32.5	28.8	30.5
2015	31.1	33.3	29.4	31.1
2019	31.4	33.6	29.6	31.2
2020	31.3	33.4	29.4	31.0
2021	…	…	29.5	31.0

（注）2021年は概数。
資料出所：厚生労働省「人口動態統計」

図表付-11　同居期間別離婚件数の推移(1)

同居期間	1985年	1995	2005	2015	2019	2020	2021	対前年増加率(%)
総数	166,640	199,016	261,917	226,238	208,496	193,253	184,386	−4.6
5年未満	56,442	76,710	90,885	71,729	63,826	58,846	54,510	−7.4
1年未満	12,656	14,893	16,558	13,865	11,834	10,973	9,853	−10.2
1～2	12,817	18,081	20,159	16,272	14,513	13,400	12,701	−5.2
2～3	11,710	16,591	19,435	15,352	13,634	12,588	12,043	−4.3
3～4	10,434	14,576	18,144	13,810	12,612	11,627	10,535	−9.4
4～5	8,825	12,569	16,589	12,430	11,233	10,258	9,378	−8.6
5～10	35,338	41,185	57,562	47,086	40,052	36,572	34,115	−6.7
10～15	32,310	25,308	35,093	31,112	27,220	25,557	24,331	−4.8
15～20	21,528	19,153	24,885	23,942	22,629	21,008	19,792	−5.8
20年以上	20,434	31,877	40,395	38,648	40,396	38,981	38,968	0.0
20～25	12,706	17,847	18,401	17,051	17,827	17,321	16,863	−2.6
25～30	4,827	8,684	10,747	10,014	10,924	10,517	10,766	2.4
30～35	1,793	3,506	6,453	5,315	5,283	5,035	5,028	−0.1
35年以上	1,108	1,840	4,794	6,268	6,362	6,108	6,311	3.3
不詳	588	4,783	13,097	13,721	14,373	12,289	12,670	3.1

(注)「同居期間」は結婚生活に入ってから同居をやめたときまでの期間。2021年は概数。
資料出所：厚生労働省「人口動態統計」

図表付-12　同居期間別離婚件数の推移(2)

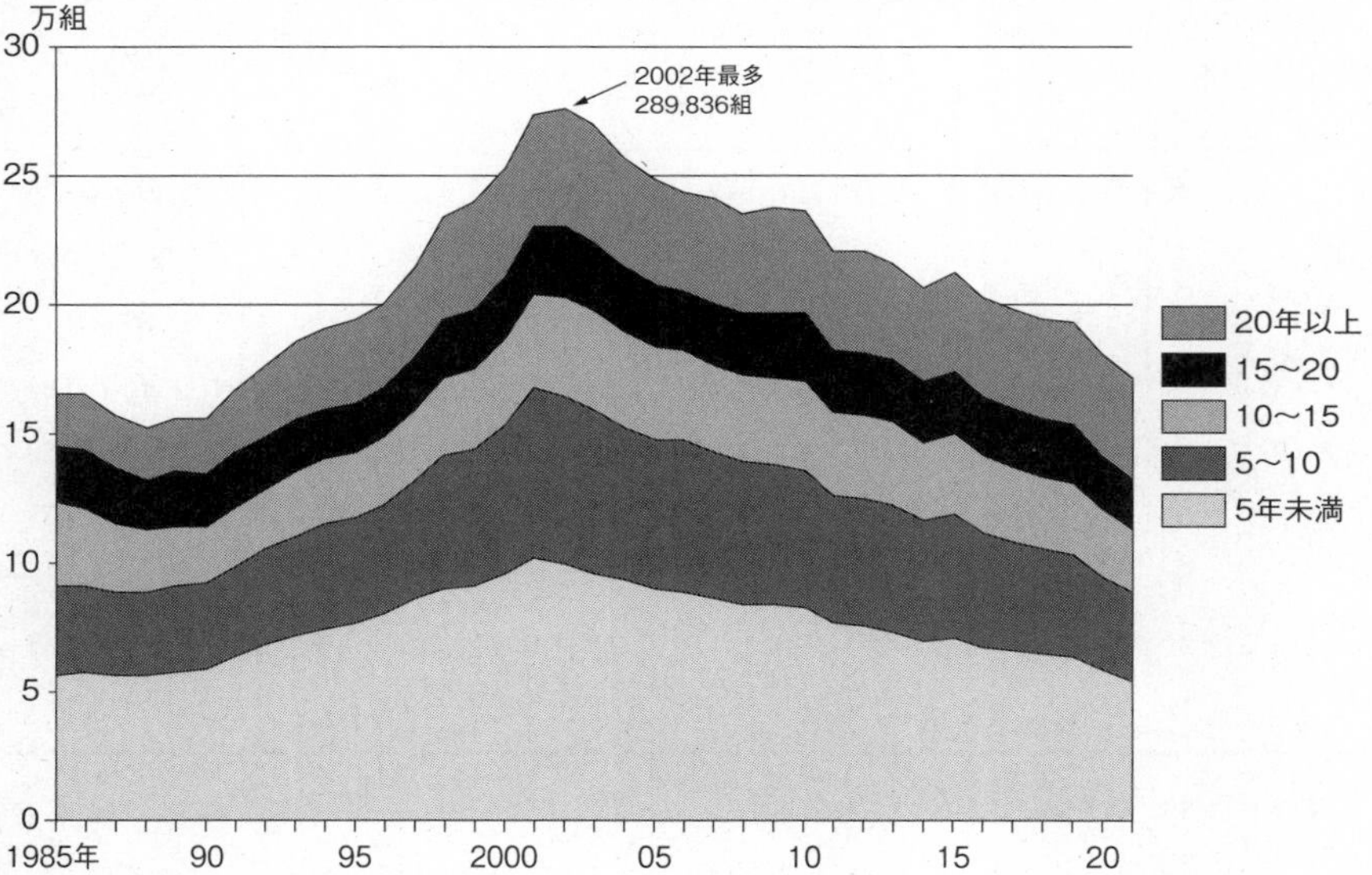

(注) 2021年は概数。
資料出所：厚生労働省「人口動態統計」

図表付-13　性、死因順位別死亡数・死亡率（2021年）

女			男		
死亡順位、死因	死亡数	死亡率（人口10万対）	死亡順位、死因	死亡数	死亡率（人口10万対）
全死因	701,704	1,112.2	全死因	738,105	1,236.6
1　悪性新生物〈腫瘍〉	159,032	252.1	1　悪性新生物〈腫瘍〉	222,465	372.7
2　心疾患（高血圧性を除く）	110,979	175.9	2　心疾患（高血圧性を除く）	103,644	173.6
3　老衰	110,741	175.5	3　脳血管疾患	51,590	86.4
4　脳血管疾患	52,998	84.0	4　肺炎	42,335	70.9
5　肺炎	30,855	48.9	5　老衰	41,283	69.2
6　誤嚥性肺炎	20,169	32.0	6　誤嚥性肺炎	29,320	49.1
7　不慮の事故	16,306	25.8	7　不慮の事故	21,990	36.8
8　アルツハイマー病	14,973	23.7	8　腎不全	15,079	25.3
9　血管性及び詳細不明の認知症	14,181	22.5	9　慢性閉塞性肺疾患（COPD）	13,668	22.9
10　腎不全	13,607	21.6	10　間質性肺疾患	13,584	22.8

（注）月報年計による概数。
資料出所：厚生労働省「人口動態統計」

図表付-14　人口動態率の国際比較

国名	出生率（人口千対）		死亡率（人口千対）		乳児死亡率（出生千対）		婚姻率（人口千対）		離婚率（人口千対）		合計特殊出生率	
日本	2021）	＊6.6	'21）	＊11.7	'21）	＊1.7	'21）	＊4.1	'21）	＊1.50	'21）	＊1.30
韓国	'20）	5.3	'20）	5.9	'20）	2.5	'21）	3.8	'21）	2.0	'20）	0.84
シンガポール	'21）	8.6	'21）	5.8	'21）	1.8	'20）	5.2	'20）	1.7	'21）	1.12
アメリカ	'20）	11.0	'20）	10.3	'20）	5.4	'20）	5.1	'20）	2.3	'20）	1.64
フランス	'19）	11.0	'19）	9.2	'19）	3.6	'18）	3.5	'16）	1.93	'20）	＊1.83
ドイツ	'20）	9.3	'20）	11.9	'20）	3.1	'19）	5.0	'20）	1.73	'20）	1.53
イタリア	'20）	6.8	'20）	12.5	'19）	2.8	'19）	3.1	'19）	1.43	'20）	1.24
スウェーデン	'19）	11.2	'20）	9.5	'19）	2.1	'20）	3.6	'19）	2.48	'20）	1.67
イギリス	'20）	10.2	'20）	10.3	'19）	3.9	'16）	4.4	'17）	1.68	'18）	1.68

（注）＊印は暫定値。
資料出所：1．厚生労働省「人口動態統計月報年計（概数）」
2．韓国統計庁資料
3．国連統計部（UNSD），Demographic Yearbook 2020、欧州連合統計局（Eurostat）資料
4．アメリカ全国保健統計センター（National Center for Health Statistics）資料
5．シンガポール統計局資料

図表付-15　世帯人員別世帯数と平均世帯人員の推移

（単位：千世帯）

年次	総数	1人世帯	2人世帯	3人世帯	4人世帯	5人世帯	6人以上の世帯	平均世帯人員（人）
1975年	32,877	5,991	5,078	5,982	8,175	4,205	3,446	3.35
1980	35,338	6,402	5,983	6,274	9,132	4,280	3,268	3.28
1985	37,226	6,850	6,895	6,569	9,373	4,522	3,017	3.22
1990	40,273	8,446	8,542	7,334	8,834	4,228	2,889	3.05
1995	40,770	9,213	9,600	7,576	7,994	3,777	2,611	2.91
2000	45,545	10,988	11,968	8,767	8,211	3,266	2,345	2.76
2005	47,043	11,580	13,260	9,265	7,499	3,250	2,189	2.68
2010	48,638	12,386	14,237	10,016	7,476	2,907	1,616	2.59
2015	50,361	13,517	15,765	9,927	7,242	2,617	1,294	2.49
2017	50,425	13,613	15,901	9,753	7,420	2,557	1,181	2.47
2018	50,991	14,125	16,212	9,922	7,167	2,482	1,084	2.44
2019	51,785	14,907	16,579	10,217	6,776	2,248	1,058	2.39

（注）1995年は兵庫県を除く。
資料出所：厚生労働省「国民生活基礎調査」

図表付-16　世帯人員別世帯数（構成割合）の推移

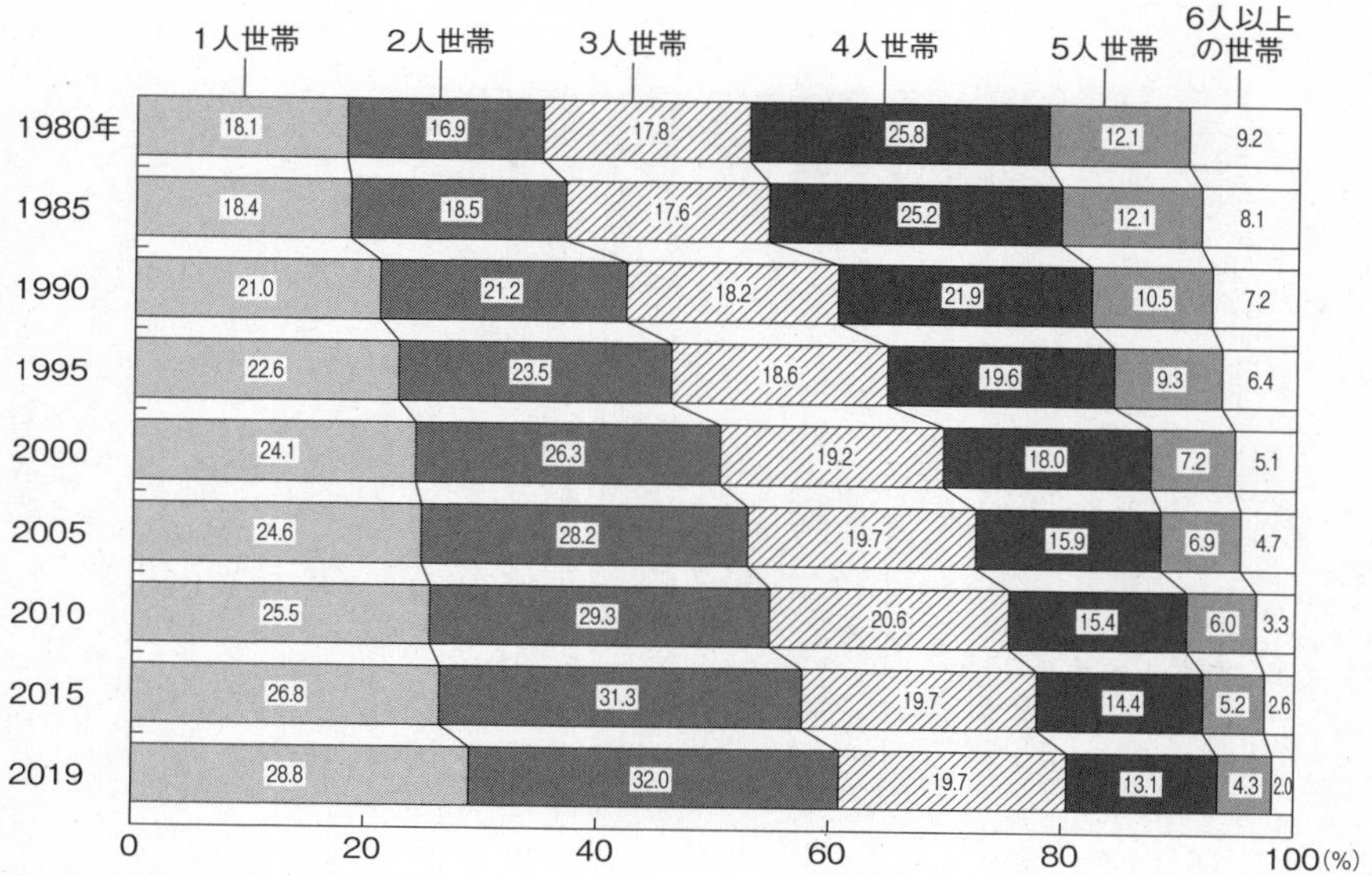

（注）1995年は兵庫県を除く。
資料出所：厚生労働省「国民生活基礎調査」

図表付-17　世帯構造別世帯数の推移

（単位：千世帯）

年次	総数	単独世帯	核家族世帯				三世代世帯	その他の世帯
				夫婦のみの世帯	夫婦と未婚の子のみの世帯	ひとり親と未婚の子のみの世帯		
1975年	32,877	5,991	19,304	3,877	14,043	1,385	5,548	2,034
1980	35,338	6,402	21,318	4,619	15,220	1,480	5,714	1,904
1985	37,226	6,850	22,744	5,423	15,604	1,718	5,672	1,959
1990	40,273	8,446	24,154	6,695	15,398	2,060	5,428	2,245
1995	40,770	9,213	23,997	7,488	14,398	2,112	5,082	2,478
2000	45,545	10,988	26,938	9,422	14,924	2,592	4,823	2,796
2005	47,043	11,580	27,872	10,295	14,609	2,968	4,575	3,016
2010	48,638	12,386	29,097	10,994	14,922	3,180	3,835	3,320
2015	50,361	13,517	30,316	11,872	14,820	3,624	3,264	3,265
2017	50,425	13,613	30,632	12,096	14,891	3,645	2,910	3,270
2018	50,991	14,125	30,804	12,270	14,851	3,683	2,720	3,342
2019	51,785	14,907	30,973	12,639	14,718	3,616	2,627	3,278

（注）1995年は兵庫県を除く。
資料出所：厚生労働省「国民生活基礎調査」

図表付-18　世帯構造別世帯数（構成割合）の推移

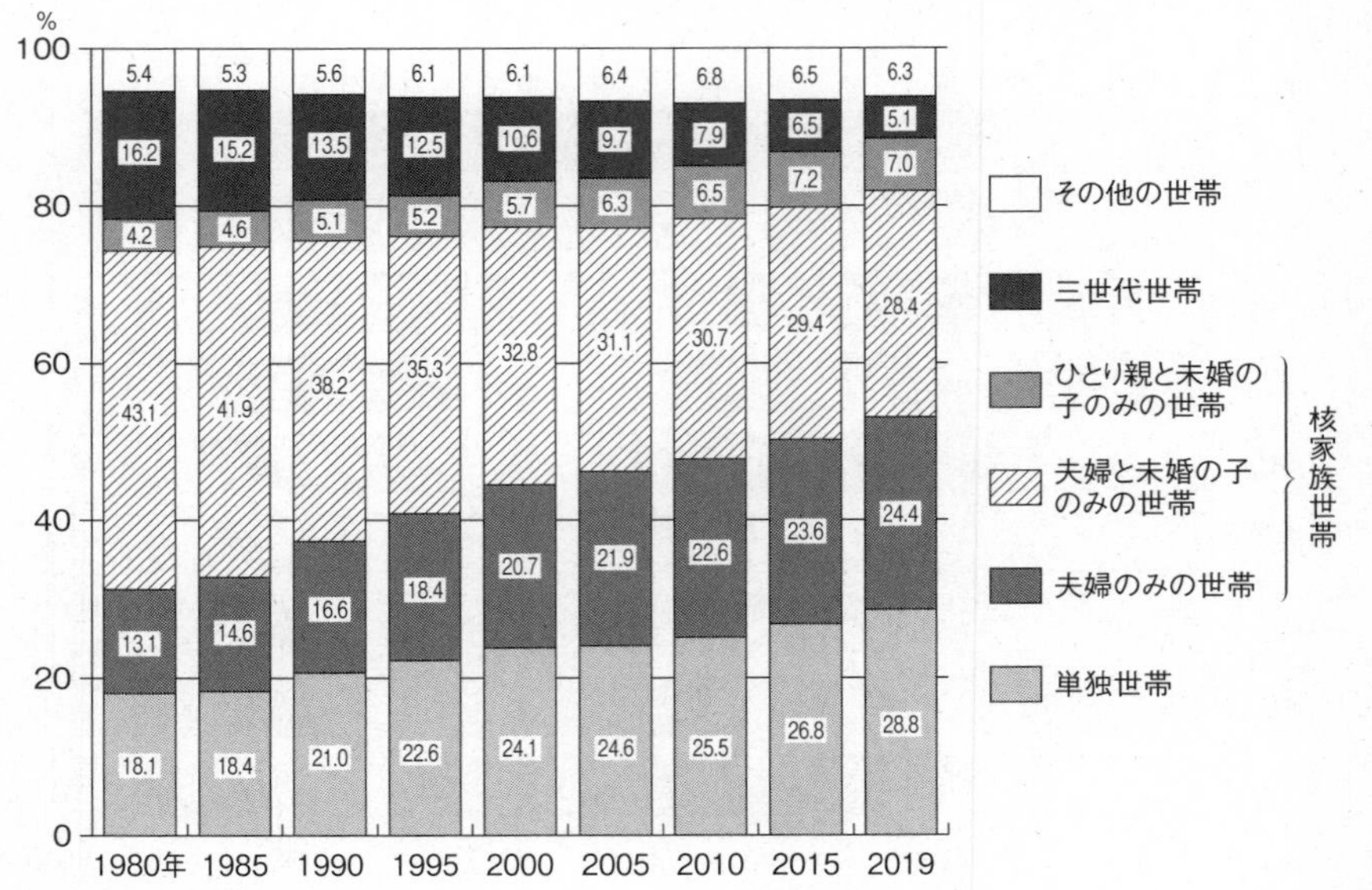

（注）1995年は兵庫県を除く。
資料出所：厚生労働省「国民生活基礎調査」

図表付-19　世帯類型別世帯数の推移

年次	推計数（千世帯）					構成割合（%）			
	総数	高齢者世帯	母子世帯	父子世帯	その他の世帯	高齢者世帯	母子世帯	父子世帯	その他の世帯
1975年	32,877	1,089	374	65	31,349	3.3	1.1	0.2	95.4
1980	35,338	1,684	439	95	33,121	4.8	1.2	0.3	93.7
1985	37,226	2,192	508	99	34,427	5.9	1.4	0.3	92.5
1990	40,273	3,113	543	102	36,515	7.7	1.3	0.3	90.7
1995	40,770	4,390	483	84	35,812	10.8	1.2	0.2	87.8
2000	45,545	6,261	597	83	38,604	13.7	1.3	0.2	84.8
2005	47,043	8,349	691	79	37,924	17.7	1.5	0.2	80.6
2010	48,638	10,207	708	77	37,646	21.0	1.5	0.2	77.4
2015	50,361	12,714	793	78	36,777	25.2	1.6	0.2	73.0
2017	50,425	13,223	767	97	36,338	26.2	1.5	0.2	72.1
2018	50,991	14,063	662	82	36,184	27.6	1.3	0.2	71.0
2019	51,785	14,878	644	76	36,187	28.7	1.2	0.1	69.9

（注）1．「高齢者世帯」とは、65歳以上の者のみで構成するか、又はこれに18歳未満の者が加わった世帯をいう。
2．「母子世帯」とは、死別・離別・その他の理由で、現に配偶者がいない65歳未満の女と20歳未満のその子のみで構成している世帯をいう。
3．「父子世帯」とは、死別・離別・その他の理由で、現に配偶者のいない65歳未満の男と20歳未満のその子のみで構成している世帯をいう。
4．1995年は兵庫県を除く。

資料出所：厚生労働省「国民生活基礎調査」

図表付-20　世帯構造別高齢者世帯数の推移（1）

年次	総数	単独世帯	女	男	夫婦のみの世帯	その他の世帯
	推計数（単位：千世帯）					
1975年	1,089	611	473	138	443	36
1980	1,684	910	718	192	722	52
1985	2,192	1,131	913	218	996	65
1990	3,113	1,613	1,318	295	1,400	100
1995	4,390	2,199	1,751	449	2,050	141
2000	6,261	3,079	2,398	682	2,982	199
2005	8,349	4,069	3,059	1,010	4,071	209
2010	10,207	5,018	3,598	1,420	4,876	313
2015	12,714	6,243	4,292	1,951	5,998	473
2017	13,223	6,274	4,228	2,046	6,435	514
2018	14,063	6,830	4,604	2,226	6,648	585
2019	14,878	7,369	4,793	2,577	6,938	571
	構成割合（単位：%）					
1975年	100.0	56.0	43.4	12.6	40.7	3.3
1980	100.0	54.0	42.7	11.4	42.9	3.1
1985	100.0	51.6	41.7	9.9	45.4	3.0
1990	100.0	51.8	42.3	9.5	45.0	3.2
1995	100.0	50.1	39.9	10.2	46.7	3.2
2000	100.0	49.2	38.3	10.9	47.6	3.2
2005	100.0	48.7	36.6	12.1	48.8	2.5
2010	100.0	49.2	35.3	13.9	47.8	3.1
2015	100.0	49.1	33.8	15.3	47.2	3.7
2017	100.0	47.4	32.0	15.5	48.7	3.9
2018	100.0	48.6	32.7	15.8	47.3	4.2
2019	100.0	49.5	32.2	17.3	46.6	3.8

（注）1995年は兵庫県を除く。

資料出所：厚生労働省「国民生活基礎調査」

図表付-21　世帯構造別高齢者世帯数の推移(2)

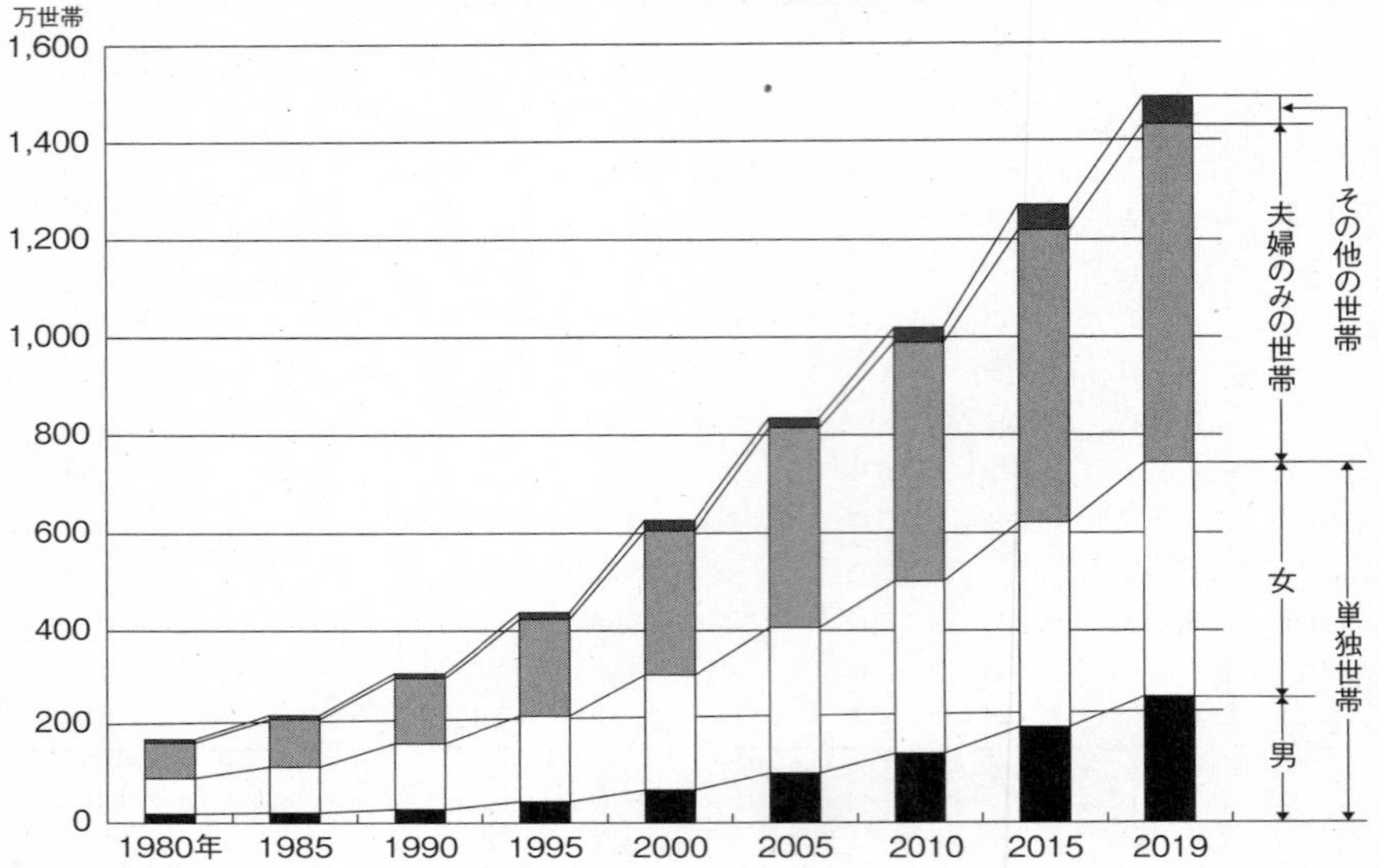

(注) 1995年は兵庫県を除く。
資料出所：厚生労働省「国民生活基礎調査」

図表付-22　性、年齢階級別高齢単独世帯の構成割合の推移

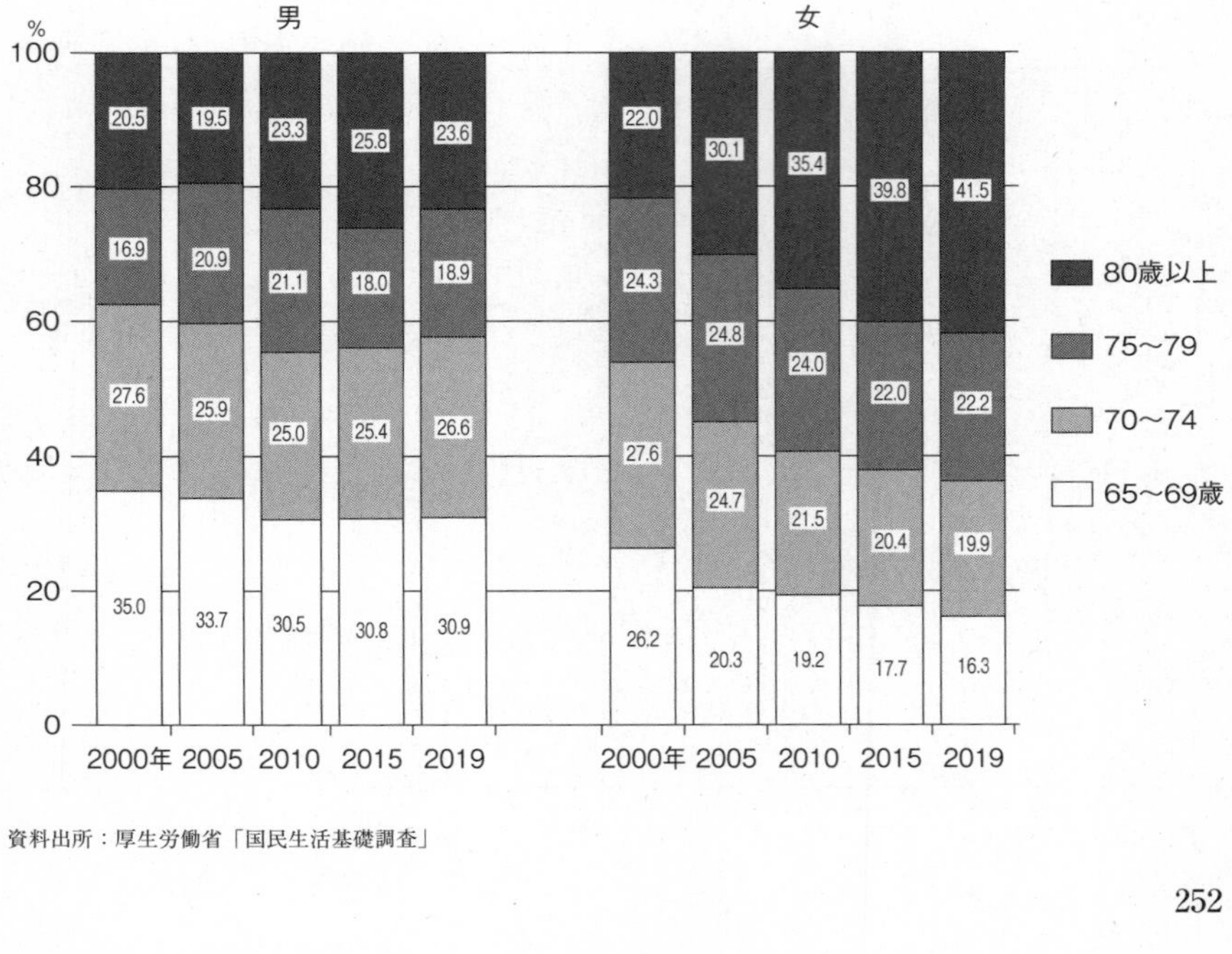

資料出所：厚生労働省「国民生活基礎調査」

図表付-23　世帯構造別65歳以上の者のいる世帯数の推移

（単位：千世帯）

年次	総数	全世帯に占める割合（%）	単独世帯	夫婦のみの世帯	いずれかが65歳未満	ともに65歳以上	親と未婚の子のみの世帯	三世代世帯	その他の世帯	65歳以上の者のみの世帯（再掲）
1975年	7,118	(21.7)	611	931	487	443	683	3,871	1,023	1,069
1980	8,495	(24.0)	910	1,379	657	722	891	4,254	1,062	1,659
1985	9,400	(25.3)	1,131	1,795	799	996	1,012	4,313	1,150	2,171
1990	10,816	(26.9)	1,613	2,314	914	1,400	1,275	4,270	1,345	3,088
1995	12,695	(31.1)	2,199	3,075	1,024	2,050	1,636	4,232	1,553	4,370
2000	15,647	(34.4)	3,079	4,234	1,252	2,982	2,268	4,141	1,924	6,240
2005	18,532	(39.4)	4,069	5,420	1,349	4,071	3,010	3,947	2,088	8,337
2010	20,705	(42.6)	5,018	6,190	1,314	4,876	3,837	3,348	2,313	10,188
2015	23,724	(47.1)	6,243	7,469	1,471	5,998	4,704	2,906	2,402	12,688
2017	23,787	(47.2)	6,274	7,731	1,297	6,435	4,734	2,621	2,427	13,197
2018	24,927	(48.9)	6,830	8,045	1,397	6,648	5,122	2,493	2,437	14,041
2019	25,584	(49.4)	7,369	8,270	1,332	6,938	5,119	2,404	2,423	14,856

（注）1995年は兵庫県を除く。
資料出所：厚生労働省「国民生活基礎調査」

図表付-24　世帯構造別65歳以上の者のいる世帯数の構成割合の推移

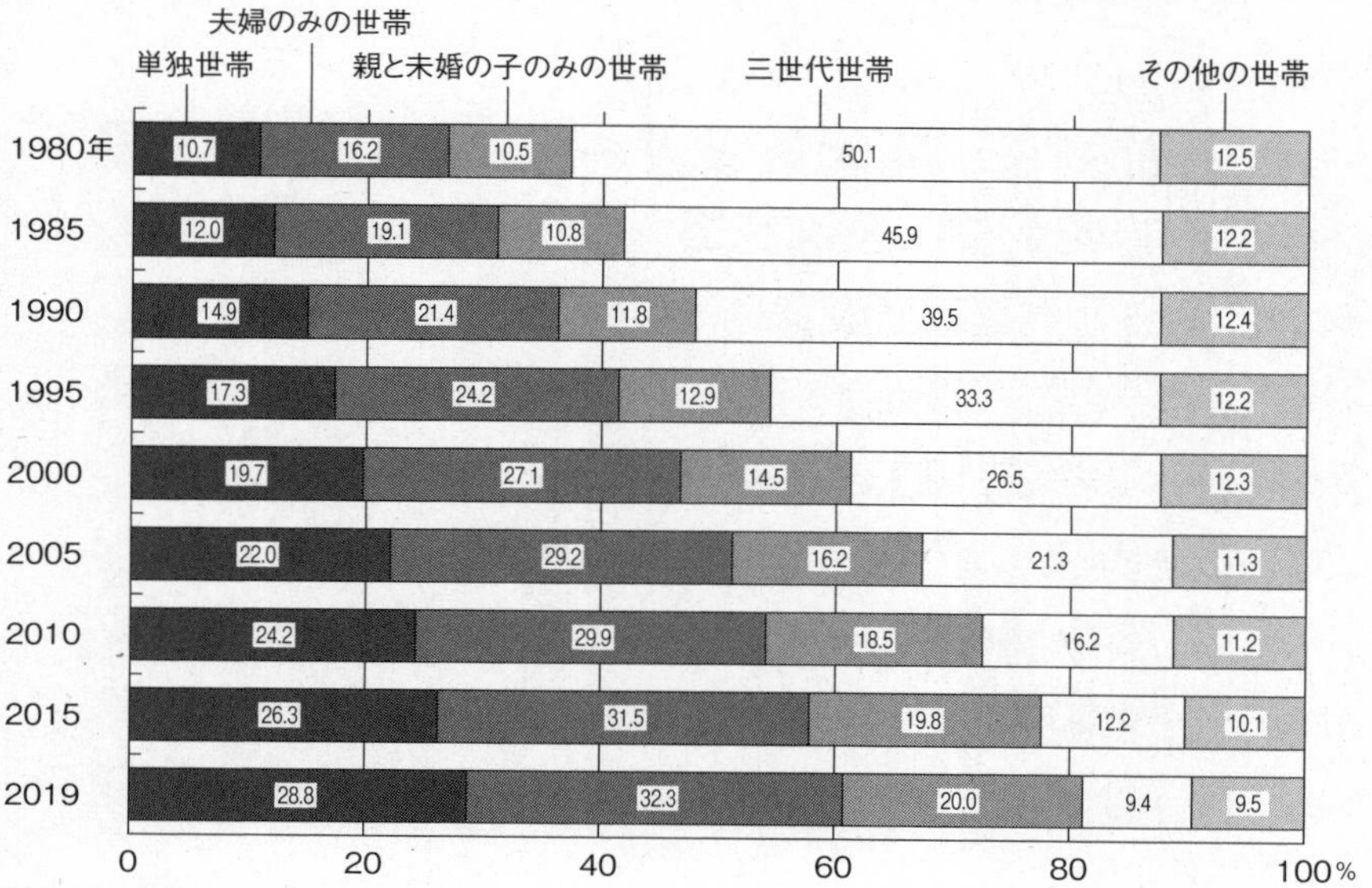

（注）1995年は兵庫県を除く。
資料出所：厚生労働省「国民生活基礎調査」

図表付-25　児童の有（児童数）無別世帯数と平均児童数の推移

（単位：千世帯）

年次	総数	児童のいる世帯	1人	2人	3人	4人以上	児童のいない世帯	児童のいる世帯の平均児童数(人)
1975年	32,877	17,427	6,578	8,089	2,401	360	15,450	1.81
1980	35,338	17,630	6,251	8,568	2,497	315	17,708	1.83
1985	37,226	17,385	6,174	8,417	2,520	274	19,841	1.83
1990	40,273	15,573	5,803	7,176	2,348	247	24,700	1.81
1995	40,770	13,586	5,495	5,854	1,999	238	27,183	1.78
2000	45,545	13,060	5,485	5,588	1,768	219	32,485	1.75
2005	47,043	12,366	5,355	5,323	1,480	208	34,677	1.72
2010	48,638	12,324	5,514	5,181	1,433	195	36,314	1.70
2015	50,361	11,817	5,487	4,779	1,338	213	38,545	1.69
2017	50,425	11,734	5,202	4,937	1,381	213	38,691	1.71
2018	50,991	11,267	5,117	4,551	1,408	191	39,724	1.71
2019	51,785	11,221	5,250	4,523	1,250	198	40,564	1.68

（注）1．「児童のいる世帯」とは、18歳未満の未婚の者が同居している世帯をいう。
　　　2．1995年は兵庫県を除く。
資料出所：厚生労働省「国民生活基礎調査」

図表付-26　児童の有（児童数）無別世帯数の構成割合の推移

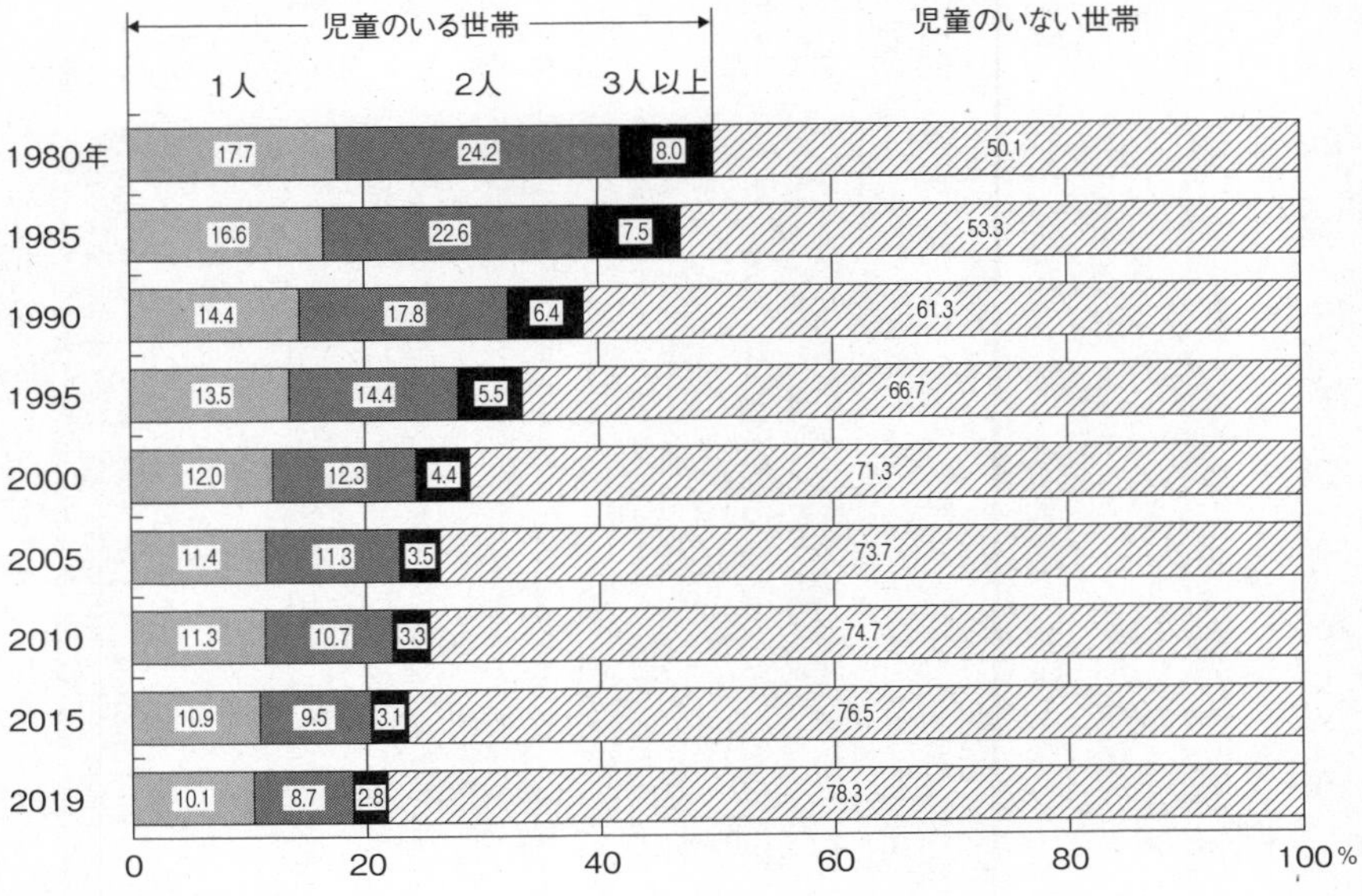

（注）1995年は兵庫県を除く。
資料出所：厚生労働省「国民生活基礎調査」

図表付-27　児童のいる世帯の末子の母の仕事の有無別構成割合の推移

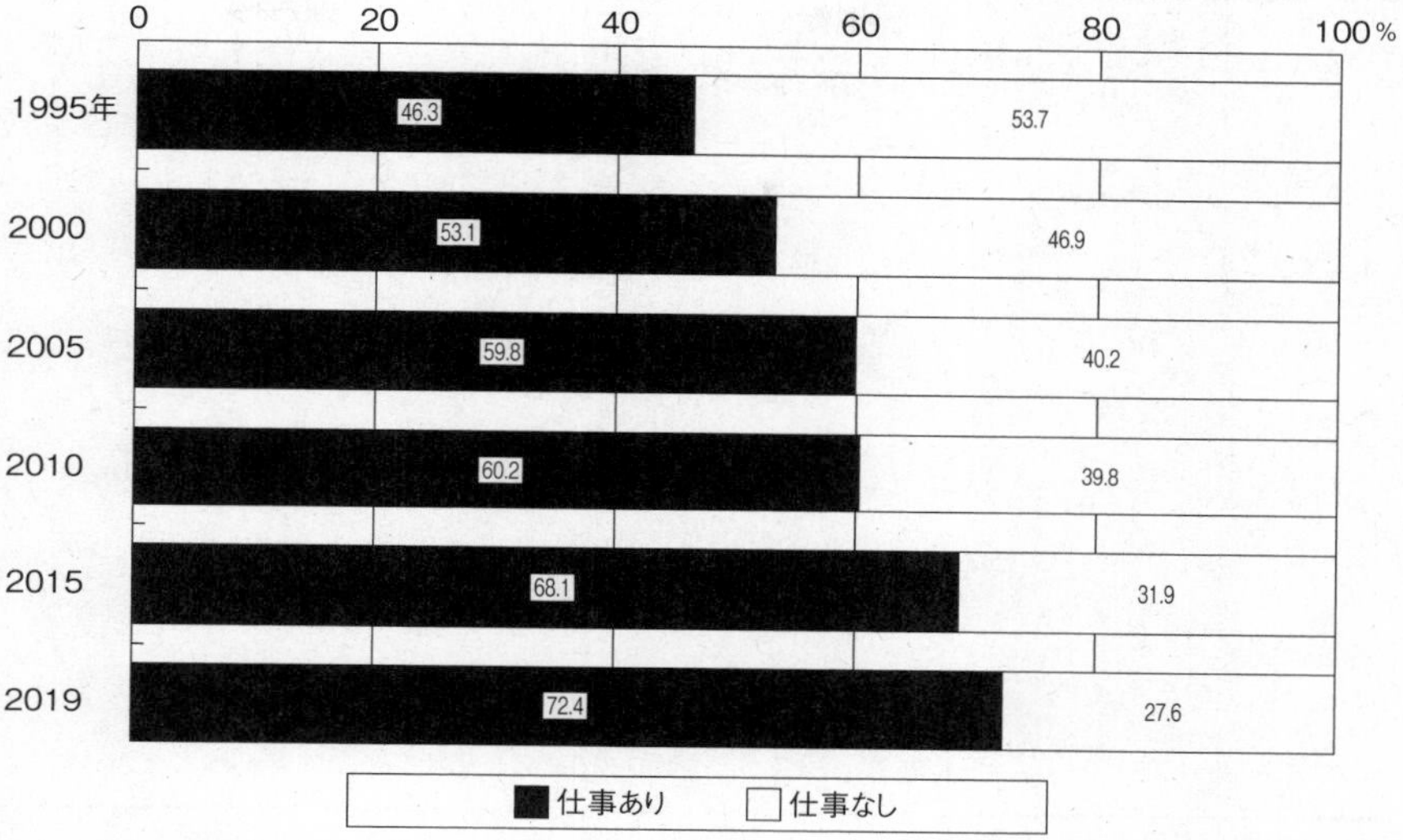

（注）1．「母子世帯」を含む。
2．「母のいない世帯」及び「母の仕事の有無不詳の世帯」は除く。
3．1995年は兵庫県を除く。
資料出所：厚生労働省「国民生活基礎調査」

図表付-28　末子の年齢階級、仕事の有無、正規・非正規等別児童のいる世帯の末子の母の構成割合（2019年）

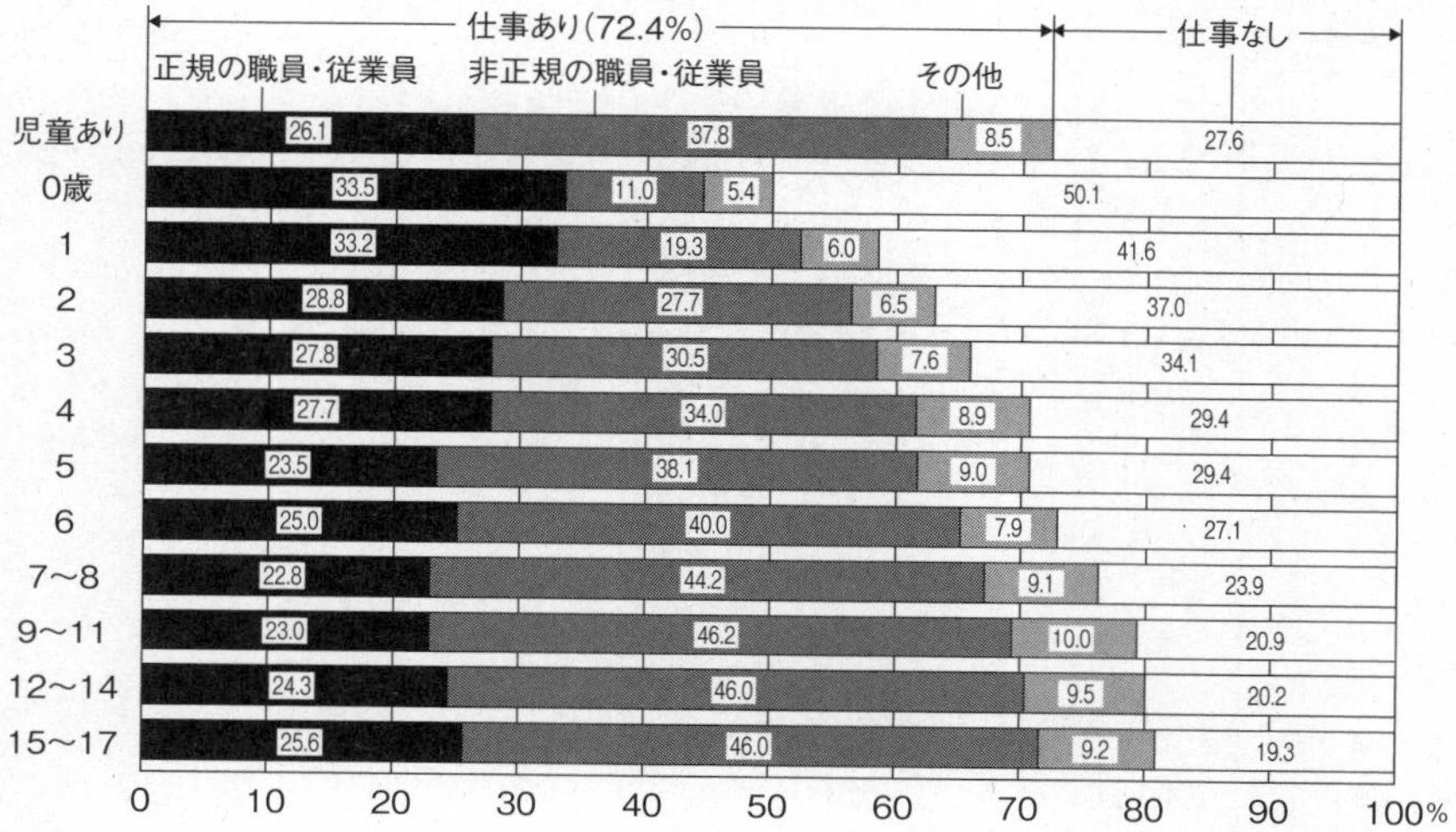

（注）1．「その他」には、自営業主、家族従業者、会社・団体等の役員、内職、その他、勤めか自営か不詳及び勤め先での呼称不詳を含む。
2．「母の仕事の有無不詳」は含まない。
資料出所：厚生労働省「国民生活基礎調査」

図表付-29　１世帯当たり・世帯人数１人当たり平均所得金額の推移

年次	１世帯当たり平均所得金額（万円）	対前年増加率（％）	１世帯当たり平均可処分所得金額（万円）	対前年増加率（％）	世帯人員１人当たり平均所得金額（万円）	対前年増加率（％）	平均世帯人員（人）
1990年	596.6	5.3	…	…	183.6	5.2	3.25
1995	659.6	−0.7	545.4	−0.3	219.2	1.3	3.01
2000	616.9	−1.5	512.0	−2.3	212.1	−3.5	2.91
2005	563.8	−2.9	448.5	−4.9	205.9	1.3	2.74
2010	538.0	−2.1	420.4	−2.3	200.4	−3.3	2.68
2015	545.4	0.6	416.4	−0.9	212.2	0.6	2.57
2016	560.2	2.7	428.8	3.0	219.5	3.4	2.55
2017	551.6	−1.5	421.3	−1.7	222.1	1.2	2.48
2018	552.3	−1.4	417.7	−2.6	222.3	1.3	2.48

（注）１．まかない付きの寮・寄宿舎は除く。
２．金額不詳の世帯は除く。
３．2010年は岩手県、宮城県及び福島県を除く。
４．2015年は熊本県を除く。
資料出所：厚生労働省「国民生活基礎調査」

図表付-30　所得五分位階級別１世帯当たり平均所得金額の推移

所得五分位階級	1995年	2000	2005	2010	2015	2016	2017	2018
	１世帯当たり平均所得金額（万円）							
総　数	659.6	616.9	563.8	538.0	545.4	560.2	551.6	552.3
第　Ⅰ	163.1	136.5	129.0	124.3	126.0	133.4	126.8	125.2
第　Ⅱ	364.0	316.0	289.8	276.4	271.7	287.3	271.6	277.9
第　Ⅲ	555.4	497.4	459.5	431.1	431.0	445.4	427.2	441.1
第　Ⅳ	792.3	743.3	679.7	650.9	654.4	674.8	657.3	667.7
第　Ⅴ	1,423.2	1,391.2	1,261.4	1,207.4	1,243.8	1,260.0	1,275.2	1,249.8
	対前年増加率（％）							
総　数	−0.7	−1.5	−2.9	−2.1	0.6	2.7	−1.5	0.1
第　Ⅰ	8.4	−3.8	4.1	−3.9	0.2	5.9	−4.9	−1.3
第　Ⅱ	3.0	−1.3	−0.7	−2.4	0.6	5.7	−5.5	2.3
第　Ⅲ	1.6	−1.9	−1.4	−2.3	0.5	3.3	−4.1	3.3
第　Ⅳ	0.4	−1.5	−6.3	−1.3	−0.7	3.1	−2.6	1.6
第　Ⅴ	−3.9	−1.0	−2.6	−2.2	1.5	1.3	1.2	−2.0

（注）１．2010年は岩手県、宮城県及び福島県を除く。
２．2015年は熊本県を除く。
資料出所：厚生労働省「国民生活基礎調査」

図表付-31　世帯主の年齢階級別１世帯当たり・世帯人員１人当たり平均所得金額（2018年）

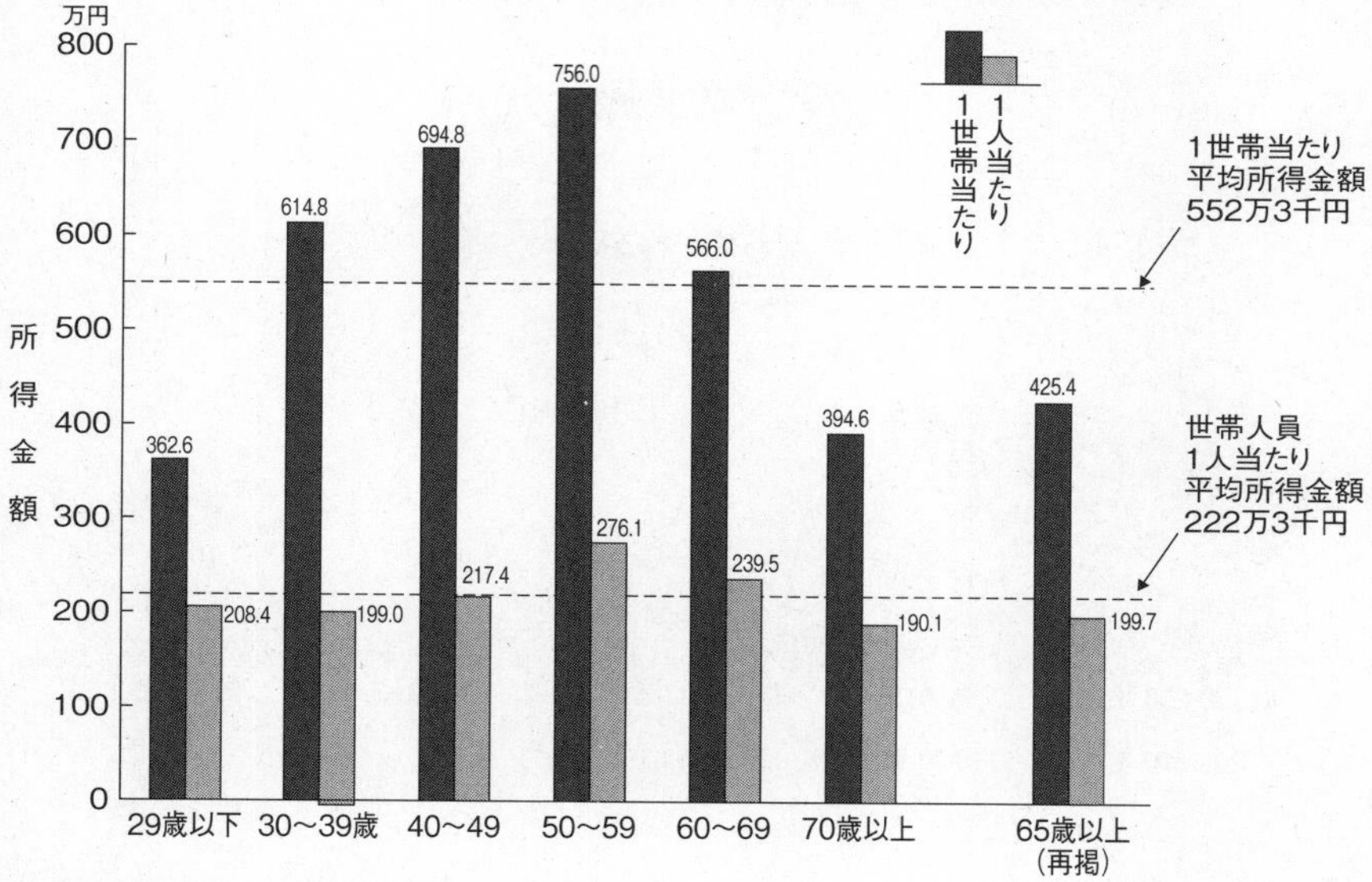

資料出所：厚生労働省「国民生活基礎調査」

図表付-32　世帯構造別１世帯当たり平均所得金額の推移

（単位：万円）

年次	総数	単独世帯	核家族世帯	夫婦のみの世帯	夫婦と未婚の子のみの世帯	ひとり親と未婚の子のみの世帯	三世代世帯	その他の世帯
1990年	596.6	247.1	621.8	497.5	701.6	417.0	809.9	611.0
1995	659.6	291.4	692.9	560.7	797.5	468.3	967.9	715.3
2000	616.9	277.9	651.7	550.5	757.9	427.8	915.9	667.1
2005	563.8	267.5	606.4	501.8	738.7	378.6	910.3	584.9
2010	538.0	246.5	582.5	491.2	706.1	369.4	871.0	598.3
2015	545.4	255.2	601.7	499.0	731.1	414.9	877.0	638.1
2016	560.2	289.5	618.5	506.0	758.0	422.9	925.5	602.1
2017	551.6	280.9	626.4	529.1	774.6	408.7	873.4	573.3
2018	552.3	274.7	622.0	520.1	760.0	442.8	900.3	584.9

（注）１．2010年は岩手県、宮城県及び福島県を除く。
　　　２．2015年は熊本県を除く。
資料出所：厚生労働省「国民生活基礎調査」

図表付-33　所得金額階級別世帯数の相対度数分布（2018年）

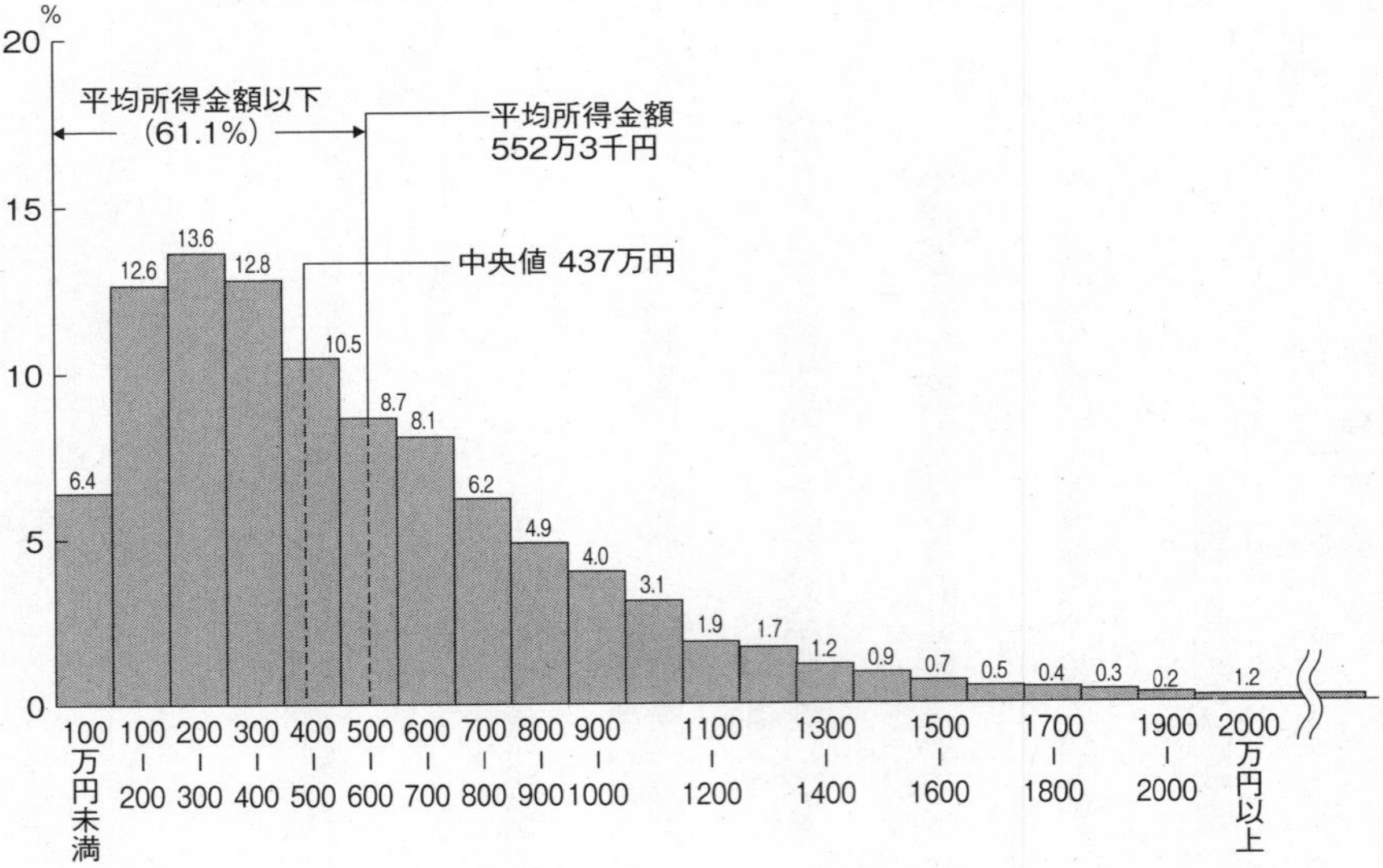

資料出所：厚生労働省「2019年 国民生活基礎調査の概況」

図表付-34　世帯類型別１世帯当たり平均所得金額の推移

（単位：万円）

年次	総数	高齢者世帯	母子世帯	その他の世帯	児童のいる世帯（再掲）
1990年	596.6	263.9	249.0	636.0	670.4
1995	659.6	316.9	252.0	713.9	737.2
2000	616.9	319.5	252.8	684.2	725.8
2005	563.8	301.9	211.9	640.4	718.0
2010	538.0	307.2	252.3	615.6	658.1
2015	545.4	308.1	270.1	644.7	707.6
2016	560.2	318.6	290.5	663.5	739.8
2017	551.6	334.9	282.9	661.0	743.6
2018	552.3	312.6	306.0	664.5	745.9

（注）１．「その他の世帯」には「父子世帯」を含む。
２．「母子世帯」は客体が少ないため、数値の使用には注意を要する。
３．2010年は岩手県、宮城県及び福島県を除く。
４．2015年は熊本県を除く。

資料出所：厚生労働省「国民生活基礎調査」

図表付-35　生活意識別世帯数の構成割合の推移

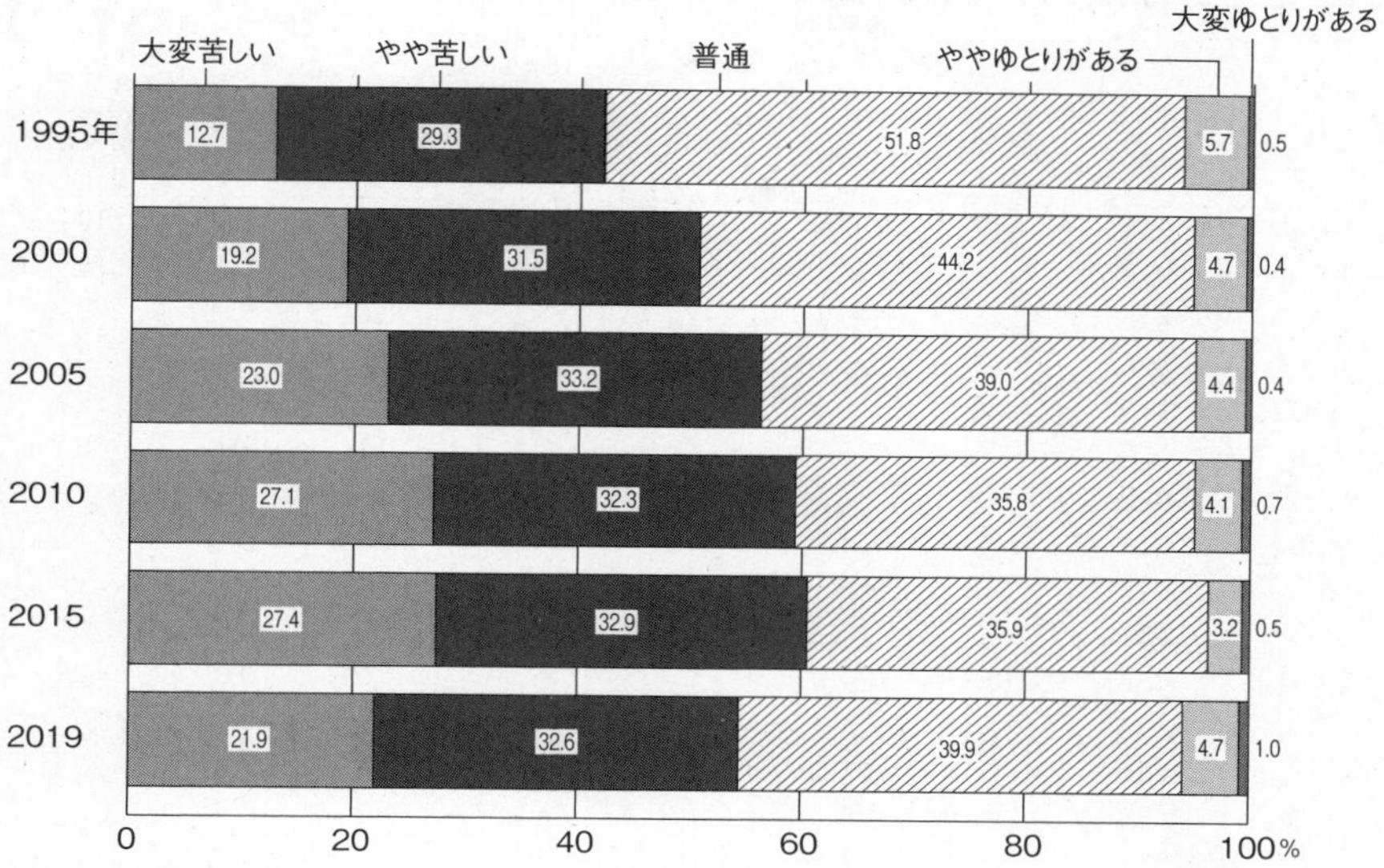

（注）1995年は兵庫県を除く。
資料出所：厚生労働省「国民生活基礎調査」

図表付-36　全世帯および特定世帯の生活意識別世帯数の構成割合（2019年）

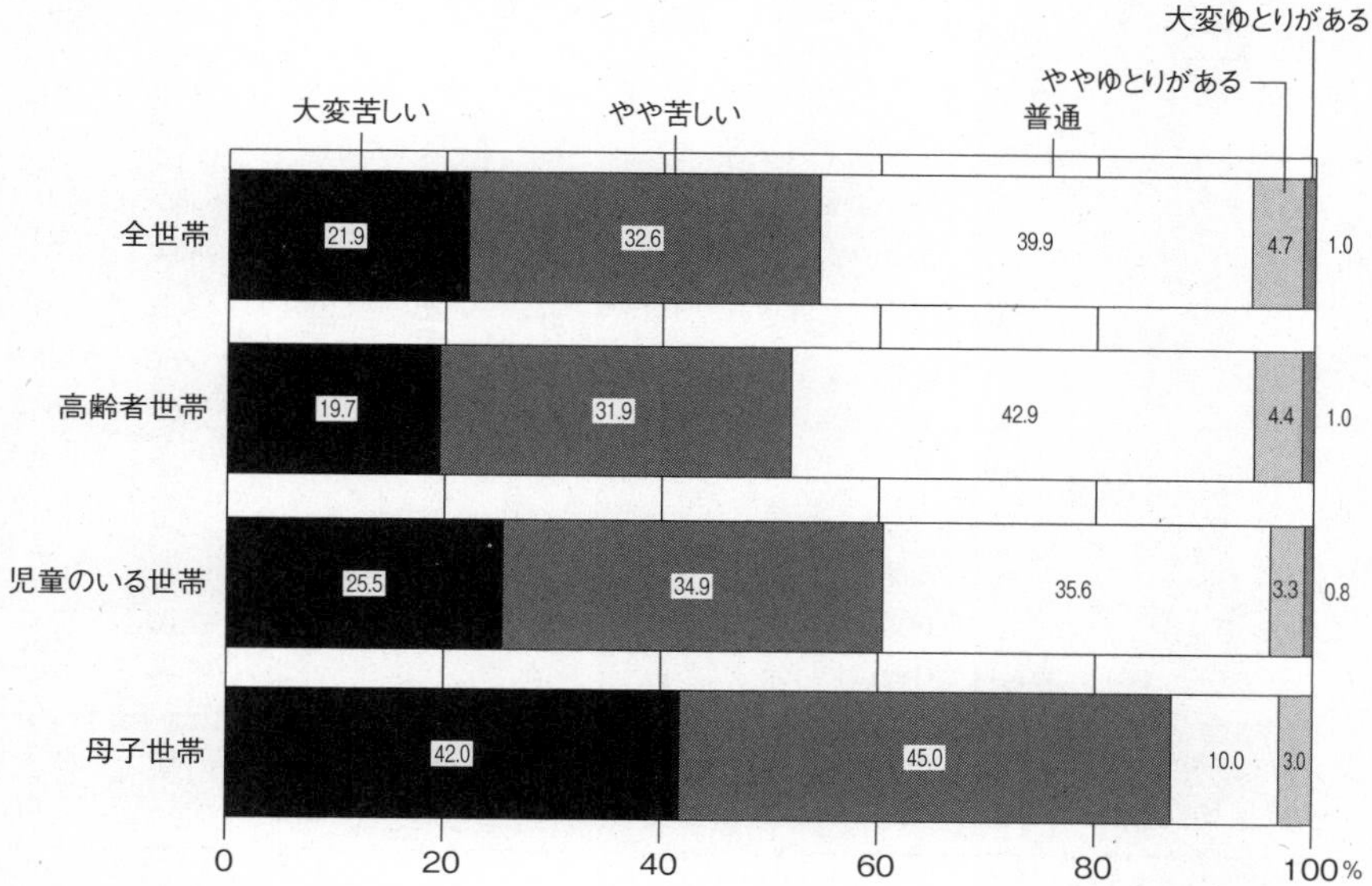

資料出所：厚生労働省「国民生活基礎調査」

図表付-37　消費者物価指数の推移

(2020年＝100)

年次	総合指数		生鮮食品を除く総合		持家の帰属家賃を除く総合		食料（酒類を除く）及びエネルギーを除く総合	
	指数	前年比（%）	指数	前年比（%）	指数	前年比（%）	指数	前年比（%）
1975年	53.1	11.7	53.6	11.9	53.8	11.8	52.2	10.7
1980	73.2	7.7	73.5	7.5	73.8	8.0	73.2	6.5
1985	83.8	2.0	84.2	2.0	84.5	2.1	85.4	2.7
1990	89.6	3.1	89.9	2.7	89.7	3.1	93.8	2.6
1995	95.9	－0.1	96.5	0.0	95.5	－0.3	101.6	0.7
2000	97.3	－0.7	98.3	－0.4	96.4	－0.9	103.9	－0.4
2005	95.2	－0.3	96.1	－0.1	93.8	－0.4	100.8	－0.4
2010	94.8	－0.7	95.4	－1.0	93.5	－0.8	98.2	－1.2
2015	98.2	0.8	98.5	0.5	97.8	1.0	99.3	1.0
2016	98.1	－0.1	98.2	－0.3	97.7	－0.1	99.6	0.3
2017	98.6	0.5	98.7	0.5	98.3	0.6	99.6	－0.1
2018	99.5	1.0	99.5	0.9	99.5	1.2	99.7	0.1
2019	100.0	0.5	100.2	0.6	100.0	0.6	100.1	0.4
2020	100.0	0.0	100.0	－0.2	100.0	0.0	100.0	－0.1
2021	99.8	－0.2	99.8	－0.2	99.7	－0.3	99.2	－0.8

資料出所：総務省統計局「消費者物価指数」

図表付-38　栄養素等1人1日当たり摂取量の推移

栄養素等		1975年	1985	1995	2005	2015	2017	2018	2019
エネルギー	kcal	2,188	2,088	2,042	1,904	1,889	1,897	1,900	1,903
たん白質	g	80.0	79.0	81.5	71.1	69.1	69.4	70.4	71.4
うち動物性	g	38.9	40.1	44.4	38.3	37.3	37.8	38.9	40.1
脂質	g	52.0	56.9	59.9	53.9	57.0	59.0	60.4	61.3
うち動物性	g	25.6	27.6	29.8	27.3	28.7	30.0	31.8	32.4
炭水化物	g	337	298	280	267	258	255	251	248
カルシウム	mg	550	553	585	539	517	514	505	505
鉄	mg	13.4	10.8	11.8	8.0	7.6	7.5	7.5	7.6
ビタミンA	μgRE	1,602	2,188	2,840	604	534	519	518	534
ビタミンB₁	mg	1.11	1.34	1.22	0.87	0.86	0.87	0.90	0.95
ビタミンB₂	mg	0.96	1.25	1.47	1.18	1.17	1.18	1.16	1.18
ビタミンC	mg	117	128	135	106	98	94	95	94
穀類エネルギー比率	%	49.8	47.2	40.7	42.7	41.2	40.4	40.0	39.5
動物性たんぱく質比率	%	48.6	50.8	54.5	52.1	52.3	52.7	53.5	54.3

(注) 1.　ビタミンAの単位はレチノール当量。1995年以前の単位はIU。
　　2.「穀類エネルギー比率」及び「動物性たんぱく質比率」は個々人の計算値の平均。

資料：厚生労働省「国民健康・栄養調査」

図表付-39　国民1人1日当たり食品群別摂取量の推移

（単位：g）

食品群	1975年	1985	1995	2005	2015	2017	2018	2019
総量	1,411.6	1,345.6	1,449.2	2,080.7	2,205.8	2,038.0	1,994.0	1,979.9
穀類	340.0	308.9	264.0	452.0	430.7	421.8	415.1	410.7
米類	248.3	216.1	167.9	343.9	318.3	308.0	308.5	301.4
小麦類	90.2	91.3	93.7	99.3	102.6	103.6	97.3	99.4
その他	1.5	1.5	2.5	8.8	9.8	10.2	9.2	9.9
いも類	60.9	63.2	68.9	59.1	50.9	52.7	51.0	50.2
さつまいも・加工品	11.0	10.7	10.8	7.2	6.6	8.0	6.9	6.3
じゃがいも・加工品	22.1	25.6	30.3	28.5	25.1	25.1	24.8	23.0
その他	27.8	26.9	27.8	23.5	19.3	19.6	19.3	20.9
砂糖・甘味料類	14.6	11.2	9.9	7.0	6.6	6.8	6.4	6.3
豆類	70.0	66.6	70.0	59.3	60.3	62.8	62.9	60.6
大豆・加工品	67.2	64.3	68.0	57.7	58.6	61.6	61.4	59.2
その他の豆・加工品	2.8	2.3	2.0	1.5	1.7	1.2	1.4	1.4
種実類	1.5	1.4	2.1	1.9	2.3	2.6	2.4	2.5
果実類	193.5	140.6	133.0	125.7	107.6	105.0	96.7	96.4
緑黄色野菜	48.2	73.9	94.0	94.4	94.4	83.9	82.9	81.8
その他野菜	189.9	178.1	184.4	185.3	187.6	192.2	186.3	188.0
きのこ類	8.6	9.7	11.8	16.2	15.7	16.1	16.0	16.9
藻類	4.9	5.6	5.3	14.3	10.0	9.9	8.5	9.9
動物性食品	303.3	320.0	366.8	324.7	329.0	336.1	340.6	340.1
魚介類	94.0	90.0	96.9	84.0	69.0	64.4	65.1	64.1
肉類	64.2	71.7	82.3	80.2	91.0	98.5	104.5	103.0
卵類	41.5	40.3	42.1	34.2	35.5	37.6	41.1	40.4
乳類	103.6	116.7	144.5	125.1	132.2	135.7	128.8	131.2
油脂類	15.8	17.7	17.3	10.4	10.8	11.3	11.0	11.2
菓子類	29.0	22.8	26.8	25.3	26.7	26.8	26.1	25.7
嗜好飲料類	119.7（嗜好飲料類・調味料・香辛料類）	113.4（嗜好飲料類・調味料・香辛料類）	190.2（嗜好飲料類・調味料・香辛料類）	601.6	788.7	623.4	628.6	618.5
調味料・香辛料類				92.8	85.7	86.5	60.7	62.5
補助栄養素・特定保健用食品	…	…	…	11.8	−	−	−	−
その他	11.7	13.7	17.6	−	−	−	−	−

（注）1．2001年より次のとおり分類・計量方法が変更され、それ以前と接続しない。
・「ジャム」は「砂糖類」から「果実類」に、「味噌」は「豆類」から「調味料・香辛料類」に、「マヨネーズ」は「油脂類」から「調味料・香辛料類」に分類。
・「その他のいも・加工品」には「でんぷん・加工品」が含まれ、「その他の野菜」には「野菜ジュース」「漬けもの」が含まれる。
・「動物性食品」の「総量」には「バター」「動物性油脂」が含まれるため、内訳合計とは一致しない。
・数量は調理を加味、「米・加工品」の米は「めし」・「かゆ」など、「その他の穀類・加工品」の「干しそば」は「ゆでそば」など、「藻類」の「乾燥わかめ」は「水戻しわかめ」など、「嗜好飲料類」の「茶葉」は「茶浸出液」などで算出。
2．2003年～2011年までは補助栄養素及び特定保健用食品からの摂取量の調査が追加された。
資料：厚生労働省「国民健康・栄養調査」

図表付-40　年間収入五分位階級別家計収支（二人以上の世帯のうち勤労者世帯）（2021年）

（単位：円/月）

	年間収入五分位階級						第Ⅰ階級に対する第Ⅴ階級の倍率
	平均	第Ⅰ階級 ～466万円	第Ⅱ階級 466～604万円	第Ⅲ階級 604～750万円	第Ⅳ階級 750～962万円	第Ⅴ階級 962万円～	
世帯人員（人）	3.28	2.98	3.24	3.30	3.46	3.41	−
有業人員（人）	1.78	1.57	1.67	1.80	1.86	1.98	−
世帯主の年齢（歳）	50.1	51.1	49.8	49.5	49.2	50.6	−
持家率（%）	79.0	68.2	77.3	80.4	83.8	85.4	−
実収入	605,316	340,751	451,739	547,272	684,082	1,002,735	2.94
世帯主収入	444,517	242,984	333,794	408,281	524,222	713,303	2.94
定期収入	360,299	216,025	284,391	336,206	412,093	552,780	2.56
臨時収入・賞与	84,218	26,959	49,403	72,075	112,129	160,523	5.95
世帯主の配偶者の収入	90,827	28,234	49,871	73,373	97,881	204,775	7.25
可処分所得	492,681	295,264	381,459	453,746	554,505	778,433	2.64
消費支出	309,469	221,435	258,599	288,273	338,708	440,328	1.99
食料	78,576	61,718	70,361	77,706	82,990	100,102	1.62
住居	19,848	18,271	17,577	18,267	19,370	25,754	1.41
光熱・水道	21,448	19,831	20,614	21,202	22,295	23,298	1.17
家具・家事用品	12,720	9,649	10,707	12,563	13,788	16,890	1.75
被服及び履物	10,463	6,160	8,244	9,774	11,268	16,869	2.74
保健医療	13,130	9,434	10,222	12,918	14,177	18,899	2.00
交通・通信	49,512	37,385	44,589	43,225	54,373	67,991	1.82
教育	19,197	6,883	11,684	15,796	23,260	38,360	5.57
教養娯楽	27,452	16,896	21,946	25,480	29,690	43,247	2.56
その他の消費支出	57,124	35,209	42,655	51,342	67,495	88,917	2.53
交際費	13,412	8,515	10,544	13,358	14,315	20,329	2.39
仕送り金	8,524	2,366	3,603	5,164	13,019	18,470	7.81
非消費支出	112,634	45,487	70,280	93,525	129,577	224,302	4.93
直接税	47,242	13,734	24,205	34,522	52,621	111,130	8.09
社会保険料	65,331	31,698	46,010	58,957	76,875	113,116	3.57
黒字率（%）	37.2	25.0	32.2	36.5	38.9	43.4	−
金融資産純増率（%）	34.7	23.1	30.1	32.4	36.6	41.4	−
平均消費性向（%）	62.8	75.0	67.8	63.5	61.1	56.6	−
非消費支出/実収入（%）	18.6	13.3	15.6	17.1	18.9	22.4	−

（注）「勤労者世帯」とは、世帯主（主たる家計支持者）が雇用されている人（ただし、会社団体の役員は除く）の世帯をいう。
資料出所：総務省統計局「家計調査」

図表付-41　高齢夫婦無職世帯の家計収支

	2019年		2020年		2021年		
	月平均額（円）	構成比（%）	月平均額（円）	構成比（%）	月平均額（円）	構成比（%）	（参考）総世帯の構成比（%）
世帯人員（人）	2.00	－	2.00	－	2.00	－	－
有業人員（人）	0.09	－	0.12	－	0.11	－	－
世帯主の年齢（歳）	75.6	－	75.7	－	76.1	－	－
実収入	237,659	100.0	257,763	100.0	237,988	100.0	－
勤め先収入	6,389	2.7	9,081	3.5	7,628	3.2	－
世帯主の配偶者の収入	6,389	2.7	9,081	3.5	7,628	3.2	－
事業・内職収入	5,092	2.1	6,624	2.6	5,172	2.2	－
他の経常収入	220,395	92.7	223,215	86.6	219,461	92.2	－
社会保障給付	216,910	91.3	217,670	84.4	214,530	90.1	－
仕送り金	469	0.2	494	0.2	751	0.3	－
可処分所得	206,678	－	225,806	－	206,199	－	－
消費支出	239,947	100.0	227,347	100.0	228,305	100.0	100.0
食料	66,458	27.7	66,131	29.1	66,118	29.0	26.6
住居	13,625	5.7	14,224	6.3	16,425	7.2	8.4
光熱・水道	19,983	8.3	19,810	8.7	19,563	8.6	7.6
家具・家事用品	10,100	4.2	10,453	4.6	10,568	4.6	4.1
被服及び履物	6,065	2.5	4,789	2.1	5,147	2.3	3.1
保健医療	15,759	6.6	16,158	7.1	16,383	7.2	5.1
交通・通信	28,328	11.8	28,475	12.5	26,909	11.8	13.7
教育	20	0.0	4	0.0	7	0.0	3.3
教養娯楽	24,804	10.3	20,155	8.9	19,831	8.7	9.3
その他の消費支出	54,806	22.8	47,149	20.7	47,356	20.7	18.8
諸雑費	20,845	8.7	19,727	8.7	19,433	8.5	8.8
交際費	25,749	10.7	19,780	8.7	20,765	9.1	6.1
仕送り金	1,134	0.5	1,414	0.6	1,530	0.7	2.0
非消費支出	30,982	－	31,957	－	31,789	－	－
直接税	11,976	－	13,051	－	12,677	－	－
社会保険料	18,966	－	18,887	－	19,088	－	－
黒字	－33,269	－	－1,541	－	－22,106	－	－
金融資産純増	－5,171	－	20,861	－	－957	－	－
平均消費性向（%）	116.1	－	100.7	－	110.7	－	－

（注）「高齢夫婦無職世帯」とは、夫65歳以上、妻60歳以上の夫婦のみの世帯で、世帯主が無職の世帯をいう。
資料出所：総務省統計局「家計調査」

図表付-42　性、年齢階級別単身世帯の家計消費支出

年齢階級、支出項目		女 2020年月平均（円）	女 2021年月平均（円）	女 構成比（%）	男 2020年月平均（円）	男 2021年月平均（円）	男 構成比（%）
35歳未満	平均年齢（歳）	26.5	27.6	–	27.2	27.6	–
	持家率（%）	5.6	9.2	–	2.9	6.3	–
	消費支出	145,870	163,767	100.0	152,268	152,805	100.0
	食料	29,457	29,405	18.0	39,999	39,821	26.1
	住居	43,832	38,400	23.4	33,487	34,179	22.4
	光熱・水道	7,874	8,530	5.2	7,493	7,041	4.6
	家具・家事用品	5,895	7,440	4.5	3,304	6,595	4.3
	被服及び履物	6,866	10,314	6.3	4,222	3,737	2.4
	保健医療	3,878	6,251	3.8	2,746	3,533	2.3
	交通・通信	16,182	20,846	12.7	20,646	19,643	12.9
	教育	0	0	0.0	0	18	0.0
	教養娯楽	11,693	17,964	11.0	23,135	21,220	13.9
	その他の消費支出	20,192	24,617	15.0	17,236	17,017	11.1
	交際費	7,849	8,237	5.0	5,374	8,526	5.6
	仕送り金	676	195	0.1	3,844	476	0.3
35～59歳	平均年齢（歳）	50.4	50.9	–	49.1	48.6	–
	持家率（%）	56.5	52.1	–	47.9	42.9	–
	消費支出	175,745	164,749	100.0	163,357	189,753	100.0
	食料	34,366	34,616	21.0	45,170	46,817	24.7
	住居	22,776	25,360	15.4	26,057	29,396	15.5
	光熱・水道	12,557	11,806	7.2	11,510	11,275	5.9
	家具・家事用品	7,138	7,282	4.4	4,124	4,304	2.3
	被服及び履物	9,754	6,896	4.2	4,791	3,965	2.1
	保健医療	8,452	8,179	5.0	5,494	7,014	3.7
	交通・通信	24,054	20,787	12.6	24,492	27,734	14.6
	教育	0	0	0.0	0	10	0.0
	教養娯楽	18,925	15,793	9.6	15,042	24,817	13.1
	その他の消費支出	37,724	34,029	20.7	26,676	34,421	18.1
	交際費	15,520	13,759	8.4	8,397	11,759	6.2
	仕送り金	2,041	1,147	0.7	4,971	8,306	4.4
60歳以上	平均年齢（歳）	75.6	75.1	–	72.5	72.5	–
	持家率（%）	85.1	82.4	–	79.2	74.4	–
	消費支出	143,359	142,606	100.0	139,304	138,348	100.0
	食料	36,270	36,471	25.6	40,762	39,804	28.8
	住居	13,478	13,824	9.7	11,633	13,948	10.1
	光熱・水道	13,323	13,271	9.3	12,509	11,764	8.5
	家具・家事用品	6,481	5,818	4.1	4,053	4,385	3.2
	被服及び履物	4,213	4,318	3.0	2,009	2,299	1.7
	保健医療	9,019	8,539	6.0	7,882	9,381	6.8
	交通・通信	12,500	14,006	9.8	19,492	17,300	12.5
	教育	0	1	0.0	0	17	0.0
	教養娯楽	12,810	12,988	9.1	15,844	15,508	11.2
	その他の消費支出	35,266	33,369	23.4	25,120	23,941	17.3
	交際費	18,647	17,727	12.4	11,673	9,563	6.9
	仕送り金	1,117	451	0.3	989	1,687	1.2

資料出所：総務省統計局「家計調査」

図表付-43　農家数/農業経営体の推移

（単位：千戸/経営体）

年次	総農家数	販売農家					自給的農家
		計	専業農家	兼業農家			
				計	第１種兼業	第２種兼業	
1990年	3,835	2,971	473	2,497	521	1,977	864
1995	3,444	2,651	428	2,224	498	1,725	792
2000	3,120	2,337	426	1,911	350	1,561	783
2005	2,848	1,963	443	1,520	308	1,212	885
2010	2,528	1,631	451	1,180	225	955	897
2015	2,155	1,330	443	887	165	722	825

年次	農業経営体	個人経営体				団体経営体	うち、法人経営体
		計	主業経営体	準主業経営体	副業的経営体		
2015年	1,377	1,340	292	259	790	37	27
2020	1,076	1,037	231	143	664	38	31
2021	1,031	991	222	136	633	40	32

（注）１．各年2月1日（2005年までの沖縄県は前年12月1日）現在。
２．「農家」は経営耕地面積が10a以上、又は農産物販売金額が15万円以上の世帯。
３．「販売農家」は経営耕地面積が30a以上、又は過去１年間における農産物販売金額が50万円以上の農家。「自給的農家」は販売農家以外の「農家」。
４．「専業農家」とは、世帯員の中に兼業従事者（調査期日前１年間に30日以上雇用兼業に従事した者又は販売金額が15万円以上ある自営兼業に従事した者）が１人もいない農家、「兼業農家」とは、世帯員の中に兼業従事者が1人以上いる農家。
５．「第1種兼業」は農業所得を主とする兼業農家、「第２種兼業」は農業所得を従とする兼業農家。
６．「農業経営体」とは、次のいずれかに該当する事業を行う者。
①経営耕地面積が30a以上、②露地野菜作付面積が15a以上、③施設野菜栽培面積が350㎡以上、④果樹栽培面積が10a以上、⑤露地花き栽培面積が10a以上、⑥施設花き栽培面積が250㎡以上、⑦搾乳牛または肥育牛飼養頭数が１頭以上、⑧豚飼養頭数が15頭以上、⑨採卵鶏飼養羽数が150羽以上、⑩ブロイラー年間出荷羽数が1000羽以上、⑪調査期日前1年間の農業生産物の総販売額50万円に相当する事業規模以上、⑫農作業受託事業
７．「個人経営体」とは、個人（世帯）で事業を行う経営体で、法人化して事業を行う経営体は含まない。
８．「主業経営体」とは、農業所得が主で調査期日前１年間に60日以上自営農業に従事している65歳未満の世帯員がいる個人経営体、「準主業経営体」とは、農業外所得が主で調査期日前１年間に60日以上自営農業に従事している65歳未満の世帯員がいる個人経営体、「副業的経営体」とは、調査期日前１年間に60日以上自営農業に従事している65歳未満の世帯員がいない個人経営体。

資料出所：農林水産省「農林業センサス」、「農業構造動態調査」（2021年）

図表付-44　性、年齢階級別農業従事者数の推移

（単位：千人）

年次	総数	女							男						
		計	39歳以下	40〜49	50〜59	60〜64	65〜69	70歳以上	計	39歳以下	40〜49	50〜59	60〜64	65〜69	70歳以上
1990年	4,819	2,841	463	364	708	486	379	442	1,978	288	188	370	354	309	467
1995	4,140	2,372	296	289	468	404	415	501	1,767	207	174	227	276	361	523
2000	3,891	2,171	229	225	339	307	384	686	1,721	211	139	184	200	311	676
2005	3,353	1,788	145	143	284	216	284	717	1,564	173	98	195	150	234	716
2010	2,606	1,300	71	76	196	162	187	608	1,306	106	71	162	157	173	637
2015	2,097	1,009	53	53	127	145	163	469	1,088	88	57	107	135	184	515
2015＊	3,415	1,537	168	147	292	220	201	509	1,878	301	199	329	250	245	554
2020	2,494	1,095	95	93	165	145	180	417	1,399	184	150	194	158	212	501
2021	2,294	1,008	82	87	147	130	155	408	1,286	166	141	177	144	169	489

（注）１．各年2月1日（2005年までの沖縄県は前年12月1日）現在。
２．2015年までは販売農家の15歳以上（1990年は16歳以上）の世帯員のうち、調査日前1年間に主として自営農業に従事した者。
３．2015＊及び2020年以降は農業経営体（個人経営体）の15歳以上の世帯員で、調査日前1年間に自営農業に従事した者。

資料出所：農林水産省「農林業センサス」、「農業構造動態調査」（2021年）

図表付-45　性、年齢階級別基幹的農業従事者の推移

（単位：千人）

年次	総数	女							男						
		計	39歳以下	40～49	50～59	60～64	65～69	70歳以上	計	39歳以下	40～49	50～59	60～64	65～69	70歳以上
1990年	2,927	1,405	164	241	446	261	173	120	1,522	195	182	351	303	238	253
1995	2,560	1,188	83	181	299	232	215	177	1,372	115	169	218	246	296	329
2000	2,400	1,140	50	140	228	193	227	301	1,260	83	131	172	174	255	444
2005	2,241	1,027	35	89	197	145	188	372	1,214	75	92	185	135	204	523
2010	2,051	903	26	53	153	123	142	407	1,148	70	68	156	149	161	544
2015	1,754	749	21	36	97	110	128	357	1,005	64	56	105	132	177	470
2015＊	1,757	751	21	35	96	110	128	360	1,006	63	55	105	132	178	474
2020	1,363	541	17	28	55	63	104	275	822	50	53	72	77	149	421
2021	1,302	512	16	28	52	58	86	273	790	49	54	69	70	119	427

（注）１．各年2月1日（2005年までの沖縄県は前年12月1日）現在。
２．2015年までは、販売農家の農業従事者のうち、ふだんの就業状態が「仕事が主」の者。
３．2015＊及び2020年以降は農業経営体（個人経営体）の農業従事者のうち、ふだんの就業状態が「仕事が主」の者。
資料出所：農林水産省「農林業センサス」、「農業構造動態調査」（2021年）

図表付-46　性別海面漁業就業者の推移

（単位：千人）

年次	漁業就業者			自営漁業			漁業雇われ		
	計	女	男	計	女	男	計	女	男
1978年	478.2	80.1	398.1	314.8	75.6	239.2	163.4	4.5	158.9
1983	446.5	78.2	368.3	300.9	74.1	226.8	145.6	4.1	141.5
1988	392.4	68.1	324.3	269.7	64.1	205.6	122.7	3.9	118.8
1993	324.9	57.0	267.9	236.6	53.5	183.1	88.3	3.5	84.8
1998	277.0	46.4	230.6	201.7	42.8	159.0	75.3	3.7	71.7
2003	238.4	39.2	199.2	175.8	36.0	139.8	62.6	3.2	59.3
2008	221.9	34.1	187.8	141.1	28.7	112.4	80.9	5.4	75.4
2013	181.0	23.9	157.1	109.2	19.8	89.4	71.7	4.1	67.7
2018	151.7	17.5	134.2	86.9	14.0	72.9	64.8	3.5	61.3
2019	144.7	17.2	127.6	80.3	13.4	66.8	64.5	3.7	60.7
2020	135.7	15.5	120.1	75.8	12.3	63.5	59.9	3.2	56.6

（注）１．各年11月1日現在。
２．「漁業就業者」とは、満15歳以上で、過去1年間に漁業の海上作業に30日以上従事した者。2007年までは、沿岸市区町村内に居住する者。2008年以降は非沿岸市区町村に居住する漁業雇われ者を含む。
３．2007年までは、自営のかたわら、雇われ漁業に従事した場合は、年間収入の多い方に分類、2008年以降は「漁業雇われ」に分類している。2008年以降の「自営漁業」は「自営漁業のみ」に従事した者。
４．「漁業雇われ」に「漁業従事役員」を含む。
資料出所：農林水産省「漁業センサス」、「漁業構造動態調査」（2019、2020年）

図表付-47　性、労働力状態別15歳以上人口の推移

（単位：万人）

性	年次	15歳以上人口	労働力人口	完全失業者	非労働力人口	家事	通学	その他	労働力人口比率(%)	労働力人口における性別割合(%)
女	1980年	4,591	2,185	43	2,391	1,560	370	461	47.6	38.7
	1985	4,863	2,367	63	2,472	1,528	407	537	48.7	39.7
	1990	5,178	2,593	57	2,562	1,514	451	597	50.1	40.6
	1995	5,402	2,701	87	2,698	1,637	424	636	50.0	40.5
	2000	5,583	2,753	123	2,824	1,739	381	705	49.3	40.7
	2005	5,684	2,750	116	2,929	1,681	346	902	48.4	41.3
	2010	5,712	2,768	127	2,940	1,601	322	1,017	48.5	42.0
	2015	5,733	2,842	88	2,888	1,455	318	1,115	49.6	43.1
	2019	5,733	3,058	66	2,670	1,261	282	1,128	53.3	44.4
	2020	5,726	3,044	76	2,677	1,240	277	1,160	53.2	44.3
	2021	5,711	3,057	77	2,650	1,188	276	1,185	53.5	44.6
男	1980年	4,341	3,465	71	859	8	464	386	79.8	61.3
	1985	4,602	3,596	93	978	11	496	472	78.1	60.3
	1990	4,911	3,791	77	1,095	14	538	543	77.2	59.4
	1995	5,108	3,966	123	1,139	22	489	627	77.6	59.5
	2000	5,253	4,014	196	1,233	36	435	761	76.4	59.3
	2005	5,323	3,901	178	1,416	39	404	973	73.3	58.7
	2010	5,337	3,822	207	1,512	53	376	1,083	71.6	58.0
	2015	5,344	3,756	134	1,585	68	356	1,160	70.3	56.9
	2019	5,359	3,828	96	1,526	67	318	1,142	71.4	55.6
	2020	5,354	3,823	115	1,527	75	311	1,141	71.4	55.7
	2021	5,332	3,803	116	1,526	77	309	1,139	71.3	55.4

（注）1．労働力人口比率＝労働力人口／15歳以上人口
2．15歳以上人口には労働力状態不詳を含む。
資料出所：総務省統計局「労働力調査」

図表付-48　年齢階級別女性の労働力人口比率の推移

（単位：％）

年次	総数	15～19歳	20～24	25～29	30～34	35～39	40～44	45～49	50～54	55～59	60～64	65歳以上
1975年	45.7	21.7	66.2	42.6	43.9	54.0	59.9	61.5	57.8	48.8	38.0	15.3
1980	47.6	18.5	70.0	49.2	48.2	58.0	64.1	64.4	59.3	50.5	38.8	15.5
1985	48.7	16.6	71.9	54.1	50.6	60.0	67.9	68.1	61.0	51.0	38.5	15.5
1990	50.1	17.8	75.1	61.4	51.7	62.6	69.6	71.7	65.5	53.9	39.5	16.2
1995	50.0	16.0	74.1	66.4	53.7	60.5	69.5	71.3	67.1	57.0	39.7	15.6
2000	49.3	16.6	72.7	69.9	57.1	61.4	69.3	71.8	68.2	58.7	39.5	14.4
2005	48.4	16.5	69.8	74.9	62.7	63.0	71.0	73.9	68.8	60.0	40.1	12.7
2010	48.5	15.9	69.4	77.1	67.8	66.2	71.6	75.8	72.8	63.3	45.7	13.3
2015	49.6	16.8	68.5	80.3	71.2	71.8	74.8	77.5	76.3	69.0	50.6	15.3
2019	53.3	22.1	76.3	85.1	77.5	76.7	80.2	81.4	80.0	74.7	59.9	18.0
2020	53.2	20.4	75.4	85.9	77.8	76.0	79.4	81.0	80.0	74.3	61.0	18.2
2021	53.5	20.1	76.0	86.9	79.4	77.7	80.1	81.2	80.0	74.7	62.2	18.4

資料出所：総務省統計局「労働力調査」

図表付-49　配偶関係別女性の労働力人口比率の推移

（単位：%）

年次	総数	未婚	有配偶	死別・離別
1975年	45.7	54.4	45.2	36.1
1980	47.6	52.6	49.2	34.2
1985	48.7	53.0	51.1	32.9
1990	50.1	55.2	52.7	32.3
1995	50.0	59.2	51.2	32.0
2000	49.3	62.2	49.7	31.0
2005	48.4	63.0	48.7	29.4
2010	48.5	63.4	49.2	29.5
2015	49.6	63.3	51.4	29.6
2019	53.3	66.7	56.0	31.9
2020	53.2	66.5	55.9	31.3
2021	53.5	67.1	56.2	31.4

資料出所：総務省統計局「労働力調査」

図表付-50　従業上の地位別女性就業者数および構成比の推移

年次	就業者数（万人）				構成比（%）		
	総数	自営業主	家族従業者	雇用者	自営業主	家族従業者	雇用者
1975年	1,953	280	501	1,167	14.3	25.7	59.8
1980	2,142	293	491	1,354	13.7	22.9	63.2
1985	2,304	288	461	1,548	12.5	20.0	67.2
1990	2,536	271	424	1,834	10.7	16.7	72.3
1995	2,614	234	327	2,048	9.0	12.5	78.3
2000	2,629	204	278	2,140	7.8	10.6	81.4
2005	2,633	166	226	2,229	6.3	8.6	84.7
2010	2,642	146	155	2,329	5.5	5.9	88.2
2015	2,754	136	132	2,474	4.9	4.8	89.8
2019	2,992	137	115	2,720	4.6	3.8	90.9
2020	2,968	135	113	2,703	4.5	3.8	91.1
2021	2,980	136	112	2,717	4.6	3.8	91.2

（注）総数には従業上の地位不詳を含む。
資料出所：総務省統計局「労働力調査」

図表付-51　性別完全失業者数および完全失業率の推移

年次	完全失業者数（万人）			完全失業率（%）		
	総数	女	男	総数	女	男
1975年	100	34	66	1.9	1.7	2.0
1980	114	43	71	2.0	2.0	2.0
1985	156	63	93	2.6	2.7	2.6
1990	134	57	77	2.1	2.2	2.0
1995	210	87	123	3.2	3.2	3.1
2000	320	123	196	4.7	4.5	4.9
2005	294	116	178	4.4	4.2	4.6
2010	334	127	207	5.1	4.6	5.4
2015	222	88	134	3.4	3.1	3.6
2019	162	66	96	2.4	2.2	2.5
2020	191	76	115	2.8	2.5	3.0
2021	193	77	116	2.8	2.5	3.1

(注）完全失業率＝完全失業者数/労働力人口
資料出所：総務省統計局「労働力調査」

図表付-52　性、年齢階級別完全失業者数の推移

（単位：万人）

年次		総数	15〜19歳	20〜24	25〜29	30〜34	35〜39	40〜44	45〜54	55〜64	65歳以上
女	2000年	123	6	23	23	15	10	9	20	15	2
	2005	116	5	18	19	19	13	10	17	13	2
	2010	127	4	18	17	15	17	14	21	17	3
	2015	88	2	11	12	10	10	10	17	11	3
	2019	66	1	9	9	7	7	7	14	10	3
	2020	76	2	10	11	8	6	8	17	11	4
	2021	77	2	10	10	7	7	7	17	13	4
男	2000年	196	10	31	28	18	12	11	32	45	10
	2005	178	6	26	26	20	16	13	25	38	8
	2010	207	5	24	28	22	21	17	31	46	12
	2015	134	3	13	17	15	14	13	23	25	11
	2019	96	2	10	11	11	9	8	18	16	11
	2020	115	3	12	14	12	11	10	21	20	13
	2021	116	2	13	14	11	10	9	22	21	13

資料出所：総務省統計局「労働力調査」

図表付-53　性、求職理由別完全失業者数および構成比の推移

年次		女 総数	女 非自発的な離職	女 自発的な離職	女 学卒未就職者	女 その他	男 総数	男 非自発的な離職	男 自発的な離職	男 学卒未就職者	男 その他
完全失業者（万人）	1985年	63	13	27	3	18	93	35	26	4	23
	1990	57	10	27	2	14	77	22	25	3	22
	1995	87	16	41	5	20	123	38	42	6	30
	2000	123	29	52	7	31	196	73	57	11	49
	2005	116	29	47	6	33	178	71	63	10	32
	2010	127	41	43	6	35	207	96	61	10	37
	2015	88	20	38	3	25	134	45	51	7	28
	2019	66	13	31	1	14	96	23	39	3	20
	2020	76	21	32	2	16	115	34	41	4	24
	2021	77	21	31	2	17	116	35	42	5	25
構成比（％）	1985年	100.0	20.6	42.9	4.8	28.6	100.0	37.6	28.0	4.3	24.7
	1990	100.0	17.5	47.4	3.5	24.6	100.0	28.6	32.5	3.9	28.6
	1995	100.0	18.4	47.1	5.7	23.0	100.0	30.9	34.1	4.9	24.4
	2000	100.0	23.6	42.3	5.7	25.2	100.0	37.2	29.1	5.6	25.0
	2005	100.0	25.0	40.5	5.2	28.4	100.0	39.9	35.4	5.6	18.0
	2010	100.0	32.3	33.9	4.7	27.6	100.0	46.4	29.5	4.8	17.9
	2015	100.0	22.7	43.2	3.4	28.4	100.0	33.6	38.1	5.2	20.9
	2019	100.0	19.7	47.0	1.5	21.2	100.0	24.0	40.6	3.1	20.8
	2020	100.0	27.6	42.1	2.6	21.1	100.0	29.6	35.7	3.5	20.9
	2021	100.0	27.3	40.3	2.6	22.1	100.0	30.2	36.2	4.3	21.6

（注）総数には求職理由不詳を含む。
資料出所：総務省統計局「労働力調査」

図表付-54　性別雇用者数および対前年増減数の推移

（単位：万人）

年次	雇用者数 総数	雇用者数 女	雇用者数 男	対前年増減数 総数	対前年増減数 女	対前年増減数 男	雇用者における女性比率（％）
1975年	3,646	1,167	2,479	9	−5	13	32.0
1980	3,971	1,354	2,617	95	44	51	34.1
1985	4,313	1,548	2,764	48	30	17	35.9
1990	4,835	1,834	3,001	156	85	72	37.9
1995	5,263	2,048	3,215	27	14	13	38.9
2000	5,356	2,140	3,216	25	24	1	40.0
2005	5,393	2,229	3,164	38	26	12	41.3
2010	5,463	2,329	3,133	3	18	−16	42.6
2015	5,640	2,474	3,166	45	38	7	43.9
2019	6,004	2,720	3,284	68	49	20	45.3
2020	5,973	2,703	3,270	−31	−17	−14	45.3
2021	5,973	2,717	3,256	0	14	−14	45.5

資料出所：総務省統計局「労働力調査」

図表付-55　性、産業別就業者数の推移

（単位：万人）

性、産業		2010年	2015	2019	2020	2021	構成比（%）
女	全産業	2,642	2,754	2,992	2,968	2,980	100.0
	農業、林業	97	82	83	79	75	2.5
	漁業	5	5	4	3	3	0.1
	鉱業、採石業、砂利採取業	1	1	0	0	1	0.0
	建設業	69	75	84	82	82	2.8
	製造業	314	313	319	312	311	10.4
	電気・ガス・熱供給・水道業	4	4	4	5	6	0.2
	情報通信業	49	55	65	68	74	2.5
	運輸業、郵便業	66	63	74	74	76	2.6
	卸売業、小売業	529	535	552	551	550	18.5
	金融業、保険業	85	83	88	91	92	3.1
	不動産業、物品賃貸業	40	45	52	56	58	1.9
	学術研究、専門・技術サービス業	66	71	85	86	91	3.1
	宿泊業、飲食サービス業	234	238	262	241	229	7.7
	生活関連サービス業、娯楽業	142	136	145	138	134	4.5
	教育、学習支援業	159	170	194	195	201	6.7
	医療、福祉	495	590	635	651	666	22.3
	複合サービス事業	20	23	22	20	21	0.7
	サービス業（他に分類されないもの）	189	157	185	182	182	6.1
	公務（他に分類されるものを除く）	52	62	67	74	78	2.6
男	全産業	3,615	3,622	3,733	3,709	3,687	100.0
	農業、林業	137	126	125	121	120	3.3
	漁業	13	14	12	11	10	0.3
	鉱業、採石業、砂利採取業	3	3	2	2	2	0.1
	建設業	429	425	415	410	400	10.8
	製造業	734	723	744	733	726	19.7
	電気・ガス・熱供給・水道業	30	25	24	27	28	0.8
	情報通信業	147	154	164	172	183	5.0
	運輸業、郵便業	284	271	273	273	274	7.4
	卸売業、小売業	529	518	507	506	512	13.9
	金融業、保険業	78	70	78	75	74	2.0
	不動産業、物品賃貸業	70	75	77	84	83	2.3
	学術研究、専門・技術サービス業	132	143	155	157	161	4.4
	宿泊業、飲食サービス業	153	145	158	150	141	3.8
	生活関連サービス業、娯楽業	97	94	96	96	91	2.5
	教育、学習支援業	129	133	140	144	144	3.9
	医療、福祉	158	194	208	211	218	5.9
	複合サービス事業	26	37	32	30	29	0.8
	サービス業（他に分類されないもの）	266	249	271	270	267	7.2
	公務（他に分類されるものを除く）	168	168	174	173	171	4.6

（注）総数には分類不能の産業を含む。
資料出所：総務省統計局「労働力調査」

図表付-56　性、職業別就業者数の推移

（単位：万人）

性、職業		2010年	2015	2019	2020	2021	構成比（%）
女	総数	2,642	2,754	2,992	2,968	2,980	100.0
	管理的職業従事者	17	18	19	17	17	0.6
	専門的・技術的職業従事者	440	494	561	574	601	20.2
	事務従事者	732	750	800	813	829	27.8
	販売従事者	361	369	381	376	373	12.5
	サービス職業従事者	502	533	580	565	549	18.4
	保安職業従事者	7	8	9	10	10	0.3
	農林漁業従事者	96	80	80	75	72	2.4
	生産工程従事者	262	253	262	253	255	8.6
	輸送・機械運転従事者	9	6	7	7	7	0.2
	建設・採掘従事者	6	5	7	7	7	0.2
	運搬・清掃・包装等従事者	185	198	225	219	217	7.3
男	総数	3,615	3,622	3,733	3,709	3,687	100.0
	管理的職業従事者	144	127	110	112	112	3.0
	専門的・技術的職業従事者	515	560	613	640	653	17.7
	事務従事者	497	506	520	538	549	14.9
	販売従事者	525	483	476	471	469	12.7
	サービス職業従事者	250	255	270	262	253	6.9
	保安職業従事者	115	118	123	123	119	3.2
	農林漁業従事者	153	142	138	134	130	3.5
	生産工程従事者	654	630	646	614	604	16.4
	輸送・機械運転従事者	213	211	214	209	206	5.6
	建設・採掘従事者	290	292	286	285	275	7.5
	運搬・清掃・包装等従事者	225	247	265	261	269	7.3

（注）総数には職業不詳を含む。
資料出所：総務省統計局「労働力調査」

図表付-57　年齢階級別女性雇用者数および構成比の推移

	年次	総数	15〜19歳	20〜24	25〜29	30〜34	35〜39	40〜44	45〜49	50〜54	55〜64	65歳以上
雇用者数（万人）	1980年	1,354	68	247	164	153	158	161	152	117	107	25
	1985	1,548	65	262	167	153	205	209	180	145	134	30
	1990	1,834	78	301	211	150	205	263	231	178	176	40
	1995	2,048	60	331	255	174	186	245	286	220	236	55
	2000	2,140	53	276	303	209	203	222	262	272	275	65
	2005	2,229	47	236	283	264	235	243	244	253	350	75
	2010	2,329	42	207	255	250	279	270	263	240	406	117
	2015	2,474	46	194	237	236	270	328	302	270	410	181
	2019	2,720	60	222	242	240	264	319	360	308	453	252
	2020	2,703	54	219	245	234	257	304	361	312	460	257
	2021	2,717	52	220	249	233	256	294	357	327	463	266
構成比（%）	1980年	100.0	5.0	18.2	12.1	11.3	11.7	11.9	11.2	8.6	7.9	1.8
	1985	100.0	4.2	16.9	10.8	9.9	13.2	13.5	11.6	9.4	8.7	1.9
	1990	100.0	4.3	16.4	11.5	8.2	11.2	14.3	12.6	9.7	9.6	2.2
	1995	100.0	2.9	16.2	12.5	8.5	9.1	12.0	14.0	10.7	11.5	2.7
	2000	100.0	2.5	12.9	14.2	9.8	9.5	10.4	12.2	12.7	12.9	3.0
	2005	100.0	2.1	10.6	12.7	11.8	10.5	10.9	10.9	11.4	15.7	3.4
	2010	100.0	1.8	8.9	10.9	10.7	12.0	11.6	11.3	10.3	17.4	5.0
	2015	100.0	1.9	7.8	9.6	9.5	10.9	13.3	12.2	10.9	16.6	7.3
	2019	100.0	2.2	8.2	8.9	8.8	9.7	11.7	13.2	11.3	16.7	9.3
	2020	100.0	2.0	8.1	9.1	8.7	9.5	11.2	13.4	11.5	17.0	9.5
	2021	100.0	1.9	8.1	9.2	8.6	9.4	10.8	13.1	12.0	17.0	9.8

資料出所：総務省統計局「労働力調査」

図表付-58　企業規模別女性雇用者数および構成比の推移（非農林業）

年次	雇用者（万人）						構成比（%）				
	総数	1〜29人	30〜99人	100〜499人	500人以上	官公	1〜29人	30〜99人	100〜499人	500人以上	官公
1975年	1,159	440	182	158	242	134	38.0	15.7	13.6	20.9	11.6
1980	1,345	521	222	187	253	160	38.7	16.5	13.9	18.8	11.9
1985	1,539	590	257	233	288	168	38.3	16.7	15.1	18.7	10.9
1990	1,823	674	305	290	373	174	37.0	16.7	15.9	20.5	9.5
1995	2,034	735	341	339	417	196	36.1	16.8	16.7	20.5	9.6
2000	2,125	744	365	361	431	209	35.0	17.2	17.0	20.3	9.8
2005	2,213	725	379	407	470	214	32.8	17.1	18.4	21.2	9.7
2010	2,306	717	381	440	548	201	31.1	16.5	19.1	23.8	8.7
2015	2,452	704	397	464	634	218	28.7	16.2	18.9	25.9	8.9
2019	2,692	728	420	505	772	224	27.0	15.6	18.8	28.7	8.3
2020	2,677	710	412	509	776	235	26.5	15.4	19.0	29.0	8.8
2021	2,692	715	406	502	795	245	26.6	15.1	18.6	29.5	9.1

（注）総数には企業規模不詳を含む。
資料出所：総務省統計局「労働力調査」

図表付-59　外国人雇用事業所数および外国人労働者数の推移

（単位：所、人、%）

年次	事業所数		外国人労働者数					
			総数		女		男	
2009年	95,294	(24.1)	562,818	(15.7)	262,562	(17.9)	300,256	(13.9)
2010	108,760	(14.1)	649,982	(15.5)	306,991	(16.9)	342,991	(14.2)
2011	116,561	(7.2)	686,246	(5.6)	326,768	(6.4)	359,478	(4.8)
2012	119,731	(2.7)	682,450	(−0.6)	329,750	(0.9)	352,700	(−1.9)
2013	126,729	(5.8)	717,504	(5.1)	348,043	(5.5)	369,461	(4.8)
2014	137,053	(8.1)	787,627	(9.8)	378,377	(8.7)	409,250	(10.8)
2015	152,261	(11.1)	907,896	(15.3)	428,226	(13.2)	479,670	(17.2)
2016	172,798	(13.5)	1,083,769	(19.4)	509,113	(18.9)	574,656	(19.8)
2017	194,595	(12.6)	1,278,670	(18.0)	600,968	(18.0)	677,702	(17.9)
2018	216,348	(11.2)	1,460,463	(13.1)	687,537	(14.4)	772,926	(14.1)
2019	242,608	(12.1)	1,658,804	(13.6)	776,891	(13.0)	881,913	(14.1)
2020	267,243	(10.2)	1,724,328	(4.0)	806,159	(3.8)	918,169	(4.1)
2021	285,080	(6.7)	1,727,221	(0.2)	817,140	(1.4)	910,081	(−0.9)

（注）各年10月末現在。（　）内は、対前年増加率。
資料出所：厚生労働省「外国人雇用状況の届出状況」

図表付-60　国籍、在留資格別外国人労働者数（2021年10月末現在）

（単位：人）

国籍	総数	専門的・技術的分野の在留資格	特定活動	技能実習	資格外	うち、留学	身分に基づく在留資格	不明
計	1,727,221	394,509	65,928	351,788	334,603	267,594	580,328	65
中　国	397,084	125,817	5,179	54,161	86,690	70,730	125,231	6
韓　国	67,638	28,651	2,734	16	7,615	6,504	28,615	7
フィリピン	191,083	14,316	4,693	28,553	2,767	1,850	140,748	6
ベトナム	453,344	83,663	27,998	202,218	122,005	109,583	17,457	3
ネパール	98,260	22,410	3,549	596	66,653	36,406	5,052	0
インドネシア	52,810	7,905	3,461	29,716	5,065	4,748	6,663	0
ブラジル	134,977	855	101	60	290	239	133,671	0
ペルー	31,381	162	37	59	83	72	31,039	1
アメリカ	33,141	19,360	109	3	683	457	12,951	35
イギリス	11,917	6,570	211	0	197	139	4,938	1
その他	255,586	84,800	17,856	36,406	42,555	36,866	73,963	6

（注）1.「中国」には香港、マカオを含む。
2.「特定活動」は、ワーキング・ホリデー、外交官等に雇用される家事使用人等の合計。
3.「身分に基づく在留資格」は永住者、永住者の配偶者、日本人の配偶者等。
資料出所：厚生労働省「外国人雇用状況の届出状況」

図表付-61　産業別外国人雇用事業所数および外国人労働者数（2021年10月末現在）

産業	事業所数				外国人労働者数			
	総数（所）	うち、派遣・請負		構成比（%）	総数（人）	うち、派遣・請負		構成比（%）
計	285,080	19,226	(6.7)	100.0	1,727,221	343,532	(19.9)	100.0
A 農業、林業	11,024	178	(1.6)	3.9	38,693	876	(2.3)	2.2
うち農業	10,932	177	(1.6)	3.8	38,532	875	(2.3)	2.2
B 漁業	973	7	(0.7)	0.3	3,508	33	(0.9)	0.2
C 鉱業、採石業、砂利採取業	94	4	(4.3)	0.0	350	36	(10.3)	0.0
D 建設業	33,608	1,550	(4.6)	11.8	110,018	6,719	(6.1)	6.4
E 製造業	52,363	4,071	(7.8)	18.4	465,729	69,461	(14.9)	27.0
うち 食料品製造業	7,905	381	(4.8)	2.8	137,603	12,994	(9.4)	8.0
うち 飲料・たばこ・飼料製造業	376	12	(3.2)	0.1	1,290	79	(6.1)	0.1
うち 繊維工業	4,206	171	(4.1)	1.5	27,019	1,500	(5.6)	1.6
うち 金属製品製造業	7,848	407	(5.2)	2.8	44,589	3,988	(8.9)	2.6
うち 生産用機械器具製造業	2,871	299	(10.4)	1.0	21,595	3,506	(16.2)	1.3
うち 電気機械器具製造業	3,672	327	(8.9)	1.3	31,772	7,977	(25.1)	1.8
うち 輸送用機械器具製造業	6,120	1,087	(17.8)	2.1	83,461	22,239	(26.6)	4.8
F 電気・ガス・熱供給・水道業	186	13	(7.0)	0.1	585	51	(8.7)	0.0
G 情報通信業	12,180	1,125	(9.2)	4.3	70,608	10,808	(15.3)	4.1
H 運輸業、郵便業	8,510	581	(6.8)	3.0	63,379	11,309	(17.8)	3.7
I 卸売業、小売業	52,726	1,290	(2.4)	18.5	228,998	9,848	(4.3)	13.3
J 金融業、保険業	1,537	63	(4.1)	0.5	10,658	878	(8.2)	0.6
K 不動産業、物品賃貸業	3,861	140	(3.6)	1.4	15,134	1,866	(12.3)	0.9
L 学術研究、専門・技術サービス業	11,256	749	(6.7)	3.9	59,360	13,759	(23.2)	3.4
M 宿泊業、飲食サービス業	40,692	726	(1.8)	14.3	203,492	7,328	(3.6)	11.8
うち宿泊業	4,381	141	(3.2)	1.5	21,931	2,340	(10.7)	1.3
うち飲食店	35,803	570	(1.6)	12.6	179,816	4,931	(2.7)	10.4
N 生活関連サービス業、娯楽業	5,566	244	(4.4)	2.0	23,013	3,272	(14.2)	1.3
O 教育、学習支援業	6,991	254	(3.6)	2.5	73,506	5,145	(7.0)	4.3
P 医療、福祉	16,455	454	(2.8)	5.8	57,788	2,223	(3.8)	3.3
うち 医療業	4,847	158	(3.3)	1.7	16,337	743	(4.5)	0.9
うち 社会保険・社会福祉・介護事業	11,506	292	(2.5)	4.0	41,189	1,468	(3.6)	2.4
Q 複合サービス事業	1,463	59	(4.0)	0.5	5,140	628	(12.2)	0.3
R サービス業（他に分類されないもの）	22,625	7,559	(33.4)	7.9	282,127	197,583	(70.0)	16.3
うち自動車整備業	1,259	33	(2.6)	0.4	3,466	116	(3.3)	0.2
うち 職業紹介・労働者派遣業	5,592	4,278	(76.5)	2.0	140,890	128,041	(90.9)	8.2
うち その他の事業サービス業	11,088	2,842	(25.6)	3.9	111,420	61,115	(54.9)	6.5
S 公務（他に分類されるものを除く）	1,899	73	(3.8)	0.7	9,732	794	(8.2)	0.6
T 分類不能の産業	1,071	86	(8.0)	0.4	5,403	915	(16.9)	0.3

(注)「うち、派遣・請負」欄の（　）内は、当該産業総数に対する比率（%）。
資料出所：厚生労働省「外国人雇用状況の届出状況」

図表付-62　性、週間就業時間別雇用者数、構成比および平均週間就業時間の推移

年次			総数	1～14時間	15～34時間	35～42時間	43～48時間	49～59時間	60時間以上	平均週間就業時間（時間）
実数（万人）	女	2000年	2,103	137	624	729	346	183	82	36.3
		2010	2,271	196	780	755	296	163	73	34.3
		2015	2,398	233	889	774	276	150	65	33.1
		2019	2,622	297	960	848	290	152	61	32.3
		2020	2,565	317	946	870	246	123	49	31.7
		2021	2,609	317	959	900	245	127	48	31.7
	男	2000年	3,182	51	249	905	755	664	551	47.5
		2010	3,097	81	373	970	665	565	433	45.1
		2015	3,129	90	441	995	646	547	389	44.0
		2019	3,236	118	498	1,074	669	540	316	42.6
		2020	3,194	136	548	1,198	600	446	247	41.1
		2021	3,198	138	541	1,218	585	455	245	41.1
構成比（%）	女	2000年	100.0	6.5	29.7	34.7	16.5	8.7	3.9	−
		2010	100.0	8.6	34.3	33.2	13.0	7.2	3.2	−
		2015	100.0	9.7	37.1	32.3	11.5	6.3	2.7	−
		2019	100.0	11.3	36.6	32.3	11.1	5.8	2.3	−
		2020	100.0	12.4	36.9	33.9	9.6	4.8	1.9	−
		2021	100.0	12.2	36.8	34.5	9.4	4.9	1.8	−
	男	2000年	100.0	1.6	7.8	28.4	23.7	20.9	17.3	−
		2010	100.0	2.6	12.0	31.3	21.5	18.2	14.0	−
		2015	100.0	2.9	14.1	31.8	20.6	17.5	12.4	−
		2019	100.0	3.6	15.4	33.2	20.7	16.7	9.8	−
		2020	100.0	4.3	17.2	37.5	18.8	14.0	7.7	−
		2021	100.0	4.3	16.9	38.1	18.3	14.2	7.7	−

（注）総数は休業者を除く雇用者で、週間就業時間不詳を含む。月末1週間の就業時間。
資料出所：総務省統計局「労働力調査」

図表付-63　1人当たり年間労働時間数の推移（事業所規模30人以上）

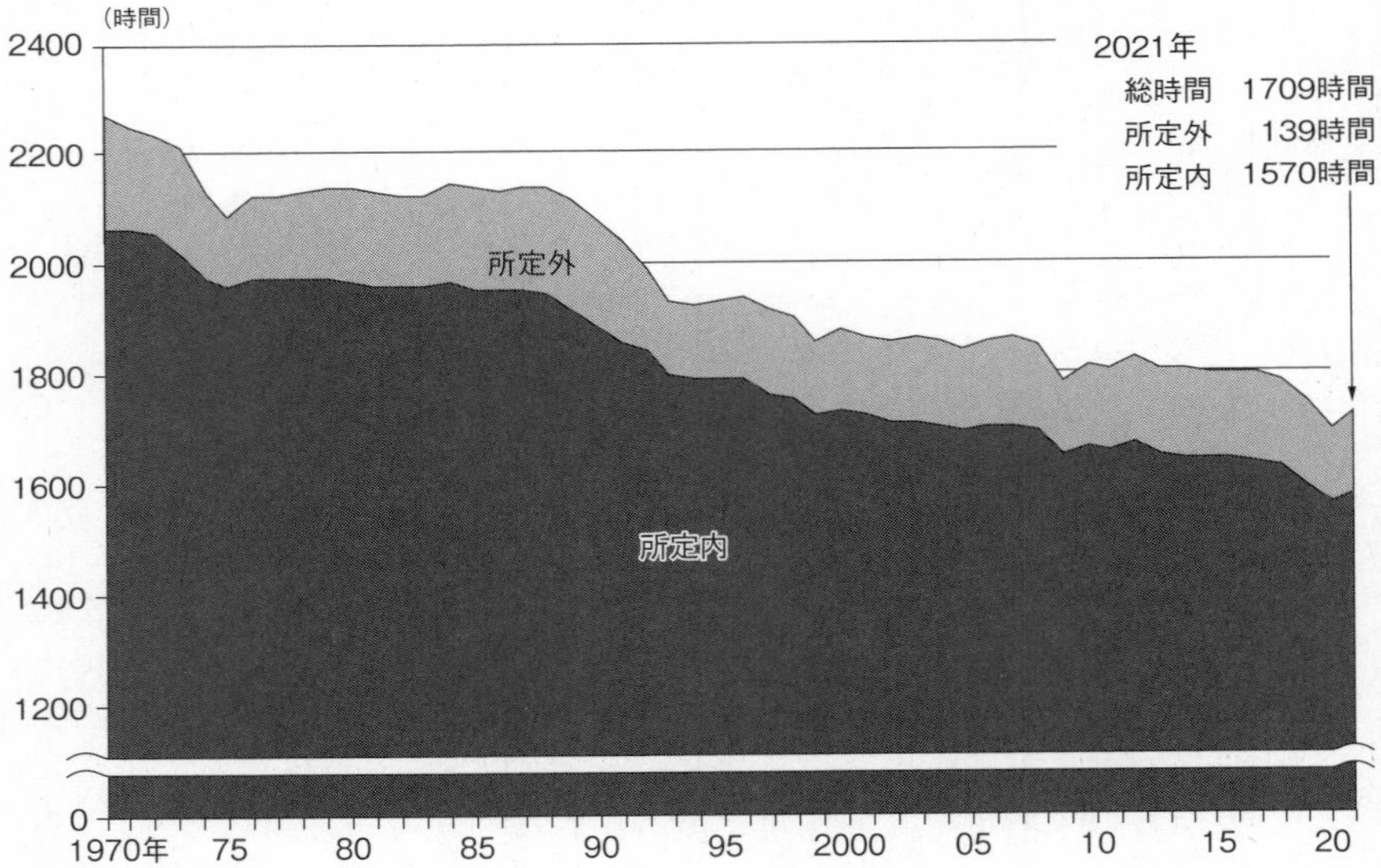

（注）パートタイム労働者を含む。月平均時間×12で算出。2012年～2018年は再集計値。
資料出所：厚生労働省「毎月勤労統計調査」

図表付-64　性別１人平均月間実労働時間の推移

事業所規模5人以上

（単位：時間）

年次	総実労働時間数		所定内		所定外	
	女	男	女	男	女	男
1990年	155.6	182.0	149.7	164.6	5.9	17.4
1995	143.0	169.6	138.6	156.7	4.4	12.9
2000	136.4	166.5	131.5	153.4	4.9	13.1
2005	130.9	164.5	125.6	150.3	5.3	14.2
2010	126.9	161.4	121.6	147.7	5.3	13.7
2015	124.9	160.6	119.2	145.2	5.7	15.4
2019	120.7	155.1	115.0	140.3	5.7	14.8
2020	117.4	150.8	112.5	137.8	4.9	13.0
2021	118.2	151.9	113.1	138.2	5.1	13.7

事業所規模30人以上

（単位：時間）

年次	総実労働時間数		所定内		所定外	
	女	男	女	男	女	男
1990年	155.3	179.4	148.1	159.5	7.2	19.9
1995	143.8	167.7	138.4	152.9	5.4	14.8
2000	137.7	165.5	131.7	150.4	6.0	15.1
2005	134.0	164.6	127.5	148.2	6.5	16.4
2010	131.9	162.5	125.2	146.7	6.7	15.8
2015	130.8	161.9	123.8	144.6	7.0	17.3
2019	128.1	157.4	121.0	140.8	7.1	16.6
2020	124.6	152.7	118.5	138.3	6.1	14.4
2021	126.3	154.9	119.8	139.4	6.5	15.5

（注）パートタイム労働者を含む。2015年は再集計値。
資料出所：厚生労働省「毎月勤労統計調査」

図表付-65　性別きまって支給する現金給与額、所定内給与額の推移（民営、企業規模10人以上）

（単位:千円）

年次	きまって支給する現金給与額			所定内給与額		
	女	男	男女間格差（男＝100.0）	女	男	男女間格差（男＝100.0）
1975年	88.5	150.2	58.9	85.7	139.6	61.4
1980	122.5	221.7	55.3	116.9	198.6	58.9
1985	153.6	274.0	56.1	145.8	244.6	59.6
1990	186.1	326.2	57.1	175.0	290.5	60.2
1995	217.5	361.3	60.2	206.2	330.0	62.5
2000	235.1	370.3	63.5	220.6	336.8	65.5
2005	239.0	372.1	64.2	222.5	337.8	65.9
2010	243.6	360.0	67.7	227.6	328.3	69.3
2015	259.6	370.3	70.1	242.0	335.1	72.2
2019	269.0	374.9	71.8	251.0	338.0	74.3
2019＊	267.4	372.1	71.9	249.8	336.1	74.3
2020	265.9	366.6	72.5	251.8	338.8	74.3
2021	270.2	370.5	72.9	253.6	337.2	75.2

（注）１．各年6月。短時間労働者を除く。
２．「決まって支給する現金給与額」とは、労働契約、労働協約、就業規則などによってあらかじめ定められている支給条件、算定方法によって6月分として支給された現金給与額をいい、「所定内給与額」に超過労働給与額を加えたものである。
３．2020年調査より一部の調査事項や推計方法などを変更。2019＊は2020年と同じ推計方法で集計した2019年参考数値。
資料出所：厚生労働省「賃金構造基本統計調査」

図表付-66　主な産業、性、年齢階級別所定内給与額（2021年6月）

（民営、企業規模10人以上）

性、年齢階級			建設業	製造業	情報通信業	運輸業、郵便業	卸売業、小売業	金融業、保険業	学術研究、専門・技術サービス業	宿泊業、飲食サービス業	生活関連サービス業、娯楽業	教育、学習支援業	医療、福祉	サービス業（他に分類されないもの）
女	所定内給与額（千円）	年齢計	253.1	221.5	315.6	227.2	239.4	292.9	307.6	215.0	227.9	311.8	265.3	230.7
		20～24歳	213.1	189.3	231.1	202.2	205.3	218.7	220.1	192.8	207.6	213.5	226.1	203.3
		25～29	236.2	208.6	266.5	217.4	234.9	246.9	259.4	217.1	221.5	242.7	246.2	224.7
		30～34	244.3	219.0	298.0	233.8	242.2	274.2	284.4	221.9	236.0	269.3	255.5	233.8
		35～39	246.2	226.2	324.9	236.8	251.6	293.4	314.2	231.0	244.4	302.2	265.8	237.4
		40～44	261.4	234.1	357.8	231.9	257.8	319.6	345.9	234.4	243.8	328.2	276.6	241.4
		45～49	268.2	244.8	349.2	238.5	251.7	319.7	340.7	229.1	243.9	344.3	280.4	240.7
		50～54	285.4	241.3	429.7	245.3	257.1	334.5	350.1	226.4	244.6	373.4	284.6	245.7
		55～59	282.8	233.4	403.7	228.4	245.4	335.0	354.3	219.6	234.8	410.5	289.1	236.7
		60～64	245.6	190.5	275.1	201.7	202.5	288.0	304.8	194.3	205.0	405.2	254.8	210.5
		65～69	220.5	173.8	341.4	184.2	187.5	314.7	244.2	172.1	179.4	433.5	254.9	183.9
	対前年増減率(%)		0.8	－0.5	0.0	1.7	1.4	4.1	2.1	2.9	1.2	1.6	0.5	1.0
	平均年齢(歳)		41.9	42.9	37.2	42.8	41.6	41.9	40.0	41.4	39.7	40.8	43.1	42.6
	勤続年数(年)		11.0	11.7	9.6	9.4	10.3	12.2	9.9	8.4	9.0	9.7	8.9	6.8
男	所定内給与額（千円）	年齢計	345.8	318.9	392.2	287.6	343.6	485.1	418.1	286.8	299.9	433.1	355.5	283.5
		20～24歳	223.5	204.1	232.6	211.9	216.4	231.5	225.2	199.5	207.6	222.8	223.0	217.5
		25～29	260.0	237.1	268.0	247.3	257.0	298.1	274.8	234.7	241.9	270.1	261.5	239.1
		30～34	300.5	270.8	327.2	270.8	291.2	395.2	348.1	257.7	269.3	331.9	297.5	262.6
		35～39	326.5	305.4	376.3	293.7	327.5	499.6	394.9	284.1	307.8	388.1	336.1	285.2
		40～44	372.2	334.2	434.5	305.0	360.3	570.4	451.6	317.1	340.9	434.9	358.6	305.5
		45～49	388.3	362.0	460.7	316.9	394.0	608.8	477.5	328.6	342.5	482.8	391.9	322.7
		50～54	429.1	397.2	509.0	313.8	433.1	622.5	525.0	340.3	364.3	516.1	437.6	325.3
		55～59	423.4	406.0	518.6	307.9	430.3	558.1	534.8	330.7	340.8	546.7	466.0	319.1
		60～64	355.1	291.7	351.0	255.0	315.8	364.0	414.9	275.7	264.4	469.7	449.6	263.1
		65～69	310.4	249.2	＊337.6	219.5	258.2	＊346.5	350.3	235.6	213.6	448.0	445.7	228.4
	対前年増減率(%)		0.1	－0.9	－3.2	0.8	－0.7	1.2	－0.7	3.1	－0.3	0.9	0.3	0.0
	平均年齢(歳)		45.0	43.2	41.3	47.6	43.3	43.6	43.9	43.2	42.8	46.8	42.2	46.4
	勤続年数(年)		13.8	15.5	14.0	13.1	14.6	16.3	14.1	10.7	11.6	13.6	9.4	10.4

(注) 短時間労働者を除く。＊は調査対象労働者数が少ないため、利用に際し注意を要する。
資料出所：厚生労働省「賃金構造基本統計調査」

図表付-67　企業規模、性、年齢階級別所定内給与額（2021年6月）

（民営）

（単位：千円）

年齢	女			男		
	1000人以上	100～999人	10～99人	1000人以上	100～999人	10～99人
年齢計	271.0	252.5	235.0	375.9	328.0	303.6
20～24歳	221.1	209.1	198.6	223.1	212.2	208.9
25～29	252.1	231.7	219.6	270.4	244.1	240.6
30～34	265.6	245.1	231.7	317.2	278.9	269.3
35～39	282.3	256.1	238.4	364.4	314.8	296.5
40～44	293.3	268.6	245.5	398.5	347.1	322.2
45～49	290.5	272.9	247.3	429.4	377.1	338.2
50～54	303.4	277.8	250.2	477.6	401.3	348.0
55～59	286.3	276.6	255.5	476.4	408.2	345.7
60～64	244.3	233.7	227.1	337.7	315.6	304.4
65～69	231.3	228.1	210.6	298.8	278.3	262.1
平均年齢(歳)	41.0	42.2	43.3	43.1	43.7	45.9
勤続年数(年)	10.1	9.7	9.4	15.4	13.4	12.1

（注）短時間労働者を除く。
資料出所：厚生労働省「賃金構造基本統計調査」

図表付-68　性別1人平均月間現金給与額の推移

事業所規模5人以上

年次	現金給与総額（円）		男女間格差（男＝100）
	女	男	
1995年	227,440	448,130	50.8
2000	221,920	445,643	49.8
2005	211,184	425,541	49.6
2010	206,134	404,576	51.0
2015	209,406	403,669	51.9
2019	218,661	414,018	52.8
2020	218,971	405,838	54.0
2021	220,265	407,616	54.0

事業所規模30人以上

年次	現金給与総額（円）		男女間格差（男＝100）
	女	男	
1995年	252,837	496,049	51.0
2000	242,359	494,466	49.0
2005	235,917	476,334	49.5
2010	232,442	450,913	51.5
2015	238,943	452,770	52.8
2019	252,743	464,981	54.4
2020	252,970	452,936	55.9
2021	257,055	455,508	56.4

（注）パートタイム労働者を含む。2015年は再集計値。
資料出所：厚生労働省「毎月勤労統計調査」

図表付-69　性、学歴、年齢階級別標準労働者の所定内給与額、年齢階級間賃金格差および男女間賃金格差（2021年6月）

（民営、企業規模10人以上）

学歴、年齢階級		所定内給与額（千円）		年齢階級間格差（20～24歳＝100.0）		男女間格差（男＝100.0）
		女	男	女	男	
中学卒	年齢計	213.9	299.5	127.2	148.0	71.4
	19歳以下	145.3	169.5	86.4	83.8	85.7
	20～24歳	168.1	202.3	100.0	100.0	83.1
	25～29	222.7	260.6	132.5	128.8	85.5
	30～34	145.5	244.2	86.6	120.7	59.6
	35～39	221.6	288.6	131.8	142.7	76.8
	40～44	198.0	298.8	117.8	147.7	66.3
	45～49	251.9	340.8	149.9	168.5	73.9
	50～54	283.0	380.0	168.4	187.8	74.5
	55～59	292.5	315.9	174.0	156.2	92.6
	60～64	177.1	276.2	105.4	136.5	64.1
	65～69	156.0	265.3	92.8	131.1	58.8
高校卒	年齢計	239.8	319.8	124.8	155.7	75.0
	19歳以下	177.7	185.9	92.5	90.5	95.6
	20～24歳	192.1	205.4	100.0	100.0	93.5
	25～29	213.5	244.6	111.1	119.1	87.3
	30～34	231.2	281.3	120.4	137.0	82.2
	35～39	250.3	319.9	130.3	155.7	78.2
	40～44	271.5	350.7	141.3	170.7	77.4
	45～49	311.4	395.3	162.1	192.5	78.8
	50～54	328.6	430.4	171.1	209.5	76.3
	55～59	334.6	454.8	174.2	221.4	73.6
	60～64	235.2	291.5	122.4	141.9	80.7
	65～69	239.1	287.4	124.5	139.9	83.2
高専・短大卒	年齢計	275.7	353.5	134.2	170.3	78.0
	20～24歳	205.4	207.6	100.0	100.0	98.9
	25～29	229.9	256.7	111.9	123.7	89.6
	30～34	250.9	298.8	122.2	143.9	84.0
	35～39	273.9	329.4	133.3	158.7	83.2
	40～44	302.4	380.7	147.2	183.4	79.4
	45～49	343.0	432.1	167.0	208.1	79.4
	50～54	374.9	503.9	182.5	242.7	74.4
	55～59	386.3	527.0	188.1	253.9	73.3
	60～64	281.5	361.3	137.0	174.0	77.9
	65～69	334.8	283.1	163.0	136.4	118.3
大学卒	年齢計	278.6	386.3	122.5	167.9	72.1
	20～24歳	227.4	230.1	100.0	100.0	98.8
	25～29	254.3	267.7	111.8	116.3	95.0
	30～34	288.5	322.9	126.9	140.3	89.3
	35～39	314.1	383.7	138.1	166.8	81.9
	40～44	356.5	447.7	156.8	194.6	79.6
	45～49	409.8	499.1	180.2	216.9	82.1
	50～54	495.5	566.2	217.9	246.1	87.5
	55～59	494.4	559.0	217.4	242.9	88.4
	60～64	349.2	377.6	153.6	164.1	92.5
	65～69	285.3	375.7	125.5	163.3	75.9

（注）「標準労働者」は、学校卒業後直ちに企業に就職し、同一企業に継続勤務しているとみなされる労働者。
資料出所：厚生労働省「賃金構造基本統計調査」

図表付-70　性別平均年齢および平均勤続年数の推移

（民営、企業規模10人以上）

年次	平均年齢（歳）		平均勤続年数（年）	
	女	男	女	男
1975年	33.4	36.8	5.8	10.1
1980	34.8	37.8	6.1	10.8
1985	35.4	38.6	6.8	11.9
1990	35.7	39.5	7.3	12.5
1995	36.5	40.1	7.9	12.9
2000	37.6	40.8	8.8	13.3
2005	38.7	41.6	8.7	13.4
2010	39.6	42.1	8.9	13.3
2015	40.7	43.1	9.4	13.5
2019	41.8	43.8	9.8	13.8
2020	42.0	43.8	9.3	13.4
2021	42.1	44.1	9.7	13.7

（注）１．各年6月。短時間労働者を除く。
　　　２．2020年調査より一部の調査事項や推計方法などを変更。
資料出所：厚生労働省「賃金構造基本統計調査」

図表付-71　性、雇用形態別雇用者数および非正規の職員・従業員の割合の推移

			2010年	2015	2019	2020	2021
実数（万人）	総数	雇用者	5,479	5,632	5,995	5,963	5,963
		雇用者（役員を除く）	5,111	5,284	5,660	5,620	5,620
		正規の職員・従業員	3,355	3,304	3,494	3,529	3,555
		非正規の職員・従業員	1,756	1,980	2,165	2,090	2,064
		パート・アルバイト	1,192	1,365	1,519	1,473	1,455
		労働者派遣事業所の派遣社員	96	126	141	138	140
		契約社員・嘱託	330	404	419	395	113
		その他	137	83	86	85	81
	女	雇用者	2,351	2,473	2,719	2,702	2,716
		雇用者（役員を除く）	2,263	2,388	2,635	2,619	2,634
		正規の職員・従業員	1,046	1,042	1,160	1,193	1,221
		非正規の職員・従業員	1,217	1,345	1,475	1,425	1,413
		パート・アルバイト	933	1,053	1,164	1,125	1,116
		労働者派遣事業所の派遣社員	61	76	85	85	87
		契約社員・嘱託	151	176	182	174	169
		その他	73	41	43	42	41
	男	雇用者	3,128	3,158	3,275	3,261	3,247
		雇用者（役員を除く）	2,848	2,896	3,024	3,001	2,986
		正規の職員・従業員	2,309	2,261	2,334	2,336	2,334
		非正規の職員・従業員	538	634	691	665	652
		パート・アルバイト	259	312	355	348	340
		労働者派遣事業所の派遣社員	35	50	56	54	53
		契約社員・嘱託	180	229	237	221	218
		その他	65	42	43	43	41
対前年増減（万人）	総数	雇用者（役員を除く）	9	44	64	−40	0
		正規の職員・従業員	−25	26	18	35	26
		非正規の職員・従業員	35	18	45	−75	−26
		パート・アルバイト	39	18	29	−46	−18
		労働者派遣事業所の派遣社員	−12	7	5	−3	2
		契約社員・嘱託	9	−7	5	−24	−282
		その他	−2	−3	6	−1	−4
	女	雇用者（役員を除く）	21	37	47	−16	15
		正規の職員・従業員	0	23	23	33	28
		非正規の職員・従業員	22	13	24	−50	−12
		パート・アルバイト	30	11	21	−39	−9
		労働者派遣事業所の派遣社員	−11	5	0	0	2
		契約社員・嘱託	3	−1	−1	−8	−5
		その他	0	−1	3	−1	−1
	男	雇用者（役員を除く）	−12	7	16	−23	−15
		正規の職員・従業員	−25	2	−5	2	−2
		非正規の職員・従業員	12	4	22	−26	−13
		パート・アルバイト	9	8	8	−7	−8
		労働者派遣事業所の派遣社員	−2	2	5	−2	−1
		契約社員・嘱託	7	−6	6	−16	−3
		その他	−2	−1	3	0	−2
役員を除く雇用者に占める非正規の職員・従業員の割合（%）		総数	34.4	37.5	38.3	37.2	36.7
		女	53.8	56.3	56.0	54.4	53.6
		男	18.9	21.9	22.9	22.2	21.8

資料出所：総務省統計局「労働力調査詳細集計」

図表付-72　性、年齢階級別人口に占める雇用形態別雇用者の割合（2021年）

〈女〉

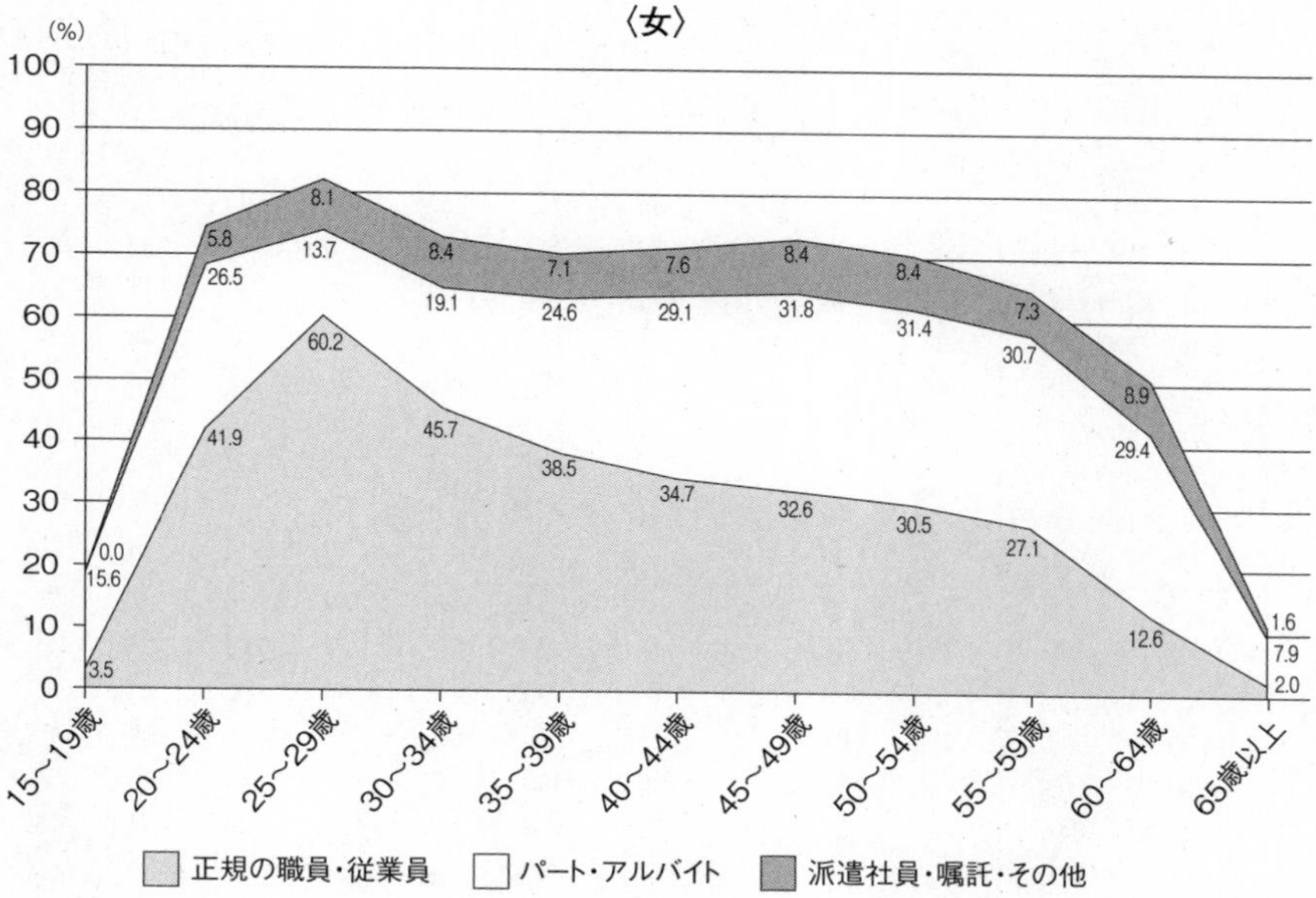

〈男〉

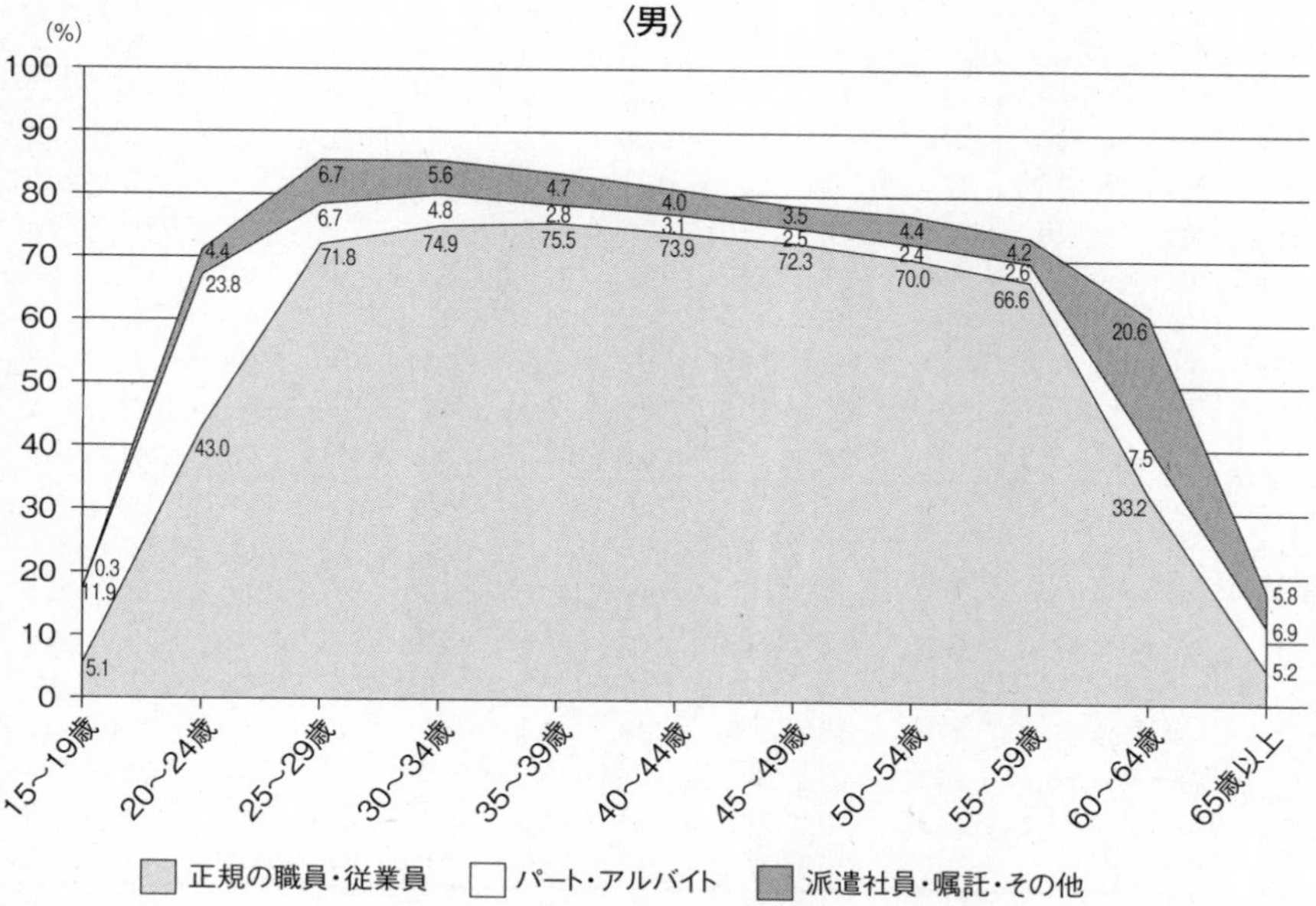

（注）役員を除く。
資料出所：総務省統計局「労働力調査詳細集計」

図表付-73　性、仕事からの年間収入階級、雇用形態別雇用者数および構成比の推移

性、年収			2010年		2015		2019		2020		2021	
			正規の職員・従業員	非正規の職員・従業員	正規の職員・従業員	非正規の職員・従業員	正規の職員・従業員	非正規の職員・従業員	正規の職員・従業員	非正規の職員・従業員	正規の職員・従業員	非正規の職員・従業員
実数（万人）	女	総数	1,046	1,217	1,042	1,345	1,160	1,475	1,193	1,425	1,221	1,413
		100万円未満	58	585	52	592	46	635	42	595	41	583
		100～199万円	209	438	172	521	143	557	143	543	142	535
		200～299万円	284	123	283	149	308	181	309	190	317	191
		300～399万円	203	30	221	39	275	49	288	47	292	50
		400～499万円	118	7	127	9	155	12	171	12	184	13
		500～699万円	97	4	106	4	130	5	136	6	146	6
		700～999万円	39	2	36	1	47	2	54	2	54	2
		1000～1499万円	5	0	5	1	8	1	8	1	8	1
		1500万円以上	1	0	1	0	2	0	2	0	3	0
	男	総数	2,309	538	2,261	634	2,334	691	2,336	665	2,334	652
		100万円未満	29	149	25	164	23	193	23	187	25	186
		100～199万円	131	158	115	190	90	186	87	180	84	172
		200～299万円	353	108	324	138	279	146	285	136	277	137
		300～399万円	457	51	451	68	450	77	441	76	440	71
		400～499万円	396	24	388	28	426	33	419	33	426	34
		500～699万円	471	19	484	18	529	21	531	20	539	23
		700～999万円	319	9	310	8	344	8	359	9	357	8
		1000～1499万円	87	3	90	2	111	3	118	3	118	3
		1500万円以上	15	1	16	1	21	1	24	2	28	2
構成比（%）	女	100万円未満	5.7	49.2	5.2	45.0	4.1	44.0	3.6	42.6	3.5	42.2
		100～199万円	20.6	36.8	17.1	39.6	12.8	38.6	12.4	38.9	12.0	38.7
		200～299万円	28.0	10.3	28.2	11.3	27.6	12.6	26.8	13.6	26.7	13.8
		300～399万円	20.0	2.5	22.0	3.0	24.7	3.4	25.0	3.4	24.6	3.6
		400～499万円	11.6	0.6	12.7	0.7	13.9	0.8	14.8	0.9	15.5	0.9
		500～699万円	9.6	0.3	10.6	0.3	11.7	0.3	11.8	0.4	12.3	0.4
		700～999万円	3.8	0.2	3.6	0.1	4.2	0.1	4.7	0.1	4.5	0.1
		1000～1499万円	0.5	0.0	0.5	0.1	0.7	0.1	0.7	0.1	0.7	0.1
		1500万円以上	0.1	0.0	0.1	0.0	0.2	0.0	0.2	0.0	0.3	0.0
	男	100万円未満	1.3	28.5	1.1	26.6	1.0	28.9	1.0	28.9	1.1	29.2
		100～199万円	5.8	30.3	5.2	30.8	4.0	27.8	3.8	27.9	3.7	27.0
		200～299万円	15.6	20.7	14.7	22.4	12.3	21.9	12.5	21.1	12.1	21.5
		300～399万円	20.2	9.8	20.5	11.0	19.8	11.5	19.3	11.8	19.2	11.2
		400～499万円	17.5	4.6	17.6	4.5	18.7	4.9	18.3	5.1	18.6	5.3
		500～699万円	20.9	3.6	22.0	2.9	23.3	3.1	23.2	3.1	23.5	3.6
		700～999万円	14.1	1.7	14.1	1.3	15.1	1.2	15.7	1.4	15.6	1.3
		1000～1499万円	3.9	0.6	4.1	0.3	4.9	0.4	5.2	0.5	5.1	0.5
		1500万円以上	0.7	0.2	0.7	0.2	0.9	0.1	1.0	0.3	1.2	0.3

（注）役員を除く。総数には年収不詳を含む。構成比は年収不詳を除いて算出。
資料出所：総務省統計局「労働力調査詳細集計」

図表付-74　短時間労働者の性別１時間当たり所定内給与額の推移

（民営、企業規模10人以上）

年次	女		男		男女格差（男＝100.0）
	１時間当たり所定内給与額（円）	対前年増減率（％）	１時間当たり所定内給与額（円）	対前年増減率（％）	
1990年	712	7.6	944	10.4	75.4
1995	854	0.7	1,061	2.3	80.5
2000	889	0.2	1,026	0.1	86.6
2005	942	4.2	1,069	5.6	88.1
2010	979	0.6	1,081	－0.5	90.6
2015	1,032	2.0	1,133	1.2	91.1
2019	1,127	2.0	1,207	1.5	93.4
2019＊	1,184	－	1,612	－	73.4
2020	1,321	11.6	1,658	2.9	79.7
2021	1,290	－2.3	1,631	－1.6	79.1

（注）１．各年６月。「短時間労働者」とは、１日の所定労働時間が一般の労働者よりも短い、又は１日の所定労働時間が一般の労働者と同じでも１週の所定労働日数が一般の労働者よりも少ない労働者をいう。

２．2019年調査までは、１時間当たり賃金が著しく高い一部の職種の労働者について集計対象から除いていたが、2020年調査より短時間労働者全体を集計対象に含む調査方法に変更。2019＊は2020年と同じ推計方法で集計した2019年参考数値。

資料出所：厚生労働省「賃金構造基本統計調査」

図表付-75　短時間労働者の性、主な産業別１時間当たり所定内給与額および対前年増減率（2021年6月）

（民営、企業規模10人以上）

産業	女			男		
	１時間当たり所定内給与額（円）	対前年増減率（％）	産業間賃金格差（産業計＝100）	１時間当たり所定内給与額（円）	対前年増減率（％）	産業間賃金格差（産業計＝100）
産業計	1,290	－2.3	100.0	1,631	－1.6	100.0
製造業	1,099	－8.7	85.2	1,321	－10.3	81.0
卸売業、小売業	1,107	－4.2	85.8	1,118	－3.6	68.5
宿泊業、飲食サービス業	1,241	－0.1	96.2	1,278	8.6	78.4
教育，学習支援業	2,081	－4.1	161.3	2,877	－6.8	176.4
医療，福祉	1,536	－1.2	119.1	3,736	－1.9	229.1
サービス業（他に分類されないもの）	1,250	1.5	96.9	1,297	－3.1	79.5

資料出所：厚生労働省「賃金構造基本統計調査」

図表付-76　短時間労働者の企業規模、性別１時間当たり所定内給与額および企業規模間賃金格差の推移（民営）

（民営）

性、企業規模		1時間当たり所定内給与額（円）					賃金格差（企業規模1000人以上＝100）				
		2015年	2019	2019＊	2020	2021	2015年	2019	2019＊	2020	2021
女	1000人以上	1,025	1,131	1,167	1,288	1,263	100.0	100.0	100.0	100.0	100.0
	100～999人	1,045	1,133	1,245	1,392	1,359	102.0	100.2	108.1	108.1	107.6
	10～99人	1,032	1,115	1,153	1,306	1,274	100.7	98.6	101.4	101.4	100.9
男	1000人以上	1,088	1,166	1,406	1,464	1,469	100.0	100.0	100.0	100.0	100.0
	100～999人	1,153	1,237	2,007	2,052	1,930	106.0	106.1	140.2	140.2	131.4
	10～99人	1,172	1,237	1,532	1,579	1,613	107.7	106.1	107.9	107.9	109.8

（注）１．各年６月
　　　２．2019年調査までは、１時間当たり賃金が著しく高い一部の職種の労働者について集計対象から除いていたが、2020年調査より短時間労働者全体を集計対象に含む調査方法に変更。2019＊は2020年と同じ推計方法で集計した2019年参考数値。

資料出所：厚生労働省「賃金構造基本統計調査」

図表付-77　短時間労働者の性、年齢階級別１時間当たり所定内給与額

（民営、企業規模10人以上）　　（単位：円）

年齢階級	女					男				
	2015年	2019	2019＊	2020	2021	2015年	2019	2019＊	2020	2021
年齢計	1,032	1,127	1,184	1,321	1,290	1,133	1,207	1,612	1,658	1,631
～19歳	892	988	992	1,068	1,091	914	997	1,004	1,063	1,096
20～24	986	1,064	1,070	1,176	1,238	1,009	1,083	1,099	1,190	1,264
25～29	1,052	1,148	1,194	1,386	1,359	1,109	1,155	1,346	1,507	1,456
30～34	1,090	1,200	1,284	1,410	1,380	1,204	1,295	2,235	2,126	2,000
35～39	1,082	1,197	1,301	1,471	1,376	1,205	1,330	2,373	2,364	2,439
40～44	1,048	1,164	1,263	1,379	1,367	1,233	1,317	2,191	2,310	2,248
45～49	1,046	1,137	1,201	1,373	1,307	1,227	1,292	2,330	2,117	2,209
50～54	1,040	1,137	1,205	1,357	1,308	1,191	1,278	2,681	2,367	2,242
55～59	1,032	1,120	1,190	1,338	1,297	1,214	1,291	2,528	2,229	2,093
60～64	1,022	1,125	1,193	1,295	1,275	1,253	1,376	1,976	1,900	1,921
65～69	1,010	1,107	1,148	1,299	1,242	1,198	1,282	1,565	1,654	1,673
平均年齢（歳）	45.9	46.8	…	46.8	46.5	43.9	44.2	…	43.7	43.6

（注）１．各年６月
　　　２．2019年調査までは、１時間当たり賃金が著しく高い一部の職種の労働者について集計対象から除いていたが、2020年調査より短時間労働者全体を集計対象に含む調査方法に変更。2019＊は2020年と同じ推計方法で集計した2019年参考数値。

資料出所：厚生労働省「賃金構造基本統計調査」

図表付-78　雇用形態、性、年齢階級別所定内給与額、対前年増減率および雇用形態間賃金格差（2021年6月）

（民営、企業規模10人以上）

年齢階級	女					男				
	正社員・正職員		正社員・正職員以外		雇用形態間賃金格差（正社員・正職員＝100）	正社員・正職員		正社員・正職員以外		雇用形態間賃金格差（正社員・正職員＝100）
	所定内給与額（千円）	対前年増減率（％）	所定内給与額（千円）	対前年増減率（％）		所定内給与額（千円）	対前年増減率（％）	所定内給与額（千円）	対前年増減率（％）	
年齢計	270.6	0.5	195.4	1.1	72.2	348.8	－0.5	241.3	0.5	69.2
20～24歳	215.0	0.8	179.2	－0.3	83.3	218.0	0.3	187.8	0.0	86.1
25～29	242.2	1.1	198.9	1.2	82.1	256.7	0.2	212.8	1.3	82.9
30～34	258.6	0.2	199.4	2.2	77.1	295.6	0.3	218.7	－1.8	74.0
35～39	274.5	0.6	197.4	－1.6	71.9	333.4	－0.4	225.1	－4.3	67.5
40～44	288.1	0.6	200.2	1.8	69.5	364.6	－0.8	230.4	－4.2	63.2
45～49	292.6	－0.4	199.2	0.4	68.1	390.5	－1.5	236.2	－3.8	60.5
50～54	305.6	1.0	196.1	0.3	64.2	422.6	－2.0	246.9	1.8	58.4
55～59	305.3	0.6	192.8	1.2	63.2	428.6	－1.5	242.8	－3.7	56.6
60～64	272.2	0.1	197.8	4.1	72.7	351.6	0.5	274.7	3.0	78.1
65～69	268.6	4.5	186.9	3.3	69.6	310.0	0.1	240.9	2.6	77.7
平均年齢（歳）	40.6	–	47.3	–	–	43.1	–	52.3	–	–
勤続年数（年）	10.2	–	8.1	–	–	14.0	–	11.2	–	–

（注）短時間労働者を除く。
資料出所：厚生労働省「賃金構造基本統計調査」

図表付-79　雇用形態、性、企業規模別所定内給与額、対前年増減率および雇用形態間賃金格差（2021年6月）

（民営）

企業規模	女					男				
	正社員・正職員		正社員・正職員以外		雇用形態間賃金格差（正社員・正職員＝100）	正社員・正職員		正社員・正職員以外		雇用形態間賃金格差（正社員・正職員＝100）
	所定内給与額（千円）	対前年増減率（％）	所定内給与額（千円）	対前年増減率（％）		所定内給与額（千円）	対前年増減率（％）	所定内給与額（千円）	対前年増減率（％）	
1000人以上	300.3	1.9	203.0	0.9	67.6	394.3	－0.4	250.3	1.5	63.5
100～999人	268.0	－0.7	194.6	1.9	72.6	339.6	－1.1	238.7	－0.1	70.3
10～99人	245.4	0.9	180.6	0.2	73.6	309.9	0.4	229.1	－0.7	73.9

（注）短時間労働者を除く。
資料出所：厚生労働省「賃金構造基本統計調査」

図表付-80　労働者派遣された派遣労働者数等

（単位：所、人、件）

	2018年度	2019	2020
報告提出事業所数	38,128	38,040	42,065
うち、派遣実績があった事業所数	24,397	28,209	31,821
派遣労働者数	1,682,531	1,835,925	1,926,487
無期雇用派遣労働者	510,815	604,215	712,896
有期雇用派遣労働者	1,171,716	1,231,710	1,213,591
登録者数	4,794,355	6,187,007	6,853,094
派遣先件数	689,720	697,832	750,959

（注）１．労働者派遣事業報告書の集計結果。
　　　２．派遣労働者数は、報告対象期間（各派遣元事業主の事業年度）の末日が年度内に属する報告について集計した報告対象期間末日現在の実人員。
資料出所：厚生労働省「労働者派遣事業報告書」の集計結果（速報）

図表付-81　家内労働従事者数、家内労働者数、補助者数および委託者数の推移

（単位：人）

			1985年	1995	2005	2015	2019	2020	2021
家内労働従事者数①＋②			1,223,200	576,701	216,625	114,655	108,293	108,539	100,462
（対前年増減率％）			（－3.2）	（－12.3）	（－4.4）	（－2.1）	（－5.4）	（0.2）	（－7.4）
家内労働者数①			1,149,000	549,585	207,142	111,038	105,054	105,301	97,122
（対前年増減率％）			（－3.2）	（－12.3）	（－4.2）	（－1.8）	（－5.2）	（0.2）	（－7.8）
性別	女	実数	1,070,900	513,142	188,384	99,198	94,021	94,081	85,976
		（構成比％）	（93.2）	（93.4）	（90.9）	（89.3）	（89.5）	（89.3）	（88.5）
	男	実数	78,100	36,443	18,758	11,840	11,033	11,220	11,146
		（構成比％）	（6.8）	（6.6）	（9.1）	（10.7）	（10.5）	（10.7）	（11.5）
類型別	専業	実数	76,200	31,848	10,813	5,343	4,741	4,905	4,512
		（構成比％）	（6.6）	（5.8）	（5.2）	（4.8）	（4.5）	（4.7）	（4.6）
	内職	実数	1,058,500	512,900	193,778	104,929	99,056	99,244	91,508
		（構成比％）	（92.1）	（93.3）	（93.6）	（94.5）	（94.3）	（94.2）	（94.2）
	副業	実数	14,300	4,837	2,551	766	1,257	1,152	1,102
		（構成比％）	（1.2）	（0.9）	（1.2）	（0.7）	（1.2）	（1.1）	（1.1）
補助者数②			74,200	27,116	9,483	3,617	3,239	3,238	3,340
委託者数			80,600	38,538	15,010	7,760	7,328	7,500	7,139

（注）１．各年10月
　　　２．「家内労働従事者数」は、「家内労働者数」と「補助者数」の合計をいう。
　　　３．1985年の数値は下2桁で四捨五入している。
資料出所：厚生労働省「家内労働概況調査」

図表付-82　保育所・幼保連携型認定こども園の施設数・定員・在籍人員の推移

年次	施設数			定員（人）	在籍人員（人）		
	総数	公立	私立		総数	入所人員	私的契約人員
1975年	18,009	11,387	6,622	1,676,720	1,578,033	1,561,397	16,636
1980	21,960	13,275	8,685	2,128,190	1,953,461	1,940,793	12,668
1985	22,899	13,600	9,299	2,080,451	1,779,367	1,770,430	8,937
1990	22,703	13,380	9,323	1,978,989	1,647,073	1,637,073	10,000
1995	22,496	13,194	9,302	1,923,697	1,600,597	1,593,873	6,724
2000	22,195	12,723	9,472	1,923,157	1,792,149	1,788,425	3,724
2005	22,570	12,090	10,480	2,052,635	1,998,307	1,993,796	4,511
2010	23,069	10,760	12,309	2,158,045	2,085,882	2,080,072	5,810
2015	25,465	9,568	15,897	2,449,168	2,341,211	2,336,244	4,950
2019	28,681	8,766	19,915	2,737,614	2,555,071	2,551,791	3,267
2020	29,400	8,571	20,829	2,798,888	2,589,828	2,589,394	432
2021	29,991	…	…	2,841,247	2,590,435	…	…

（注）１．各年4月1日現在。「入所人員」は、児童福祉法に基づく入所契約児童数。2021年は概数。
２．2015年以降、幼保連携型認定こども園を含む。
３．2015年以降,「定員」は子ども・子育て支援法による利用定員。「在籍人員」総数には児童福祉法による措置人員を含む。
資料出所：厚生労働省「福祉行政報告例」

図表付-83　世帯類型別児童扶養手当受給者数の推移

（単位：人）

年度	総数	母子世帯						父子世帯	その他の世帯
		生別母子世帯		死別母子世帯	未婚の母子世帯	障害者世帯	遺棄世帯		
		離　婚	その他						
1975年度	251,316	128,330	2,710	32,084	24,632	21,284	34,941	−	7,335
1980	470,052	300,269	2,609	38,479	36,215	30,903	52,576	−	9,001
1985	647,606	490,891	2,500	31,948	35,224	30,000	47,280	−	9,763
1990	588,782	494,561	1,703	18,326	30,943	8,114	26,315	−	8,820
1995	603,534	526,013	1,050	11,895	34,690	4,508	17,217	−	8,161
2000	708,395	622,357	1,191	9,570	51,678	2,919	7,460	−	13,220
2005	936,579	824,654	1,626	9,325	70,543	2,714	5,382	−	22,335
2010	1,055,181	868,709	1,514	8,362	85,292	2,550	3,546	55,389	29,819
2015	1,037,645	829,066	1,786	7,016	98,970	5,169	2,302	60,537	32,799
2019	900,673	712,157	1,524	5,175	98,996	4,544	1,521	45,545	31,211
2020	877,702	691,276	1,553	4,938	99,332	4,561	1,519	43,417	31,106
2021	854,832	670,463	1,440	4,696	99,685	4,709	1,522	41,833	30,484

（注）１．各年度末現在。2021年度は概数。
２．2009年までは母子世帯の障害者世帯及び遺棄世帯に母以外の者が養育している世帯を含む。
３．2010年８月分より父子家庭の父を支給対象とした。
４．生別母子世帯の「その他」に、「DV保護命令世帯」を含む。
５．東日本大震災の影響により、2010年度は郡山市及びいわき市以外の福島県を除いて集計した数値。
資料出所：厚生労働省「福祉行政報告例」

図表付-84 医療保険適用者数の推移

（単位：千人）

年度	総数	被用者保険								国民健康保険	後期高齢者医療制度
		総数	全国健康保険協会管掌健康保険			組合管掌健康保険	船員保険	共済組合			
			総数	一般被保険者	法第3条第2項被保険者						
2000年度	126,351	78,723	36,805	36,758	47	31,677	228	10,013		47,628	−
2005	127,176	75,549	35,675	35,650	25	30,119	168	9,587		51,627	−
2010	126,907	73,797	34,863	34,845	18	29,609	136	9,189		38,769	14,341
2015	126,141	75,217	37,184	37,165	19	29,136	124	8,774		34,687	16,237
2016	126,091	76,373	38,091	38,071	19	29,463	122	8,697		32,940	16,778
2017	125,887	77,192	38,946	38,930	17	29,479	121	8,645		31,475	17,219
2018	125,627	77,653	39,417	39,400	16	29,541	119	8,575		30,256	17,718

（注）１．各年度末現在。「法第3条第2項被保険者」は有効被保険者手帳所有者数。
２．「全国健康保険協会管掌健康保険」は2007年度以前は「政府管掌健康保険」。
資料出所：厚生労働省「厚生統計要覧」

図表付-85 公的年金被保険者数の推移

（単位：万人）

年度	総数	国民年金被保険者			厚生年金被保険者	
		計	第1号	第3号	第1号	第2～4号
2000年度	7,049	3,307	2,154	1,153	3,219	523
2005	7,045	3,283	2,190	1,092	3,302	460
2010	6,826	2,943	1,938	1,005	3,441	442
2015	6,712	2,583	1,668	915	3,686	443
2016	6,731	2,464	1,575	889	3,822	445
2017	6,733	2,375	1,505	870	3,911	447
2018	6,746	2,318	1,471	847	3,981	448
2019	6,762	2,274	1,453	820	4,037	450
2020	6,756	2,242	1,449	793	4,047	466

（注）１．各年度末現在
２．国民年金被保険者第1号には任意加入被保険者を含む。
３．2014年度以前は、厚生年金第1号は厚生年金保険の被保険者、第2～4号は共済組合の組合員を計上
４．厚生年金被保険者には国民年金第2号被保険者のほか、65歳以上で老齢又は退職を支給事由とする年金給付の受給権を有する被保険者が含まれている。
資料出所：厚生労働省「厚生年金保険・国民年金事業年報」

図表付-86　性別公的年金被保険者数の推移

（単位：万人）

年度	国民年金第1号		国民年金第3号		厚生年金第1号		厚生年金第2～4号	
	女	男	女	男	女	男	女	男
2005年度	1,089	1,101	1,083	10	1,128	2,174	157	303
2010	947	992	993	11	1,217	2,224	158	284
2015	809	859	904	11	1,349	2,338	167	275
2016	759	816	878	11	1,424	2,398	170	275
2017	726	779	859	11	1,470	2,442	173	274
2018	707	764	836	11	1,512	2,469	175	272
2019	696	757	809	11	1,550	2,488	179	272
2020	691	758	781	12	1,569	2,479	190	276

（注）1．各年度末現在
2．国民年金被保険者第1号には任意加入被保険者を含む。
3．2014年度以前は、厚生年金第1号は厚生年金保険の被保険者、第2～4号は共済組合の組合員を計上
4．厚生年金被保険者には国民年金第2号被保険者のほか、65歳以上で老齢又は退職を支給事由とする年金給付の受給権を有する被保険者が含まれている。
資料出所：厚生労働省「厚生年金保険・国民年金事業年報」

図表付-87　性別年金月額階級別国民年金老齢年金受給権者数（2020年度末現在）

（単位：人）

年金月額階級	総数			基礎のみ・旧国年（再掲）		
	総数	女	男	総数	女	男
合計	33,281,594	18,827,601	14,453,993	6,551,100	4,965,364	1,585,736
1万円未満	74,554	62,087	12,467	32,774	31,158	1,616
1～2	293,600	235,046	58,554	107,707	97,150	10,557
2～3	928,755	711,764	216,991	313,589	274,815	38,774
3～4	2,842,021	2,160,071	681,950	1,061,606	907,990	153,616
4～5	4,663,638	3,321,823	1,341,815	1,074,088	846,514	227,574
5～6	7,760,979	4,621,737	3,139,242	1,372,679	1,038,595	334,084
6～7	14,835,773	6,241,716	8,594,057	2,082,802	1,370,053	712,749
7万円以上	1,882,274	1,473,357	408,917	505,855	399,089	106,766
平均年金月額（円）	56,252	54,112	59,040	52,792	51,529	56,748

（注）1．旧法老齢年金の受給権者と新法老齢基礎年金の受給権者（受給資格期間を原則として25年以上有する者）の合計であり、老齢基礎年金受給権者には、被用者年金が上乗せされている者を含む。
2．「基礎のみ・旧国年（再掲）」とは、厚生年金保険（旧共済組合を除く。）の受給権を有しない老齢基礎年金受給権者及び旧法国民年金（５年年金を除く。）の受給権者をいう。
資料出所：厚生労働省「厚生年金保険・国民年金事業年報」

図表付-88　性別年金月額階級別厚生年金保険（第1号）老齢年金受給権者数（2020年度末現在）

（単位：人）

年金月額階級	総数	女	男	年金月額階級	総数	女	男
合計	16,100,133	5,383,889	10,716,244	16～17	994,107	109,888	884,219
2万円未満	119,466	34,888	84,578	17～18	1,024,472	75,929	948,543
2～3	66,662	61,267	5,395	18～19	994,193	51,905	942,288
3～4	119,711	109,541	10,170	19～20	916,505	37,458	879,047
4～5	125,655	94,941	30,714	20～21	781,979	24,850	757,129
5～6	170,627	103,206	67,421	21～22	607,141	16,796	590,345
6～7	401,175	238,112	163,063	22～23	425,171	10,976	414,195
7～8	694,015	449,205	244,810	23～24	289,599	6,934	282,665
8～9	934,792	692,135	242,657	24～25	194,014	3,951	190,063
9～10	1,125,260	852,017	273,243	25～26	123,614	2,188	121,426
10～11	1,119,158	768,808	350,350	26～27	76,292	1,098	75,194
11～12	1,018,423	579,740	438,683	27～28	45,063	516	44,547
12～13	926,094	407,435	518,659	28～29	22,949	208	22,741
13～14	897,027	288,035	608,992	29～30	10,951	144	10,807
14～15	913,347	208,976	704,371	30万円以上	16,721	375	16,346
15～16	945,950	152,367	793,583	平均年金月額(円)	144,366	103,808	164,742

（注）1．年金月額には基礎年金額を含む。
　　2．特別支給の老齢厚生年金の定額部分の支給開始年齢の引上げにより、定額部分のない、報酬比例部分のみの65歳未満の受給権者が含まれている。
　　3．共済組合等の組合員等たる厚生年金保険の被保険者期間（平成27年9月以前の共済組合等の組合員等の期間を含む）を含めて該当した者もいるが、これらの者の年金月額には共済組合等から支給される分が含まれていない。

資料出所：厚生労働省「厚生年金保険・国民年金事業年報」

図表付-89　介護保険被保険者数および要介護（要支援）認定者数の推移

（単位：万人）

年度	被保険者数				要介護、要支援認定者数			
	第1号被保険者	65歳以上75歳未満	75歳以上	第2号被保険者	第1号被保険者	65歳以上75歳未満	75歳以上	第2号被保険者
2000年度	2,242	1,319	923	4,308	247 (11.0)	45 (3.4)	202 (21.9)	9
2005	2,588	1,412	1,175	4,276	418 (16.1)	68 (4.8)	349 (29.7)	15
2010	2,910	1,482	1,428	4,263	491 (16.9)	64 (4.3)	427 (29.9)	15
2015	3,382	1,745	1,637	4,204	607 (17.9)	76 (4.3)	531 (32.5)	14
2016	3,440	1,745	1,695	4,200	619 (18.0)	75 (4.3)	544 (32.1)	13
2017	3,488	1,746	1,742	4,195	628 (18.0)	74 (4.2)	555 (31.8)	13
2018	3,525	1,730	1,796	4,192	645 (18.3)	73 (4.2)	572 (31.9)	13
2019	3,555	1,726	1,829	4,193	656 (18.4)	73 (4.2)	583 (31.9)	13

（注）1．各年度末現在。ただし、第2号被保険者数は当該年度の月平均。
　　2．「要介護、要支援認定者数」の（　）内は、被保険者に占める認定者の割合（認定率％）。
　　3．2010年度は東日本大震災の影響により、報告が困難であった福島県の5町1村（広野町、楢葉町、富岡町、川内村、双葉町、新地町）を除く。

資料出所：厚生労働省「介護保険事業状況報告（年報）」

図表付-90　介護サービス受給者数の推移

（単位：千人）

年度	居宅介護サービス	地域密着型サービス	施設介護サービス				
			総数	介護老人福祉施設	介護老人保健施設	介護療養型医療施設	介護医療院
2000年度	1,237	–	604	285	219	100	–
2005	2,583	–	787	373	287	127	–
2010	3,019	264	842	435	325	85	–
2015	3,894	410	912	506	348	60	–
2016	3,909	770	923	518	352	56	–
2017	3,765	834	930	528	355	50	–
2018	3,741	862	941	542	356	43	4
2019	3,841	882	950	550	355	33	16

（注）１．2000年度は４月から翌年２月、他は各年３月から翌年２月までの累計（人・月）を月数で除した数（月平均）。
２．2006年度以降の施設介護サービスは、同一月に２施設以上でサービスを受けた場合、施設ごとにそれぞれ受給者数を１人と計上しているが、総数には１人と計上しているため、施設の合算と総数は一致しない。
３．2010年度は東日本大震災の影響により、報告が困難であった福島県の５町１村（広野町、楢葉町、富岡町、川内村、双葉町、新地町）を除く。

資料出所：厚生労働省「介護保険事業状況報告（年報）」

図表付-91　性別進学率の推移

（単位：%）

年次	高等学校等への進学率			短期大学への進学率			大学への進学率			大学院への進学率		
	計	女	男	計	女	男	計	女	男	計	女	男
1980年	94.2	95.4	93.1	11.3	21.0	2.0	26.1	12.3	39.3	3.9	1.6	4.7
1985	93.8	94.9	92.8	11.1	20.8	2.0	26.5	13.7	38.6	5.5	2.5	6.5
1990	94.4	95.6	93.2	11.7	22.2	1.7	24.6	15.2	33.4	6.4	3.1	7.7
1995	95.8	97.0	94.7	13.1	24.6	2.1	32.1	22.9	40.7	9.0	5.5	10.7
2000	95.9	96.8	95.0	9.4	17.2	1.9	39.7	31.5	47.5	10.3	6.3	12.8
2005	96.5	96.8	96.1	7.3	13.0	1.8	44.2	36.8	51.3	11.6	7.2	14.8
2010	96.3	96.5	96.1	5.9	10.8	1.3	50.9	45.2	56.4	12.9	7.1	17.4
2015	96.6	97.0	96.2	5.1	9.3	1.1	51.5	47.4	55.4	10.7	5.8	14.8
2019	95.8	96.0	95.6	4.4	7.9	1.0	53.7	50.7	56.6	10.3	5.5	14.3
2020	95.5	95.7	95.3	4.2	7.6	1.0	54.4	50.9	57.7	10.1	5.6	14.2
2021	95.0	95.1	94.9	4.0	7.2	0.9	54.9	51.7	58.1	10.6	5.9	14.6

（注）１．各年5月1日現在。通信教育を除く。
２．高等学校等への進学率：中学校卒業者及び中等教育学校前期課程修了者のうち、高等学校、中等教育学校後期課程及び特別支援学校高等部の本科・別科並びに高等専門学校に進学した者（就職進学した者を含み、過年度中卒者等は含まない。）の占める比率。
３．短期大学・大学への進学率：大学学部・短期大学本科入学者数（過年度高卒者等を含む。）を３年前の中学校卒業者及び中等教育学校前期課程修了者数で除した比率。
４．大学院への進学率：大学学部卒業者のうち、ただちに大学院に進学した者の比率。

資料出所：文部科学省「学校基本調査」

図表付-92　学校別在学者数及び女性比率の推移

	年次	高等学校	高等専門学校	短期大学	大学	大学院	専修学校
男女計（人）	1980年	4,621,930	46,348	371,124	1,835,312	53,992	432,914
	1985	5,177,681	48,288	371,095	1,848,698	69,688	538,175
	1990	5,623,336	52,930	479,389	2,133,362	90,238	791,431
	1995	4,724,945	56,234	498,516	2,546,649	153,423	813,347
	2000	4,165,434	56,714	327,680	2,740,023	205,311	750,824
	2005	3,605,242	59,160	219,355	2,865,051	254,480	783,783
	2010	3,368,693	59,542	155,273	2,887,414	271,454	637,897
	2015	3,319,114	57,611	132,681	2,860,210	249,474	656,106
	2019	3,168,369	57,124	113,013	2,918,668	254,621	659,693
	2020	3,092,064	56,974	107,596	2,915,605	254,529	661,174
	2021	3,008,172	56,905	102,232	2,917,998	257,128	662,135
女（人）	1980年	2,292,286	917	330,468	405,529	6,259	287,938
	1985	2,568,483	1,723	333,175	434,401	9,182	312,185
	1990	2,793,739	4,677	438,443	584,155	14,566	410,543
	1995	2,351,055	9,966	455,439	821,893	32,990	420,282
	2000	2,074,642	10,624	293,690	992,312	54,216	406,073
	2005	1,777,708	9,835	191,131	1,124,900	75,734	417,918
	2010	1,665,296	9,359	137,791	1,185,580	82,133	347,286
	2015	1,647,789	10,059	117,461	1,231,868	77,831	364,592
	2019	1,566,392	11,321	99,866	1,293,095	82,427	366,802
	2020	1,529,081	11,671	94,644	1,294,320	82,982	368,139
	2021	1,487,653	11,929	89,624	1,297,056	84,017	370,401
女性比率（%）	1980年	49.6	2.0	89.0	22.1	11.6	66.5
	1985	49.6	3.6	89.8	23.5	13.2	58.0
	1990	49.7	8.8	91.5	27.4	16.1	51.9
	1995	49.8	17.7	91.4	32.3	21.5	51.7
	2000	49.8	18.7	89.6	36.2	26.4	54.1
	2005	49.3	16.6	87.1	39.3	29.8	53.3
	2010	49.4	15.7	88.7	41.1	30.3	54.4
	2015	49.6	17.5	88.5	43.1	31.2	55.6
	2019	49.4	19.8	88.4	44.3	32.4	55.6
	2020	49.5	20.5	88.0	44.4	32.6	55.7
	2021	49.5	21.0	87.7	44.5	32.7	55.9

（注）各年5月1日現在。通信教育、盲学校、聾学校、養護学校、特別支援学校を除く。
資料出所：文部科学省「学校基本調査」

図表付-93　性、学歴別新規学卒者就職率の推移

（単位：%）

年次	中学校		高等学校		高等専門学校		短期大学		大学	
	女	男	女	男	女	男	女	男	女	男
1980年	3.2	4.5	45.6	40.2	92.6	89.0	76.4	71.8	65.7	78.5
1985	2.9	4.5	43.4	38.7	89.1	89.0	81.3	72.6	72.4	78.8
1990	1.8	3.7	36.2	34.2	92.3	85.6	88.1	72.9	81.0	81.0
1995	0.9	2.2	23.4	27.9	78.5	73.6	66.0	57.3	63.7	68.7
2000	0.5	1.5	16.5	20.7	65.1	58.4	57.4	41.3	57.1	55.0
2005	0.4	1.0	14.9	19.8	60.4	52.3	66.8	50.6	64.1	56.6
2010	0.2	0.6	13.1	18.3	63.9	49.2	67.3	48.0	66.6	56.4
2015	0.1	0.6	14.0	21.5	67.7	56.4	80.0	61.3	78.5	67.8
2019	0.1	0.3	13.7	21.4	71.2	56.8	84.0	62.8	83.6	73.2
2020	0.1	0.3	14.1	21.6	70.4	56.7	82.9	60.0	83.2	73.0
2021	0.1	0.3	11.8	19.4	68.8	54.7	79.9	56.6	79.8	69.2

（注）1．各年5月1日現在。各年3月卒業者のうち、就職者（就職進学者を含む。）の占める割合である。
2．2000年以降の中学校に義務教育学校及び中等教育学校前期課程修了者を、高等学校に中等教育学校後期課程卒業者を加えて算出。

資料出所：文部科学省「学校基本調査」

図表付-94　性、卒業後の状況別大学、短大卒業者数の推移

			計	進学者	うち就職している者	就職者等	臨床研修医（予定者を含む）	専修学校・外国の学校等入学者	左記以外	死亡・不詳
実数（人）	大学（女）	2005年	232,569	17,902	61	158,712	2,729	5,521	40,544	7,161
		2015	256,482	15,997	17	207,204	3,087	3,228	24,423	2,543
		2019	265,181	15,639	36	225,570	3,490	2,437	16,270	1,775
		2020	267,619	15,921	119	226,603	3,533	2,354	17,565	1,643
		2021	273,641	17,323	51	224,367	3,599	2,728	24,001	1,623
	大学（男）	2005年	318,447	48,206	19	189,840	5,174	6,540	57,450	11,237
		2015	307,553	46,241	32	214,236	5,969	3,492	33,679	3,936
		2019	307,458	44,724	52	229,389	6,361	2,555	21,962	2,467
		2020	306,328	43,989	81	228,063	6,372	2,363	23,244	2,297
		2021	309,877	46,011	98	220,132	6,449	2,714	32,227	2,344
	短大（女）	2005年	93,167	9,230	7	68,286	－	2,667	12,032	952
		2015	53,439	4,300	5	44,002	－	804	4,232	101
		2019	47,437	3,303	14	40,668	－	607	2,792	67
		2020	44,878	3,363	61	38,064	－	528	2,852	71
		2021	41,804	3,459	28	34,513	－	508	3,250	74
構成比（%）	大学（女）	2005年	100.0	7.7	0.0	68.2	1.2	2.4	17.4	3.1
		2015	100.0	6.2	0.0	80.8	1.2	1.3	9.5	1.0
		2019	100.0	5.9	0.0	85.1	1.3	0.9	6.1	0.7
		2020	100.0	5.9	0.0	84.7	1.3	0.9	6.6	0.6
		2021	100.0	6.3	0.0	82.0	1.3	1.0	8.8	0.6
	大学（男）	2005年	100.0	15.1	0.0	59.6	1.6	2.1	18.0	3.5
		2015	100.0	15.0	0.0	69.7	1.9	1.1	11.0	1.3
		2019	100.0	14.5	0.0	74.6	2.1	0.8	7.1	0.8
		2020	100.0	14.4	0.0	74.5	2.1	0.8	7.6	0.7
		2021	100.0	14.8	0.0	71.0	2.1	0.9	10.4	0.8
	短大（女）	2005年	100.0	9.9	0.0	73.3	－	2.9	12.9	1.0
		2015	100.0	8.0	0.0	82.3	－	1.5	7.9	0.2
		2019	100.0	7.0	0.0	85.7	－	1.3	5.9	0.1
		2020	100.0	7.5	0.1	84.8	－	1.2	6.4	0.2
		2021	100.0	8.3	0.1	82.6	－	1.2	7.8	0.2

（注）各年3月卒業者の5月1日現在の状況。

資料出所：文部科学省「学校基本調査」

図表付-95　性、産業別大学卒就職者数（構成比）の推移

（単位：％）

性、産業		2010年	2015	2019	2020	2021
女	総数	100.0	100.0	100.0	100.0	100.0
	農業、林業	0.2	0.2	0.2	0.2	0.2
	漁業	0.0	0.0	0.0	0.0	0.0
	鉱業、採石業、砂利採取業	0.0	0.0	0.0	0.0	0.0
	建設業	1.7	2.4	2.6	2.7	2.9
	製造業	8.9	8.7	9.5	8.9	7.6
	電気・ガス・熱供給・水道業	0.2	0.2	0.2	0.3	0.3
	情報通信業	6.2	6.5	8.7	9.3	9.5
	運輸業、郵便業	2.5	2.8	3.4	3.6	1.9
	卸売業、小売業	15.3	15.5	14.7	14.6	15.0
	金融業、保険業	11.8	10.5	7.5	6.7	6.6
	不動産業、物品賃貸業	1.7	2.4	2.6	2.6	2.6
	学術研究、専門・技術サービス業	2.8	3.4	4.0	4.1	4.0
	宿泊業、飲食サービス業	2.9	3.0	3.0	3.3	3.0
	生活関連サービス業、娯楽業	3.7	3.6	3.2	3.2	2.6
	教育、学習支援業	11.4	10.0	9.0	9.0	9.6
	医療、福祉	19.0	19.6	19.3	19.2	21.3
	複合サービス事業	1.6	1.5	1.1	0.9	0.9
	サービス業（他に分類されないもの）	4.2	4.1	5.3	5.7	5.6
	公務（他に分類されるものを除く）	4.7	4.5	4.8	5.0	5.4
	上記以外のもの	1.3	1.1	0.8	0.9	1.0
男	総数	100.0	100.0	100.0	100.0	100.0
	農業、林業	0.4	0.3	0.3	0.3	0.4
	漁業	0.0	0.0	0.0	0.0	0.0
	鉱業、採石業、砂利採取業	0.1	0.0	0.0	0.0	0.1
	建設業	6.5	6.9	6.6	6.8	7.7
	製造業	15.9	14.8	14.7	14.1	12.6
	電気・ガス・熱供給・水道業	0.7	0.6	0.6	0.7	0.7
	情報通信業	8.8	9.7	12.2	13.2	12.4
	運輸業、郵便業	3.7	3.3	3.3	3.5	3.3
	卸売業、小売業	17.4	17.6	15.9	15.7	16.1
	金融業、保険業	8.0	7.5	6.1	5.8	5.5
	不動産業、物品賃貸業	2.3	3.2	3.8	3.7	3.6
	学術研究、専門・技術サービス業	2.8	3.8	4.3	4.4	4.4
	宿泊業、飲食サービス業	2.6	2.0	1.8	1.9	1.6
	生活関連サービス業、娯楽業	3.1	2.5	2.2	2.2	1.8
	教育、学習支援業	5.4	5.6	5.6	5.3	5.8
	医療、福祉	6.1	6.3	6.1	6.1	6.6
	複合サービス事業	1.6	1.4	1.1	1.0	0.9
	サービス業（他に分類されないもの）	4.5	5.5	6.8	7.4	7.5
	公務（他に分類されるものを除く）	8.1	7.5	7.3	6.9	7.6
	上記以外のもの	1.9	1.4	1.2	1.2	1.4

（注）各年3月卒業者の5月1日現在の状況。就職進学者を含む。
資料出所：文部科学省「学校基本調査」

図表付-96　性、職業別大学卒就職者数（構成比）の推移

（単位：％）

性	性、職業	2010年	職業	2015年	2019	2020	2021
女	総数	100.0	総数	100.0	100.0	100.0	100.0
	専門的・技術的職業従事者	35.9	専門的・技術的職業従事者	36.5	40.0	40.4	42.5
	科学研究者・技術者	5.7	研究者・技術者	5.9	8.5	9.2	9.4
	教員	8.2	教員	7.7	7.1	7.1	7.5
	保健医療従事者	13.1	保健医療従事者	15.2	16.2	16.2	17.3
	その他	8.9	その他	7.7	8.2	7.9	8.2
	管理的職業従事者	0.4	管理的職業従事者	0.5	0.4	0.5	0.5
	事務従事者	36.2	事務従事者	32.5	29.8	29.1	27.7
	販売従事者	17.6	販売従事者	20.9	20.1	20.2	20.6
	サービス職業従事者	6.0	サービス職業従事者	6.9	6.6	6.7	5.7
	保安職業従事者	0.6	保安職業従事者	0.6	0.6	0.6	0.7
	農林漁業作業者	0.1	農林漁業従事者	0.1	0.1	0.1	0.1
	運輸・通信従事者	0.2	生産工程従事者	0.3	0.4	0.4	0.4
	生産工程・労務作業者	0.2	輸送・機械運転従事者	0.2	0.1	0.1	0.1
			建設・採掘従事者	0.0	0.0	0.0	0.0
			運搬・清掃等従事者	0.0	0.0	0.1	0.0
	上記以外のもの	3.0	上記以外のもの	1.6	1.7	1.8	1.8
男	総数	100.0	総数	100.0	100.0	100.0	100.0
	専門的・技術的職業従事者	32.2	専門的・技術的職業従事者	33.7	37.1	37.5	37.7
	科学研究者・技術者	20.4	研究者・技術者	21.1	23.7	24.3	24.0
	教員	4.0	教員	4.4	4.3	4.0	4.4
	保健医療従事者	3.7	保健医療従事者	4.6	5.1	5.1	5.0
	その他	4.2	その他	3.6	4.0	4.0	4.3
	管理的職業従事者	0.5	管理的職業従事者	0.7	0.7	0.8	0.8
	事務従事者	28.9	事務従事者	24.9	23.8	23.5	22.4
	販売従事者	24.2	販売従事者	29.1	27.5	27.1	27.4
	サービス職業従事者	5.2	サービス職業従事者	4.8	4.2	4.4	4.4
	保安職業従事者	3.9	保安職業従事者	3.1	2.6	2.4	2.8
	農林漁業作業者	0.3	農林漁業従事者	0.2	0.2	0.2	0.3
	運輸・通信従事者	0.9	生産工程従事者	0.9	1.0	1.0	1.1
	生産工程・労務作業者	0.7	輸送・機械運転従事者	0.5	0.5	0.5	0.6
			建設・採掘従事者	0.2	0.2	0.3	0.4
			運搬・清掃等従事者	0.2	0.2	0.2	0.3
	上記以外のもの	3.3	上記以外のもの	1.7	1.8	1.9	2.0

（注）１．各年3月卒業者の5月1日現在の状況。就職進学者を含む。
　　　２．「保健医療従事者」には「医師、歯科医師、獣医師、薬剤師」を含む。
資料出所：文部科学省「学校基本調査」

図表付-97　性別高校卒業予定者の就職内定率の推移

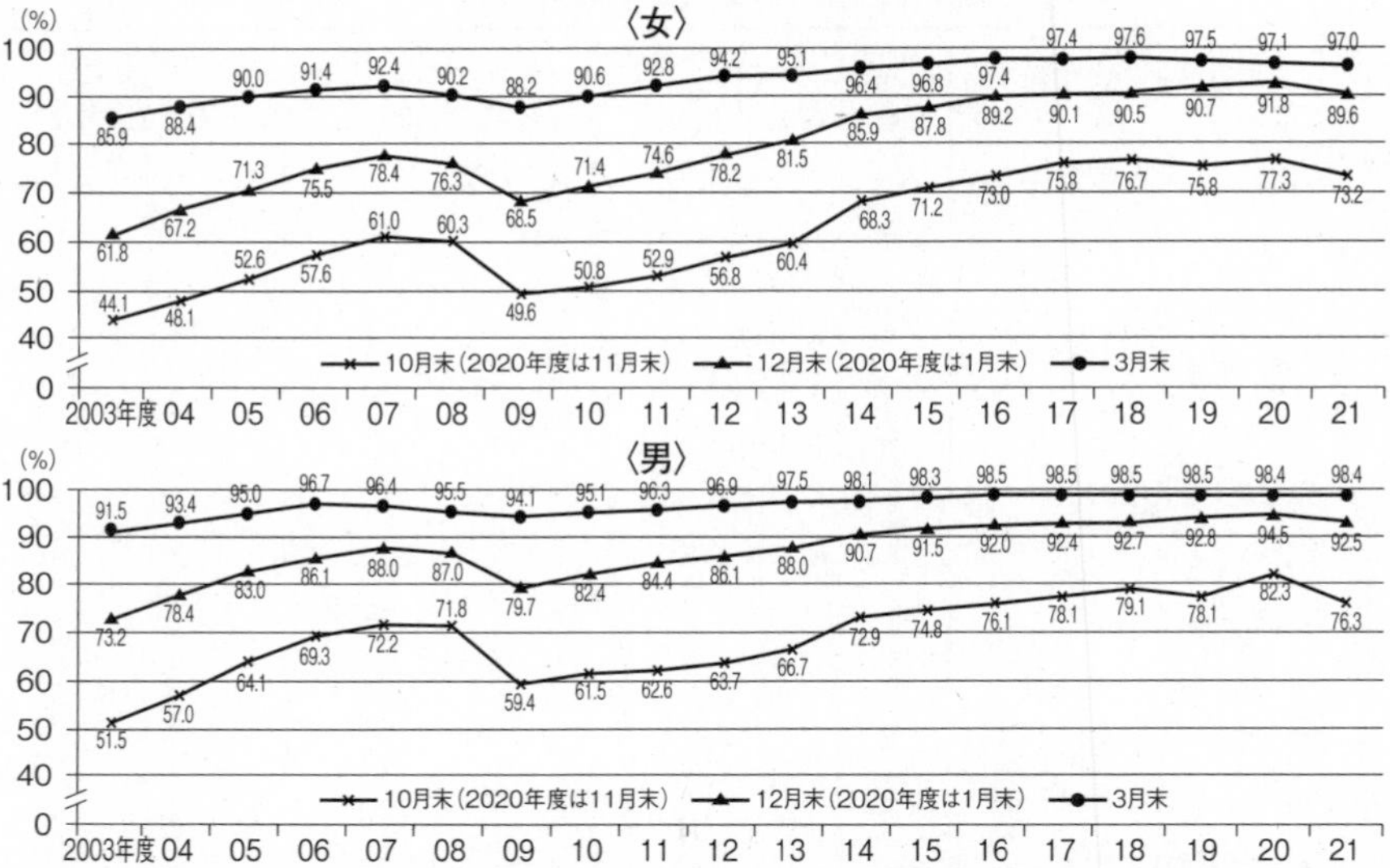

（注）１．2010年度3月31日の数値は、東日本大震災の影響により調査が困難とする岩手県の5校及び福島県の5校について調査から除外。
　　　２．2020年度調査は、新型コロナウイルス感染症の影響により、例年「10月末、12月末、3月末」時点での調査を「11月末、1月末、3月末」時点で調査。

資料出所：文部科学省、厚生労働省「高等学校卒業（予定）者の就職（内定）状況調査」

図表付-98　性別大学卒業予定者の就職内定率の推移

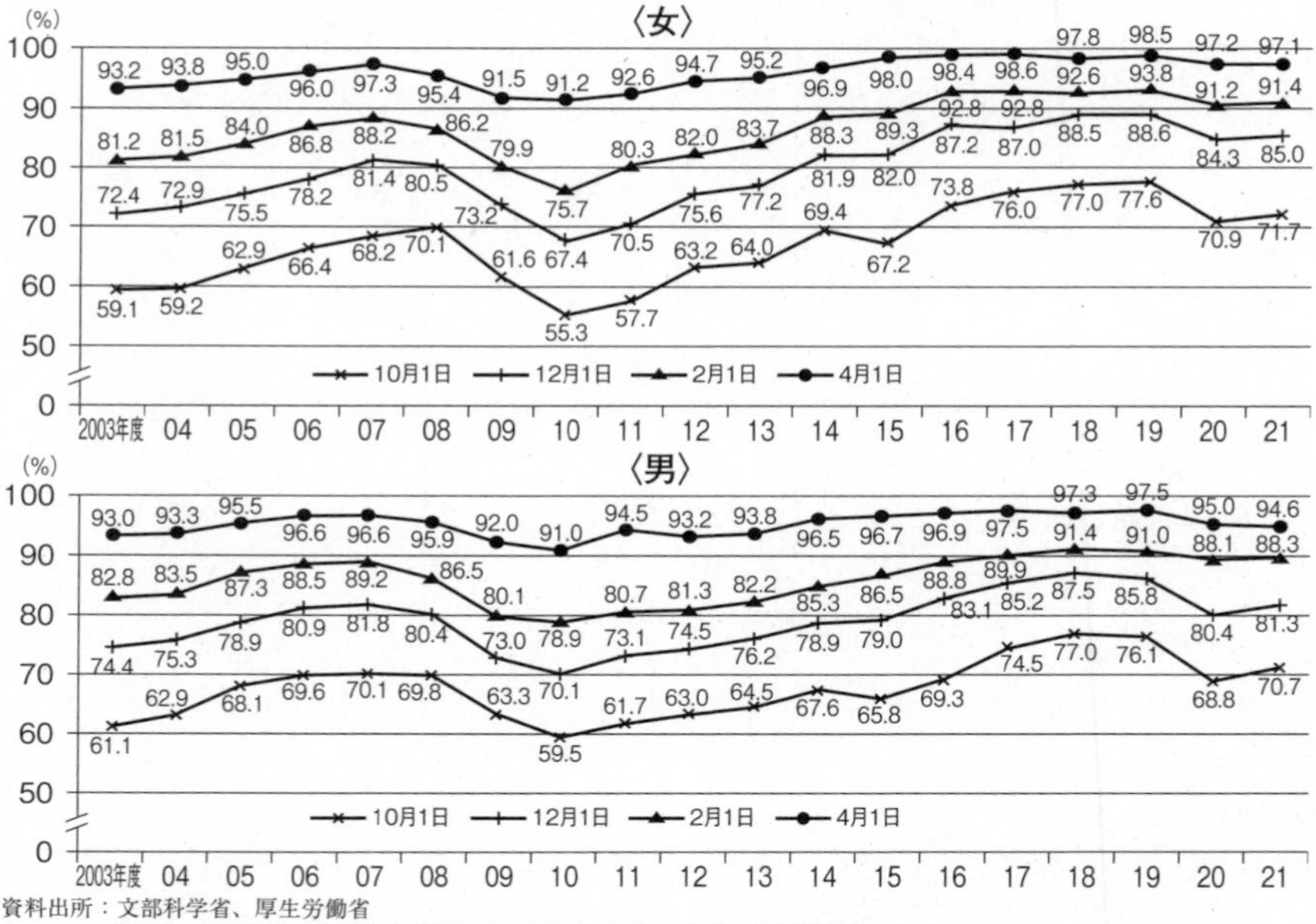

資料出所：文部科学省、厚生労働省
「大学・短期大学・高等専門学校及び専修学校卒業者の就職内定状況等調査」

図表付-99　性別国政選挙における投票率の推移

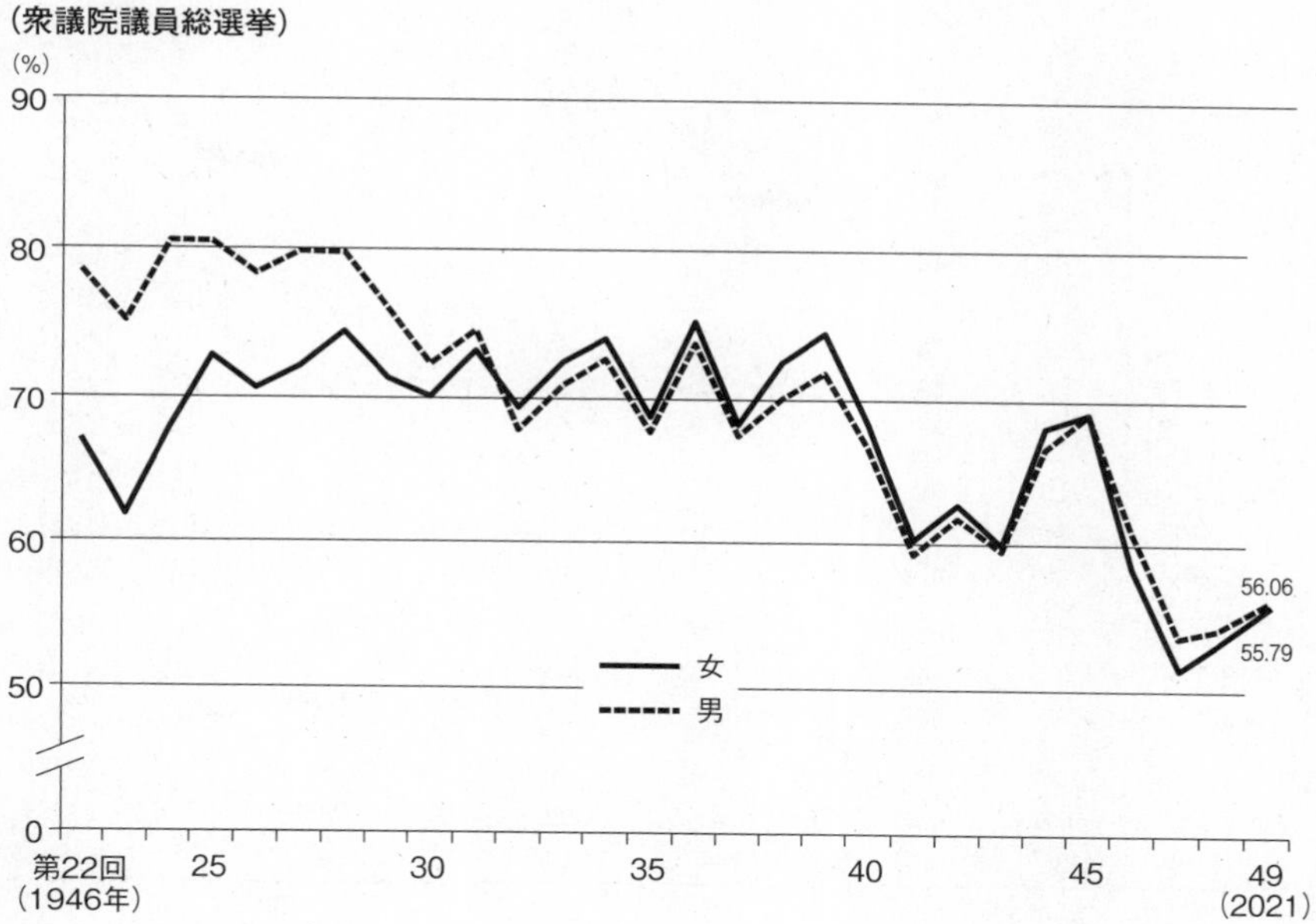

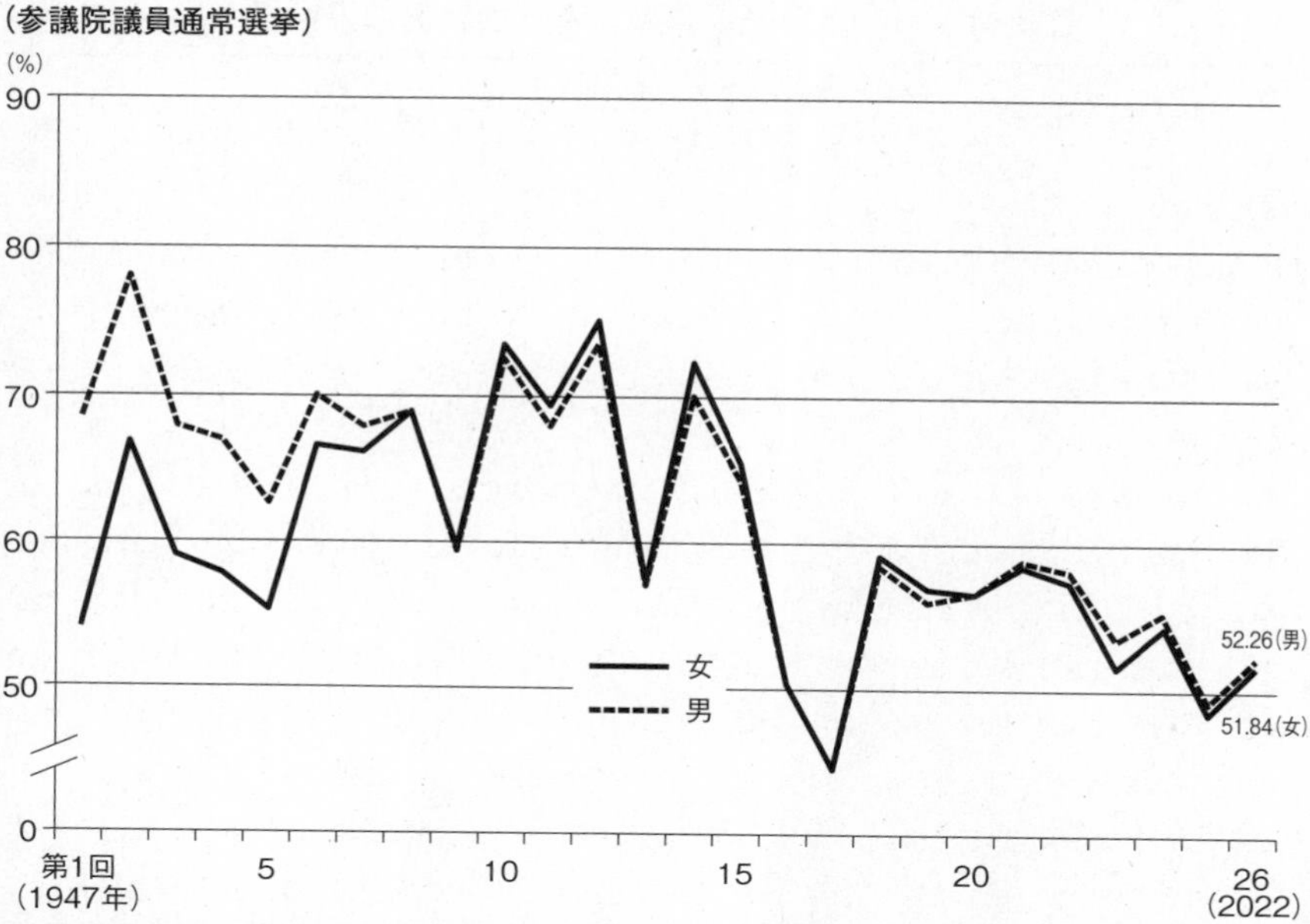

(注) 衆議院総選挙の第41回以降は比例代表、参議院通常選挙の第１回～第12回は全国区、第13回以降は比例代表の数値。
資料出所：総務省「衆議院議員総選挙・最高裁判所裁判官国民審査結果調」、「参議院議員通常選挙結果調」

図表付-100　女性国会議員数の推移

年月	国会議員総数 計（人）	国会議員総数 女（人）	国会議員総数 女性比率（％）	衆議院議員 計（人）	衆議院議員 女（人）	衆議院議員 女性比率（％）	参議院議員 計（人）	参議院議員 女（人）	参議院議員 女性比率（％）
1975年 10月	726	25	3.4	475	7	1.5	251	18	7.2
1980 7月	762	26	3.4	511	9	1.8	251	17	6.8
1985 10月	752	27	3.6	504	8	1.6	248	19	7.7
1990 12月	762	46	6.0	510	12	2.4	252	34	13.5
1995 7月	752	46	6.1	500	12	2.4	252	34	13.5
2000 7月	731	78	10.7	480	35	7.3	251	43	17.1
2005 6月	720	66	9.2	478	33	6.9	242	33	13.6
2010 6月	721	96	13.3	480	54	11.3	241	42	17.4
2015 6月	716	83	11.6	474	45	9.5	242	38	15.7
（比例区）	(276)	(46)	(16.7)	(180)	(27)	(15.0)	(96)	(19)	(19.8)
（選挙区）	(440)	(37)	(8.4)	(294)	(18)	(6.1)	(146)	(19)	(13.0)
2020 6月	710	102	14.4	465	46	9.9	245	56	22.9
（比例区）	(274)	(44)	(16.1)	(176)	(23)	(13.1)	(98)	(21)	(21.4)
（選挙区）	(436)	(58)	(13.3)	(289)	(23)	(8.0)	(147)	(35)	(23.8)
2022 6月	708	102	14.4	465	46	9.9	243	56	23.0
（比例区）	(272)	(43)	(15.8)	(176)	(22)	(12.5)	(96)	(21)	(21.9)
（選挙区）	(436)	(59)	(13.5)	(289)	(24)	(8.3)	(147)	(35)	(23.8)

資料出所：衆議院、参議院事務局調べ

図表付-101　地方議会における女性議員数の推移

年次	合計 議員総数（人）	合計 女（人）	合計 女性比率（％）	都道府県議会 議員総数（人）	都道府県議会 女（人）	都道府県議会 女性比率（％）	市議会 議員総数（人）	市議会 女（人）	市議会 女性比率（％）	特別区議会 議員総数（人）	特別区議会 女（人）	特別区議会 女性比率（％）	町村議会 議員総数（人）	町村議会 女（人）	町村議会 女性比率（％）
1976年	71,952	735	1.0	2,807	35	1.2	20,062	397	2.0	1,073	71	6.6	48,010	232	0.5
1980	71,207	822	1.2	2,833	34	1.2	20,080	441	2.2	1,073	73	6.8	47,221	274	0.6
1985	68,911	1,102	1.6	2,857	38	1.3	19,729	601	3.0	1,032	73	7.1	45,293	390	0.9
1990	65,616	1,633	2.5	2,798	72	2.6	19,070	862	4.5	1,020	91	8.9	42,728	608	1.4
1995	64,642	2,757	4.3	2,927	92	3.1	19,050	1,392	7.3	1,012	145	14.3	41,653	1,128	2.7
2000	61,941	3,982	6.4	2,888	159	5.5	18,379	1,855	10.1	967	191	19.8	39,707	1,777	4.5
2005	48,652	4,263	8.8	2,790	200	7.2	23,574	2,505	10.6	912	199	21.8	21,376	1,359	6.4
2010	35,837	3,974	11.1	2,681	217	8.1	20,142	2,557	12.7	889	219	24.6	12,125	981	8.1
2015	33,165	4,127	12.4	2,675	261	9.8	18,443	2,559	13.9	900	243	27.0	11,147	1,064	9.5
2019	32,430	4,640	14.3	2,668	303	11.4	17,973	2,864	15.9	900	269	29.9	10,889	1,204	11.1
2020	32,249	4,684	14.5	2,643	303	11.5	17,903	2,894	16.2	895	270	30.2	10,808	1,217	11.3
2021	32,023	4,826	15.1	2,598	306	11.8	17,826	2,992	16.8	874	268	30.7	10,725	1,260	11.7

（注）各年12月末日現在
資料出所：総務省「地方公共団体の議会の議員及び長の所属党派別人員調」

図表付-102　女性の首長数の推移

年次	都道府県知事			市長、特別区長			町村長		
	総数（人）	女（人）	女性比率（%）	総数（人）	女（人）	女性比率（%）	総数（人）	女（人）	女性比率（%）
2005年	47	4	8.5	777	9	1.2	1,384	6	0.4
2010	47	3	6.4	808	18	2.2	940	6	0.6
2015	47	2	4.3	813	17	2.1	927	5	0.5
2019	47	2	4.3	815	27	3.3	925	8	0.9
2020	47	2	4.3	813	26	3.2	926	8	0.9
2021	47	2	4.3	813	30	3.7	924	10	1.1
2021年女性が首長の自治体	山形県 東京都			仙台市、土浦市、栃木市 那須烏山市、安中市、和光市 柏市、鎌ケ谷市、君津市 足立区、武蔵野市、小平市 座間市、加茂市、大野市 諏訪市、島田市、鈴鹿市 宇治市、木津川市、池田市 尼崎市、芦屋市、宝塚市 倉敷市、周南市、徳島市 三好市、宗像市、那覇市			北海道留寿都村 青森県外ヶ浜町 栃木県野木町 埼玉県長瀞町 東京都日の出町 神奈川県二宮町 新潟県津南町 兵庫県播磨町 和歌山県美浜町 高知県いの町		

（注）各年12月末日現在
資料出所：総務省「地方公共団体の議会の議員及び長の所属党派別人員調」

図表付-103　審議会等における女性委員数の推移

年月日	審議会等数			審議会等委員数			専門委員等数		
	総数	女性委員を含む審議会等数	女性委員を含む審議会等の比率（%）	総数（人）	女（人）	女性比率（%）	総数（人）	女（人）	女性比率（%）
1975. 1. 1	237	73	30.8	5,436	133	2.4	…	…	…
1980. 6. 1	199	92	46.2	4,504	186	4.1	…	…	…
1985. 6. 1	206	114	55.3	4,664	255	5.5	…	…	…
1990. 3.31	204	141	69.1	4,559	359	7.9	…	…	…
1995. 3.31	207	175	84.5	4,484	631	14.1	…	…	…
2000. 9.30	197	186	94.4	3,985	831	20.9	…	…	…
2005. 9.30	104	103	99.0	1,792	554	30.9	9,039	1,165	12.9
2010. 9.30	105	102	97.1	1,708	577	33.8	8,752	1,514	17.3
2015. 9.30	121	119	98.3	1,798	659	36.7	7,770	1,924	24.8
2019. 9.30	123	121	98.4	1,825	723	39.6	7,824	2,213	28.3
2020. 9.30	127	124	97.6	1,848	753	40.7	7,765	2,356	30.3
2021. 9.30	127	127	100.0	1,885	798	42.3	7,661	2,477	32.3

（注）1．国家行政組織法第8条、内閣府設置法第37条及び第54条に基づく審議会等。
2．「専門委員等」は、臨時委員、特別委員および専門委員で、審議会委員とは別に、専門又は特別の事項を調査審議するため必要がある場合に置くことができ、当該事項の調査審議が終了したときに解任される委員。2005年度には試験委員が含まれている。
資料出所：内閣府調べ

図表付-104　国家公務員管理職（本省課室長相当職以上）における女性比率の推移

年度	計			指定職			行政職俸給表（一）		
	総数（人）	女（人）	女性比率（%）	総数（人）	女（人）	女性比率（%）	総数（人）	女（人）	女性比率（%）
1975年度	6,938	20	0.3	1,271	1	0.1	5,667	19	0.3
1980	8,018	42	0.5	1,559	3	0.2	6,459	39	0.6
1985	8,118	40	0.5	1,606	4	0.2	6,512	36	0.6
1990	8,789	67	0.8	1,627	9	0.6	7,162	58	0.8
1995	9,352	90	1.0	1,673	10	0.6	7,679	80	1.0
2000	9,739	122	1.3	1,660	6	0.4	8,079	116	1.4
2005	8,452	154	1.8	887	11	1.2	7,565	143	1.9
2010	8,836	229	2.6	891	20	2.2	7,945	209	2.6
2015	8,902	325	3.7	911	28	3.1	7,991	297	3.7
2019	9,268	485	5.2	959	41	4.3	8,309	444	5.3
2020	9,249	541	5.8	969	43	4.4	8,280	498	6.0
2021	9,239	581	6.3	984	44	4.5	8,255	537	6.5

（注）１．2000年度までは年度末現在、2005、2010年度は各年度１月15日現在。2015年度以降は7月１日現在。
２．行政職俸給表（一）の本省課室長相当職以上は、1975年度及び1980年度が１等級と２等級、1985年度〜2005年度が９〜11級、2010年度以降が７〜10級の適用職員。

資料出所：内閣官房人事局「一般職国家公務員在職状況統計表」、人事院「一般職の国家公務員の任用状況調査報告」（2010年度以前）

図表付-105　地方公務員の管理職（課長相当職以上）における女性比率の推移

年次	都道府県			政令指定都市			市区町村（政令指定都市を含む）		
	総数（人）	女（人）	女性比率（%）	総数（人）	女（人）	女性比率（%）	総数（人）	女（人）	女性比率（%）
2005年	40,432	1,944	4.8	16,232	1,067	6.6	130,685	10,229	7.8
2010	36,481	2,203	6.0	17,754	1,619	9.1	119,809	11,717	9.8
2015	37,349	2,890	7.7	15,745	1,880	11.9	108,510	13,666	12.6
2019	37,853	3,883	10.3	15,520	2,300	14.8	106,292	16,262	15.3
2020	37,931	4,211	11.1	15,728	2,405	15.3	107,206	16,975	15.8
2021	38,392	4,549	11.8	15,825	2,521	15.9	107,082	17,663	16.5

（注）各年4月1日現在。ただし、自治体により、時点が異なる場合もある。

資料出所：内閣府「地方公共団体における男女共同参画社会の形成又は女性に関する施策の推進状況」

図表付-106　教員における女性比率の推移

学校、職名		1985年	1995	2005	2015	2019	2020	2021		
		女性比率（%）						総数（人）	女（人）	女性比率（%）
小学校	教員総数	56.0	61.2	62.7	62.3	62.2	62.3	422,864	263,796	62.4
	校長	2.3	9.6	18.2	19.1	20.6	21.8	18,733	4,376	23.4
	副校長	–	–	–	28.0	30.9	31.7	1,907	624	32.7
	教頭	4.3	19.3	21.6	22.3	27.0	28.4	17,733	5,283	29.8
中学校	教員総数	33.9	39.2	41.1	42.8	43.5	43.7	248,253	109,322	44.0
	校長	0.3	1.9	4.7	6.1	7.4	7.5	8,977	777	8.7
	副校長	–	–	–	10.0	15.6	15.1	1,110	182	16.4
	教頭	1.4	5.5	7.8	8.7	13.3	14.8	9,311	1,527	16.4
高等学校	教員総数	18.7	23.2	27.6	31.3	32.3	32.5	226,721	74,589	32.9
	校長	2.4	2.5	4.7	7.7	8.1	8.4	4,670	393	8.4
	副校長	–	–	–	8.2	9.0	10.1	1,327	139	10.5
	教頭	1.2	2.9	5.7	8.0	10.0	11.4	6,248	769	12.3
高等専門学校	教員総数	0.8	3.0	5.4	9.5	11.2	11.5	4,085	474	11.6
	校長	–	–	–	–	3.5	3.5	57	2	3.5
	教授	0.3	0.6	1.9	4.1	4.7	5.1	1,686	90	5.3
	准教授	0.3	1.9	6.1	10.8	13.4	14.3	1,574	227	14.4
短期大学	教員総数	38.8	39.8	46.6	52.1	52.6	53.1	7,015	3,753	53.5
	学長	14.3	11.5	14.2	18.5	21.3	22.4	192	43	22.4
	副学長	13.5	12.0	13.6	27.3	33.1	34.1	123	36	29.3
	教授	24.1	27.4	33.9	39.0	41.4	41.1	2,477	1,031	41.6
	准教授	39.0	39.8	47.4	54.8	54.1	55.7	1,803	1,012	56.1
大学	教員総数	8.5	10.7	16.7	23.2	25.3	25.9	190,448	50,237	26.4
	学長	4.0	4.5	7.6	10.2	11.9	12.8	780	103	13.2
	副学長	1.5	2.5	5.2	9.3	12.3	14.1	1,611	238	14.8
	教授	4.3	6.1	10.1	15.0	17.4	17.8	70,217	12,877	18.3
	准教授	7.1	10.2	17.0	23.3	25.1	25.7	44,609	11,657	26.1

（注）各年5月1日現在、本務教員。2005年以前の「准教授」は「助教授」。小中高校の「副校長」は2008年から。
資料出所：文部科学省「学校基本調査」

図表付-107　裁判官における女性比率の推移

年月	合計			判事			判事補		
	総数（人）	女（人）	女性比率（%）	総数（人）	女（人）	女性比率（%）	総数（人）	女（人）	女性比率（%）
1980.6	2,747	76	2.8	2,134	43	2.0	613	33	5.4
1985.6	2,792	93	3.3	2,183	49	2.2	609	44	7.2
1990.6	2,823	141	5.0	2,214	68	3.1	609	73	12.0
1995.4	2,864	236	8.2	2,214	97	4.4	650	139	21.4
2000.4	3,019	328	10.9	2,214	156	7.0	805	172	21.4
2005.4	3,266	449	13.7	2,386	234	9.8	880	215	24.4
2010.4	3,611	596	16.5	2,611	292	11.2	1,000	304	30.4
2015.12	3,548	733	20.7	2,731	442	16.2	817	291	35.6
2018.12	3,486	773	22.2	2,707	502	18.5	779	271	34.8
2019.12	3,484	787	22.6	2,705	518	19.1	779	269	34.5
2020.12	3,464	795	23.0	2,717	537	19.8	747	258	34.5

資料出所：最高裁判所調べ

図表付-108　指定職相当以上の判事、最高裁判所判事・高等裁判所長官における女性比率の推移

年月	指定職相当以上の判事			最高裁判所判事・高等裁判所長官		
	総数（人）	女（人）	女性比率（%）	総数（人）	女（人）	女性比率（%）
2005.4	1,557	189	12.1	23	1	4.3
2010.4	1,782	264	14.8	23	2	8.7
2015.12	1,915	412	21.5	23	3	13.0
2018.12	1,972	465	23.6	23	4	17.4
2019.12	1,996	484	24.2	23	3	13.0
2020.12	2,027	501	24.7	23	3	13.0

(注)「指定職相当以上の判事」とは、一般職国家公務員における指定職俸給表適用者に準じた取り扱いを受ける者。
資料出所：最高裁判所調べ

図表付-109　検察官における女性比率の推移

年次	合計			検事			副検事		
	総数（人）	女（人）	女性比率（%）	総数（人）	女（人）	女性比率（%）	総数（人）	女（人）	女性比率（%）
1980年	2,129	25	1.2	1,238	24	1.9	891	1	0.1
1985	2,103	27	1.3	1,230	26	2.1	873	1	0.1
1990	2,059	44	2.1	1,187	42	3.5	872	2	0.2
1995	2,057	77	3.7	1,229	70	5.7	828	7	0.8
2000	2,231	135	6.1	1,375	127	9.2	856	8	0.9
2005	2,473	234	9.5	1,627	225	13.8	846	9	1.1
2010	2,621	357	13.6	1,806	343	19.0	815	14	1.7
2015	2,652	439	16.6	1,896	424	22.4	756	15	2.0
2019	2,713	522	19.2	1,976	494	25.0	737	28	3.8
2020	2,716	534	19.7	1,977	503	25.4	739	31	4.2
2021	2,721	544	20.0	1,967	512	26.0	754	32	4.2

(注) 各年3月31日現在。
資料出所：法務省調べ

図表付-110　指定職相当以上の検事、検事総長・次長検事・検事長における女性比率の推移

年次	指定職相当以上の検事			検事総長・次長検事・検事長		
	総数（人）	女（人）	女性比率（%）	総数（人）	女（人）	女性比率（%）
2005年	824	66	8.0	10	0	0.0
2010	945	108	11.4	10	0	0.0
2015	1,055	156	14.8	10	0	0.0
2019	1,245	241	19.4	10	0	0.0
2020	1,272	264	20.8	10	0	0.0
2021	1,291	274	21.2	10	0	0.0

（注）各年７月１日現在。「指定職相当以上の検事」とは、一般職国家公務員における指定職俸給表適用者に準じた取り扱いを受ける者。
資料出所：法務省調べ

図表付-111　日本弁護士連合会登録会員における女性比率の推移

年次	総数（人）	女（人）	女性比率（%）
1975年11月 1日	10,476	323	3.1
1980年11月 1日	11,711	445	3.8
1985年11月 1日	12,899	618	4.8
1990年 2月 1日	13,817	766	5.5
1995年 3月31日	15,108	996	6.6
2000年 3月31日	17,126	1,530	8.9
2005年 3月31日	21,185	2,648	12.5
2010年 9月30日	28,881	4,696	16.3
2015年 9月 30日	36,365	6,614	18.2
2019年 9月 30日	41,048	7,742	18.9
2020年 9月 30日	42,087	8,041	19.1
2021年 9月 30日	43,051	8,345	19.4

資料出所：日本弁護士連合会事務局調べ

図表付-112　日本公認会計士協会登録公認会計士における女性比率の推移

年次	総数（人）	女（人）	女性比率（%）
2005年	21,097	2,425	11.5
2010	29,751	4,083	13.7
2015	34,780	5,021	14.4
2019	38,242	5,814	15.2
2020	39,213	6,112	15.6
2021	40,228	6,399	15.9

（注）各年7月31日現在。
資料出所：日本公認会計士協会調べ

図表付-113　日本司法書士会連合会登録会員における女性比率の推移

年次	総数（人）	女（人）	女性比率（%）
2005年	17,816	2,071	11.6
2010	19,766	2,850	14.4
2015	21,658	3,506	16.2
2019	22,632	3,972	17.6
2020	22,724	4,067	17.9
2021	22,718	4,112	18.1
2022	22,907	4,234	18.5

（注）各年4月1日現在。
資料出所：日本司法書士会連合会調べ

図表付-114　日本弁理士会登録会員における女性比率の推移

年次	総数（人）	女（人）	女性比率（%）
2005年	6,127	613	10.0
2010	8,148	1,012	12.4
2015	10,655	1,530	14.4
2019	11,336	1,732	15.3
2020	11,460	1,801	15.7
2021	11,556	1,840	15.9
2022	11,653	1,903	16.3

（注）各年3月31日現在。
資料出所：日本弁理士会調べ

図表付-115　日本税理士会連合会登録会員における女性比率の推移

年次	総数（人）	女（人）	女性比率（%）
2005年	68,642	7,794	11.4
2010	71,606	9,097	12.7
2015	75,146	10,593	14.1
2019	78,028	11,649	14.9
2020	78,795	11,906	15.1
2021	79,404	12,099	15.2

（注）各年3月31日現在。
資料出所：日本税理士会連合会調べ

図表付-116　研究主体別研究者数および女性比率の推移

（単位：人）

年次	総数			企業等		非営利団体・公的機関		大学等	
	総数	女	女性比率（%）	総数	女	総数	女	総数	女
1975年	310,111	17,499	5.6	146,604	1,918	29,049	1,282	134,458	14,299
1980	363,534	22,888	6.3	173,244	3,655	31,844	1,450	158,446	17,783
1985	447,719	28,615	6.4	231,097	4,905	36,016	1,815	180,606	21,895
1990	560,276	40,720	7.3	313,948	10,740	40,819	2,324	205,509	27,656
1995	658,866	58,525	8.9	376,639	18,100	46,525	3,154	235,702	37,271
2000	739,504	77,720	10.5	433,758	24,009	46,734	4,069	259,012	49,642
2005	830,474	98,690	11.9	490,551	31,541	48,776	5,724	291,147	61,425
2010	889,341	121,141	13.6	534,568	40,664	45,786	6,497	308,987	73,980
2015	926,671	136,206	14.7	560,466	45,578	44,634	7,200	321,571	83,428
2019	935,658	154,964	16.6	559,983	55,970	44,248	8,001	331,427	90,993
2020	942,180	158,927	16.9	562,901	57,368	44,637	8,368	334,642	93,191
2021	951,726	166,304	17.5	570,974	62,504	43,903	8,594	336,849	95,206

（注）1．2005年以降は各年3月31日現在。2000年以前は4月1日現在で、兼務者を除く。
2．「研究者」とは大学（短大を除く）の課程を終了した者、又はこれと同等以上の専門的知識を有する者で、2年以上の研究の経歴を有し、かつ、特定の研究テーマをもって研究を行っている者をいう。
3．2000年以前の「企業等」は「会社等」、「非営利団体・公的機関」は「研究機関等」。
4．2002年調査から、従来の「会社等」に「卸売業」、「金融保険業」の一部、「サービス業」の一部を加え「企業等」とし、「研究機関」について「非営利団体・公的機関」とするとともに、従来「会社等」に含まれていた特殊法人の一部が加えられた。
5．2012年より、「企業等」の対象としていた一部の特殊法人・独立行政法人を「非営利団体」の対象に変更。「企業等」を「企業」に変更。
資料出所：総務省統計局「科学技術研究調査」

図表付-117　専門的・技術的、管理的職業従事者における女性比率の推移

年次	就業者			専門的・技術的職業従事者			管理的職業従事者		
	総数（万人）	女（万人）	女性比率（%）	総数（万人）	女（万人）	女性比率（%）	総数（万人）	女（万人）	女性比率（%）
1975年	5,223	1,953	37.4	364	156	42.9	206	11	5.3
1980	5,536	2,142	38.7	438	205	46.8	220	11	5.0
1985	5,807	2,304	39.7	538	245	45.5	211	14	6.6
1990	6,249	2,536	40.6	690	290	42.0	239	19	7.9
1995	6,457	2,614	40.5	790	342	43.3	236	21	8.9
2000	6,446	2,629	40.8	856	381	44.5	206	19	9.2
2005	6,356	2,633	41.4	937	431	46.0	189	19	10.1
2010	6,257	2,642	42.2	955	440	46.1	161	17	10.6
2015	6,376	2,754	43.2	1,054	494	46.9	144	18	12.5
2019	6,724	2,992	44.5	1,174	561	47.8	128	19	14.8
2020	6,676	2,968	44.5	1,214	574	47.3	128	17	13.3
2021	6,667	2,980	44.7	1,255	601	47.9	129	17	13.2

（注）2010年以降は改定日本標準職業分類（2009年12月統計基準）による。
資料出所：総務省統計局「労働力調査」

図表付-118　役職者における女性比率の推移（民営、企業規模100人以上）

年次	部長相当			課長相当			係長相当		
	総数（人）	女（人）	女性比率（%）	総数（人）	女（人）	女性比率（%）	総数（人）	女（人）	女性比率（%）
1980年	224,620	2,140	1.0	533,310	7,020	1.3	617,040	19,090	3.1
1985	267,050	2,750	1.0	679,470	10,740	1.6	756,560	29,330	3.9
1990	356,490	4,090	1.1	822,810	16,580	2.0	809,640	40,170	5.0
1995	399,260	5,370	1.3	889,160	24,480	2.8	785,100	57,110	7.3
2000	377,250	8,380	2.2	880,870	35,140	4.0	803,900	65,370	8.1
2005	414,450	11,660	2.8	956,410	48,330	5.1	850,740	88,160	10.4
2010	366,650	15,430	4.2	872,320	60,870	7.0	751,000	103,090	13.7
2015	417,530	25,740	6.2	991,100	97,190	9.8	891,690	151,860	17.0
2019	403,350	27,890	6.9	962,400	109,520	11.4	891,810	168,740	18.9
2020	539,410	45,970	8.5	1,231,650	142,080	11.5	1,081,890	229,950	21.3
2021	542,140	41,940	7.7	1,260,270	156,630	12.4	1,131,760	234,690	20.7

（注）各年6月現在。一般労働者（短時間労働者を除く。）
出所資料：厚生労働省「賃金構造基本統計調査」

図表付-119 各種メディアにおける女性比率の推移

新聞・通信社等

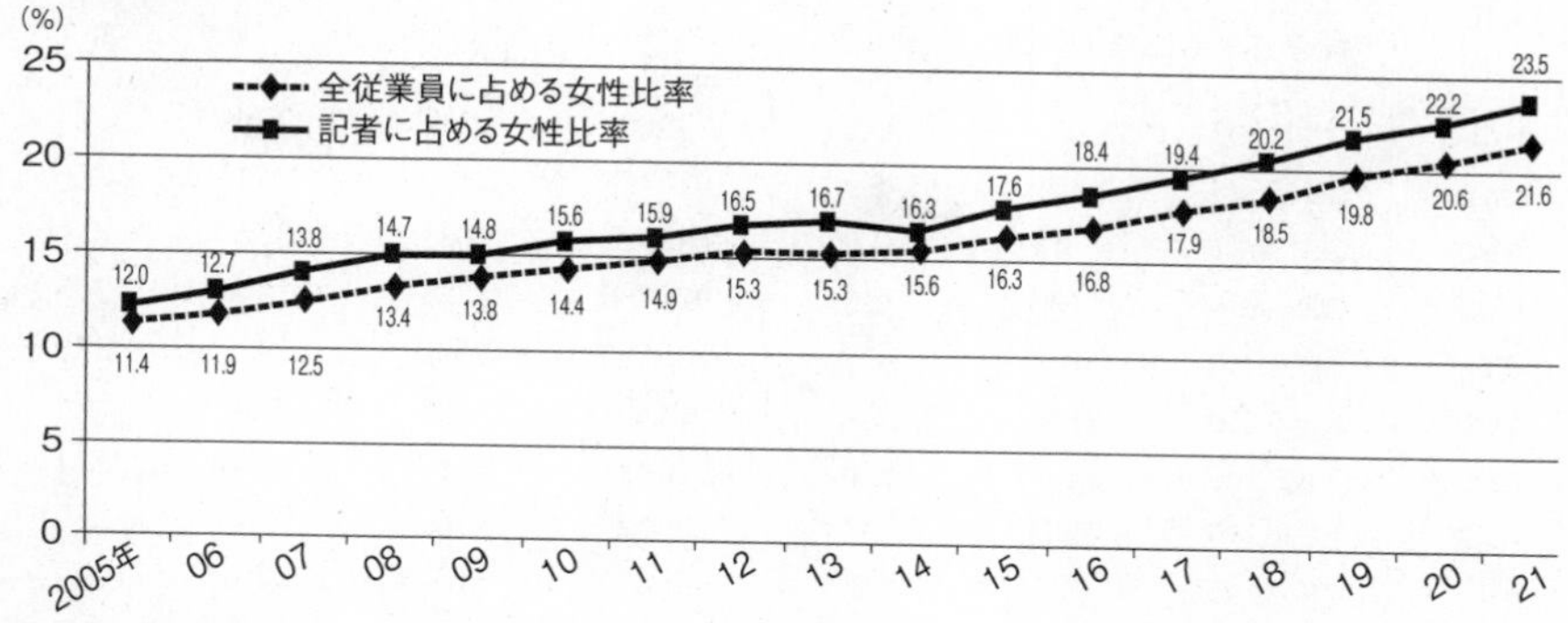

(注) 各年4月1日現在。
出所資料：日本新聞協会経営業務部調べ

民間放送

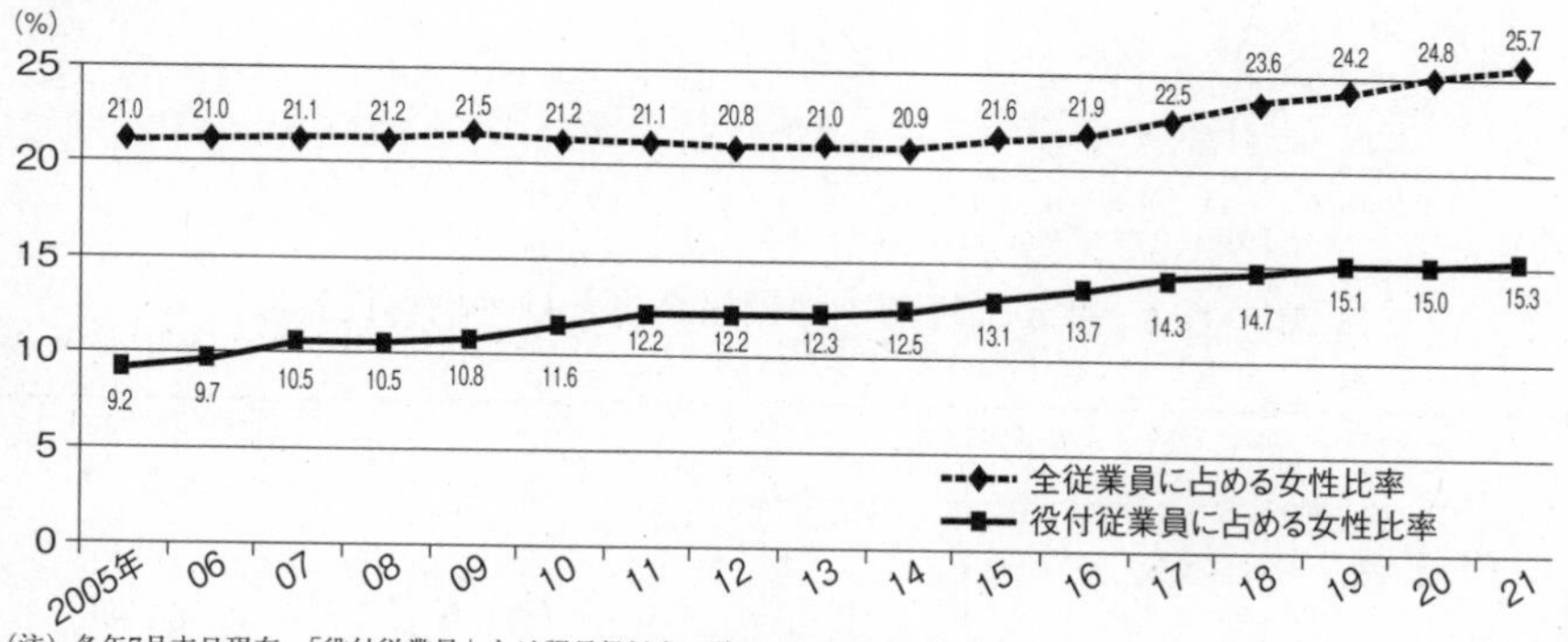

(注) 各年7月末日現在。「役付従業員」とは課長級以上の職で、現業役員を含む。
出所資料：日本民間放送連盟調べ

日本放送協会

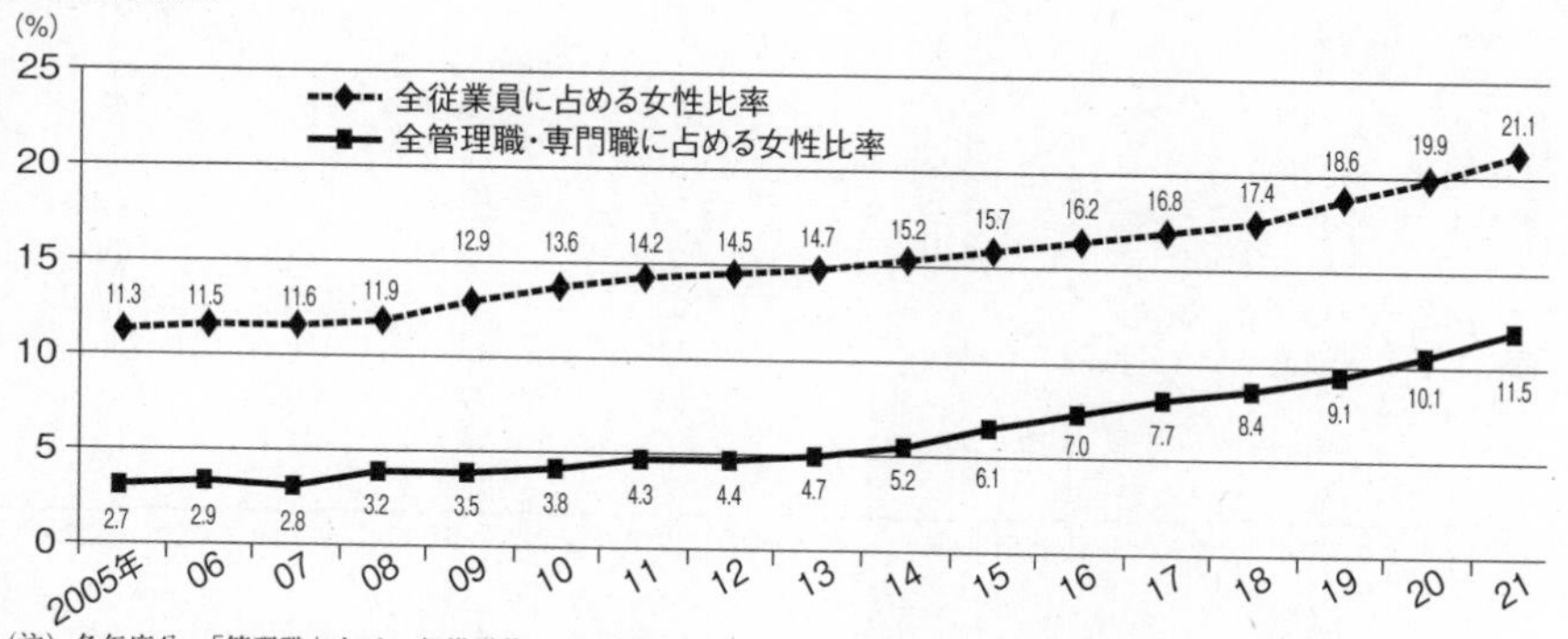

(注) 各年度分。「管理職」とは、組織単位の長及び必要に応じて置く職位（チーフプロデューサーなど）をいう。
出所資料：日本放送協会調べ

図表付-120　性別労働組合員数、推定組織率および組合員女性比率の推移

年次	女			男			組合員女性比率（%）
	労働組合員数（人）	雇用者数（万人）	推定組織率（%）	労働組合員数（人）	雇用者数（万人）	推定組織率（%）	
1970年	3,201,202	1,089	29.4	8,280,004	2,187	37.9	27.9
1975	3,445,776	1,192	28.9	9,027,198	2,470	36.5	27.6
1980	3,378,131	1,374	24.6	8,862,521	2,638	33.6	27.6
1985	3,393,970	1,545	22.0	8,925,386	2,756	32.4	27.5
1990	3,393,343	1,854	18.3	8,800,053	3,021	29.1	27.8
1995	3,569,610	2,076	17.2	8,925,694	3,232	27.6	28.6
2000	3,209,122	2,159	14.9	8,216,682	3,221	25.5	28.1
2005	2,795,110	2,253	12.4	7,239,323	3,163	22.9	27.9
2010	2,962,143	2,311	12.8	7,026,311	3,136	22.4	29.7
2015	3,111,881	2,490	12.5	6,713,419	3,175	21.1	31.7
2019	3,371,547	2,722	12.4	6,644,254	3,301	20.1	33.7
2020	3,421,897	2,677	12.8	6,622,166	3,252	20.4	34.1
2021	3,459,406	2,720	12.7	6,551,823	3,260	20.1	34.6

(注) 1．各年、6月末現在。
2．労働組合員数は単位労働組合で把握したもの。「単位労働組合」とは、下部組織をもたない組合及び下部組織をもつ組合の最下部組織。
3．推定組織率＝（労働組合員数/雇用者数）×100
出所資料：厚生労働省「労働組合基礎調査」、総務省統計局「労働力調査」

図表付-121　産業、性別1労働組合当たり平均専従者数（2018年6月末現在）

産業		平均専従者数（人）			性別構成比（%）	
		総数	女	男	女	男
計		2.9	0.7	2.2	25.3	74.7
鉱業、採石業、砂利採取業	*	1.9	0.5	1.4	27.3	72.7
建設業		2.5	0.5	2.0	19.1	80.9
製造業		3.1	0.8	2.3	25.3	74.7
電気・ガス・熱供給・水道業		8.6	0.8	7.9	8.9	91.1
情報通信業		3.0	0.7	2.3	23.7	76.3
運輸業、郵便業		2.9	0.3	2.6	10.7	89.3
卸売業、小売業		2.8	0.9	1.8	34.3	65.7
金融業、保険業		3.5	0.6	2.9	16.2	83.8
不動産業、物品賃貸業	*	1.9	−	1.9	−	100.0
学術研究、専門・技術サービス業		2.4	0.4	1.9	17.9	82.1
宿泊業、飲食サービス業		2.5	0.6	1.8	25.9	74.1
生活関連サービス業、娯楽業		3.3	0.9	2.5	25.9	74.1
教育、学習支援業		1.7	1.3	0.4	74.9	25.1
医療、福祉		1.6	0.9	0.7	55.7	44.3
複合サービス事業		1.7	0.7	0.9	44.3	55.7
サービス業（他に分類されないもの）		2.4	0.4	2.0	18.0	82.0

(注) 1．民営事業所の組合員30人以上の労働組合（単位組織組合並びに単一組織組合の単位扱組合及び本部組合）を対象としている。
2．「平均専従者数」は、労働組合の運営・活動に専念する者で、労働組合内における役職・肩書の有無にかかわらず、常態として当該労働組合の業務に専ら従事する者として数の記入があった労働組合について集計。
3．「*」の産業はサンプル数が3未満のため、利用の際には注意を要する。
出所資料：厚生労働省「平成30年　労働組合活動等に関する実態調査」

図表付-122　農業委員会、農協、漁協への女性の参画状況の推移

年度	農業委員数			農協役員数			農協個人正組合員数			漁協役員数			漁協個人正組合員数		
	総数（人）	女（人）	女性比率（%）	総数（人）	女（人）	女性比率（%）	総数（千人）	女（千人）	女性比率（%）	総数（人）	女（人）	女性比率（%）	総数（千人）	女（千人）	女性比率（%）
1985年度	64,080	40	0.1	77,490	39	0.1	5,536	574	10.4	22,563	13	0.1	382	21	5.5
1990	62,524	93	0.1	68,611	70	0.1	5,538	667	12.1	22,022	22	0.1	354	20	5.8
1995	60,917	203	0.3	50,735	102	0.2	5,432	707	13.0	20,449	29	0.1	318	18	5.8
2000	59,254	1,081	1.8	32,003	187	0.6	5,241	747	14.2	17,974	43	0.2	276	16	5.7
2005	45,379	1,869	4.1	22,799	438	1.9	4,988	805	16.1	13,861	45	0.3	232	16	6.8
2010	36,330	1,792	4.9	19,161	741	3.9	4,707	891	18.9	10,305	38	0.4	178	10	5.7
2015	35,604	2,636	7.4	18,139	1,313	7.2	4,416	937	21.2	9,537	50	0.5	144	8	5.6
2018	23,196	2,747	11.8	16,916	1,347	8.0	4,226	945	22.4	9,195	47	0.5	129	7	5.5
2019	23,125	2,788	12.1	16,241	1,358	8.4	4,155	941	22.6	9,075	38	0.4	125	7	5.7
2020	23,201	2,861	12.3	…	…	…	…	…	…	…	…	…	…	…	…

（注）1．「農業委員」については各年10月1日現在（ただし、1985年度は8月1日）。農協、漁協については、各事業年度末（期日は組合により異なる）現在。

2．漁協は、沿海地区出資漁業協同組合の数値。

資料出所：内閣府「令和3年度 女性の政策・方針決定参画状況調べ」

図表付-123　管理的職業従事者、専門的・技術的職業従事者における女性比率の国際比較（2021年）

国名	就業者			管理的職業従事者			専門的·技術的職業従事者		
	総数（千人）	女（千人）	女性比率（%）	総数（千人）	女（千人）	女性比率（%）	総数（千人）	女（千人）	女性比率（%）
日本	66,670	29,800	44.7	1,290	170	13.2	12,550	6,010	47.9
イタリア	22,554	9,510	42.2	810	232	28.6	7,273	3,415	47.0
オーストリア	4,306	2,017	46.8	210	74	35.4	1,663	819	49.3
オランダ	9,282	4,372	47.1	476	124	26.0	4,386	2,172	49.5
スエーデン	5,120	2,404	46.9	344	148	43.0	2,558	1,327	51.9
スペイン	19,774	9,122	46.1	820	273	33.3	6,204	3,170	51.1
デンマーク	2,900	1,363	47.0	80	23	28.3	1,331	675	50.7
ドイツ	41,500	19,403	46.8	1,683	492	29.2	17,300	8,924	51.6
ノルウェー	2,796	1,316	47.1	232	78	33.5	1,238	651	52.6
ハンガリー	4,642	2,166	46.7	190	70	36.6	1,600	910	56.9
フランス	27,728	13,568	48.9	1,885	713	37.8	11,263	6,009	53.4
アメリカ合衆国	152,581	71,752	47.0	27,864	12,633	45.3	36,880	21,003	56.9
韓国	27,273	11,725	43.0	393	64	16.3	5,585	2,736	49.0

（注）1. アメリカは16歳以上、他は15歳以上。

2. アメリカの「管理的職業従事者」は「Management, business, and financial operations occupations」、ヨーロッパ諸国の「専門的・技術的職業従事者」は「Professionals」と「Technicians and associate professionals」の計。

資料出所：1．総務省統計局「労働力調査」

2．Eurostat

3．U.S. Bureau of Labor Statistics , Current Population Survey

4．韓国統計庁、Economically Active Population Survey

図表付-124　国会議員における女性比率の国際比較

順位	国名	下院又は一院制 選挙月、年	議員総数(人)	女(人)	女性比率(%)	(参考) 上院 選挙月、年	議員総数(人)	女(人)	女性比率(%)
1	ルワンダ	09.2018	80	49	61.3	09.2019	26	9	34.6
2	キューバ	03.2018	586	313	53.4	-	-	-	-
3	ニカラグア	11.2021	91	47	51.7	-	-	-	-
4	メキシコ	06.2021	500	250	50.0	07.2018	128	63	49.2
4	アラブ首長国連邦	10.2019	40	20	50.0	-	-	-	-
6	ニュージーランド	10.2020	120	59	49.2	-	-	-	-
7	アイスランド	09.2021	63	30	47.6	-	-	-	-
8	コスタリカ	02.2022	57	27	47.4	-	-	-	-
9	グレナダ	03.2018	15	7	46.7	04.2018	13	2	15.4
9	南アフリカ共和国	05.2019	398	186	46.7	05.2019	54	20	37.0
11	アンドラ	04.2019	28	13	46.4	-	-	-	-
12	ボリビア	10.2020	130	60	46.2	10.2020	36	20	55.6
13	スウェーデン	09.2018	349	161	46.1	-	-	-	-
14	フィンランド	04.2019	200	91	45.5	-	-	-	-
15	ノルウェー	09.2021	169	76	45.0	-	-	-	-
16	アルゼンチン	11.2021	257	115	44.8	11.2021	72	31	43.1
17	ナミビア	11.2019	104	46	44.2	12.2020	42	6	14.3
18	スペイン	11.2019	349	150	43.0	11.2019	265	104	39.3
19	セネガル	07.2017	164	70	42.7	-	-	-	-
20	スイス	10.2019	200	85	42.5	10.2019	46	13	28.3
22	ベルギー	05.2019	150	63	42.0	07.2019	60	29	48.3
24	オーストリア	09.2019	183	76	41.5	-	61	25	41.0
26	オランダ	03.2021	150	61	40.7	05.2019	75	24	32.0
28	スロベニア	04.2022	90	36	40.0	11.2017	40	4	10.0
32	デンマーク	06.2019	179	71	39.7	-	-	-	-
33	フランス	06.2017	577	228	39.5	09.2020	348	122	35.1
37	ポルトガル	01.2022	230	85	37.0	-	-	-	-
39	イタリア	03.2018	630	229	36.4	03.2018	320	112	35.0
44	ドイツ	09.2021	736	257	34.9	-	71	24	33.8
45	イギリス	12.2019	648	225	34.7	-	776	222	28.6
57	オーストラリア	05.2019	151	47	31.1	05.2019	75	40	53.3
59	カナダ	09.2021	338	103	30.5	-	92	45	48.9
69	ポーランド	10.2019	460	130	28.3	10.2019	100	24	24.0
70	アメリカ合衆国	11.2020	430	121	28.1	11.2020	100	24	24.0
108	ギリシャ	07.2019	300	63	21.0	-	-	-	-
123	韓国	04.2020	295	55	18.6	-	-	-	-
131	トルコ	06.2018	582	101	17.4	-	-	-	-
147	ハンガリー	04.2022	199	28	14.1	-	-	-	-
162	日本	10.2021	465	45	9.7	07.2019	242	56	23.1

(注) 調査対象は190か国。順位は女性比率の高い順（二院制の場合は下院の数値)。
資料出所：IPU「Percentage of women in national parliaments」(2022年5月1日)

図表付-125　HDI、GII、GGIにおける日本の順位

①HDI（2019年）（人間開発指数）／②GII（2019年）（ジェンダー不平等指数）／③GGI（2022年）（ジェンダー・ギャップ指数）

順位	国名	HDI値	順位	国名	GII値	順位	国名	GGI値
1	ノルウェイ	0.957	1	スイス	0.025	1	アイスランド	0.908
2	アイルランド	0.955	2	デンマーク	0.038	2	フィンランド	0.860
2	スイス	0.955	3	スウェーデン	0.039	3	ノルウェー	0.845
4	香港	0.949	4	ベルギー	0.043	4	ニュージーランド	0.841
4	アイスランド	0.949	4	オランダ	0.043	5	スウェーデン	0.822
6	ドイツ	0.947	6	ノルウェイ	0.045	6	ルワンダ	0.811
7	スウェーデン	0.945	7	フィンランド	0.047	7	ニカラグア	0.810
8	オーストラリア	0.944	8	フランス	0.049	8	ナミビア	0.807
8	オランダ	0.944	9	アイスランド	0.058	9	アイルランド	0.804
10	デンマーク	0.940	10	スロベニア	0.063	10	ドイツ	0.801
11	フィンランド	0.938	11	韓国	0.064	11	リトアニア	0.799
11	シンガポール	0.938	12	ルクセンブルグ	0.065	12	コスタリカ	0.796
13	イギリス	0.932	12	シンガポール	0.065	13	スイス	0.795
14	ベルギー	0.931	14	オーストリア	0.069	14	ベルギー	0.793
14	ニュージーランド	0.931	14	イタリア	0.069	15	フランス	0.791
16	カナダ	0.929	16	スペイン	0.070	16	モルドバ	0.788
17	アメリカ合衆国	0.926	17	ポルトガル	0.075	17	スペイン	0.788
18	オーストリア	0.922	18	アラブ首長国連邦	0.079	18	アルバニア	0.787
19	イスラエル	0.919	19	カナダ	0.080	19	フィリピン	0.783
19	日本	0.919	20	ドイツ	0.084	20	南アフリカ	0.782
19	リヒテンシュタイン	0.919	21	エストニア	0.086	21	オーストリア	0.781
22	スロベニア	0.917	23	アイルランド	0.093	22	イギリス	0.780
23	韓国	0.916	24	日本	0.094	23	セルビア	0.779
23	ルクセンブルグ	0.916	25	オーストラリア	0.097	25	カナダ	0.772
25	スペイン	0.904	26	イスラエル	0.109	26	ラトビア	0.771
26	フランス	0.901	28	ポーランド	0.115	27	アメリカ合衆国	0.769
27	チェコ	0.900	29	ギリシャ	0.116	28	オランダ	0.767
29	エストニア	0.892	31	イギリス	0.118	29	ポルトガル	0.766
29	イタリア	0.892	33	ニュージーランド	0.123	31	メキシコ	0.764
32	ギリシャ	0.888	34	リトアニア	0.124	32	デンマーク	0.764
35	ポーランド	0.880	36	チェコ	0.136	33	アルゼンチン	0.756
37	ラトビア	0.866	41	ラトビア	0.176	63	イタリア	0.720
38	ポルトガル	0.864	45	スロバキア	0.191	67	スロバキア	0.717
39	スロバキア	0.860	46	アメリカ合衆国	0.204	76	チェコ	0.710
40	ハンガリー	0.854	51	ハンガリー	0.233	88	ハンガリー	0.699
43	チリ	0.851	55	チリ	0.247	99	韓国	0.689
54	トルコ	0.820	68	トルコ	0.306	100	ギリシャ	0.689
74	メキシコ	0.779	71	メキシコ	0.322	116	日本	0.650
83	コロンビア	0.767	101	コロンビア	0.428	124	トルコ	0.639

（注）測定対象の国・地域はHDIが189、GIIが162、GGIが146。
資料出所：UNDP「Human Development Report 2020」、世界経済フォーラム「The Global Gender Gap Report 2022」

図表付-126　部門別社会保障給付費（対国民所得比）の推移

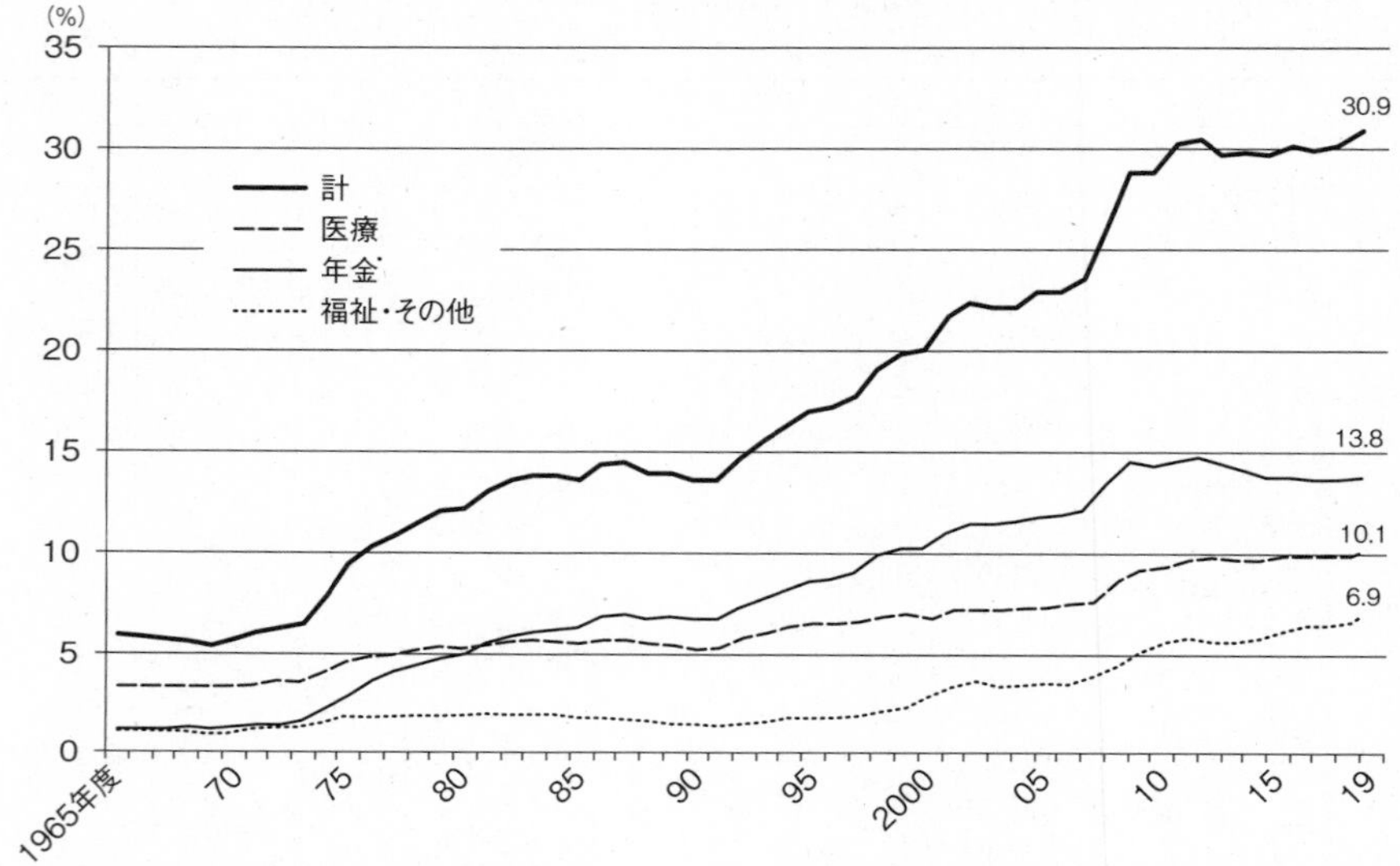

（注）国民所得は、1977年度以前は経済企画庁「長期遡及主要系列国民経済計算報告」、1978、1979年度は同「平成12年版国民経済計算年報」、1980年度以降は内閣府「国民経済計算」による。
資料出所：国立社会保障・人口問題研究所「社会保障費用統計」

図表付-127　部門別社会保障給付費および対国民所得比の推移

年度	社会保障給付費（億円）					1人当たり社会保障給付費（1,000円）	対国民所得比（%）	国民所得（億円）
	計	医療	年金	福祉・その他	介護対策			
1980年度	249,290	107,598	103,330	38,362	－	213.0	12.23	2,038,787
1985	356,894	143,595	167,193	46,106	－	294.8	13.70	2,605,599
1990	474,238	186,254	237,772	50,212	－	383.7	13.67	3,468,929
1995	649,918	246,608	330,614	72,695	－	517.6	17.10	3,801,581
2000	784,062	266,049	405,367	112,646	32,806	617.7	20.10	3,901,638
2005	888,529	287,444	461,194	139,891	58,701	695.4	22.89	3,881,164
2010	1,053,647	336,440	522,286	194,921	75,082	822.8	28.89	3,646,882
2015	1,168,133	385,640	540,929	241,564	95,106	919.1	29.75	3,926,293
2017	1,200,677	394,230	548,349	258,098	101,030	947.6	29.97	4,006,881
2018	1,213,987	397,480	552,581	263,926	103,885	960.1	30.18	4,022,290
2019	1,239,241	407,226	554,520	277,494	107,361	982.2	30.88	4,012,870

（注）1．「医療」には、医療保険、後期高齢者医療（老人保健）の医療給付、生活保護の医療扶助、労災保険の医療給付、結核、精神その他の公費負担医療等が含まれる。
2．「年金」には、厚生年金、国民年金等の公的年金、恩給及び労災保険の年金給付等が含まれる。
3．「福祉・その他」には、社会福祉サービスや介護対策に係る費用、生活保護の医療扶助以外の各種扶助、児童手当等の各種手当、医療保険の傷病手当金，労災保険の休業補償給付、雇用保険の失業給付が含まれる。
4．国民所得は、内閣府「国民経済計算」による。
資料出所：国立社会保障・人口問題研究所「社会保障費用統計」

図表付-128　機能別社会保障給付費の推移

（単位:億円）

		2000年度	2005	2010	2015	2018	2019
給付費（億円）	合計	784,062	888,529	1,053,647	1,168,133	1,213,987	1,239,241
	高齢	366,882	441,023	513,347	553,394	572,766	578,347
	遺族	59,583	64,588	67,947	66,701	64,976	64,499
	障害	21,510	23,971	33,984	42,833	47,506	49,001
	労働災害	10,584	9,842	9,428	9,190	9,182	9,305
	保健医療	255,763	274,896	322,125	368,900	380,830	390,815
	家族	23,650	32,323	50,085	71,416	84,894	91,908
	失業	26,469	14,525	22,501	14,424	14,297	14,635
	住宅	2,007	4,290	5,129	6,172	6,032	6,028
	生活保護その他	17,613	23,070	29,100	35,103	33,503	34,703
構成割合（%）	合計	100.0	100.0	100.0	100.0	100.0	100.0
	高齢	46.8	49.6	48.7	47.4	47.2	46.7
	遺族	7.6	7.3	6.4	5.7	5.4	5.2
	障害	2.7	2.7	3.2	3.7	3.9	4.0
	労働災害	1.3	1.1	0.9	0.8	0.8	0.8
	保健医療	32.6	30.9	30.6	31.6	31.4	31.5
	家族	3.0	3.6	4.8	6.1	7.0	7.4
	失業	3.4	1.6	2.1	1.2	1.2	1.2
	住宅	0.3	0.5	0.5	0.5	0.5	0.5
	生活保護その他	2.2	2.6	2.8	3.0	2.8	2.8

（注）ILO事務局「第19次社会保障費用調査」の分類に従って算出。
資料出所：国立社会保障・人口問題研究所「社会保障費用統計」

（単位：億円）

支出						収支差	
給付計	管理費	運用損失	その他	他制度への移転	支出合計		
1,239,241	17,182	88,398	19,268	444,254	1,808,343	-41,131	総　　計
							社会保険
							1.健康保険
64,591	1,225	−	1,213	46,917	113,946	5,339	(A)全国健康保険協会管掌健康保険
44,289	1,406	−	2,502	43,589	91,787	6,265	(B)組合管掌健康保険
92,985	2,551	−	3,385	24,636	123,557	5,429	2.国民健康保険
157,535	800	−	3,570	−	161,906	3,671	3.後期高齢者医療制度
105,262	2,425	−	1,235	−	108,921	3,978	4.介護保険
235,717	2,552	78,605	332	240,667	557,872	-79,363	5.厚生年金保険
9,877	262	3,459	14	10	13,621	-9,991	6.厚生年金基金
6	1	2	0	−	9	-2	7.石炭鉱業年金基金
237,461	1,083	4,595	481	5,521	249,142	7,932	8.国民年金
2,381	65	1,738	86	−	4,270	-3,256	9.国民年金基金
825	14	−	1,004	−	1,844	1	10.農業者年金基金
273	31	−	1	131	437	46	11.船員保険
160	21	−	1	−	182	138	12.農林漁業団体職員共済組合
4,738	70	−	1	7,282	12,090	1,634	13.日本私立学校振興・共済事業団
19,437	1,142	−	376	−	20,954	4,169	14.雇用保険
8,981	599	−	622	145	10,347	1,676	15.労働者災害補償保険
							家族手当
26,602	318	−	324	−	27,245	4,179	16.児童手当
							公務員
17,265	118	−	19	20,771	38,172	364	17.国家公務員共済組合
662	11	−	−	628	1,300	-319	18.存続組合等
52,655	323	−	22	53,958	106,959	5,748	19.地方公務員等共済組合
8	2	−	16	−	26	0	20.旧令共済組合等
109	−	−	−	−	109	0	21.国家公務員災害補償等
311	25	−	0	−	337	65	22.地方公務員等災害補償
42	−	−	1	−	43	0	23.旧公共企業体職員業務災害
64	0	−	−	−	64	0	24.国家公務員恩給
73	−	−	−	−	73	0	25.地方公務員恩給
							公衆保健サービス
6,834	91	−	743	−	7,667	0	26.公衆衛生
							公的扶助及び社会福祉
36,079	409	−	−	−	36,488	0	27.生活保護
72,985	178	−	2,976	−	76,138	0	28.社会福祉
							雇用対策
34	1	−	153	−	188	0	29.雇用対策
							戦争犠牲者
2,492	31	−	−	−	2,523	0	30.戦争犠牲者
38,509	1,426	0	192	0	40,128	1,166	他の社会保障制度

図表付-129　社会保障費用（2019年度）

	収入							
	拠出		国庫負担	他の公費負担	資産収入	その他	他制度からの移転	収入合計
	被保険者	事業主						
総　　計	389,665	350,417	344,067	175,070	15,944	48,582	443,466	1,767,212
社会保険								
1.健康保険								
(A)全国健康保険協会管掌健康保険	53,376	52,636	12,616	−	−	655	2	119,286
(B)組合管掌健康保険	42,692	50,055	794	−	205	4,305	1	98,052
2.国民健康保険	31,392	−	37,446	17,637	−	7,416	35,095	128,986
3.後期高齢者医療制度	12,949	−	52,839	29,104	−	5,465	65,220	165,576
4.介護保険	23,949	−	25,464	32,468	5	3,118	27,896	112,900
5.厚生年金保険	163,098	163,098	100,922	−	−	2,156	49,234	478,510
6.厚生年金基金	309	573	−	−	−	60	2,688	3,631
7.石炭鉱業年金基金	−	0	−	−	−	7	−	7
8.国民年金	13,458	−	18,150	−	15	10,558	214,892	257,073
9.国民年金基金	982	−	31	−	−	0	−	1,014
10.農業者年金基金	−	−	1,195	−	−	649	−	1,845
11.船員保険	168	207	30	−	0	19	58	483
12.農林漁業団体職員共済組合	−	275	2	−	39	4	−	320
13.日本私立学校振興・共済事業団	4,147	4,085	1,359	76	1,197	14	2,847	13,724
14.雇用保険	5,549	11,095	251	−	4	8,223	−	25,123
15.労働者災害補償保険	−	8,627	1	−	1,203	2,192	−	12,023
家族手当								
16.児童手当	−	8,220	11,961	8,523	−	2,719	−	31,424
公務員								
17.国家公務員共済組合	10,137	11,953	3,006	−	1,639	552	11,250	38,536
18.存続組合等	−	952	3	−	21	5	−	981
19.地方公務員等共済組合	27,263	31,969	59	7,464	11,605	64	34,282	112,707
20.旧令共済組合等	−	−	26	−	−	−	−	26
21.国家公務員災害補償等	−	109	−	−	−	−	−	109
22.地方公務員等災害補償	0	342	−	−	9	52	−	402
23.旧公共企業体職員業務災害	−	43	−	−	−	−	−	43
24.国家公務員恩給	−	64	0	−	−	−	−	64
25.地方公務員恩給	−	73	−	−	−	−	−	73
公衆保健サービス								
26.公衆衛生	−	−	5,690	1,977	−	−	−	7,667
公的扶助及び社会福祉								
27.生活保護	−	−	27,371	9,117	−	−	−	36,488
28.社会福祉	−	−	39,791	36,347	−	−	−	76,138
雇用対策								
29.雇用対策	−	−	176	12	−	−	−	188
戦争犠牲者								
30.戦争犠牲者	−	−	2,523	−	−	−	−	2,523
他の社会保障制度	195	6,041	2,359	32,346	3	350	0	41,294

資料出所：国立社会保障・人口問題研究所「社会保障費用統計」

図表付-130　社会保障財源の推移

	年度	合計	被保険者拠出	事業主拠出	公費負担			資産収入	その他
						国庫負担	他の公費		
金額（億円）	1980年度	335,554	88,844	97,394	110,705	98,232	12,473	32,682	5,929
	1985	485,974	131,583	144,363	138,038	118,081	19,957	62,020	9,970
	1990	653,086	184,966	210,188	161,908	134,936	26,972	83,580	12,443
	1995	837,287	244,118	268,047	207,503	166,084	41,419	98,118	19,501
	2000	891,411	266,560	283,077	251,644	198,006	53,638	64,976	25,155
	2005	1,159,019	283,663	269,633	300,370	222,611	77,759	188,454	116,898
	2010	1,096,787	303,291	281,530	407,983	295,287	112,697	8,388	95,594
	2015	1,253,577	353,727	315,596	482,552	325,528	157,024	20,571	81,132
	2017	1,412,809	373,647	334,366	498,872	333,299	165,573	141,126	64,799
	2018	1,326,043	383,382	342,544	503,913	335,997	167,916	44,286	51,919
	2019	1,323,746	389,665	350,417	519,137	344,067	175,070	15,944	48,582
構成比（%）	1980年度	100.0	26.5	29.0	33.0	29.3	3.7	9.7	1.8
	1985	100.0	27.1	29.7	28.4	24.3	4.1	12.8	2.1
	1990	100.0	28.3	32.2	24.8	20.7	4.1	12.8	1.9
	1995	100.0	29.2	32.0	24.8	19.8	4.9	11.7	2.3
	2000	100.0	29.9	31.8	28.2	22.2	6.0	7.3	2.8
	2005	100.0	24.5	23.3	25.9	19.2	6.7	16.3	10.1
	2010	100.0	27.7	25.7	37.2	26.9	10.3	0.8	8.7
	2015	100.0	28.2	25.2	38.5	26.0	12.5	1.6	6.5
	2017	100.0	26.4	23.7	35.3	23.6	11.7	10.0	4.6
	2018	100.0	28.9	25.8	38.0	25.3	12.7	3.3	3.9
	2019	100.0	29.4	26.5	39.2	26.0	13.2	1.2	3.7

（注）1．ILO事務局「第18次社会保障費用調査」の分類（他制度からの移転を除く部分）に従って算出したものである。但し、「社会保障特別税」はわが国では存在しないため表示していない。

2．公費負担とは「国庫負担」と「他の公費」の合計である。「他の公費負担」とは、①国の制度等に基づいて地方公共団体が負担しているもの、②地方公共団体の義務的経費に付随して、地方公共団体が独自に負担をしているもの、である。ただし、③国の制度等に基づかず地方公共団体が独自に行っている事業については、認可外保育所等の一部の就学前教育・保育に係る事業及び公費負担医療給付分が含まれている。

3．「資産収入」については、公的年金制度等における運用実績により変動することに留意する必要がある。また、「その他」は積立金からの受入を含む。

資料出所：国立社会保障・人口問題研究所「社会保障費用統計」

図表付-131　OECD基準による政策分野別社会支出の推移

政策分野		1995年度	2005	2015	2017	2018	2019
金額（億円）	合計	681,944	922,627	1,208,210	1,242,372	1,255,014	1,278,996
	高齢	274,065	442,758	471,816	478,004	482,446	484,114
	遺族	53,521	64,642	66,792	65,618	65,074	64,600
	障害、業務災害、傷病	32,991	35,292	55,423	58,732	60,630	62,392
	保健	263,004	310,331	495,802	510,779	516,879	530,527
	家族	21,801	37,536	76,022	86,451	90,567	96,730
	積極的労働市場政策	9,054	6,822	8,235	8,344	8,567	8,303
	失業	18,896	11,714	9,285	8,430	8,535	8,964
	住宅	1,275	4,290	6,228	6,131	6,084	6,028
	他の政策分野	7,338	9,242	18,608	19,881	16,231	17,338
	（国内総生産）	5,253,045	5,341,097	5,407,394	5,556,874	5,568,279	5,596,988
対国内総生産比（%）	合計	12.98	17.27	22.34	22.36	22.54	22.85
	高齢	5.22	8.29	8.73	8.60	8.66	8.65
	遺族	1.02	1.21	1.24	1.18	1.17	1.15
	障害、業務災害、傷病	0.63	0.66	1.02	1.06	1.09	1.11
	保健	5.01	5.81	9.17	9.19	9.28	9.48
	家族	0.42	0.70	1.41	1.56	1.63	1.73
	積極的労働市場政策	0.17	0.13	0.15	0.15	0.15	0.15
	失業	0.36	0.22	0.17	0.15	0.15	0.16
	住宅	0.02	0.08	0.12	0.11	0.11	0.11
	他の政策分野	0.14	0.17	0.34	0.36	0.29	0.31
対前年増加率（%）	合計	5.4	3.2	4.4	1.6	1.0	1.9
	高齢	9.3	3.3	1.9	1.0	0.9	0.3
	遺族	5.0	2.0	0.0	−0.3	−0.8	−0.7
	障害、業務災害、傷病	7.8	−3.6	9.0	3.4	3.2	2.9
	保健	1.3	3.9	4.5	2.2	1.2	2.6
	家族	−2.3	5.1	23.4	7.5	4.8	6.8
	積極的労働市場政策	18.9	6.4	0.7	4.0	2.7	−3.1
	失業	10.3	−6.1	−3.2	−2.5	1.2	5.0
	住宅	5.7	39.6	5.0	0.6	−0.8	−0.9
	他の政策分野	4.7	0.6	9.6	−15.3	−18.4	6.8
	（国内総生産）	2.6	0.8	3.3	2.0	0.2	0.5

（注）１．「保健」の2010年以前はOECD Health Dataの公的保健支出から介護保険医療系サービスと補装具費を除いた額。以降は国立社会保障・人口問題研究所による集計。
２．「積極的労働市場政策」は、1995年度は予算ベース、2005年度からは決算ベース。
３．2010年度集計時に新たに追加した費用について、2005年度まで遡及した。
４．国内総生産は、内閣府「国民経済計算」による。
５．OECD基準の社会支出は、ILO基準に比べて範囲が広く、施設整備費などの直接個人に移転されない費用も計上されている。

資料出所：国立社会保障・人口問題研究所「社会保障費用統計」

図表付-132　政策分野別社会支出の国際比較（対国内総生産比）（2017年）

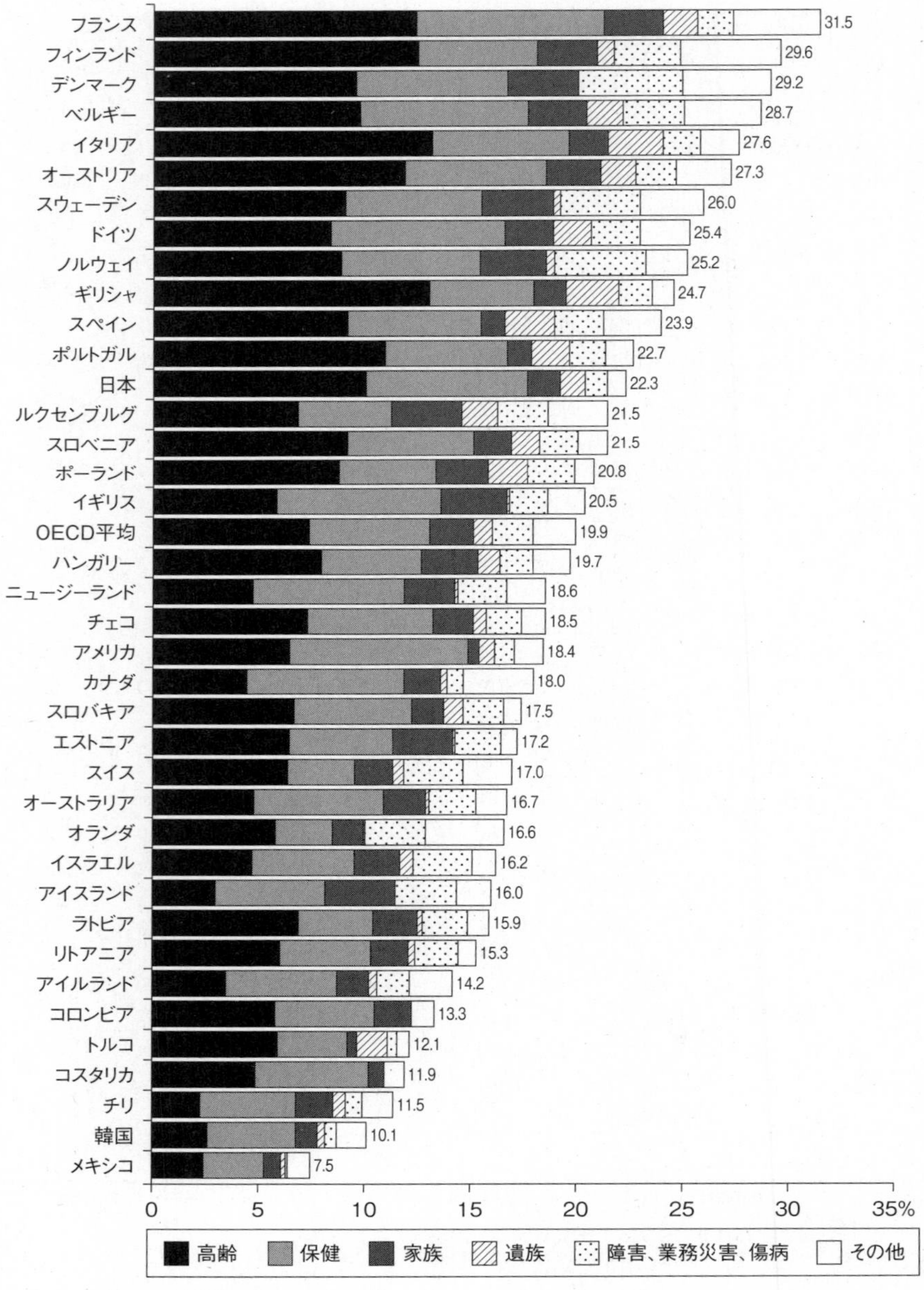

資料出所：OECD Social Expenditure Database（2021年6月12日ダウンロード）
（http://www.oecd.org/els/social/expenditure）

図表付-133　年代別　新型コロナウイルス感染症発生後から現在までに生理用品の購入・入手に苦労したこと

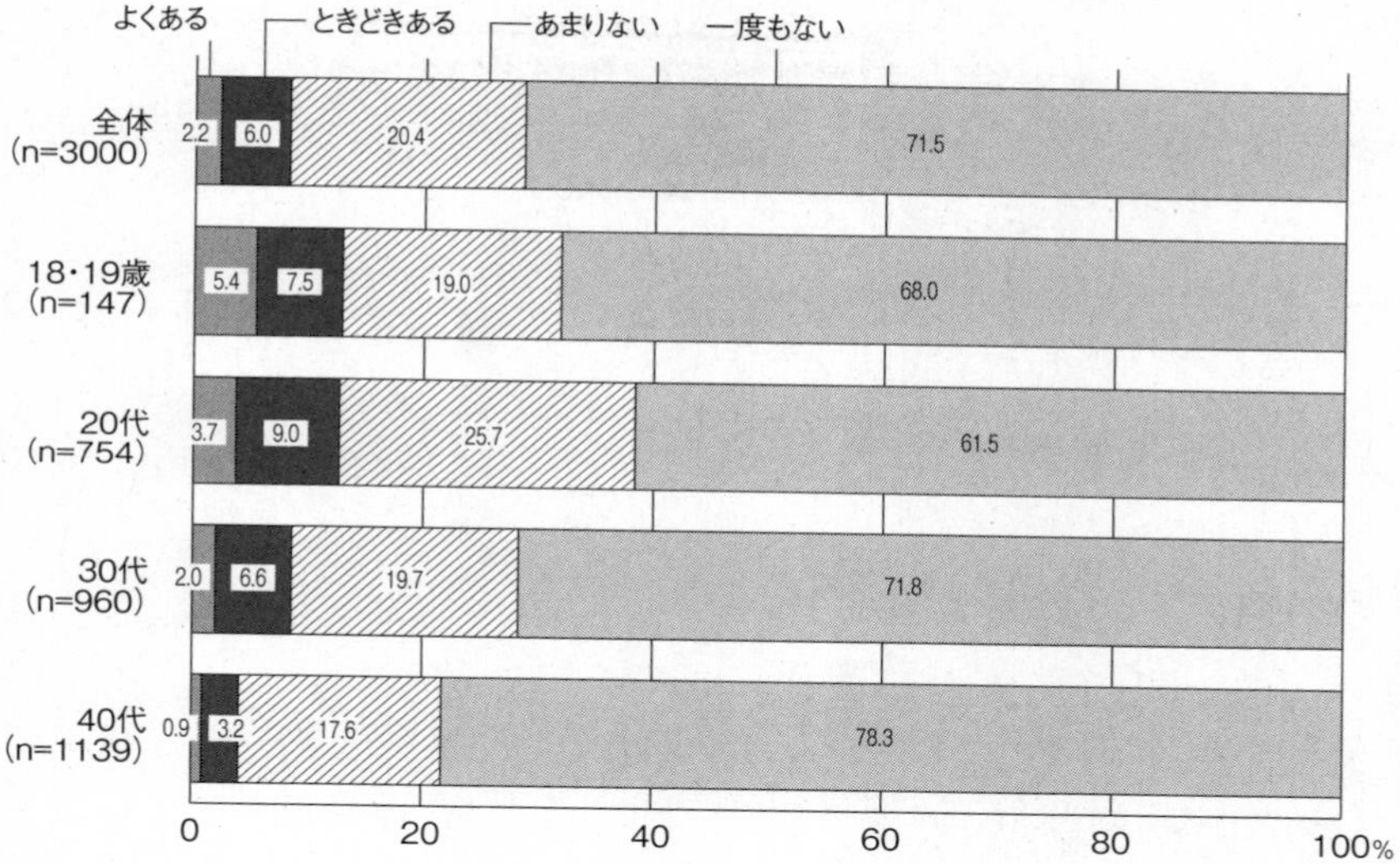

図表付-134　世帯収入別　新型コロナウイルス感染症発生後から現在までに生理用品の購入・入手に苦労したこと

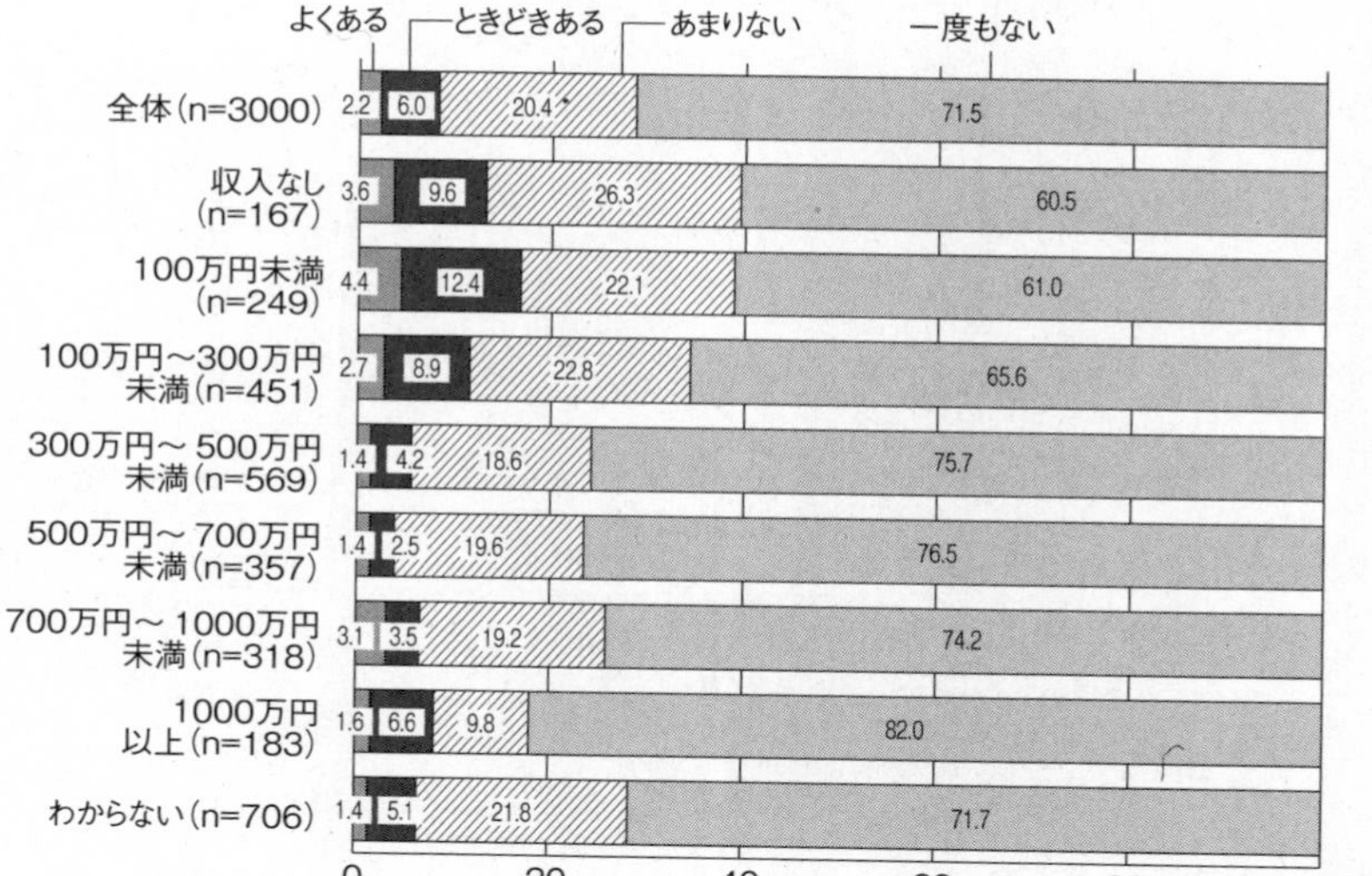

（注）％表示の少数第２位を四捨五入しているため、合計が100％にならない場合がある。
資料出所：厚生労働省「『生理の貧困』が女性の心身の健康に及ぼす影響に関する調査」

図表付-135　世帯収入別 生理用品の購入・入手に苦労した理由：複数回答

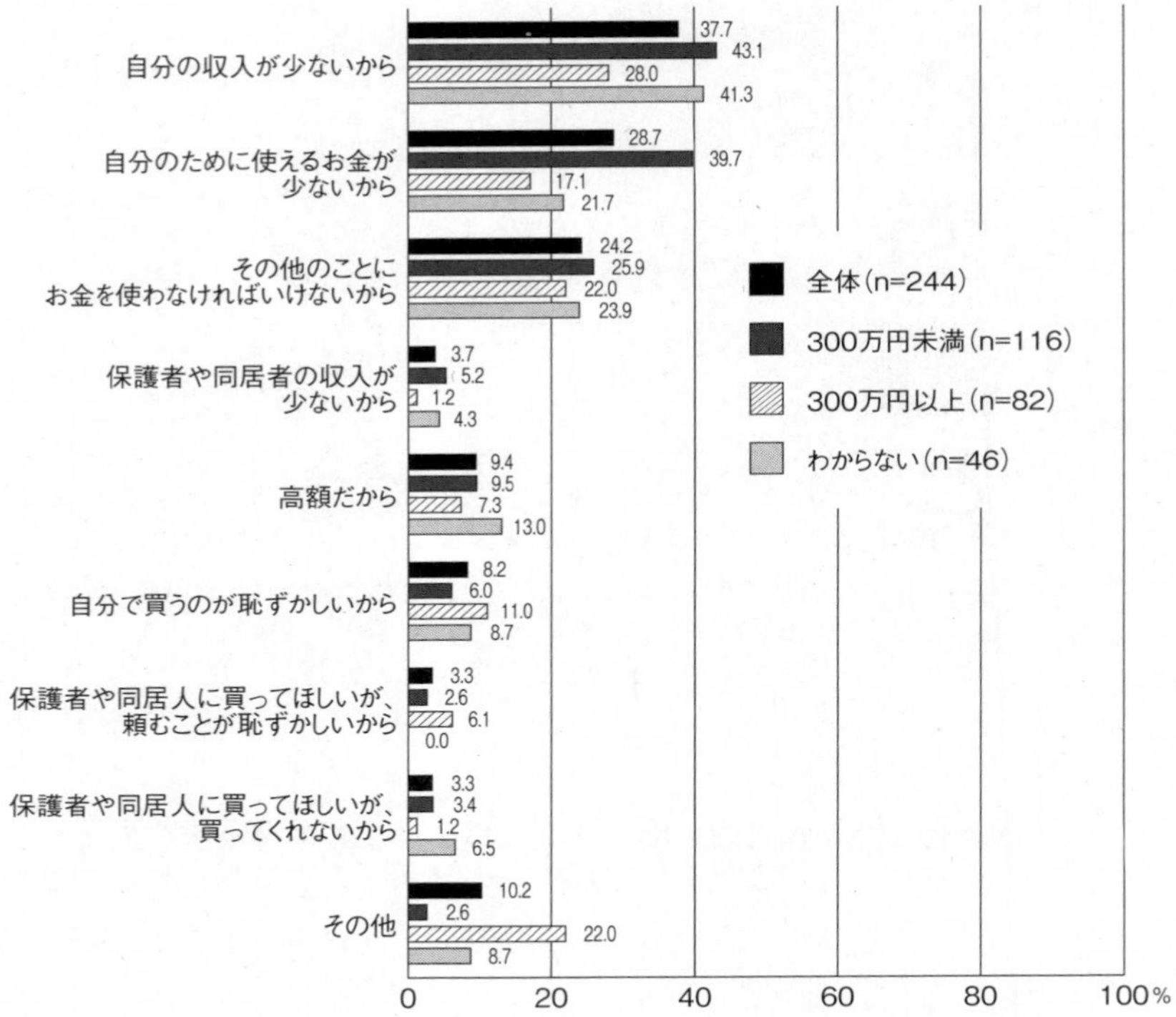

図表付-136　生理用品を購入・入手できないときの対処法

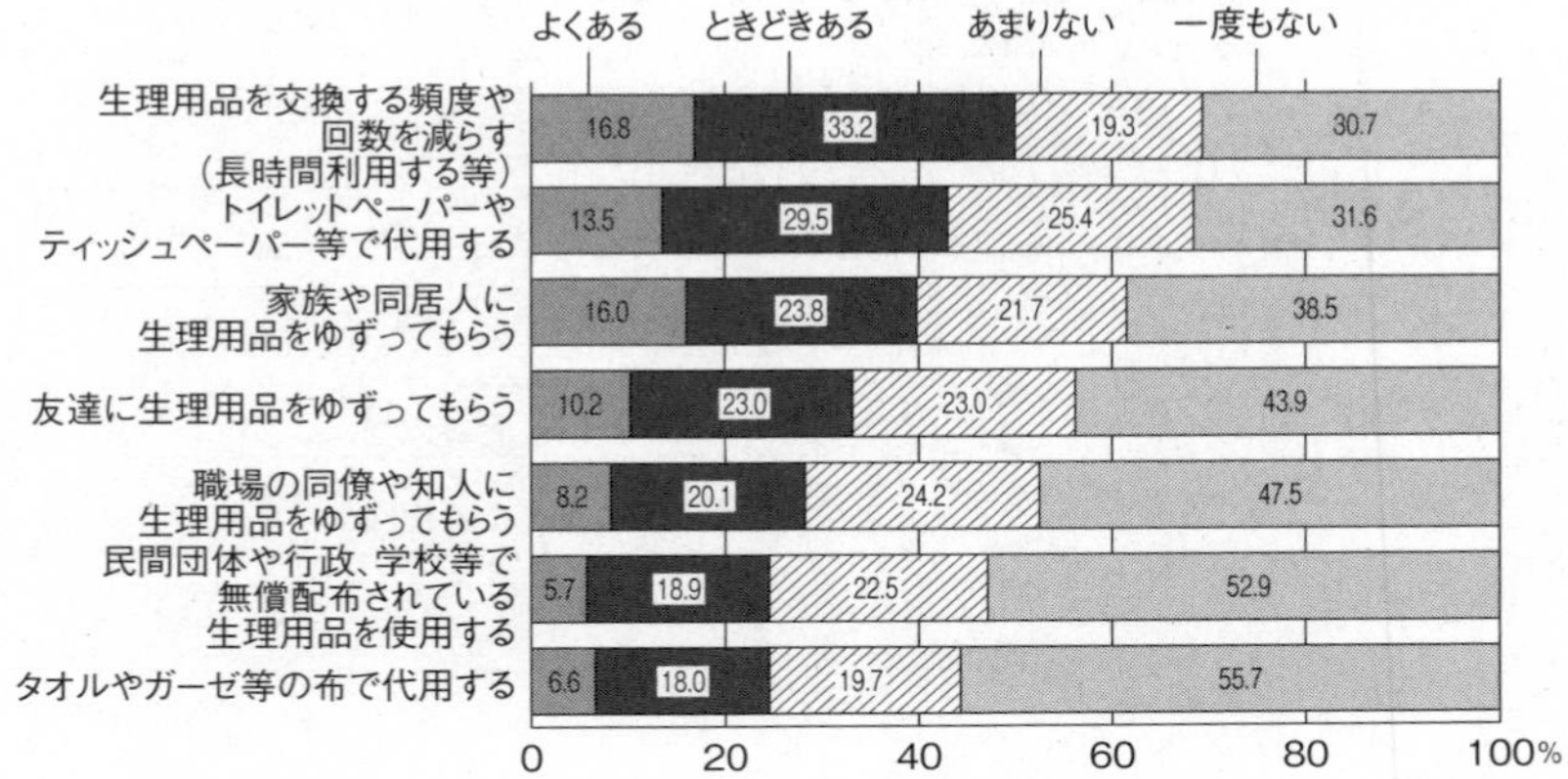

（注）％表示の少数第２位を四捨五入しているため、合計が100％にならない場合がある。
資料出所：厚生労働省「『生理の貧困』が女性の心身の健康に及ぼす影響に関する調査」

図表付-137　生理用品を購入・入手できないときに経験した症状

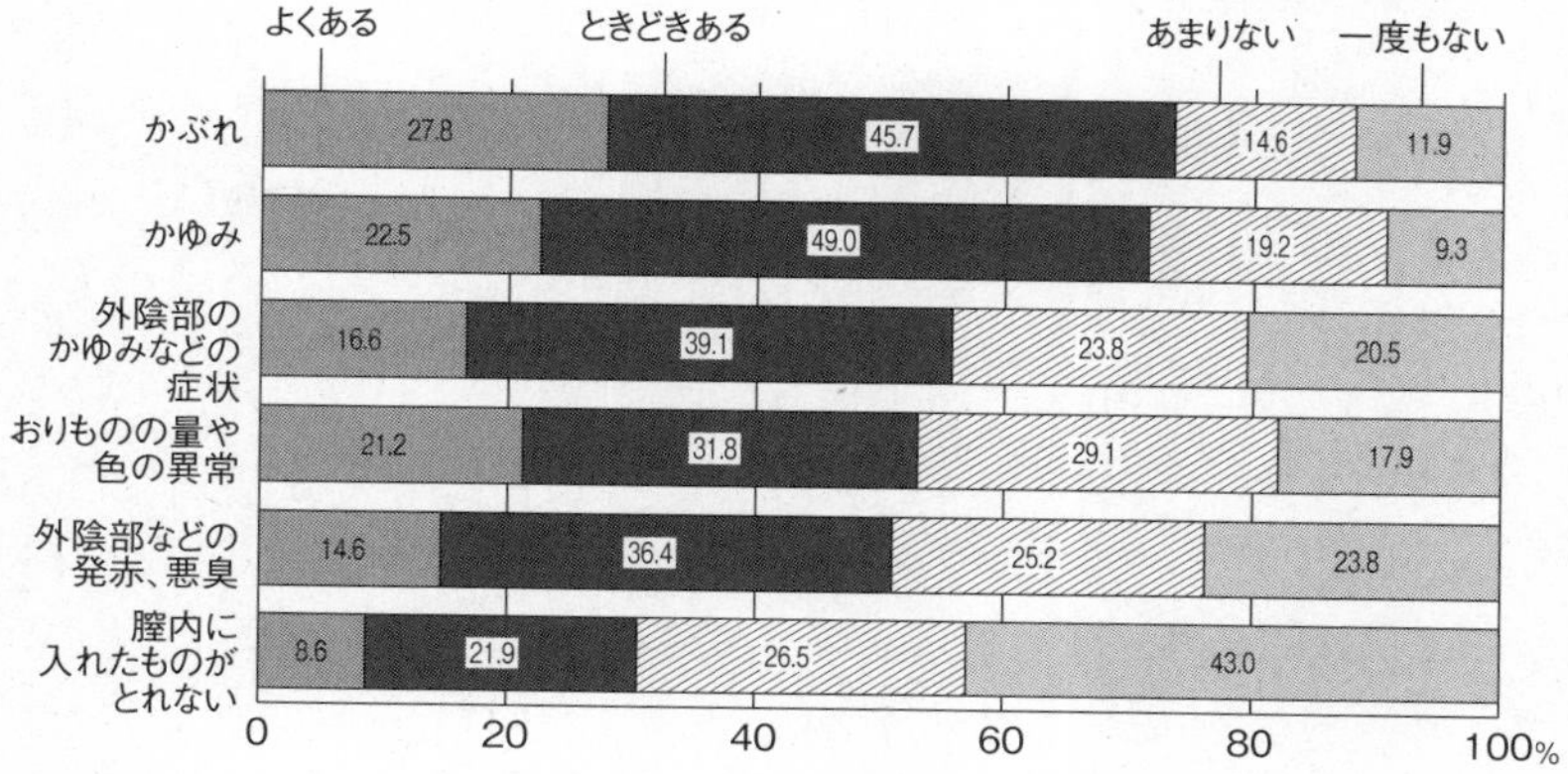

図表付-138　新型コロナウイルス感染症発生後（2020年2月頃以降）に、生理用品を購入・入手できないことが理由で経験したこと

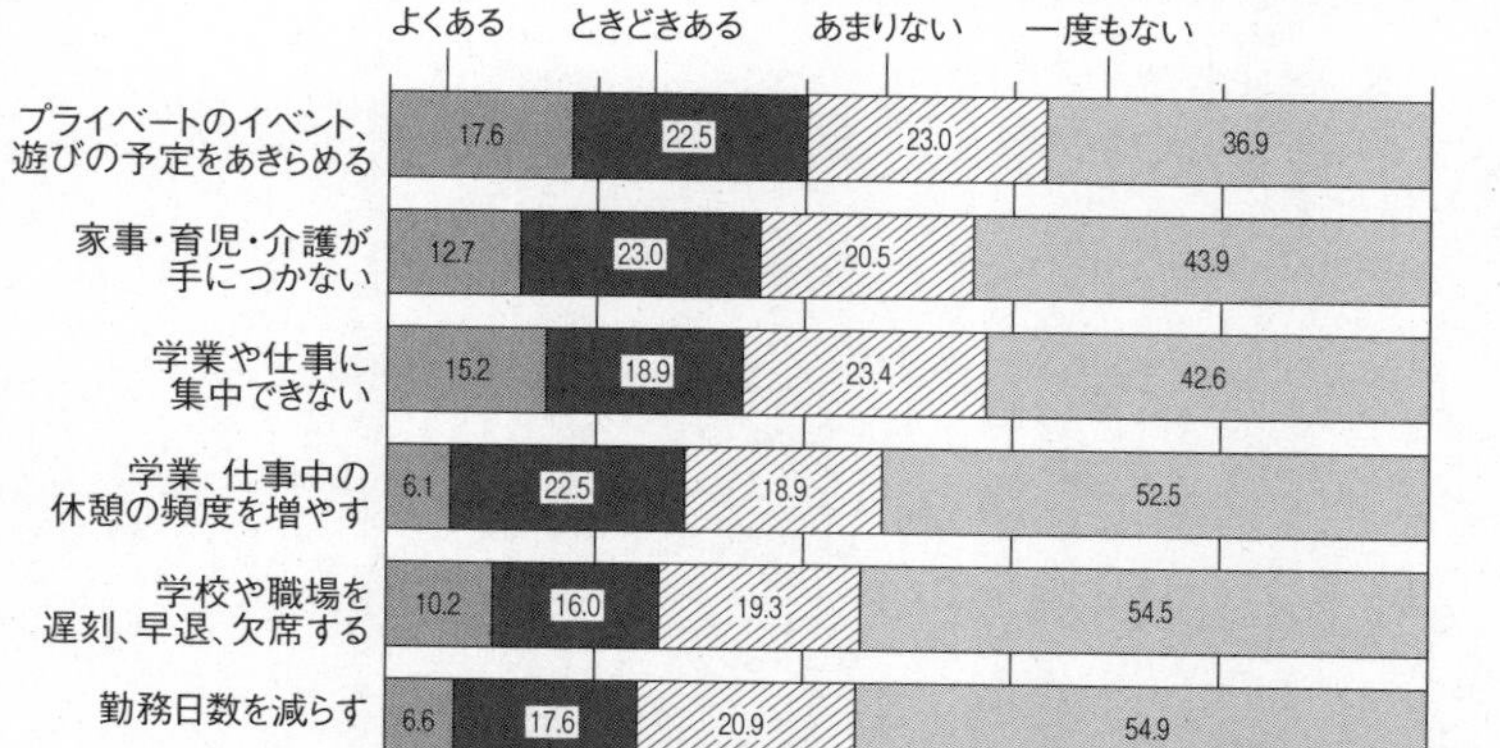

図表付-139　生理用品の無償提供の利用状況

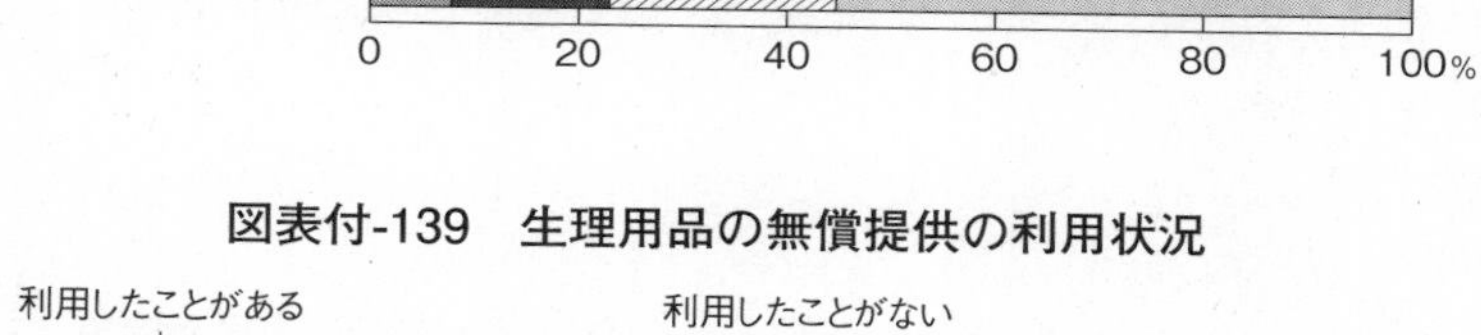

（注）％表示の少数第２位を四捨五入しているため、合計が100％にならない場合がある。
資料出所：厚生労働省「『生理の貧困』が女性の心身の健康に及ぼす影響に関する調査」

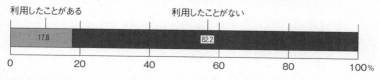

年表

年表――２０２１年

1・22 核兵器禁止条約が発効。署名・批准を求め５００以上の自治体から意見書が出されているが、日本は署名も批准もしていない。

1・28 雇用共同アクション（全労連、全労協）は非正規労働者の均等待遇を求めた最高裁判決で明らかになった現行法の問題点を乗り越え「同一価値労働同一賃金」の実現を求め全国オンライン集会を開催。和光大学名誉教授竹信三恵子さんが講演。原告らが訴え。

1・29 総務省が発表した２０２０年平均の非正規労働者数は、前年比75万人減の２０９０万人で、女性や高齢者の就労を背景に増え続けていたが、比較可能な２０１４年以降初めて減少に転じた。非正規労働者数の内訳は、男性が６６５万人（26万人減）、女性が１４２５万人（50万人減）。正社員は36万人増の３５３９万人。

2・3 東京五輪・パラリンピック大会組織委員会の森喜朗会長が、日本オリンピック委員会（ＪＯＣ）の評議員会で、「女性がたくさん入っている理事会は、時間がかかる」「女性っていうのは競争意識が強い」など女性蔑視の発言を行った。「いかなる差別をも受けることなく」と定めた五輪憲章にも反する内容にＳＮＳ上や複数の海外メディアから厳しい批判が相次ぎ、婦団連も抗議談話「森喜朗氏の女性蔑視の発言に抗議し、辞任を求めます」を発出。2月11日辞任。

2・11 全国の都道府県、市町村の各議長会が議会運営についてのルールのひな型である標準規則に、議員が取れる産休期間を「産前6週、産後8週」と初めて明記。労働基準法は産休を定めているが、議員は労働者でないため適用外。

2・16 妻と不倫した女性に夫が損害賠償を請求できるかどうかが争われた裁判で、東京地裁（内藤寿彦裁判官）は同性同士の性的行為も民法上の「不貞行為」にあたるとして、女性に慰謝料など11万円の支払いを命じた。「不貞行為」には、配偶者以外との性的行為だけでなく、婚姻生活の平和を害する行為も当たると指摘。

2・23 世界銀行が公表した経済的な権利を巡る男女格差を調査した年次報告書（２０１９年9月～２０２０

年10月対象に分析）によると、職業や育児、年金など8項目の評価で日本は昨年と得点は変わらなかったが、順位は190カ国・地域のうち80位タイに低下。他国が改善する一方、日本では根深い差別解消に向けた取り組みが進んでいないことが浮き彫りになった。

2・24 橋本聖子氏の後任・丸川珠代男女共同参画担当相を含む自民党国会議員有志50人が、夫婦別姓導入を求める意見書に反対するよう求める文書を地方議員に出していることがわかった。

3・1 野村総合研究所による就業や生活の実態および今後の意向に関するインターネットアンケート調査（2021年2月8日〜2月12日、全国20〜59歳のパート・アルバイト男女合計6万4943人対象）で、29・0％の女性が「コロナ以前と比べてシフトが減少している」うち「シフトが5割以上減少している」人の割合は48・5％と判明。パート・アルバイト男性で「コロナ以前と比べてシフトが減少している」人は33・9％、そのうち「シフトが5割以上減少している」人の割合は48・5％。コロナでシフト減のパート・アルバイト約8割（女性74・7％、男性79・0％）が「休業手当を受け取っていない」ことも判明した。

3・4 内閣府の国家戦略特区で家事支援従事者として就労を認められて来日したフィリピン人女性206人が、雇い止めや自己都合退職により、大手医療介護人材派遣会社ニチイ学館（東京都千代田区）から契約更新されず、うち48人の所在が把握できていないことが同社の調査で判明。国の指針で本人が在留を希望する場合、雇用主は新たな受け入れ先の確保に努めるという規定があるが、東京新聞の取材では雇い止めや自己都合退職をするフィリピン人107人に「退職後は、ニチイからの支援はすべて必要なく、放棄する」などと書かれた「確認書」にサインをさせるなどし、別の職場への紹介をしていなかったことが判明。

3・4 警察庁の発表で、昨年1年間に把握したDV被害は8万2643件（前年比0・5％増）で、17年連続で最多を更新したことが判明。

3・4 保育士の30代女性が育休からの復帰直前に解雇されたのはマタニティハラスメントだとして、保育園を運営する社会福祉法人緑友会に雇用関係の確認などを求めた訴訟の判決で、東京地裁（高市惇史裁判官）は解雇は違法で無効とし慰謝料30万円と未払い賃金の支払いを命じた。

3・4 生理用品の軽減税率適用などを求めてきた若者グループ「#みんなの生理」が公表した調査結果（671人回答）で、過去1年以内に金銭的な理由で生理用品でないものを使ったと答えた割合は27・1%、生理用品を交換する頻度を減らしたと答えた割合は37%。

3・8 「公的発言におけるジェンダー差別を許さない会」が政治家による「公的発言ワースト投票2021」の結果を発表。杉田水脈衆議院議員の発言「女性はいくらでもウソをつける」が1995票（33・1%）を集めワースト1位、森喜朗東京五輪・パラリンピック大会組織委員会会長の女性の発言を蔑視し牽制する発言が1216票（20・2%）でワースト2位。

3・8 国際女性デー中央大会がオンラインで開催され「ジェンダー平等の実現を目指して―女性の権利を国際基準に」と題し早稲田大学名誉教授浅倉むつ子さんが講演した。

3・8 地域の防災計画をつくる防災会議に占める女性委員割合は、朝日新聞社による岩手、宮城、福島の42市町村への調査では2020年度は全体で8・5%で女性委員ゼロの自治体が12あった。西日本新聞社による九州7県への取材では、女性比率が最も高いのは佐賀県で27・1%、福岡県と大分県は1割を下回った。国が掲げる女性委員比率30%の達成には程遠い現状。

3・9 英誌『エコノミスト』が、管理職に女性が占める割合や女性の労働参加率、男女の賃金格差など10の指標をもとにした女性の働きやすさに関するランキングを発表。主要29カ国中、日本は昨年に続き下から2番目の28位。

3・10 女性差別撤廃条約実現アクションが呼びかけて婦団連など全国92団体が賛同した「司法に男女平等の実現を！最高裁判事の5名を女性にすることを求める要望書」を、最高裁長官・最高検察庁検事総長・内閣官房長官に提出。現在は判事15人中女性が2人で、今年男性3人と女性1人が定年を迎えるため、当面3分の1を女性にすることを要望。

3・16 外務省が、国連女性差別撤廃委員会から2018年12月に受け取った、民法改正実施等の勧告を含むフォローアップの評価文書を2年以上放置していたことが判明。指摘を受けて内閣府は、英文を16日に、仮訳を4月2日にホームページで公表した。

3・16 警察庁のまとめで、2020年の小中高生の自殺者数が統計のある1980年以降最多の499人に上ったことが判明。女子高生が前年と比べて60人増と大幅増加。

3・17 同性婚が認められないのは婚姻の自由を保障した憲法に反するとして、北海道内の同性カップル3組が国を訴えた訴訟の判決で、札幌地裁（武部知子裁判長）は、法の下の平等を定めた憲法14条に違反すると認定。全国5地裁で争われている同種訴訟で初の司法判断。損害賠償は棄却。

3・19 厚労省が、待機児童のいる市区町村で各クラスに常勤の保育士を１人以上置くとしてきた運用を緩和、短時間勤務の保育士だけでクラス運営が可能となり4月1日から適用されることとなった。

3・20 緊急集会「官製ワーキングプアの女性たち　コロナ後のリアル」がリアルとオンライン配信で開かれ約１２００人が参加。非正規公務問題に取り組んできた団体や労働組合、女性運動団体、図書館や社会教育の課題に取り組む団体など幅広い領域で活動する全国の65団体および１９９人から深刻な状況が訴えられ、この問題に継続して取り組む当事者を中心としたネットワークが必要と考えた実行委員有志で市民団体「公務非正規女性全国ネットワーク」（はむねっと）が立ち上げられた。

3・24 総合職への転換制度の利用を繰り返し希望した女性2人に転換の機会を与えなかったのは男女差別にあたるとして、横浜地裁（新谷晋司裁判長）が巴機械サービス（神奈川県平塚市）に対し、それぞれ慰謝料１００万円の支払いを命じたことがわかった。

3・24 現代美術作家らでつくる「表現の現場調査団」が演劇、映像、音楽、マンガなど、さまざまなジャンルで表現の仕事をしている１４４９人（女性約６割、男性約３割）に、過去10年以内に経験したハラスメントについて調査した結果、１１９５人（約8割）が何らかのハラスメントを経験。

3・25 札幌地裁判決を受けて同性婚の実現を求める緊急院内集会を国会内で開催。3回目の今回は過去最多となる与野党国会議員39人が参加。

3・25 自民党の有志議員でつくる「選択的夫婦別氏制度を早期に実現する議員連盟」が設立総会を開催。１００人超が入会。

3・26 内閣府が「男女間における暴力被害に関する調査」結果を公表（２０２０年11〜12月、全国20歳以上の男女３４３８人から有効回答）。配偶者から暴力を受けた経験のある人は22・5％（女性25・9％、男性18・4％）で、そのうち26・5％の家庭では子どもも被害者になっており暴力が家庭内で連鎖している一端が明らかにされた。

3・30 総務省がまとめた地方議会の議員等の構成（２０２０年12月31日現在）によると、47都道府県議会議員２６４３人のうち女性は３０３人（11・5％）、政令市を含む市区町村議会議員2万９６０８人のうち女性議員は４３８２人（14・8％）。

3・31 世界経済フォーラムによるジェンダーギャップ格差の２０２１年版

ランキングで、日本は１５６カ国中１２０位。前年から順位を一つ上げたが、政治や経済の分野で女性の社会進出の遅れが目立ち、依然として先進国では最下位。

3・31 小学校の学級人数上限を現行の40人から35人に引き下げる改正義務教育標準法が参院本会議で可決・成立。中学・高校の少人数学級検討、計画的な教職員定数改善など８項目の附帯決議を付け、衆・参全会一致で成立。

4・1 パスポートの旧姓併記申請について、勤務先が発行する海外出張届が必要だったのが、旧姓を確認できる住民票、戸籍謄本、マイナンバーカードのいずれかで可能と簡単になった。

4・1 性的少数者のカップルを自治体が認める「パートナーシップ制度」の導入自治体が１００自治体となり、総人口の３分の１以上をカバーすることとなった。

4・6 東京都豊島区の会社に勤務していた男性が、上司に勝手に性的指向を暴露（アウティング）されたとアウティングを禁止する豊島区の条例に基づく申し立てをし、区の相談窓口が仲介役となって会社側と和解。アウティング被害を巡る争い自体が珍しく、和解に至るケースは極めて異例。

4・7 内閣府による地方議会に所属する男女議員を対象にしたアンケート調査（２０２１年１月１１４４地方議会の男女議員１万１００人対象に実施。女性２１６４人、男性３３４９人回答）で、女性議員の57・6％、男性議員の32・5％がハラスメント被害を受けた経験があることがわかった。

4・12 厚労省と文科省は、病気の家族介護や世話を担う18歳未満の子ども「ヤングケアラー」に関する実態調査をまとめた。「世話をしている家族がいる」中学生５・７％、高校生４・１％

4・14 国連人口基金（ＵＮＦＰＡ）が『世界人口白書２０２１』を発表。国連の報告書として初めて「からだの自己決定権」に焦点を当てた。ヘルスケア、避妊、性交渉に対して完全な自己決定権を持っている女性は全体の55％、包括的な性教育を支援する法律と政策がある国は全体の約56％と、半数近くの女性が自分の体を自分のものとして所有していないことが判明。

4・16 厚労省が、性別欄に「男・女」の記載をなくし性別を任意記載とする履歴書の様式を公表。

4・21 米国で別姓のまま結婚した映画監督の想田《そうだ》和弘さん夫婦が、日本でも婚姻関係にあることの確認を求めた訴訟の判決が東京地裁であり、市原義孝裁判長は、想田さん夫婦の婚姻自体は「成立している」とした一方、別姓のまま戸籍に記載することは認めず、請求を退けた。海外で合法的に成立した「別姓婚」が日本でも公的に認められるかどうかが問われた初の司法判断。

4・26 専門家31人からなる国際研究班が7カ国の妊娠データ約460万件を分析。世界では女性10人に1人が流産を経験しており妊娠の7回に1回は流産となっていること、黒人の場合は流産のリスクが43%高くなることなどを明らかにした研究論文が英医学誌『ランセット』に掲載された。

4・30 厚労省が、2017〜19年度に大学や専門学校などを卒業し就活やインターンシップを経験した男女1000人を対象とした初の就活中のセクハラ調査（2020年10月インターネット）を実施。少なくとも1回はセクハラを受けた学生は25・5%（男性26・0%、女性25・1%）で、何度も被害を受けた人が全体の3・7%いたことが判明。

5・28 婦団連はジェンダー平等の実現と女性の地位向上を求める4種類の署名（33万5305人分）を国会に提出し、内閣府、法務省、外務省に要請行動を行った。

6・16 改正候補者男女均等法が施行され、女性が政治家をめざしやすい環境を整えるためにセクハラ・マタハラ対策が盛り込まれた。

6・23 最高裁大法廷が、夫婦同姓を義務としている民法と戸籍法の規定を「憲法に違反しない」と判断。15人の裁判官のうち4人が「違憲」と判断。

6・30〜7・2 国連女性機関（UNウィメン）は1995年の世界女性会議（北京会議）から25年を機に、フランス・メキシコ両政府共催で国際会議「ジェネレーション平等フォーラム」を開催。2026年までの行動計画を採択。

7・4 東京都議会選挙で41人の女性が当選し、前回の36人を5人上回って過去最多となった。都議会定数127人の32%。

7・5 市民団体「公務非正規女性全国ネットワーク」（はむねっと）による非正規公務員に対する調査（2021年4月30日〜6月4日インターネットで実施。有効回答数1252件、女性93%）で、2020年の年収は半数以上（53%）が200万円未満、9割以上が雇用契約期間1年以下であることが判明。回答者の94%が将来への不安を感じており、低賃金のまま契約更新を繰り返して働く非正規公務員の不安定な雇用実態が浮き彫りにされた。

7・10 出生時の性別と自認する性が異なるトランスジェンダーで、性同一性障害特例法に基づき戸籍上の性別を変更した人が2020年末までに1万人を超えたことが判明。

7・25 女性差別撤廃条約実現アクショ

ン、日本女性法律家協会、国際女性の地位協会、日本女性差別撤廃条約NGOネットワーク（JNNC）の4団体の共催でパネルディスカッション「女性の権利を国際基準に！司法にジェンダー平等を！」が開催され、オンラインを含めて160人以上が参加した。

7・30　2021年版の『厚生労働白書』で「新型コロナウイルス感染症と社会保障」をテーマに新型コロナが国民生活に与えた影響が分析され、「女性への影響」では、非正規雇用の減少や家事・育児時間の増加などを通じ、女性に偏って負荷がかかったことが指摘された。

7・31　厚労省の調査（抽出調査で従業員が5人以上の3460事業所が回答）によると、男性の育児休業取得率（2019年度）は7・48％で、7年連続で増加。過去最高だが、前年度の6・16％から小幅の上昇。

7・23〜8・8　1年遅れで東京2020オリンピック競技大会が開催。約1万1000人のアスリートの49％が女性で、史上初のジェンダーバランスの取れた大会となった。また国際オリンピック委員会（IOC）理事会による、206の全NOC代表団に女性および男性アスリートを最低1人含めなければならないとの決議が初適用され、史上初めて全NOCでジェンダー平等を徹底した大会となった。

8・3　内閣府男女共同参画局が、経済的な理由で生理用品を購入できない「生理の貧困」について地方公共団体による取組（2021年7月20日時点）を調査。581の団体が実施しており、前回調査（第1回　2021年5月19日時点）で把握した255団体のほぼ倍。

8・7　「核兵器なくそう女性のつどい2021」がオンラインで開催。海外から米国、グアム、韓国、国際民婦連副会長キプロスのスケヴィ・コウコウマさんからのメッセージ、国内からは医療現場や保育、教育、沖縄、福島などから報告があり、草の根交流を行った。

8・11　日本世論調査会による「食と日本社会」を巡る全国郵送世論調査で、家で食事を作る人は「どちらかといえば」を含め計87％が女性であることがわかった。

8・16　帝国データバンクが7月実施した調査で、回答した1万992社の女性管理職割合は、8・9％（前年比1・1％増）となった。「女性管理職30％以上」の企業は8％、今後「増加する」と見込む企業22・6％、「変わらない」58・9％。

8・21　婦団連は「戦争はごめん女性のつどい」をオンラインで開催。「日米軍事同盟の現段階と土地利用規制法」と題し日本平和委員会事務局長の千坂純さんが講演した。

8・25　農林水産省は、２０２０年の国内食料自給率（カロリーベース）が前年度比1ポイント低下37％になったと発表。先進国中最低水準。

8・27　厚労省は、全国の児童相談所が２０２０年度に対応した虐待相談件数が前年度より5・8％増の20万５０２９件、30年連続で増加したと発表。

8・27　内閣人事局の調査で、２０２０年4〜6月に子どもが生まれた男性の国家公務員の99％が育休を取得したことがわかった。

9・12　茨木労働基準監督署（大阪府茨木市）が、性別変更した看護助手が精神障害を発症したのは職場で性的指向や性自認について侮辱される「ＳＯＧＩ（ソジ）ハラ」を受けたためだとして労災認定したことが判明。認定は今年2月5日付。

9・21　日本女子サッカーがプロ化され「ＷＥリーグ」として開幕。参入の11クラブには、女性役員を50％以上とすることや意思決定にかかわるもののうち少なくとも1人は女性とするなど基準を求めた。また妊娠や出産後も現役を続けられるよう、世界的にも珍しい「産休制度」を導入した。

9・24　東京都教育委員会は、都立高校入試の男女別定員制を廃止し、段階的に男女合同定員に移行することを決定。今春、男女合同定員なら合格していた不合格者は女子約７００人、男子約１００人という。

9・27　国際協力機構（ＪＩＣＡ）がジェンダー平等や女性の活躍推進に取り組む事業に投資するための円建て債券「ジェンダーボンド」を国内で初めて発行した。

9・28　ツムラによる「ＰＭＳ（月経前症候群）実態調査」（２０２１年7月29日〜8月2日、10〜40代の生理前に不調がある女性８００人対象にインターネット調査）で、69・6％が「会社や学校を休むことはできない」と我慢し、90・4％が婦人科を受診しないことがわかった。

9・30　内閣府が性別に基づく無意識の思い込み（アンコンシャス・バイアス）についての初めての調査（２０２１年8月13〜18日、20〜60代の男女対象で1万３３０人から回答）結果を公表。男女とも、1位は「女性には女性らしい感性がある」（男性51・6％、女性47・7％）、2位は「男性は仕事をして家計を支えるべきだ」（男性50・3％、女性47・1％）。

10・4　岸田文雄内閣発足。閣僚の中で女性は2人。

10・6　２０２０年度に育児休業を取った国家公務員（一般職常勤）の男性は、前年度より１４１１人多い３０９０人で、取得率が初めて50％を超え51・4％となった。19年度の28・0%から大幅増。

10・6 日本労働組合総連合会（連合）でこれまで副会長を務めてきた芳野友子さんが会長に就任。１９８９年の発足以来、初の女性会長。

10・11 声を上げる女性が攻撃されない社会に変えていこうという「オンライン・セーフティー・フォー・シスターズ」を、ライターの石川優実さんや市民運動家の菱山南帆子さんらが呼びかけ人として立ち上げた。

10・19 政党に男女同数の候補者擁立を促す「政治分野における男女共同参画推進法」が施行されて初めての衆院選で、女性は１８６人（全候補者に占める割合17・7%）が立候補。政府目標の35%には程遠い状況。

10・23〜24 第60回はたらく女性の中央集会がオンライン併用で開かれ７３２人が参加。全体会は「ジェンダー平等―誰もが働きやすい社会の実現のために」と題し蓑輪明子名城大学准教授が講演。

10・31 内閣府が「各種国家資格、免許等における旧姓使用の現状等について」を発表。３０２の国家資格、免許等において資格取得時から旧姓使用ができるものは２３６資格、資格取得後に改姓した場合旧姓使用ができるもの14資格、今後旧姓使用ができる予定のもの46資格で、旧姓使用ができないものは6資格であることが明らかにされた。

11・1 衆議院選挙で当選した４６５人のうち女性は45人（9・7%）で、前回の衆議院選挙時より2人減少。

11・2 『自殺対策白書』によると、２０２０年の働く女性の自殺者が、前年までの5年間（２０１５〜１９年）の平均値と比べて3割増（約１７００人）。

11・13 第66回日本母親大会in沖縄がオンライン開催され1万２０００人超が参加。「核も基地もない平和な未来を子どもたちに」と題して弁護士の仲山忠克さんが記念講演。25日に大会決議に基づく省庁要請行動を行った。

11・16 47都道府県・１７４１市区町村議会のうち都道府県35議会（約75%）市区町村１１２８議会（約73%）で産休規定を議会規則に明記。前年4月から大きく増加。

11・20 らいてう没後50年。『青鞜』創刊１１０周年記念のつどい「今生かそうらいてうのこころざし」をオンラインで開催。

11・20 性的少数者の若者の居場所づくりに取り組む遠藤まめたさんがトランスジェンダーに関する基礎知識や会員制交流サイト（ＳＮＳ）に流れる情報のファクトチェック結果などをまとめた情報サイト（「trans101.jp」）を作った。

11・21 アジア女性資料センターやふぇみ

んなどを呼びかけ団体として、「渋谷区女性殺害事件から1年 追悼と連帯のスタンディング～暴力と排除に抗し、ともに生き延びよう」が新宿アルタ前広場にて行われ、70人超が参加した。

11・25　「女性に対する暴力撤廃国際デー」から12月10日まで女性に対する暴力をなくそうと世界中で行動。婦団連は国会前でリレートーク。

11・26　厚生労働省が小学校６年～高校１年相当の女子に対する子宮頸がん予防ワクチンの積極的接種推奨の再開を全国の自治体に通知した。

11・27　第48回婦団連総会を開催。婦団連発行の『婦人通信』が２０２２年６月号をもって休刊することが決定された。

12・9　女性差別撤廃条約実現アクションが女性差別撤廃条約選択議定書の早期批准を求める院内集会開催。共同代表の浅倉むつ子さんは「女性の権利を国際水準に変えるために不可欠の課題」と指摘。

12・13　大阪高裁は、加茂生コンに対して組合員の子どもが保育所に通うために「就労証明書」を繰り返し要求した行為は強要未遂に当たらないとして無罪判決を出した。一審京都地裁では、同行為が「強要未遂」とされていた。

12・16　専修大でドイツ語の非常勤講師をしている小野森都子《もとこ》さんが、有期労働契約が5年を超えたため無期契約への転換を申し入れたのに対し、大学側が転換を拒んだのは違法とする判決が東京地裁で出された。

12・17　視覚に障害がある女性の自立や社会参加を支援する一般社団法人日本視覚障がい者美容協会が、性的被害を訴える当事者の声を受けて全国の視覚障害者にアンケートを実施。回答した68人のうち７割（48人）が視覚障害につけ込んだと考えられる状況で被害に遭ったことがわかった。

12・25～26　コロナ禍で生活困難を抱える女性を支援する「女性による女性のための相談会」が新宿区大久保公園で行われた（3月・7月にも実施）。

12・27　ＳＮＳで知り合った男性から精子提供を受けて出産した30代の女性が、男性が国籍や学歴を偽ったことで精神的苦痛を受けたとし約３億３０００万円の損害賠償を求め、東京地裁に提訴。実際のトラブルを巡る訴訟は全国初。

（渡辺　典子）

執筆者一覧（50音順）

浅井優子（税理士）

浅岡美恵（気候ネットワーク代表・弁護士）

浅倉むつ子（早稲田大学名誉教授・女性差別撤廃条約実現アクション共同代表）

足立基浩（和歌山大学教授）

井口克郎（神戸大学大学院人間発達環境学研究科准教授）

大住広太（自由法曹団 事務局次長・デジタル監視社会に反対する法律家ネットワーク所属・弁護士）

太田美音

小尾晴美（中央大学助教）

粕谷美砂子（昭和女子大学人間社会学部教授）

清末愛砂（室蘭工業大学大学院教授）

小林善亮（弁護士）

今野久子（弁護士）

篠崎ゆう子（全国福祉保育労働組合大阪地方本部執行委員・大阪市社会福祉協議会分会）

菅野摂子（埼玉大学ダイバーシティ推進センター准教授）

関根佳恵（愛知学院大学経済学部教授）

竹信三恵子（ジャーナリスト・和光大学名誉教授）

寺園通江（全国労働組合総連合常任幹事・女性部事務局長）

冨田宏治（関西学院大学法学部教授）

冨仲麻里（新日本婦人の会中央委員）

仲山忠克（弁護士）

二宮厚美（神戸大学名誉教授）

橋本紀子（女子栄養大学名誉教授）

羽場久美子（青山学院大学名誉教授）

樋川雅一（弁護士）

松山　洋（全国保険医団体連合会事務局主幹）

宮下直樹（全日本教職員組合中央執行委員長）

矢澤澄子（東京女子大学元教授・国際女性の地位協会共同代表）

山本由美（和光大学教授）

渡辺典子（日本女子大学非常勤講師）

女性白書 2022

編　日本婦人団体連合会

〒151-0051　東京都渋谷区千駄ヶ谷4-11-9-303　TEL　03-3401-6147

2022年８月10日　第１刷

発行者　中村　宏平

発行所　株式会社ほるぷ出版

〒102-0073　東京都千代田区九段北1-15-15　TEL　03-6261-6691

印刷・製本　株式会社光陽メディア

ISBN 978-4-593-10375-1　　NDC 367.2　　Printed in Japan

落丁・乱丁本は、小社営業部宛にご連絡ください。

送料小社負担にて、お取替えいたします。